厦门理工学院教材建设基金赞助出版
国家自然科学基金项目（51305374）、湖南大学汽车车身先进设计制造国家重点实验室开放基金（31215004）资助

应用型本科汽车类专业“十二五”规划教材

客车制造工艺

主　编　孙贵斌
副主编　唐友名

机械工业出版社

本书在系统地介绍我国客车制造企业在制造工艺领域的先进技术和成功经验的同时，紧密结合客车制造中的生产实例，阐述了相关的基本知识和基本理论，全面讲解了当前客车制造领域的新技术和新工艺，是从事客车制造及相关工作的读者夯实基础的绝佳读物。

本书适合作为应用型本科汽车专业，尤其是客车专业的教材，也适合作为高职高专相关专业的教学参考，还可供从事客车制造工作的专业人员阅读参考。

图书在版编目（CIP）数据

客车制造工艺/孙贵斌主编．—北京：机械工业出版社，2014.12
应用型本科汽车类专业“十二五”规划教材
ISBN 978-7-111-48395-3

Ⅰ.①客…　Ⅱ.①孙…　Ⅲ.①客车－车辆制造－生产工艺－高等学校－教材　Ⅳ.①U469.105

中国版本图书馆 CIP 数据核字（2014）第 249228 号

机械工业出版社（北京市百万庄大街 22 号　邮政编码 100037）
策划编辑：杜凡如　责任编辑：杜凡如
版式设计：霍永明　责任校对：佟瑞鑫
封面设计：路恩中　责任印制：乔　宇
北京机工印刷厂印刷（三河市南杨庄国丰装订厂装订）
2015 年 1 月第 1 版第 1 次印刷
184mm×260mm・18.75 印张・451 千字
0 001—3 000 册
标准书号：ISBN 978-7-111-48395-3
定价：49.80 元

凡购本书，如有缺页、倒页、脱页，由本社发行部调换

电话服务	网络服务
社服务中心：（010）88361066	教材网：http://www.cmpedu.com
销售一部：（010）68326294	机工官网：http://www.cmpbook.com
销售二部：（010）88379649	机工官博：http://weibo.com/cmp1952
读者购书热线：（010）88379203	**封面无防伪标均为盗版**

前　言

客车行业与民生具有较强的相关性。多年来，客车企业、客车产品和客车市场的发展，与国家宏观经济形势的发展息息相关。可以说，客车行业的进步是国家经济环境不断优化的成果。为适应近年来我国客车行业的飞速发展，满足客车行业对高级技术人才的需求，解决现有客车制造工艺领域教程短缺等问题，编者根据多年来在客车生产企业的工作经验，通过查阅大量文献资料编写了此书。

本书以现有客车制造工艺为主线，分别介绍了客车产前、产中及调试阶段的工艺内容。全书共分八章。

第一章为绪论，介绍了客车的基本概念、客车的生产组织形式、特点，以及我国客车制造工艺的发展趋势。

第二章介绍了客车制造中常用的加工工艺，如冲压工艺、辊压工艺、焊接工艺、粘接工艺、铆接工艺、螺纹连接工艺、张拉蒙皮工艺、玻璃钢制作工艺等。同时，阐述了它们的工作原理、工艺特点及在客车上的应用。

第三章介绍了客车制造的产前工艺准备，主要讲述客车投产前需要准备的工作内容，包括：生产设备的投入、机械化和自动化设备、工艺路线的制订和工艺文件的准备，以及样板、样架、检具的制作。通过设计实例，重点介绍了客车生产用工装夹具及其设计与制作。

第四章介绍了客车底盘生产工艺过程，从生产工艺、装配工艺、调试工艺等角度，结合客车底盘产品模块化思路，对底盘生产工艺进行了详细讲解。

第五章为白车身制造工艺技术的应用，介绍了车身的焊接工艺分类、白车身焊接方法、白车身焊装生产工艺流程、白车身骨架的构成及分片制作工序、车身骨架的合装及车身部件的制作。

第六章介绍了客车涂装生产工艺过程，如前处理工艺、喷中涂、喷面漆及图案等。

第七章介绍了客车的总装配生产工艺，如总装生产工艺特点、客车电器件及空气调节系统安装、客车车厢地板的安装、空调管道及行李架的安装、内饰件安装、车门窗安装、逃生装置安装等，重点阐述了安装方法和注意事项。

第八章介绍了调试生产工艺，主要讲述客车的总检与调试修整，如场地检查及修整、路试检查及修整、线上检查及调整、密封填补、淋雨检验及修整、修整和竣工入库等。同时，对检验、调试修整的具体要求和方法进行了详细阐述。

本书由孙贵斌主编，参加编写的还有高洪生、秦国、苏海浪、孙方锦、孙晓平、欧冒奇、杨福清、衣华伟、邹连波、吴文菁、李延敏等。

在本书编写过程中，得到厦门理工学院学科带头人、博士生导师黄洪武教授及厦门理工学院周水庭教授、葛晓宏教授、盛精教授、刘金武教授、韩锋钢副教授的指导和支持，在此表示感谢！同时感谢林美霞、庄镇华、沈锐鸿、吴金镇、陈云、彭倩等企业界朋友的支持和热情帮助，客车行业的工程师们也为本书的编写提供了很多宝贵的经验和资料。

特别感谢丹阳市飞虹车辆配件厂的大力支持，本书内饰部分的图片资料大部分由该企业提供。

由于编者的水平和条件有限，书中难免有不妥和疏漏之处，衷心希望广大读者提出批评和建议，以便不断提高和完善。

编　者

2014 年 5 月 11 日

目　录

前言

第一章　绪论 …… 1

一、客车概念及分类 …… 1

二、客车生产组织形式及生产工艺的特点 …… 2

三、我国客车制造工艺技术的发展 …… 2

第二章　客车生产中的常用加工工艺 …… 6

第一节　冲压工艺 …… 6

一、冲压工艺的特点 …… 6

二、冲压工艺的分类 …… 6

三、冲压工艺的原理 …… 8

四、冲压工艺在客车上的应用 …… 9

第二节　辊压工艺 …… 11

一、辊压成形的特点 …… 11

二、辊压加工原理 …… 12

三、辊压工艺在客车上的应用 …… 12

第三节　焊接工艺 …… 13

一、焊接工艺及其特点 …… 13

二、焊接工艺的分类 …… 13

三、焊接工艺在客车上的应用 …… 16

第四节　粘接工艺 …… 17

一、粘接工艺的特点 …… 17

二、粘接工艺的分类 …… 17

三、粘接工艺的原理 …… 18

四、客车用粘结剂、密封胶的选用原则 …… 19

第五节　铆接工艺 …… 19

一、铆接工艺的特点 …… 19

二、铆接工艺的分类 …… 20

三、铆接工艺的原理 …… 20

四、铆接在客车上的应用 …… 21

五、铆接方法 …… 21

第六节　螺纹连接工艺 …… 22

一、螺纹连接工艺的特点 …… 22

二、螺纹连接工艺的类型 …… 22

三、螺纹连接工艺的原理 …… 23

四、螺纹连接工艺在客车上的应用 …… 23

第七节　张拉蒙皮工艺 …… 24

一、概述 …… 24

二、张拉蒙皮工艺的原理及分类 …… 24

第八节　玻璃钢制作工艺 …… 25

一、手糊成型工艺 …… 25

二、模压成型法 …… 29

三、缠绕成型法 …… 30

四、拉挤成型工艺 …… 30

第三章　客车产前准备 …… 32

第一节　客车生产设备 …… 32

一、客车生产的设备投入 …… 32

二、机械化和自动化设备 …… 33

三、客车底盘装配生产线的主要装备 …… 37

四、客车涂装生产线的主要装备 …… 38

五、客车总装配生产线的主要装备 …… 38

第二节　确定工艺路线 …… 40

一、工艺路线 …… 40

二、工艺路线的设计拟定 …… 40

三、工艺路线的作用 …… 41

第三节　产前工艺文件制订 …… 42

一、工艺文件 …… 42

二、工艺文件和设计文件的区别 …… 42

三、工艺文件介绍 …… 43

第四节　客车生产用工装夹具及其设计与制作 …… 47

一、工装夹具的定义 …… 47

二、工装夹具的设计 …… 47

三、样板、样架的制作 …… 56

四、简易焊胎、模具的制作 …… 63

五、工位器具的设计与制作 …… 67

第四章　客车底盘生产工艺 …… 71

第一节　概述 …… 71

一、客车底盘 …… 71

二、客车底盘装配流程 …… 71

三、底盘模块化生产 …… 72
第二节　车架工位 …… 73
一、车架生产的准备工作 …… 73
二、纵梁式车架生产工艺 …… 74
三、格栅式车架生产工艺 …… 75
四、三段式车架生产工艺 …… 76
五、车架的涂装工艺 …… 77
第三节　车桥工位 …… 78
一、车桥分装 …… 78
二、板簧悬架分装 …… 79
三、气簧悬架分装 …… 80
第四节　管路工艺 …… 83
一、管路概述 …… 83
二、管路的分类及选用 …… 84
三、管路的制作工艺 …… 86
四、管路走向规范工艺 …… 87
第五节　发动机工位 …… 88
一、发动机分装工艺 …… 88
二、发动机周边附件安装工艺 …… 90
第六节　传动系工艺 …… 103
一、离合器分装工艺 …… 104
二、变速器分装工艺 …… 104
三、传动轴分装工艺 …… 105
四、操纵机构的安装及常见问题解决方案 …… 106
第七节　转向操纵机构安装工艺 …… 107
一、转向机构分装工艺 …… 107
二、转向系统调试工艺 …… 108
三、转向系统常见问题及处理方案 …… 108
第八节　制动系统工艺 …… 109
一、制动系统装配工艺 …… 109
二、EBS 安装工艺 …… 109
三、缓速器分装工艺 …… 110
四、制动系统调试工艺 …… 111
第九节　底盘电器工艺 …… 112
一、线束制作工艺 …… 112
二、线束安装工艺 …… 121
三、电器件安装工艺 …… 123
第十节　新能源分装工艺 …… 125
一、天然气系统 …… 125
二、纯电动动力系统 …… 131
三、混合动力系统 …… 136
第五章　客车白车身生产工艺 …… 143
第一节　概述 …… 143
一、产品结构 …… 143
二、三种车身结构的焊接工艺比较 …… 144
第二节　白车身焊接方法的工艺规程 …… 144
一、焊条电弧焊工艺守则 …… 144
二、CO_2气体保护焊工艺及参数选择 …… 146
第三节　白车身焊装生产工艺流程 …… 149
一、白车身焊装工艺流程设计中的问题 …… 149
二、白车身的传统及改进焊装工艺流程 …… 149
第四节　白车身骨架的构成及分片制作工序 …… 150
一、白车身骨架的构成 …… 150
二、骨架分总成的焊装制作工序 …… 152
三、车身骨架校正工序 …… 156
四、白车身骨架的合装工艺 …… 157
第五节　白车身制作工序 …… 159
一、前后围蒙皮制作工序及工艺要求 …… 160
二、侧围蒙皮制作工序及工艺要求 …… 162
三、顶盖蒙皮制作工艺及工序 …… 163
四、内封板焊接工序及工艺要求 …… 165
五、前后围保险杠安装工序及工艺要求 …… 166
六、外摆前中乘客门预装制作工序及工艺要求 …… 167
七、侧舱门装配制作工序及工艺要求 …… 168
八、后发动机舱门装配制作工序及工艺要求 …… 172
九、白车身下线修整工序及工艺要求 …… 173
第六章　客车涂装生产工艺 …… 175
第一节　车身表面前处理 …… 175
一、脱脂 …… 175
二、除锈 …… 176
三、磷化 …… 176
四、涂底漆 …… 177

第二节　刮腻子 …… 178
一、原子灰 …… 178
二、钣金原子灰 …… 179
三、金属原子灰 …… 179
四、纤维腻子 …… 179
五、腻子的刮涂方法 …… 179
第三节　打磨 …… 180
一、打磨工序 …… 180
二、打磨注意事项 …… 182
第四节　喷中涂 …… 182
第五节　喷面漆 …… 183
第六节　喷涂车身图案 …… 185
一、图案 …… 185
二、模版 …… 186
三、喷图案 …… 186
第七章　客车总装生产工艺 …… 187
第一节　总装生产工艺特点简述 …… 187
一、客车总装生产工艺的特点 …… 187
二、客车总装配工艺流程 …… 189
第二节　客车电器件和空气调节系统的安装 …… 190
一、客车电器件的安装 …… 190
二、客车空气调节系统的安装 …… 207
第三节　客车车厢地板和内饰安装 … 223
一、客车车厢地板的安装 …… 223
二、客车内饰护板及前后装饰顶的安装 …… 229
三、冷风管道及行李架的安装 …… 233
四、客车座椅的安装 …… 237
第四节　乘客门、舱门附件及玻璃的安装 …… 240
一、客车乘客门的安装 …… 240
二、客车舱门附件的安装 …… 250
三、玻璃的安装 …… 253
第五节　安全顶窗、仪表台、刮水器、卫生间的安装 …… 259
一、客车安全顶窗的安装 …… 259
二、客车仪表台的安装 …… 262
三、客车刮水器的安装 …… 264
四、客车卫生间的安装 …… 265
第八章　客车终检与调试修整 …… 267
第一节　客车终检与调试操作流程 … 267
第二节　车辆总体检验 …… 268
一、油漆和车身检验 …… 268
二、底盘部件检验 …… 268
三、电路、灯光和信号装置检验 …… 270
四、怠速调整 …… 271
第三节　车辆路试检验 …… 275
一、车辆路试检验的项目 …… 275
二、路试的基本要求和具体内容 …… 275
第四节　车辆检测线检测 …… 277
一、车辆检测线测试项目 …… 277
二、检测线作业流程 …… 277
三、检测 …… 278
第五节　淋雨试验作业 …… 279
第六节　修整作业 …… 279
一、内外饰修整 …… 279
二、底盘修整 …… 280
三、电器设备修整 …… 281
四、油漆修补 …… 282
第七节　最终检验交车作业 …… 283
附录 …… 284
附录 A　作业指导书示例 …… 284
附录 B　客车企业应用工具、设备部分名录 …… 285
附录 C　客车企业使用工装部分名录 …… 287
参考文献 …… 289

第一章　绪　论

本章主要介绍客车的基本概念、客车的生产组织形式、特点，以及我国客车制造工艺的发展趋势。

一、客车概念及分类

客车是现代社会中重要的交通工具之一，指在设计和技术特性上用于载运乘客及其随身行李的汽车。

根据 GB/T 3730.1—2001《汽车和挂车的术语和定义》和 GB/T 5089—2001《机动车辆及挂车分类》，汽车分乘用车和商用车两种，其中乘用车含驾驶人座位数不超过 9 座，客车属于商用车范畴，但在小型客车分类上与乘用车存在重叠部分，见图 1-1。

- 汽车
  - 乘用车(不超过9座)
  - 商用车
    - 客车(小型、城市、长途、旅游、铰接、无轨、越野、专用)
    - 货车
    - 半挂车

图 1-1　汽车分类

在 JT/T 325—2013《营运客车类型划分及等级评定标准》中，将客车按车长划分为特大型、大型、中型和小型四种，见表 1-1。

表 1-1　客车分类

类型	特大型	大型	中型	小型
车长/m	12 ~ 13.7	9 ~ 12	6 ~ 9	3.5 ~ 6

按用途可将客车划分为城市客车、旅游团体客车、客运客车和专用客车。

城市客车是为城市内或城郊运输乘客而设计的车辆。它的使用特点是乘客上下车频繁，要求设有一定数量的座椅及宽敞的乘客站立空间。

旅游团体客车是为旅游、企业团体设计的车辆。它的结构布置要满足乘客的舒适性，不载运站立的乘客，且对行李舱容积不作要求。

客运客车是为城市间运输乘客而设计的车辆。它在结构上与旅游团体客车的区别是对行李舱容积有特殊的要求。

专用客车是以客车为基础，根据特殊用途而设计、改装的车辆，如房车、救护车、采血车等，有时也将其称为特种客车。

二、客车生产组织形式及生产工艺的特点

（一）客车生产组织形式

客车生产组织形式归纳起来有以下两大类：

第一类是从底盘开始组织整车的生产。其特征是生产规模大、设备投入多。我国较为典型的该类客车厂有厦门金龙联合汽车工业有限公司、厦门金龙旅行车有限公司、金龙联合汽车工业（苏州）有限公司、郑州宇通客车股份有限公司等。

第二类是购置客车底盘，从车身生产开始组织整车的生产。其特征是生产规模小、设备投入少。这种生产方式在中小型客车企业中比较常见。

（二）客车生产工艺的特点

1. 客车的生产是一个集设计、加工和装配为一体的综合过程

通常，发动机、离合器、变速器、前桥、后桥、电气设备等总成，以及车身的内、外覆盖件等，均由相对独立的制造厂进行专业化生产，客车生产企业通过这些专业制造厂，根据车辆设计需要获得相应的总成和零部件。因此，客车生产企业实际上是一个集设计、加工和装配为一体的综合性生产企业。

2. 客车生产要求较大的生产空间

客车的工件尺寸大，如特大型客车的长度达 13.7m，宽度达 2.5m，高度达 4m。在生产过程中，为使工件有良好的转运通道以及便捷的工艺路线，就需要有较大的生产空间。

3. 客车的产品质量和使用寿命都有特殊的要求

2013 年，我国商务部、发改委、公安部和环境保护部联合发布《机动车强制报废标准规定》。其中，汽车报废标准和报废年限均有调整：城市客运车辆报废期限为 13 年或 40 万 km；大型客车报废期限为 20 年或 50 万 km。

客车是一个特殊的机械产品，决定它最终质量的因素不仅包括配件的质量和设计质量，生产过程质量也很重要。它不仅要求有良好的使用性能，同时也要求给使用者以和谐的视觉感受。客车对生产质量和生产工艺水平均有较高要求，这包括造型、内外饰以及防腐等诸多方面。

4. 客车生产选择的工艺方法和工艺装备呈现多样性

客车厂与轿车厂相比，生产纲领相对简单，具有小批量、多品种的生产特点，因此必须选择相适应的工艺方法和工装装备。客车制造工艺与结构、工厂规模和生产条件等因素密切相关，这些因素的差异，造成客车厂选择的工艺方法和工艺装备呈现多样性。

三、我国客车制造工艺技术的发展

（一）我国客车制造工艺技术的发展历程

20 世纪 50 年代，我国客车生产多沿用汽车修理的工艺方法，采取单件生产、随车作业方式。客车厂内仅有少量的焊接、钣金和喷涂设备，且生产过程以手工作业为主。

20 世纪 60 年代，我国客车工业在调整中得到进一步发展，客车产品纳入了国家机械产品计划，并进入了归口管理的轨道。在这一时期，客车产品技术水平稳步提高，产品品种及产量逐步增加，客车制造技术水平也得到了提高。车身骨架构件成形过程，逐步用冲压技术代替手工作业。车身薄板件的连接广泛采用氧－乙炔焊。中厚板采用电弧焊工艺，少数工厂

开始应用接触焊和 CO_2 气体保护焊。为了提高车身的防锈能力，少数工厂开始应用喷砂、喷丸或化学除锈等方法，但车身仍然在露天环境或厂房内打磨腻子、喷漆，并进行自然干燥。

20 世纪 70 年代，随着第二汽车制造厂和其他一些汽车厂的建立、投产，我国客车底盘的开发也取得了令人瞩目的成绩，这给客车工业的发展提供了良好的条件。在这一时期，客车生产逐步与汽车修理分离，还有一些工业企业调整为客车生产企业，一些生产客车的专业厂应运而生，客车生产规模逐步扩大，这些工厂的冲压、焊装、涂装、总装等生产工艺，都有不同程度的发展。车身零部件落料、冲压设备的配套逐步趋于完善，机械化生产程度稳步提高。CO_2气体保护焊技术得到普遍推广和应用。薄板和构件的焊接中，基本淘汰了氧－乙炔焊和电弧焊。开始采用组焊胎具进行车身骨架的焊装，有些企业建成初具规模的车身焊装生产线，提高了车身的焊装精度。为改善车身的除锈性能，开始应用构件磷化工艺技术，并出现了构件表面处理生产线（即除油—除锈—磷化—浸漆—烘干）和客车涂装生产线。

20 世纪 80 年代，随着改革开放步伐的加快，我国国民经济快速发展，人民生活水平不断提高。高速公路建设和城市现代化建设，对客运车辆提出了更多、更高的要求，为客车工业的发展提供了良好的市场条件。改革开放同时给客车行业创造了“走出去，请进来”，即与国外同行进行技术交流的机遇，使我们对国外客车生产技术有了进一步了解，找到了差距，学到了先进技术。

20 世纪 90 年代后，我国通过引进国外先进技术，或与发达国家客车厂合资的方式，对重点企业进行了技术改造，使客车工业有了飞速的发展，客车制造工艺技术也取得了长足的进步，个别技术达到了国际先进水平。目前，国内具有代表性的企业有厦门金龙、厦门金旅、苏州金龙、宇通客车等。

（二）我国客车制造工艺技术的发展趋势

我国高档客车制造技术是在引进国外知名客车制造企业先进技术的基础上发展起来的。目前，我国客车制造工艺技术的发展趋势包含以下五方面：

1. 零部件制造从外包到自制

我国主流客车企业的零部件制造可分为两种：整体外包和自主加工模式。早期由于缺乏零部件制造经验与设备投入，客车企业便将零部件甚至大总成（诸如前、后围总成，侧围总成，顶盖总成等）外包给其他配套厂生产。2009 年金融危机到来后，这些企业发现，若将零部件改为内部制造，不仅可提供整车外的生产任务，而且对于控制零部件质量、降低成本也能起到促进作用。于是，一些企业开始重拾零部件生产工作，恢复零部件制造工艺体系。

2. 整车制造工装设备普及与装配精细化

（1）焊装方面。传统的带底盘合拢方式已被“车身骨架合拢＋吊装”方式取代。利用大型气动或液压式合拢工装，不仅可对整车尺寸进行精确控制（国内一些先进的合拢工装可将长度在 18m 以内的尺寸误差控制在 ±2mm），而且保证了批量产品的一致性。大型顶、侧蒙皮液压涨拉机的应用确保了顶、侧蒙皮的平整度。滚式缝焊以及自动点焊设备开始取代传统的 CO_2焊接，这既减小了焊接变形，美化了车辆外观，又减少了焊接缺陷，从而提高了蒙皮的密封效果。

（2）涂装方面。阴极电泳、管腔注蜡、底盘装甲、达克罗等方法开始成为客车涂装防腐的基本工艺，相应的涂装生产线及专用设备逐渐普及。真空静电涂装工艺在客车制造企业中也有实用化趋势。

（3）总装方面。通过科学地设计工艺流程，对内饰件装配顺序进行合理安排，并辅以先进的装配工具，同时加强工艺管理与指导，可获得高质量的整车装配效果，这一点在国内的客运旅游车辆上已得到了明显的体现。

（4）底盘装配方面。用于钢板弹簧或空气悬架与车桥组装的专用工装开始大量使用。数显扭矩扳手、多头电动轮胎螺栓拧紧机等数字化专业设备的使用，提高了车辆的可靠性。

3. 焊装制造工艺方法的提高

2011 年 12 月 31 日，工业和信息化部、公安部联合发布［2011］632 号文件，要求车长大于 11m 的公路客车、旅游客车车身应为全承载整体式框架结构。此项规定，进一步推动了客车全承载制造工艺的进程。全承载制造工艺包括以下工艺要点：

（1）先进的焊接工艺。全承载结构要求焊缝具有足够的强度。全承载制造工艺需采用熔深更大、缺陷更少、焊缝力学性能更好的焊接方法。

目前，我国客车企业主要采用的 CO_2焊，有飞溅大、成型差、焊接缺陷多发等诸多不足之处。参照国外成熟经验，可采用 MAG 焊接方法替代 CO_2 焊。MAG 焊意为活性气体保护焊，属于混合气体保护焊的一种，通常将 Ar 与 CO_2或 O_2按照一定比例进行配比，另外配合 IGBT 逆变式焊机及高性能焊丝，该方法可满足全承载结构的要求。

（2）先进的骨架合拢工装。高强度连接焊缝的获得，要求各骨架总成在合拢时，严格保证相互之间的预留间隙。因此，客车企业需要先进的骨架合拢工装来保证合拢尺寸的精度。

（3）先进的蒙皮固定工艺。在以骨架承载受力的全承载结构中，车身蒙皮对于增加整车扭转强度具有重要意义。因此，只有先进的蒙皮固定工艺才能满足全承载结构的要求。

4. 后装底盘工艺技术的推广

随着全承载技术的应用，以及车身合拢工艺的转变，客车底盘装配工艺也发生了较大改变。目前，国内的客车生产中，无论是车笼吊装还是带底盘立车方式，都会采用提前装配好的三类底盘，而这两种车身合装方式对于底盘装配均有不良影响。前者在进行车笼与底盘车架的连接时，底盘上的管路、线束电控件都容易被焊接时飞溅的火星烫漏或烧损；后者除了存在上述问题外，在进行涂装作业时，空气弹簧和发动机支承等橡胶件、线束电控件以及各种管路等非金属件都会受到高温烘烤，从而影响它们的使用寿命。

为了解决上述车身合装方法对底盘的不良影响，我国通过自主研发和国外工艺引进，在一些客车企业中已经开始普及后装底盘工艺。后装底盘工艺的实施必须以高效的结构设计以及高质量的工艺装备为保障，这种方法利用举升设备将完成合装的车笼举起，利用车下宽松的作业空间和相应工装来完成底盘附件的装配工作。

5. 工艺的前期导入

随着 3D 技术的不断发展，虚拟生产装配越来越被客车企业所重视。通过虚拟生产装配，不仅能较早发现结构设计的不合理性，还能发现工艺设计的缺陷，并通过进一步的优化设计，达成提高投产一次成功率和生产效率的目的。

虚拟制造技术是很多先进学科领域知识的集成化应用。通过数字化建模和计算机仿真，在产品设计阶段或产品制造之前，模拟产品的制造全过程及相应过程对产品设计的影响，推测产品的性能、成本和可制造性，以达到缩短开发周期，减少成本投入，提高生产效率的目的。近年来，世界各国都对虚拟装配技术给予了高度的重视，投入了大量的人力物力进行研究。我国从 20 世纪 90 年代末期开始进行虚拟装配方面的研究工作，目前已取得了可喜的进展，并在一些生产领域应用。

思 考 题

1. 我国客车是如何分类的？
2. 客车生产工艺的特点是什么？
3. 我国客车制造工艺技术的发展趋势如何？

第二章　客车生产中的常用加工工艺

客车生产制造中，用到的生产工艺种类繁多，涉及机加工工艺、手工工艺、化工工艺等。本章主要介绍客车制造中常用的加工工艺，包括冲压工艺、辊压工艺、焊接工艺、粘接工艺、铆接工艺、螺纹连接工艺、张拉蒙皮工艺和玻璃钢制作工艺。同时，阐述了这些工艺的工作原理、工艺特点及在客车上的应用。

第一节　冲 压 工 艺

一、冲压工艺的特点

冲压工艺指建立在金属塑性变形基础上，在常温条件下，利用模具和冲压设备对板料施加压力，使板料产生塑性变形或分离，从而获得具有一定形状、尺寸和性能的零件的加工方法，在各个工业领域中都得到了广泛的应用。

批量生产的客车或相关部件，一般采用冲压工艺制造。客车的冲压件具有尺寸大、形状复杂、配合精度要求高和外观质量要求高等特点，它对生产所用的材料、模具和设备都有较高的要求。不同的零件、不同的工艺特点，所用的材料、模具和设备都不尽相同。

冲压与其他金属加工方法相比，具有以下特点：

（1）生产率高，而且操作简便，易实现机械化与自动化。

（2）车身零件的尺寸精度由冲压模具保证，一般不需要切削加工便可用于装配。

（3）利用冲压工艺可以获得其他金属加工方法所不能或难以加工的、形状复杂的零件。

（4）冲压加工一般不需加热毛坯，也不像切削加工那样需要切除大量金属，节能且材料利用率高。同时，冲压工艺能获得刚度大、强度高且重量轻的零件，适用于客车车身零件的加工。

（5）冲压所用原材料为轧制板料或带料，在冲压过程中材料表面一般不会受破坏，因此冲压零件的表面质量较好，为后续表面处理工序（如涂装）提供了方便条件。

二、冲压工艺的分类

冲压加工零件的形状、尺寸、精度要求、批量大小、原材料性能等的差异，催生出了种类繁多的冲压方法。按加工性质的不同，可以分为两大类型：分离工序和成形工序。例如在零部件制作中常组合使用的剪板和折弯。

分离工序是将冲压件或毛坯在冲压过程中沿一定的轮廓相互分离的制作工艺，冲压零件的分离断面要满足一定的断面质量要求。

汽车零部件的制造中，常用的分离工序有落料、冲孔、剪切、切口和剖切等，见表2-1。

成形工序是在不破坏板料的情况下，在冲压过程中使板料产生塑性变形，以获得所需求的形状及尺寸的零件的制作工艺。汽车零部件的制造中，常见的成形工序有弯曲、拉伸、翻边、胀形和整形等，见表2-2。

冲压中最常用的四个基本工序为冲裁、弯曲、拉伸、成形。

表2-1　车身制造工艺中常用的分离工序

工序	图　例	工序性质
落料	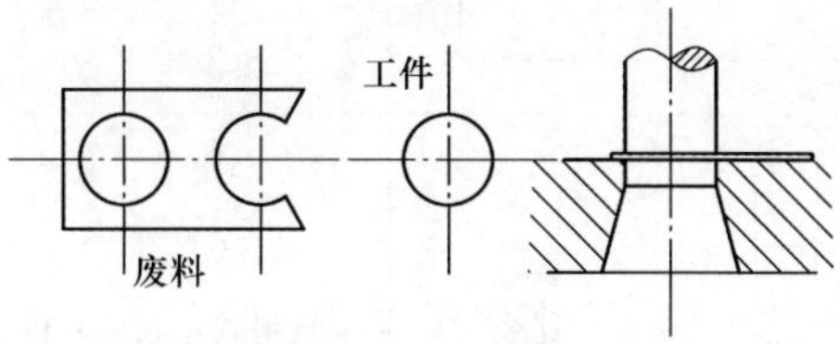	用落料模沿封闭轮廓曲线冲切，冲下部分是零件
冲孔	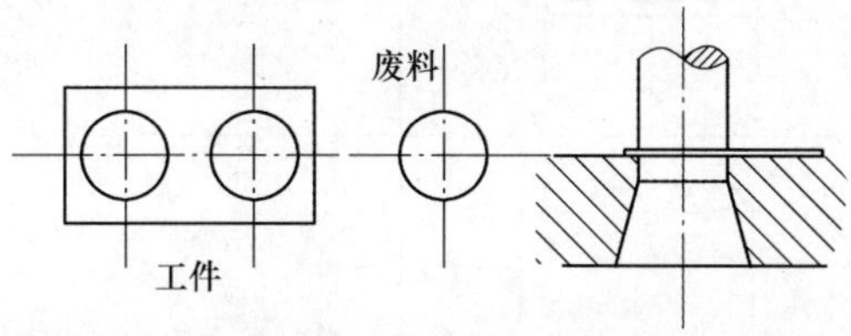	用冲孔模沿封闭轮廓曲线冲切，冲下部分是废料
剪切	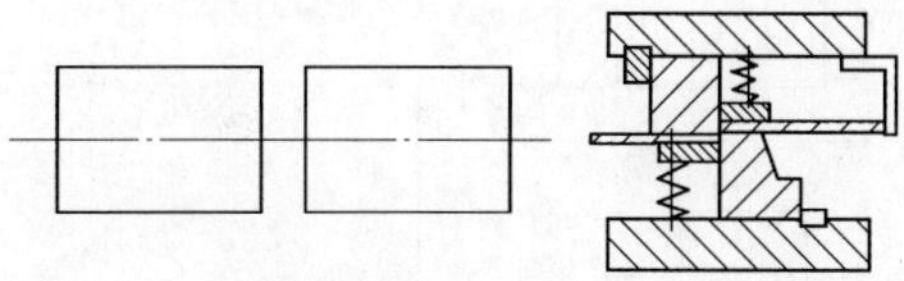	用剪刀或模具切断板材，切线不封闭
切口	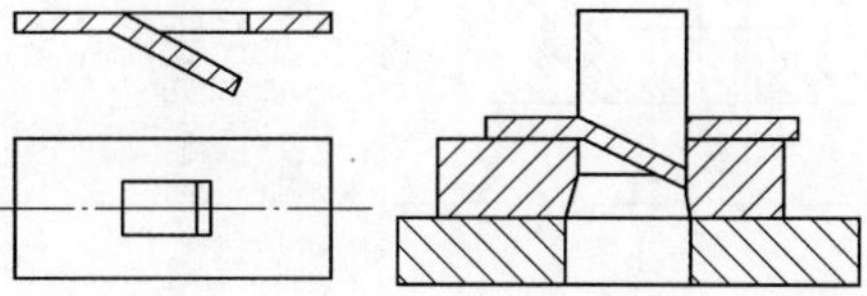	在坯料上将板材部分切口，切口部分发生弯曲
切边	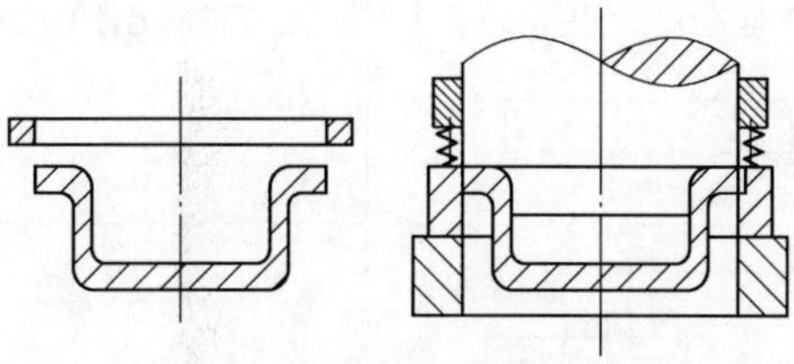	将拉深或成形后的半成品边缘部分的多余材料切掉
剖切	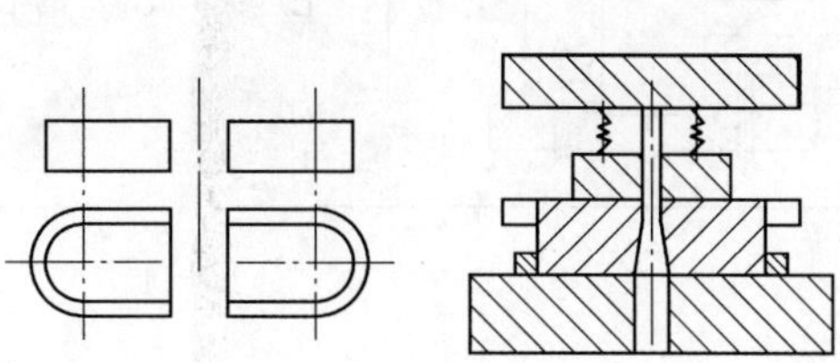	将半成品切开成两个或几个工件，常用于成双冲压

表 2-2　车身制造工艺中常用的成形工序

工序	图例	工序性质
弯曲	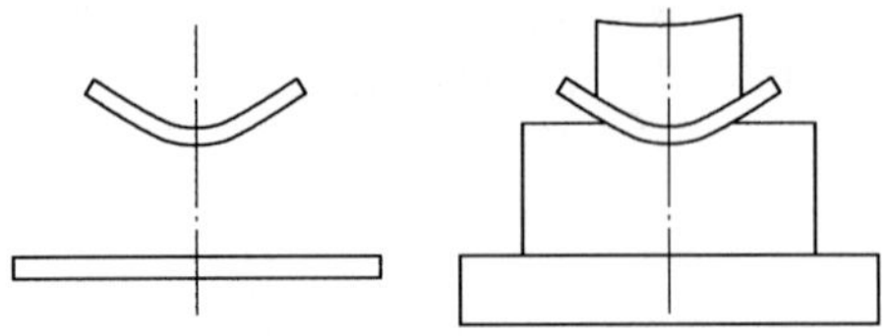	把板料沿直线弯成各种形状
拉深	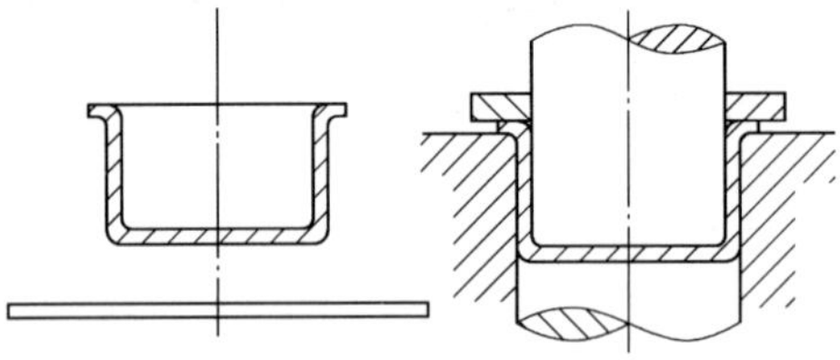	将板料压制成开口空心零件
内孔翻边	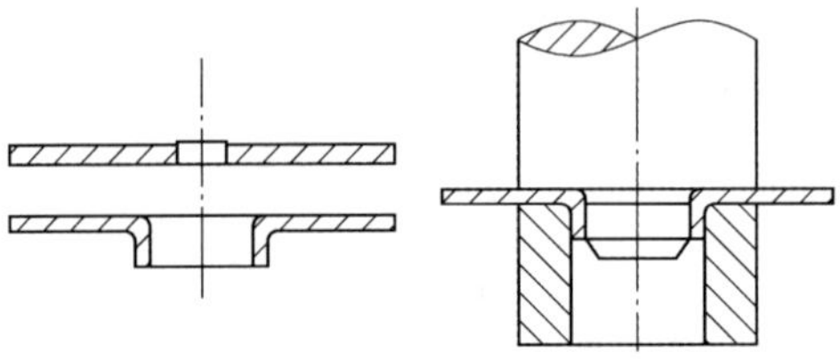	将板料上的孔的边缘翻成竖立状
外缘翻边	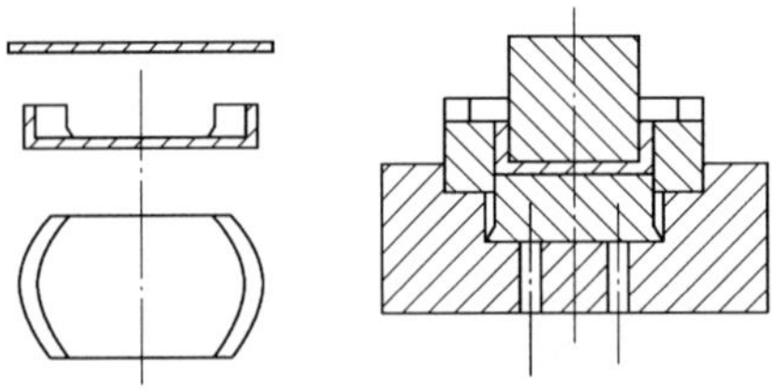	将工件的外缘翻成圆弧或曲线状的竖立边缘
胀形	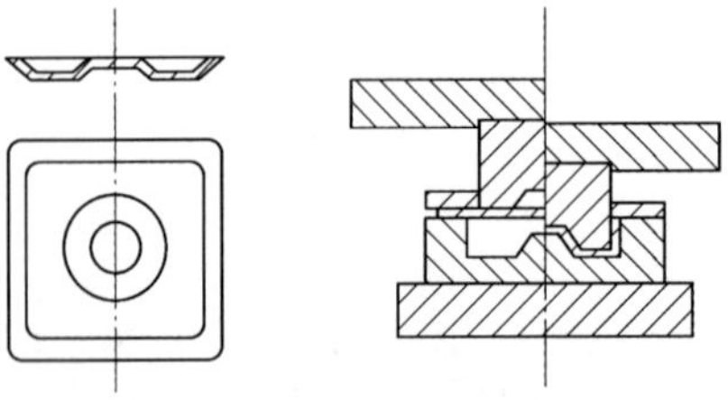	在板料或工件上压出筋条、花纹或文字
整形	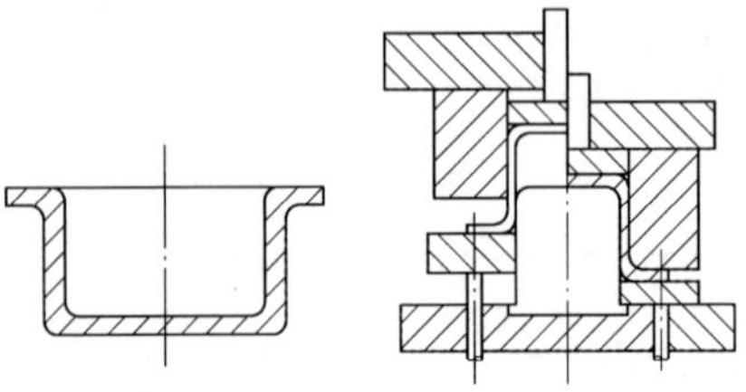	把形状不太准确的工件校正成形

三、冲压工艺的原理

冲压变形过程：根据实测到的冲压压力曲线，以及对冲压变形的观察与分析，可将冲压工艺分为6个阶段。冲压过程中，不同变形阶段的作用与特征，及其对加工操作的主要影响见表2-3。

表2-3　冲压变形过程中各阶段的特征与影响

冲压变形力学过程		作用与特征	主要影响
序号	名称		
1	冲击压缩阶段	材料相应部位出现小圆角，为冲件断面塌角部分的形成作准备	产生振动与噪声的原因之一
2	压入剪切阶段	形成冲裁件断面的塌角部分，并不断生成剪切部分	这是设备与模具受力最大的时刻，冲头、凹模在高压下相互摩擦，它们的剪切面越长，磨损越严重
3	裂缝生长阶段	产生冲压件断面毛刺，并继续生成剪切面，逐渐形成断裂面部分	若冲裁间隙过小，则模具磨损更甚；若间隙过大，则冲压件质量差，模具寿命短
4	突然分离阶段	裂缝合成或错开后连合，冲头突然卸载，一部分材料进入凹模内并彼此分离	产生振动与噪声的主要原因：材料之间、材料与模具之间有摩擦，冲头凹模有磨损
5	推出凹模阶段	获得工件或取走废料	冲压工件的剪切面与模具有摩擦，冲头和凹模有磨损
6	卸离冲头阶段	取走废料或取得工件	剪切面与冲头有摩擦，冲头磨损严重，且引起拉应力，造成不对称循环变应力，另外也会产生噪声

四、冲压工艺在客车上的应用

（一）客车覆盖件的特点

客车车身覆盖件指覆盖发动机、底盘等总成，并构成车身（包括驾驶人侧车门、乘客侧车门、行李舱门等）表面的零件，包括外覆盖件和内覆盖件。

客车覆盖件通常采用冷轧钢板冲压而成。它与一般冲压件相比，具有形状复杂（多为空间曲面）、轮廓尺寸大、材料薄、表面质量要求高等特点。因此，客车覆盖件的冲压工艺，是板料冲压技术中难度较大的一类。

（二）客车覆盖件的技术要求

1. 表面质量要求

覆盖件表面不允许有裂纹、皱纹、划伤、压痕、凸凹不平及其他破坏表面质量的缺陷。覆盖件表面上的筋线要清晰、平直、曲面圆滑且过渡均匀。覆盖件表面上的一些微小的缺陷会在涂漆之后引起光的漫反射，从而影响外观质量。

2. 尺寸和形状应符合覆盖件零件图和车身总图的要求

客车覆盖件形状复杂，用一般的平面图无法准确表达，因此它的尺寸和形状标注是由主模型、零件图样、工艺模型来互相补充完成的。客车覆盖件图样的作用是在客车坐标系中表示其投影的形状和主要尺寸，而不表示出零件的主要尺寸。客车覆盖件的外形尺寸、孔、窗洞、局部鼓包（小前顶）及其他类似部分的形状和尺寸则必须依赖主模型确定，主模型是汽车覆盖件成形模具、焊装夹具和检验夹具的制造标准，它确定了各个零件的成形工艺，它是设计和制造成形模具，检验成形模具是否合格的依据。覆盖件的尺寸和形状应与模具和经过焊装合件匹配过的样件相吻合。覆盖件的形状复杂且尺寸大，它的精确性直接影响车身的装配精度和造型美观度。

3. 覆盖件的刚性要求

覆盖件应具有良好的刚性，以防止客车行驶过程中产生振响和早期损坏。因此，覆盖件在成形过程中应有足够的变形。在拉深过程中，往往因材料的塑性不好，造成覆盖件产生局部缺陷，如变薄、起皱等。客车覆盖件的早期损坏多出现在拉深度比较大、圆角比较小的部位上。

4. 覆盖件的工艺性要求

覆盖件的设计结构应具有良好的冲压工艺性能，能最经济、最安全、最稳定地获得高质量产品。另外，它还应有良好的焊接工艺性能。

（三）客车覆盖件的分类

根据形状复杂程度，变形量和特点，覆盖件可分为三类：浅拉深件、一般拉深件和复杂拉深件，见表2-4。

表 2-4　覆盖件的分类

分类	零件外形特征	拉深变形特点
浅拉深件	1. 拉深深度浅（小于50mm） 2. 外形较简单且匀称 3. 平整或基本平整的底，或是有小台阶的底	1. 拉深中，从压料面下获得少量的补充材料，工件本体的拉深成形主要依靠自身材料的延伸 2. 变形和应力比较均匀，成形表面的应力数值远小于抗拉强度极限，故需采用拉深槛来增加压料面下材料的流动阻力，使材料充分塑性变形，以保证制件得到应有的刚度 3. 一般不会产生破裂
一般拉深件	1. 拉深深度较深（50 ~ 100mm） 2. 外形较复杂 3. 平整的或基本平整的底，或是有大曲率半径的外凸形底	1. 拉深表面主要靠压料面下的毛坯向内补充而拉深成形 2. 变形和应力比较均匀，成形表面塑性变形程度较大，但应力尚小于 σ_b 3. 只要材料合格或模具技术状态良好，则一般不会破裂
复杂拉深件	1. 拉深深度深（170 ~ 240mm） 2. 外形复杂且不对称 3. 有外凸或内凹的底，或是有大台阶形底	1. 拉深表面既靠压面料下的材料补充，又靠内部表面材料的延伸而拉深成形 2. 制件各处应力和变形很不均匀，大部分区域已充分塑性变形，且应力已临近 σ_b，个别区域尚有变形不足的状态 3. 若材料不合格或压料力调整不当，则容易出废品

（四）客车覆盖件拉深成形工艺的设计原则

拉深工序直接影响覆盖件的产品质量、材料利用率、生产效率和制造成本，它必须遵循以下原则：

（1）尽可能用一道工序使覆盖件成形。二次成形会造成定位困难，可能发生成形不完整的情况，影响覆盖件表面质量。

（2）覆盖件的成形深度应尽可能均匀平缓，使各处的变形程度趋于一致。

（3）对于拉深表面较为平坦的覆盖件，应适当设置拉延筋、拉深槛和设计合适的压料面，以调整各个部位材料的变形流动情况。

（4）覆盖件主要结构面上往往有急剧变化的凸凹曲面和较深的鼓包。在形状设计时，应尽可能满足合理成形的条件要求。在确定成形工艺时，可以通过加大过渡区、过渡圆角、切口等方法改善材料的流动和补充条件。

（5）覆盖件的表面不允许有皱折等质量问题。不规则的表面形状只能考虑用拉深成形。

（6）覆盖件成形压料面的设计形状应使材料不发生皱折、翘曲等质量问题，保证压料面材料变形流动顺利。同时，压料面的形状还应保证坯料定位的稳定性、可靠性、安全性和可操作性，并且力求压料废边最小。

（7）覆盖件成形后，一般还需进行翻边、修边等工序。在进行主成形工序时，应充分考虑坯料形状和尺寸，为后序的翻边、修边等工序提供良好的工艺条件，包括材料变形条件、模具结构、零件定位、送料、取件等。

（8）坯料的送进和取出应确保安全、方便。当成形模具的内表面与坯料发生干涉时，应尽可能在模具内设置导向装置。

（9）覆盖件坯料的定位装置要简便易操作。在进行成形工序设计时，必须为下道工序创造良好的定位形式，确保已成形的表面不被损伤，并使成形零件得到令人满意的效果。客车部分覆盖件的冲压工艺实例见表2-5和表2-6。

表2-5　前风窗蒙皮的冲压工艺

工　序	工　艺　说　明	设　　备
1	下料	开卷校平剪切机组
2	落料	单动压力机6300kN
3	拉延成形	双动压力机6000/4000kN
4	整形	单动压力机6300kN
5	修边	单动压力机6300kN
6	翻边、整形	单动压力机6300kN

表2-6　车门蒙皮的冲压工艺

工　序	工　艺　说　明	设　　备
1	下料	开卷校平剪切机组
2	落料	数控激光切割机
3	拉延成形	双动压力机
4	冲孔、切边	单动压力机6300kN
5	翻边、整形	单动压力机8000kN

第二节　辊压工艺

一、辊压成形的特点

辊压成形是靠材料的塑性移动将其辊压加工成特定断面型材的加工工艺。辊压成形工艺与切削和磨削工艺相比，生产效率更高、更节约材料，而且产品强度更高、质量更稳定。这种工艺特别适于加工特长的难于切削的工件，对年产上百万件的大批量产品，采用辊压成形工艺最为有利，经济效益也最为可观。

二、辊压加工原理

辊压是一种无切屑加工工艺，即在常温下利用金属的塑性变形，将工件表面的微观不平度辗平，从而达到改变工件表层结构、机械特性、形状和尺寸的目的。

辊压成形加工工艺从20世纪60年代开始在欧洲投入使用。辊压成形工艺具有生产效率高、节约材料等优点，且能增加产品强度，除在螺纹紧固件行业应用外，汽车、自行车等工业部门也用其加工形状复杂的零件。随着技术的进步，辊压成形工艺越来越受到人们的关注。

准确地说，辊压是一种压力光整加工，它利用金属在常温状态的冷塑性特点，用辊压工具对工件表面施加一定的压力，使工件表层金属产生塑性流动，填入到原始残留的低凹波谷中，使工件表面粗糙度降低。被辊压的表层金属发生塑性变形，使其表层组织冷硬化且晶粒变细，形成致密的纤维状，并形成残余应力层，硬度和强度都得到提高，从而改善了工件表面的耐磨性、耐蚀性和配合性，见图2-1。

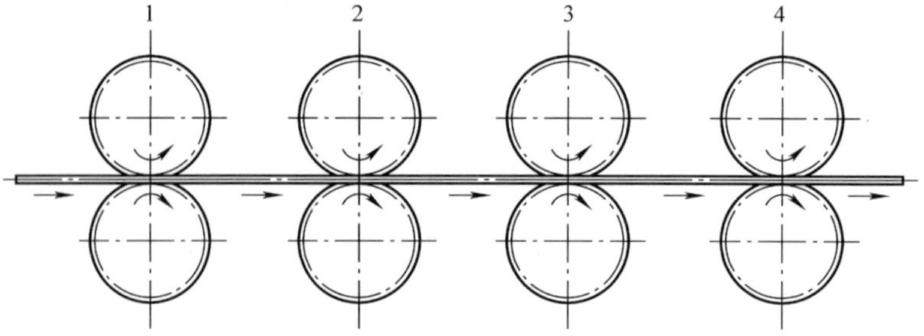

图2-1　辊压成形简图

三、辊压工艺在客车上的应用

薄钢板材料在客车上的用量非常大，材料购进时以成卷为主，在下料前需要开卷、整形，整形的过程也是一种辊压的过程。客车车身上使用量较大、长度较长的开口断面的薄板材料，如侧蒙皮、侧顶蒙皮，均可以采用辊式冷弯成形的方法加工，见图2-2。

辊式冷弯成形是以金属薄板或带卷为原料，通过多组装配了具有一定形状的成形轧辊的成形机使坯料逐步弯曲变形，从而得到均一截面产品的塑性加工方法。在辊式冷弯成形过程中，板材坯料只有弯曲过程，厚度是不发生变化的，见图2-3。

客车车身上采用此种成形方法具有效率高、成形质量稳定、不受构件长度影响等优点，同时可提高板材边角料使用率，有利于车身表面平整度的提高。

辊压成形是一种先进的加工工艺，美国、日本、英国、德国、法国和俄罗斯等国均在大力发展这种工艺，美国用辊压成形工艺加工的汽车转轴，生产速度达200件/min，比原切削加工提高40多倍。

图 2-2　辊压冷弯成形设备

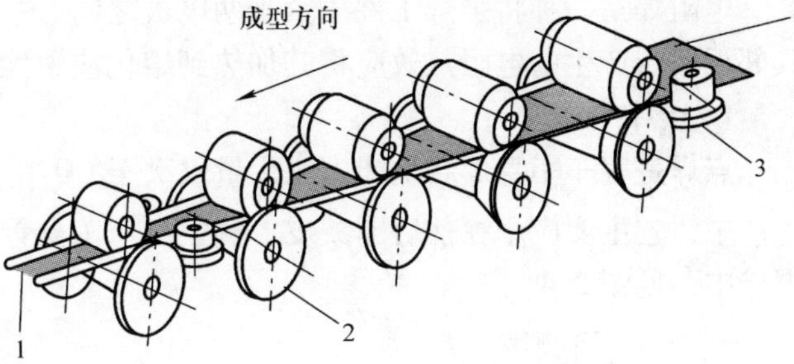

图 2-3　辊压冷弯成形简图
1—成品　2—成形辊　3—辅助立辊　4—板带原料

第三节　焊 接 工 艺

一、焊接工艺及其特点

(一) 焊接工艺

焊接指通过加热或加压，或者两者并用，使两个分离的物体产生原子间的结合力而连接在一体的工艺方法。事实上，金属和非金属都可以通过焊接方式实现连接固定。焊接技术主要应用在金属母材上，常用的方法有电弧焊、氩弧焊、CO_2保护焊、氧－乙炔焊、激光焊、电渣压力焊等。对于不同金属材料，根据材质、材料厚度等条件，需要选择不同的焊接方法（下文中的焊接指金属材料）。

(二) 焊接工艺的特点

(1) 节省金属材料，结构重量轻。

(2) 以小拼大，化大为小。在制造重型、复杂的机器及其零部件时，将大型零部件分成若干小件再通过焊接整合。对铸造、锻造及难度大的切削加工部件，可通过焊接实施简化，获得最佳的技术经济效果。

(3) 焊接接合部位具有良好的力学性能和密封性。

(4) 能够制造双金属结构部件，使材料的性能得到充分利用。

焊接工艺技术不仅在客车生产制造中得到应用，在其他机械制造、造船工业、建筑工程、电力设备生产、航空及航天工业等方面的应用也十分广泛。

二、焊接工艺的分类

根据焊接工作原理，可将焊接工艺分为电阻焊焊接工艺、电子束焊接工艺、气焊焊接工艺、激光焊接工艺和电弧焊焊接工艺。以上焊接工艺执行标准 GB/T 19867.1—2005《电弧焊焊接工艺规程》、GB/T 19867.2—2008《气焊焊接工艺规程》、GB/T 19867.3—2008《电子束焊接工艺规程》、GB/T 19867.4—2008《激光焊接工艺规程》、GB/T 19867.5—2008《电阻焊焊接工艺规程》中的焊接工艺规程。

（一）电阻焊

电阻焊是一种将被焊工件压紧于两电极之间，并施以电流，利用电流流经工件接触面及其邻近区域产生的电阻热效应将其加热到熔化或塑性状态，使之形成金属结合的方法。

1. 点焊

点焊是客车车身焊装生产中应用量仅次于 CO_2 电弧焊的焊接方式。在目前客车车身焊装生产中，它主要应用在前后围蒙皮、侧蒙皮与车身骨架、顶蒙皮的拼接及其与车顶围骨架的焊接中，见图 2-4。

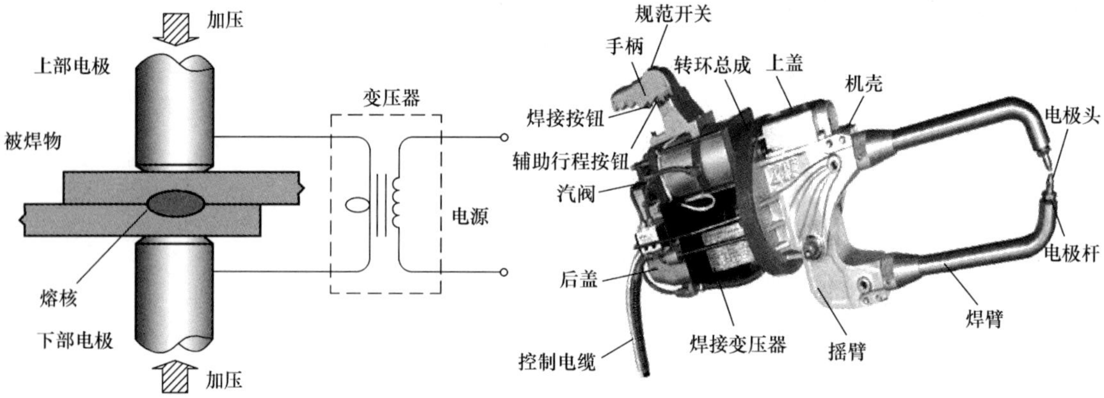

图 2-4　点焊原理及点焊机

点焊的焊接过程见图 2-5。

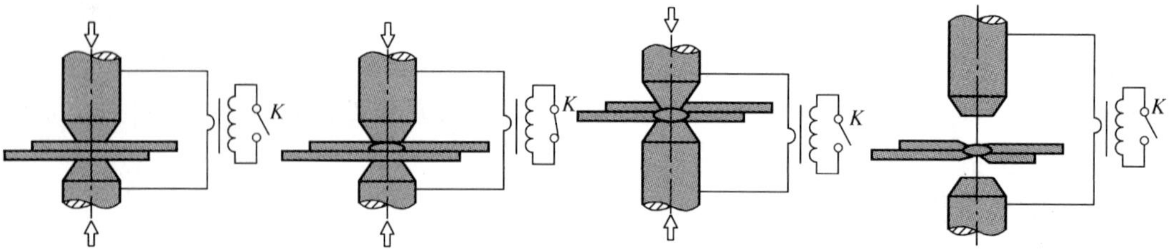

a) 加压　　b) 通电　　c) 断电　　d) 退压

图 2-5　点焊的焊接过程

2. 缝焊

缝焊又称滚焊，由点焊发展而来。它的焊点形成本质与点焊相同，见图 2-6。

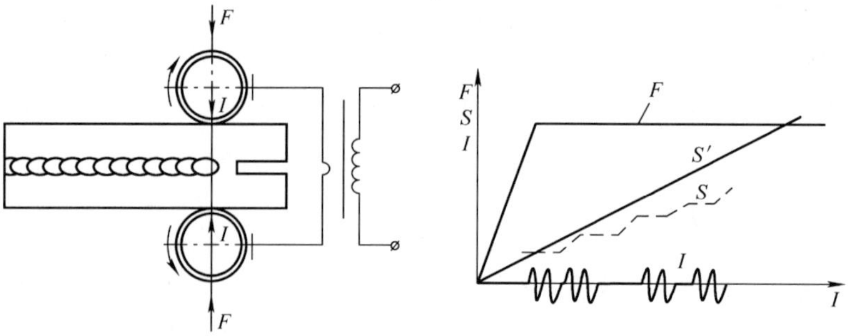

a) 缝焊原理图　　b) 缝焊焊接循环

图 2-6　缝焊

S—工件连续移动距离　*S′*—工件断续移动距离

（二）电子束焊

电子束焊是一种利用会聚的高速电子流轰击工件接缝处所产生的热能使金属熔合的焊接方法。电子流轰击工件时，动能转变为热能。

1. 电子束作为焊接热源有两个明显的特点

（1）功率密度高。用电子束焊接时，常用的加速电压范围为30～150kV，电子束电流范围为20～1000mA，电子束焦点直径为0.1～1mm，这样，电子束的功率密度可达106W/cm^2以上。

（2）精确而快速的可控性。作为物质基本粒子的电子，具有极小的质量（9.1×10^{-31}kg）和一定的负电荷（1.6×10^{-19}C），电子的荷质比高达1.76×10^{11}C/kg，通过电场、磁场对电子束可作快速而精确的控制。电子束的这一特点明显优于激光束，后者只能用透境和反射镜控制，速度慢。

基于焊接时的真空条件，电子束焊接具有下列特点。

优点：①电子束穿透能力强，焊缝深宽比大。目前，电子束焊缝的深宽比可达60∶1。焊接厚板时，可以不开坡口实现单道焊，比电弧焊节省辅助材料且能源的消耗更小。②焊接速度快，热影响区小，焊接变形小。对精加工的工件可作为最后连接工序，焊后工件仍可保持足够高的精度。③真空电子束焊接不仅可以防止熔化金属受到氧、氮等有害气体的污染，还有利于焊缝金属的除气和净化，因而特别适于活泼金属的焊接。另外，也常用电子束焊接真空密封元件，焊后元件内部保持在真空状态。④电子束在真空中可以传到较远的位置上进行焊接，因而也可以焊接难以接近部位的接缝。⑤通过控制电子束的偏移，可以实现复杂接缝的自动焊接。可以通过电子束扫描熔池来消除缺陷，提高接头质量。

缺点：①设备比较复杂且费用比较昂贵。②焊接前对接头加工和装配要求严格，为的是保证接头位置准确、间隙小且均匀。③真空电子束焊接时，被焊工件尺寸和形状常常受到工作室的限制。④电子束易受杂散电磁场的干扰，影响焊接质量。⑤电子束焊接时产生的X射线需要严加防护，以保证操作人员的健康和安全。

2. 工作原理和分类

（1）工作原理。电子束是从电子枪中产生的。通常，电子以热发射或场致发射的方式从发射体（阴极）逸出。在25～300kV的加速电压的作用下，电子被加速到0.3～0.7倍光速，具有一定的动能，经电子枪中静电透镜和电磁透镜的作用，电子汇聚为功率密度很高的电子束。电子束撞击到工作表面，电子的动能便转变为热能，使金属迅速熔化并蒸发。在高压金属蒸气的作用下，熔化的金属被排开，电子束就能继续撞击深处的固态金属，在被焊工件上很快地“钻”出一个锁形小孔，小孔的周围被液态金属包围。随着电子束与工件的相对移动，液态金属沿小孔周围流向熔池后部，逐渐冷却、凝固并形成焊缝。电子束传送到焊接接头的热量和其熔化金属的效果，与束流强度、加速电压、焊接速度、电子束斑点质量以及被焊材料的性能等因素有密切的关系。

（2）分类。电子束焊的分类方法很多。按被焊工件所处环境的真空度可分为三种：高真空电子束焊、低真空电子束焊和非真空电子束焊。

（三）气焊焊接

气焊焊接是一种以可燃气体与助燃气体混合燃烧生成的火焰为热源，熔化焊件和焊接材料并使之达到原子级结合的焊接方法。

(四) 激光焊接

激光焊接是一种将高能激光束耦合进入光纤，远距离传输后，通过准直径变为平行光，再聚焦于工件上实施焊接的方法。

(五) 电弧焊焊接

电弧焊焊接以焊条和焊件分别作为两个电极，被焊金属称为焊件或母材，焊接时利用电弧的高温和吹力作用使焊件局部熔化。客车生产中使用最多的 CO_2 气体保护焊是电弧焊的一种。

CO_2 气体保护焊亦称 CO_2 电弧焊，是 20 世纪 50 年代初期发展起来的一种焊接技术，见图 2-7。目前，它在我国的机车车辆制造、汽车制造、船舶制造等领域应用十分普遍，也是客车制造行业的主要焊装方法。

优点：焊接成本低，生产率高，焊接质量高，适用范围广，便于监视和控制，焊后不需清渣，有利于实现焊接过程的机械化和自动化。

缺点：焊接设备较复杂，怕风，因此露天作业受到一定限制，弧光和热辐射强。

(六) 氩弧焊

为了减轻车身重量，客车车身上除使用钢结构外，已经普遍采用铝和铝合金材料。氩弧焊是焊接铝及铝合金的理想方法。

氩弧焊可分为钨极氩弧焊、熔化极氩弧焊和脉冲氩弧焊，下面简要介绍钨极氩弧焊。

钨极氩弧焊用钨棒作电极，以氩气为保护气体。它可以焊接所有金属，在航空、机械制造等部门被广泛应用。

钨极氩弧焊以钨极与工件之间产生的电弧作为热源，见图 2-8。电弧和熔化的金属都处于惰性气体的保护之中，不受周围空气的影响。它适合于焊接铝及其合金、不锈钢、高温合金。

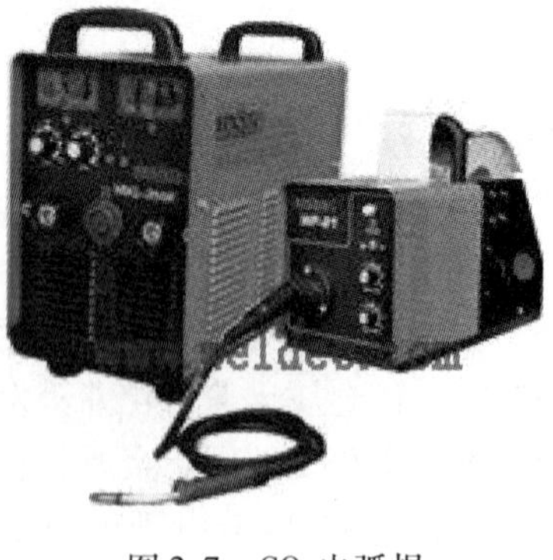

图 2-7　CO_2 电弧焊

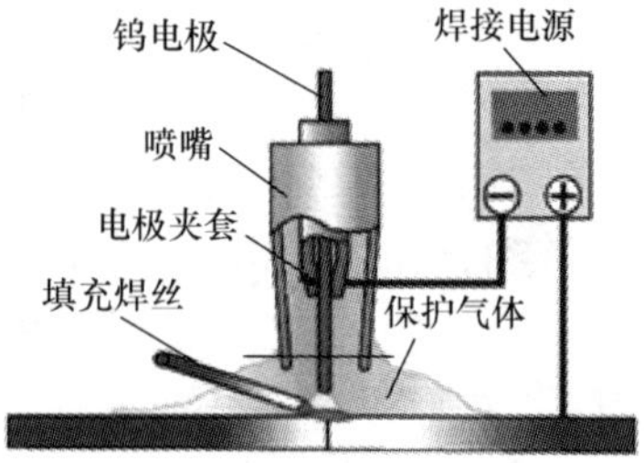

图 2-8　氩弧焊示意图

三、焊接工艺在客车上的应用

客车车身材料主要是低碳钢薄壁型杆件、钢板冲压件等，它们的焊接性能良好。型钢厚度一般为 2 ~ 5mm，蒙皮覆盖件厚度为 1 ~ 1.5mm。客车车身焊接大量采用 CO_2 气体保护焊。而蒙皮件的装焊，为保证外观质量，减小变形，现在越来越多地采用电阻焊。

第四节　粘接工艺

一、粘接工艺的特点

粘接密封技术是利用粘接剂和密封胶来解决部件的连接和密封问题的特种工艺技术，见图2-9。粘接和密封技术具有牢固、快速、经济、节能等特点，已经在客车制造行业得到广泛应用。它已部分代替铆接、焊接和机械装配等传统工艺，起到节省时间、降低成本、提高质量的作用。

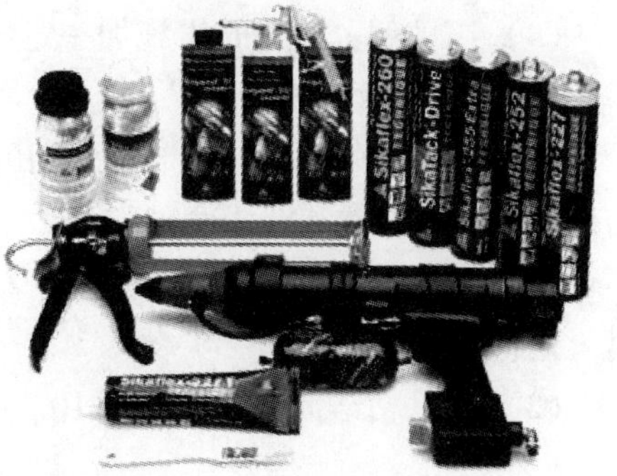

图2-9　粘接剂和密封胶

（一）粘接工艺的优点

（1）方法简单，容易实现。它可以实现同种或异种材料（包括金属和非金属材料）的连接，解决了用其他工艺方法，如焊接、铆接、螺栓等难以实现的连接问题。

（2）质量有保证。只要保证接头和结合面完全密封且绝缘，就能提高抗腐蚀性能。因为结合面间的粘结剂和密封胶能阻止电偶腐蚀，潮气和腐蚀物质难以存留。

（3）阻尼、防松和减振性能好。结合面间的胶层对振动有阻尼作用，粘接接头也可以起到防松、减振的作用。

（4）不需要高温条件，没有应力集中现象。粘接密封一般可以在常温下进行，最高工艺温度不会超过200°C。因此，可以减少工件受热变形，使工件表面平整光滑，不存在应力集中，抗疲劳强度高。

（5）操作简单。粘接和密封工艺操作简单，便于实施机械化和自动化施工。

（6）简单的结构可以提高强度、减轻重量。利用粘接技术能够改变设计结构，增加结构件刚度，减轻重量。

（二）粘接工艺的不足

粘接密封技术的应用也有其局限性，主要有以下方面。

（1）粘结剂和密封胶中往往含有一定的可燃性、刺激性、有毒性溶剂，对环境及操作人员有一定负面影响，对施工现场的安全防范措施有较高要求。

（2）粘接质量易受到各种条件的影响，判断粘接质量和使用寿命比较困难。

（3）进行粘接密封施工时，有些被粘接物的表面和密封界面要进行必要的处理。

（4）粘接密封件的拆卸、更换比较困难。

二、粘接工艺的分类

（一）按粘接强度分类

（1）结构胶。有较高的粘接强度，用于粘接受力部位，一般要求粘接接头能承受的应力与被粘物自身强度基本相当。

（2）非结构胶。不要求严格的力学性能，用于非主要受力部位，一般称为通用胶。

（二）按粘接剂固化作用分类

（1）溶剂型：靠粘结剂中所含溶剂挥发或被粘物吸收干燥固化来实现粘接。

（2）反应型：由不可逆的化学反应使胶液固化来实现粘接。其中，按配置方法和反应条件还可以分为单组份、双组份及多组份型，室温、加热、吸湿、辐照等类型。

（3）热熔型：通过加热使固态胶熔融，冷却后固化，实现粘接。

（4）压敏型：使用时需施加一定压力，一般为胶带或胶条，可以反复使用。

（三）按主要成分分类

按主要成分分类是粘结剂最常用的分类方法，大致可以分为有机和无机两大类，有机粘结剂又可分为天然和合成两种类型。

（1）无机粘结剂包括硅酸盐类、硫酸盐类、磷酸盐类、硼酸盐类、玻璃陶瓷胶类、金属氧化物及其他类。

（2）有机粘结剂分类见图 2-10。

- 有机粘结剂
  - 合成类
    - 热固性：酚醛树脂、脲醛树脂、环氧树脂、聚氨酯树脂、丙烯酸酯、有机硅、聚酰亚胺、聚苯并咪唑
    - 热塑性：聚醋酸乙烯酯、聚乙烯醇缩醛、聚酰胺、聚苯乙烯、纤维素、氰基丙烯酸酯、醇酸树脂等
    - 橡胶型：丁腈、氯丁、异丁、丁苯、硅橡胶、氟橡胶、聚硫橡胶等
    - 混合型：环氧酚醛、环氧聚酰胺、环氧聚氨酯、酚醛缩醛、有机硅酚醛、环氧聚硫、酚醛氯丁、酚醛丁腈等
  - 天然类
    - 动物胶：皮胶、骨胶、虫胶、酪朊等
    - 植物胶：淀粉、糊精、松香、阿拉伯胶
    - 矿物胶：沥青等

图 2-10　有机粘接剂分类

三、粘接工艺的原理

粘接工艺原理涉及的理论主要包括机械理论、吸附理论、扩散理论、静电理论、弱边界理论、化学键理论、配位键理论、酸碱理论等，每种理论都只能解释一部分粘接现象，简要介绍如下：

（一）机械理论

机械理论认为胶粘剂对两个被粘物的接面是机械附着作用的结果。以固体表面的粗糙、多孔结构为基础，胶粘剂流动、扩散、渗入被粘物表面，固化或胶凝后，与被粘物表面通过互相咬合连接起来，形成“钩键”、“钉键”、“锚键”等，将两个被粘物牢固结合在一起。

（二）吸附理论

吸附理论把胶粘剂的粘接作用归于胶与被粘物之间的分子力作用。这种相互作用包括化学键力、范德华力和氢键力。

（三）扩散理论

扩散理论认为，高分子材料之间的粘接源于胶粘剂与被粘物表面分子或链段彼此之间不停地热运动引起的相互扩散作用。该作用使胶与被粘物之间的界面逐渐消失，形成相互交织的牢固结合，粘接接头的强度随时间延长而达到最大值。

（四）静电理论（双电层理论）

该理论认为在胶粘剂与被粘物接触的界面上形成了双电层，粘接源于静电吸引。

（五）弱边界层理论

妨碍粘接作用形成并使粘接强度降低的表面层称为弱边界层。胶粘剂和被粘物之间的粘附力破坏，即弱边界层破坏。

（六）化学键理论

化学键理论认为胶粘剂分子与被粘物表面通过化学反应形成化学键而结合，并获得高强度的粘接。

（七）配位键理论

该理论认为胶粘剂与被粘物在粘接界面上由胶粘剂提供电子对，被粘物提供空轨道形成配位体系，以提高粘接强度。

（八）酸碱理论

该理论认为在粘接体系属于酸碱配对的情况下，酸碱作用能提高界面的粘接强度。

四、客车用粘结剂、密封胶的选用原则

对客车制造中所用到的粘结剂、密封胶，除了性能、工艺上的要求外，主要有以下几个方面的要求。

（1）充分满足客车材料上的要求，在预期的使用寿命里始终保持应有的性能。

（2）具有优良的耐候性，在高温、低温、潮湿、多盐的气候下不丧失功能。

（3）具有良好的耐油性，不能被油溶解而导致粘接密封失效。

（4）具有良好的疲劳强度，始终保持一定的韧性和延伸性，在长期行车中受到振动和冲击后，粘接密封性能降低很小。

车身焊接后，表面要用油漆处理，这时就要选择表面可漆性强，可在其表面涂覆多种漆和涂料的密封胶，如 AM－120A、120C、130 密封胶。

玻璃粘接胶要选择耐冲击、耐振动、耐剥离及耐热性能优良的胶类，如德帮 2495。

玻璃填缝胶要选用防泄漏、防水、防振动、隔音、隔热等性能较好的胶类，如 XL－1210 中性硅酮密封胶。

第五节　铆 接 工 艺

一、铆接工艺的特点

冷碾铆接法利用铆杆对铆钉局部加压，并绕中心连续摆动直到铆钉成形。按照这种铆接

法的冷碾轨迹，可将其分为摆碾铆接法及径向铆接法。摆碾铆接法较易理解，该铆头仅沿着圆周方向摆动碾压。径向铆接法较为复杂，它的铆头运动轨迹是梅花状的，铆头每次都通过铆钉中心点，即铆头不仅在圆周方向碾压，沿径向也在摆动碾压。

两种铆接法比较而言，径向铆接面所铆零件的质量较好，效率略高，并且铆接更为稳定，铆件无须夹持，即使铆钉中心相对主轴中心略有偏移也能顺利完成铆接工作。而摆碾铆接必须将工件准确定位，最好夹持铆件。然而，径向铆接机结构复杂，造价高，维修不方便，非特殊场合一般不采用。相反地，摆碾铆接机结构简单，成本低，维修方便，可靠性好，能够满足90%以上零件的铆接要求。此外，利用摆碾铆接的原理，还可以制造适合多点铆接的多头铆接机，它在现代工业生产中有独特的优势。

二、铆接工艺的分类

（一）铆接的三种分类

铆接是一种不可拆连接，可分为强固铆接、密固铆接和紧密铆接三种。

（1）强固铆接：这种铆接要求能够承受大的作用力，保证构件具有足够大的强度，但对被铆接件接缝处的密封性能没有特殊的要求，如屋架、车辆、桥梁等构件的铆接。

（2）密固铆接：这种铆接既要求能够承受大的作用力，也要求被铆接件接缝处具有很好的密封性能，如压缩空气罐、压力管路、锅炉等构件的铆接。另外，拉铆螺母的铆合也属于密固铆接。

（3）紧密铆接：这种铆接要求被铆接件接缝处具有高度的密封性能，但对构件的强度没有特别要求，如油罐、水箱等。目前这种铆接已很少使用，逐渐被焊接所代替。

（二）铆接的三种形式

铆接的基本形式有搭接、对接和角接三种。

（1）搭接：把被铆接板件的边缘对搭在一起，用铆钉进行铆接。

（2）对接：把两个被铆接板件置于同一平台上，用盖板盖住接口，再用铆钉进行连接。对接又分为单盖板式和双盖板式两种。

（3）角接：把两个互相垂直或成一定角度的被铆接板件用铆钉进行连接。在连接的转角处，一般用角钢作为搭接件，根据数量又分为一侧角钢和双侧角钢两种。

三、铆接工艺的原理

用铆钉把两个或两个以上的零、构件连接为一个整体的连接方法称为铆接。它运用拉力膨胀原理，能够紧密铆接物体。通俗地讲，铆接就是通过在两个板件或物体上打洞，然后将铆钉放进去，用铆钉枪将铆钉铆死，从而将两个板件或物体连接在一起的方法，见图2-11。

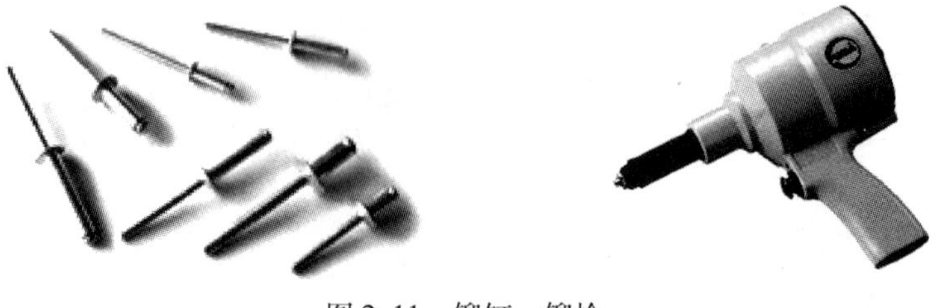

图2-11　铆钉、铆枪

工艺过程：钻孔→锪窝→去毛刺→插入铆钉→顶住铆钉→拉铆成形。

四、铆接在客车上的应用

1. 普通铆接

普通铆接工艺过程较简单，方法成熟，连接强度稳定可靠，应用范围广。普通铆接广泛应用于车体各种组件和部件，其中半圆头、平锥头铆钉连接用于机体内部机构及气动外形要求低的外蒙皮，沉头铆接主要用于气动外形要求高的外蒙皮，大扁圆头铆钉连接用于气动外形要求比较低的蒙皮及油箱舱等部位。

2. 密封铆接

密封铆接的特点是能消除结构缝隙，堵塞泄漏。它的工艺过程比较复杂，密封材料的敷设要在一定的施工温度、湿度下进行。多用于有封闭要求的部位和结构，如整体油箱、气密座舱等。

3. 特种铆接

这种铆接的特点是效率高，操作简单，能适应结构的特殊要求。缺点是铆钉结构比较复杂，制造成本高，应用范围较窄，铆接故障不易排除，多用于结构有特殊要求的部位，还可用于修理和排除故障。

4. 干涉配合

这种铆接疲劳寿命长，能对钉孔起密封作用，从根本上提高了铆接质量，但对铆钉孔精度要求高，对铆接前钉与孔的配合间隙要求严格，多用于抗疲劳性能要求高或者有密封要求的组件、部件。

五、铆接方法

1. 手铆法

这种方法工具简单，操作方便，但效率低，一般用于小组件、托板螺母和双面沉头铆接。

2. 冲击铆法

这种方法适用于各种铆接结构，甚至是不开放的、较复杂的结构。铆接时，装配件可处于各种位置和状态。与压铆相比，它的质量稳定性较差、效率低、噪声大，多用于普通铆钉铆接。

3. 正铆法

这种方法与反铆法相比，铆接变形小、蒙皮表面质量好，但劳动强度大、效率低，应用范围受结构的限制，多用于蒙皮表面质量要求高的沉头铆接和普通铆钉干涉配合铆接。

4. 反铆法

这种方法应用范围广、顶把轻（相对正铆顶把质量），能够使零件间贴紧，但铆接变形大，严重时铆钉头周围会有局部下陷，主要适用于结构不开放部位和涂覆密封剂的密封铆接。

5. 拉铆法

这种方法操作简单、效率高，但铆接质量不够稳定，用于拉铆型环槽铆钉铆接、螺纹抽芯高抗剪铆钉铆接、螺纹空心铆钉铆接、拉丝型抽芯铆钉铆接、鼓包型抽芯铆钉铆接等单面铆接。

6. 压铆法

这种方法使钉杆能较均匀地填满钉孔，质量稳定、表面质量好、效率高、劳动条件好，但应用范围受结构限制。在手提压铆机和压铆模的不断改进中，其应用范围也在不断扩大，多用于开放性好的组件（如肋、框、梁、壁板等）的平锥头铆钉铆接和沉头铆接。

7. 自动钻铆法

这种方法铆接质量高、效率高、劳动条件好，但设备复杂、价格昂贵，适用于无头铆钉干涉配合铆接、镦铆型环槽铆钉铆接、抽芯铆钉铆接，也用于普通铆钉铆接。

8. 应力波铆接法

用这种方法铆接的过程中，铆钉材料向各方向同步流动，即铆钉孔的填充和铆钉镦头的形成同步完成，因此能形成比较均匀的干涉量。它的疲劳寿命相当于或高于无头铆钉干涉配合的铆接。用这种方法铆接时，不需精加工孔和大吨位的压铆机，工件变形小。但它的设备复杂，寿命短，噪声大，使用不够方便，多用于铆接较难成形的钛合金、高温合金、合金钢铆钉和大直径铆钉，铆接碳纤维环氧复合材料，还可用于抗疲劳性能要求高的干涉配合铆接。

9. 热铆法

这种方法镦头形成容易，不易产生裂纹，比冷铆质量好，但工具设备较复杂，多用于钛合金铆钉铆接。

在客车的生产过程中，铆接工艺经常用于车架的拼合以及不同材质车身构件的拼合，如玻璃钢蒙皮与钢骨架或铝板与钢骨架。

第六节　螺纹连接工艺

一、螺纹连接工艺的特点

螺纹连接是一种广泛使用的可拆卸的固定连接，具有结构简单、连接可靠、装拆方便等优点。

二、螺纹连接工艺的类型

（一）螺栓连接

1. 特点

被连接件均较薄，需在其上制通孔（不切制螺纹）。用螺栓、螺母连接，结构简单，装拆方便（可以两边装配），见图 2-12。

图 2-12　螺栓

2. 应用

被连接件厚度均小，不受被连接件材料限制，允许常拆卸，应用广泛。

（二）双头螺柱连接

1. 特点

被连接件之一较厚，需在其上制盲孔，且在盲孔上切制螺纹。薄件则制通孔，无螺纹，用双头螺柱加螺母连接。允许多次装拆而不会损坏被连接件。

2. 应用

通常用于被连接件之一太厚，不便穿孔的情况，结构要求紧凑，必须采用盲孔连接或需经常装拆处。

（三）螺钉连接

1. 特点

不需用螺母，将螺钉穿过一个被连接件的孔，旋入另一个被连接件的螺纹孔中（结构上比双头螺柱简单）。

2. 应用

被连接件之一太厚，且不经常装拆的情况。

（四）紧定螺钉连接

1. 特点

利用紧定螺钉旋入一个连接件的螺纹孔中，并以末端顶住另一连接件的表面，或顶入其凹坑中。

2. 应用

固定两零件的相对位置，并可传递不大的力或力矩。

三、螺纹连接工艺的原理

螺纹利用斜面原理，围绕圆筒以极度微小的倾斜面（线圈）缠绕，并沿该斜面制作成凸起的线圈，我们称这个缠绕着凸起线圈的圆筒为螺纹。因为围绕着圆筒旋转，所以螺纹其实是把直线运动变为旋转运动，从而用较小的力便可移动较重的物件。

螺纹分为内螺纹和外螺纹，它们是相辅相成的，必须配对使用，缺一不可。

四、螺纹连接工艺在客车上的应用

在客车的生产中，螺纹连接的使用量仅次于焊接，通过螺纹件将需要连接的零部件连接在一起，这种可拆式的固定连接通常应用在承受力较大部位的结构件连接上。使用时要满足QC/T 518－1999《汽车用螺纹紧固件紧固扭矩》的规定。关键部位采用螺纹连接时，须按规定的等级和扭紧固力矩进行操作。车轮的等级和扭紧固力矩对照见表2-7。

表2-7　车轮的等级和扭紧固力矩

定位方式	螺母规格（强度级别10级）	紧固力矩值/N·m
球面定位钢制车轮	M20×1.5	450～550
	M24×1.5	550～650
止口定位钢制车轮	M22×1.5	550～600

第七节　张拉蒙皮工艺

一、概述

张拉蒙皮工艺主要用于大客车的白车身生产。张拉的目的是给蒙皮施加一定的预紧力，使蒙皮在塑性变形时充分延展并固定在车身上，防止蒙皮打鼓起皱。

图 2-13　张拉蒙皮现场

目前，客车侧围蒙皮张拉工艺已被普遍采用。侧围蒙皮张拉工艺可分为机械二次张拉工艺、机械张拉工艺、电热与机械张拉相结合工艺和电热张拉工艺四种。其中，机械张拉工艺又可分为手动加力机械式和液压加力式两种，见图 2-13。

二、张拉蒙皮工艺的原理及分类

（一）机械二次张拉工艺

将未经校平的侧围蒙皮放在一卧式张拉架上做第一次张拉。将蒙皮拉伸到超过自身材料的屈服极限，产生塑性变形后，使蒙皮刚挺平直。蒙皮经第一次张拉后，再将其一端固定在车身骨架上，用机械式张拉工具做第二次张拉，最后焊在骨架上。这种方法要求车身骨架有很强的刚性，需加设辅助支承，以防止骨架变形过大，这种工艺费时、费力，而且外观质量也不理想。

（二）机械张拉工艺

先将蒙皮初步整平，再将一端焊接在车身骨架上，另一端用机械张拉工具张紧，达到一定张拉量，然后将蒙皮固定在车身骨架上。蒙皮张拉延伸率一般应控制在 0.08% 左右。一般，侧围蒙皮为低碳钢冷轧板，板厚为 1mm，板宽在 560 ~ 710mm 之间（卧铺客车除外），用力学公式可计算出所需张拉力（P）均为 7000 ~ 9000kgf。这样大的张拉力会使经过加强的车身骨架产生变形，且张拉力不易控制，蒙皮在大的拉力作用下易产生纵向条纹，造成外观质量不稳定，进而影响车门、窗框的装配和整车性能。

图 2-14　电热与机械结合张拉工艺

（三）电热与机械张拉相结合工艺

先将蒙皮电加热，受热后迅速双向伸展，见图 2-14。然后，将蒙皮一端固定，另一端用机械式张拉工具加辅助拉力，使蒙皮纵向延伸，达到一定拉伸量，点动停止加热并迅速将蒙皮固定在骨架上。

用此方法，虽然电加热使蒙皮双向均匀伸展，内应力双向分布合理，但手动机械拉伸力不好控制，使蒙皮的变形量可能达到或超过材料的屈服极限，这样只能使蒙皮平整，而不能将应力蒙皮延伸控制在材料的弹性变形以内。此种方法产生的过大的机械拉力，破坏了蒙皮热变形的均匀性。

（四）电热张拉工艺

电热张拉工艺需要专门的张拉设备。该设备需用专用变压器，并输入低电压和大电流，将蒙皮加热到80℃左右，使蒙皮受热迅速双向伸展。再将蒙皮一端固定，另一端用气缸始终施加120kgf的拉力，该拉力不会使宽560～710mm的侧围蒙皮产生任何变形，只是使其始终张紧而已。设定足够的变压器容量后，当变压器对蒙皮的加热热量与蒙皮散热热量相等时，即达到热平衡时，可使侧围蒙皮达到0.08%～0.10%的延伸率。

在初次调试设备时，应观查蒙皮达到预定延伸率的时间。调定加热时间（用控制台上的时间继电器），当蒙皮加热到设定时间（即达到预定延伸率）时，便能自动停止加热。这样，使蒙皮变形均匀，延伸率统一，机械张拉力小，车身骨架不会有任何变形。在蒙皮冷却后，弹性恢复力均匀地分布在各焊点之间，这样可增加骨架的强度。

第八节　玻璃钢制作工艺

玻璃钢制作成型工艺有如下几种：手糊成型工艺、拉挤成型工艺、缠绕成型工艺、模压成型工艺。

一、手糊成型工艺

（一）手糊成型工艺原理

手糊成型工艺又称接触成型，是树脂基复合材料生产中最早使用且应用最普遍的一种成型方法。手糊成型工艺以加有固化剂的树脂混合液为基体，以玻璃纤维及其织物为增强材料，在涂有脱模剂的模具上以手工铺放结合，使二者粘接在一起。基体树脂通常采用不饱和聚酯树脂或环氧树脂，增强材料通常采用无碱或中碱玻璃纤维及其织物。在手糊成型工艺中，机械设备使用较少，它适于多品种、小批量制品的生产，而且不受制品种类和形状的限制。

（二）成型工艺流程

手糊成型工艺的流程：先在清理好且经过表面处理的模具成型面上涂抹脱模剂。待脱模剂充分干燥好后，将加有固化剂（引发剂）、促进剂、颜料糊等助剂且搅拌均匀的胶衣或树脂混和料，涂刷在模具成型面上。随后，在成型面上铺放裁剪好的玻璃布（毡）等增强材料，同时要浸透树脂并排除气泡。重复上述铺层操作，直到达到设计厚度，然后进行固化脱模。

（三）手糊玻璃钢工艺基本操作规范

1. 原材料的储存和预处理

玻璃纤维方格布、短切毡、表面毡保存时要防潮、防霉。在存放这些材料的仓库内放置吸湿材料，保证湿度小于70%。最好使用防潮包装，如发现这些材料已吸潮，则使用前必须将其烘干。

手糊工艺目前一般使用前处理型或增强型玻璃纤维，使用前不需预处理。如遇特殊情况，需使用石蜡型玻璃纤维，则使用前必须经脱蜡和表面化学处理（一般由玻纤生产厂完成）。

存放树脂、促进剂、固化剂的仓库内要防火防爆，阴凉通风，避免阳光照射。树脂要按牌号及出厂日期分开存放。促进剂和固化剂要分开存放，且数量不宜过多。树脂、固化剂、促进剂的储存期均为 3 个月，领用时要遵循先进先用的原则。接近或超过储存期的化工原料，仓库管理员应及时向主管人员报告，并记录备案。

金属预埋件使用前表面要除油、除锈。量少时，可借助铲刀、钢刷、砂纸、纱头等简单工具进行手工除油、除锈；量大时，要在钣金车间的磷化工段按顺序对预埋件进行脱脂、水洗、酸洗、水洗、烘干这五步操作。

2. 模具的准备

手糊工艺中采用最多的是玻璃钢模具。在糊制前，应先检查模具，如有损坏需进行修补。模具修补技术性要求高，需有实践经验才能完成。

（1）模具的修补

① 清除、刮除受损表面，露出新的表面。

② 用丙酮清洗缺损处，并使之干燥。

③ 若缺损处较大，可用树脂腻子加入少量短纤维填补，使其表面低于原表面并固化。

④ 将胶衣树脂与同模具颜色相同的颜料糊混合后进行二次修补，并固化。

⑤ 用水砂纸打磨表面并抛光，如果不满意可再进行几次修补。

（2）模具清理。将模具上粘有的上次脱模遗留的残胶，用扁铲小心铲除，不能损坏表面。然后用脱脂纱布将模面上的灰尘、微粒、油迹擦拭干净。聚乙烯醇（PVA）脱模剂可用水清洗，然后擦干待用。

（3）模具组装。如果模具由多块组成，则需要组装在一起。组装中要注意定位，对模缝隙不能过大，必要时可用胶带贴封，防止流胶粘模，有关脱模件要装好，顶块放平。

（4）涂抹脱模剂。手糊工艺常用的脱模剂分三类：聚乙烯醇类脱模剂（PVA）、蜡类脱模剂、新型液体脱模剂。美国产专用脱模蜡的涂蜡操作方法如下：将脱脂纱布沾蜡或浸在布内，在模具表面均匀划圈涂抹（不要把蜡直接散抹在模具表面）。然后用纱布均匀地擦干，除去表面浮蜡，再用干净的纱布用力打光，使蜡渗入模具表面的小孔中并成膜。如果是新的玻璃钢模，则上述操作需反复进行 4 ~ 5 次。每次涂蜡要相隔 20min，以便溶剂挥发，蜡成膜，最后放置 4 ~ 5h 才可使用。在第二次使用模具时，可再打一遍蜡，以后的使用中，则可涂蜡一次使用 4 ~ 5 次。

3. 玻璃布裁剪

简单形状的制品，可按尺寸大小直接裁剪。复杂形状的制品要按预先制成的纸样剪裁，可以单层剪裁，也可数层一次剪裁。

玻璃布的裁剪要符合产品要求的铺放方向。要求正交方向强度的制品，布要纵横交替铺放；要求一个方向机械强度高的 FRP 制品，要用单向布或按单向剪裁和铺放。

布要留有搭接余量，一般为 50mm，对壁厚要求均匀的产品可以对接。不论搭接或对接，各层布的接缝都要错开。

在不影响制品要求的前提下，应尽量减少布的开剪处。对表面要求严格的产品，表层布的布边应在铺层前剪去。

布的大小、形状需根据制品尺寸、性能及操作便捷性酌情处理。要求机械性能高的产品，应尽量用整块布，保持纤维连续。

剪裁好的玻璃布要尽快用掉，暂不使用的应备注记号后放入塑料袋包好，以免受潮。

剪布工要把好质量关，凡是潮布、霉布、污染布等不合格布都要拒绝裁剪，对某些性能要求高的制品更应严格要求。

4. 配胶

对于有一定规模的生产单位，应设立专职配料工和专用的配料室或配料台，并应配备下列配料工具：磅秤（500 型）、台秤（5kg）、药物天平（100g）、玻璃量杯（100mL 和 250mL 各 2 只）、大提桶（2 只 25kg）、小提桶（2 只 5kg）、长柄塑料勺（若干 1kg 左右）。

（1）配大料。用大提桶在磅秤上（根据用量）称取一定量的树脂，用小提桶在台秤上按配比称取促进剂。将促进剂倒入树脂中，用木制搅拌棒充分搅匀。当天未用完的大料要加盖密封保存。

（2）配小料。先用一固定的长柄塑料勺盛装一满勺大料，在台秤上称其净重，然后倒入一个稍大一些的长柄塑料勺中（糊制工用）。按配比折算出小料所需固化剂的用量，用玻璃量杯在药物天平上称取固化剂，并倒入较大的长柄塑料勺中，用木制搅拌棒充分搅匀，交给糊制工使用。小料随用随配，并保证在树脂凝胶前用完。

（3）第一次配料要严格称重，之后可以将重量换算成体积，以量代称。应在容器上标注准确的液位控制刻度线，不能仅凭感觉和经验估计。

（4）必须先加促进剂并搅拌均匀后再加固化剂，不可同时加入，否则有爆炸危险。

（5）以上配料操作既适用于胶液，也适用于胶衣，区别是胶衣树脂生产厂家一般已加好颜料糊和促进剂。取用原装胶衣树脂前，为防止颜料糊沉降，应充分搅匀后再取。配制胶衣时，应将一套产品或一批产品的用料一次配出，以免因多次配制导致颜色不一致。

（6）手糊工艺室温固化常用配方见表 2-8。其中，固化剂用量不宜随便增减，而促进剂可根据成型的环境温度以及生产者需要的操作时间来确定，可先做小块 FRP 试验，在 1% ~ 4% 之间进行调整，保证适合操作的凝胶时间为 40 ~ 60min。

表 2-8 手糊工艺室温固化常用配方

胶衣配方		胶液配方	
透明胶衣树脂	100 份	树脂	100 份
颜料糊	8 ~ 10 份	萘酸钴	1 ~ 4 份
萘酸钴	1 ~ 4 份	过氧化甲乙酮	2 份
过氧化甲乙酮	2 份		

（7）冬季低温时，为了降低胶衣或树脂的粘度，应在使用前 2 ~ 3min，将胶衣或树脂转到暖室内，或在配料桶外设夹套并加热保温。

5. 胶衣层制作

（1）脱模剂完全干燥后才能上胶衣，胶衣要涂刷均匀，毛刷不宜反复涂刷，不能漏涂，不能产生流痕，不能集聚。

（2）用胶量以500g/m^{2}为宜，即胶衣厚度为0.4～0.5㎜。

（3）涂刷胶衣时，最好分两次涂，待第一层初凝后再涂第二层，这样比较均匀，每次间隔时间为40～60min。

（4）胶衣中不能混入机械杂质。如有，则可用超薄女用尼龙袜过滤。

（5）若要加快胶衣的凝胶速度，则可用红外线灯照射。为防止局部温度过高，应不时移动以保持温度平衡。

6. 表面层制作

待胶衣初凝（手感软而不粘）时，将裁好的30g/m^{2}或50g/m^{2}的表面毡铺在胶衣表面，用毛辊上胶，然后用脱泡辊脱泡，不要有气泡。若有不易制作的深坑或死角，则可用树脂腻子先填平。表面层的胶含量应控制在90%。

7. 增强层的制作

（1）短切毡的糊制。手工将裁好的毡片在上一层表面铺平、铺实，用胶辊上胶，反复滚压，使胶液浸入毡内。用脱泡辊将毡内胶液挤出表面，并排出气泡，再糊制第二层。遇到弯角处，可以手工将毡撕开，以便包覆。两块毡之间的搭接量为50mm，含胶量控制在70%～75%。

（2）方格布糊制。手工将裁好的布片在上一层表面铺平、铺实，用毛刷上胶，胶液需浸透。用刮胶板刮平，脱泡，再铺第二层，依次重复直到需要的厚度。遇到弯角或凹凸块时，可用剪刀将布剪口，然后用毛刷压平。两块布之间的搭接量为50mm，每层之间的搭接部分应尽可能错开，含胶量控制在50%～55%。

（3）进行增强层的铺层糊制时，不同产品要按层次安排进行，顺序不能搞错。每次铺层不得同时铺两层以上的布，不得将胶液直接洒在布上。

（4）制品的厚度如超过7mm则可分两次成型，待放热缓慢时再继续，以免产品温度过高而产生破坏性分层。这种情况下，应使用无蜡树脂，以保证前后两层的充分粘合，直到最后一层再用有蜡树脂，以防止制品表面发粘。

（5）金属加固件的尺寸和形状，应按产品受力情况事先进行设计和选材，再均匀地布置在壁板上。要注意金属连接件连接孔的定位，如有螺孔，则应封闭，固化后再打开，防止胶液流进螺孔。

（6）最后的落成面如需平整、美观，可再糊制一层表面毡。

8. 固化

FRP产品要求在室温15～30℃下固化8～24h即可，8h后即可脱模。如需提高生产效率，也可将糊制后的产品在60～80℃环境下固化1～2h再脱模。产品脱模需进行后处理，以60～80℃热源加热1～2h，这样可进一步提高产品的固化度，且对提高制品的强度也有好处。

9. 脱模

脱模前先将超过模具边缘的FRP毛边、纱头剪断或凿去，便于顺利脱模。

脱模时不能硬打硬敲，应根据模具形状和结构“以柔克刚”。可用硬木、铜或硬塑料制成锲子轻轻锲入制品和模具之间的恰当部位，再用木槌或橡皮槌轻轻敲打，借助夹钳、扁铲等工具的杠杆作用沿四周逐步撬开，即可使模具脱下。

对较难脱模的产品，也可在模具上设置气孔，通过吹入压缩空气或注入高压水来脱模，也可在模具的适当位置装上顶块（用尼龙等材料制成），从模具下方用螺杆将其顶出。

10. 玻璃钢制品的切边与加工

切边，即产品脱模后，手持金刚石砂轮切割机沿划线去除产品的毛边。切割时，加水可以使切口平滑，并减少粉尘污染。

可用角向磨光机将毛面的玻璃钢毛刺打掉，将凸起的胶块打平，并修整切边、倒角等。

切割时可以用钢锯沿胶衣面用力锯开，若锯口不光洁则还需磨边。多数情况下用无齿锯（也称云石锯）加水切割，切割效率高，且切口光滑。

方孔可用无齿锯切割。圆孔则比较复杂，小孔可用手电钻，用普通钻头或金钢石钻头打开，直径在20mm以下的孔都可采用此法，打孔时应从胶衣面开始。用小钻头开孔的孔径光滑，效果好。中形孔，即直径在30～100mm的孔，可用开孔器。薄壁产品用金属开孔器即可，厚壁产品则需用金刚石开孔器。大型圆孔，即直径在100mm以上的孔，应先用小钻头沿圆线打许多小孔，然后将圆内板块打掉，再用小砂轮磨头将圆孔壁磨光。

11. 验收

（1）外观质量

① 表面有胶衣的制品外观应表面光洁、平整、色泽均匀、无裂纹、无杂质、无皱折、无气泡。

② 含胶量要均匀，不允许有明显的局部积胶、缺胶，也不允许有纤维显露、局部隆起、扭曲变形、产品分层等现象。

产品表面不得有明显影响使用的缺陷，否则要修补。

（2）尺寸重量。外形尺寸、厚度尺寸、开孔尺寸、骨架尺寸要按图样公差验收，单体重量、配件重量、总体重量要按要求验收。

（3）性能测试。固化度是FRP产品十分重要的内在质量指标，它决定了FRP除外观质量以外的所有性能，因此每批都需抽样检测。另外，根据不同产品的不同用途，需选择测试以下性能：耐水性、耐热性、耐腐蚀性、阻燃性、拉伸强度、弯曲强度、压缩强度、冲压或剪切强度和弹性模量等。

二、模压成型法

（一）模压成型法原理

热固性模压成型是将一定量的模压料加入预热的模具内，经加热、加压、固化、成型，最终制成塑料制品的方法。它的基本过程：将一定量经一定预处理的模压料放入预热的模具内，施加较高的压力使模压料填充模腔。在一定的压力和温度下，使模压料逐渐固化，然后将制品从模具内取出，再进行必要的辅助加工即可。

模压成型工艺主要分为压制前的准备和压制两个阶段。

（二）成型设备

1. 浸胶机

制备胶布的主要设备是浸胶机，它由送布架、热处理炉、浸胶槽、烘干箱和牵引辊等部分组成。根据热处理炉和烘干箱放置的位置，可以分为卧式浸胶机和立式浸胶机。

2. 预浸料机组

该方法所用设备有切割机、捏合机和撕松机。

常用的切割机类型有冲床式、砂轮片式、三辊式和单旋转刀辊式。

捏合机的作用是将树脂系统与纤维系统充分混合均匀。捏合机的混合桨一般都采用Z桨式结构。在捏合过程中，需控制捏合时间和树脂系统的粘度这两个主要参数。有时，在混料室结构中装有可加冷、热水的夹套，以实现混合温度控制。混合时间越长，则纤维强度损失越大，在有些树脂系统中，过长的捏合时间还会导致明显的热效应产生。混合时间过短，则树脂与纤维混合不均匀。树脂粘度控制不当，也会影响树脂对纤维的均匀浸润及渗透速度。另外，这对纤维强度也有一定的影响。

撕松机的主要作用是对捏合后的团状物料进行蓬松处理。撕松机主要由进料辊和一对撕松辊组成，通过撕松辊的反向运动将送入的料团撕松。

3. 片状模塑料机组（SMC）

一个完整的SMC机组，由机架、输送系统、PE薄膜供给装置、刮刀、玻璃纤维切割器、浸渍和压实装置、收卷装置等7个主要部分，以及玻璃纤维纱架、树脂糊的制备及喂入系统、静电消除器等3个必备辅助系统组成。

4. 压机

压机是模压成型的主要设备。压机的作用是提供成型时所需要的压力，以及开模脱出制品时所需的脱模力，现大多采用液压机。

三、缠绕成型法

（一）缠绕成型法原理

纤维缠绕工艺是树脂基复合材料的主要制造工艺之一。该方法在控制张力和预定线型的条件下，应用专门的缠绕设备，将连续纤维或布带浸渍树脂胶液后，连续、均匀且有规律地缠绕在芯模或内衬上，然后在一定温度环境下使之固化，成为一定形状的制品。

（二）成型设备

纤维缠绕机是纤维缠绕技术中使用的主要设备，纤维缠绕制品的设计和性能要通过缠绕机来实现。按控制形式不同，缠绕机可分为机械式缠绕机、数字控制缠绕机、微机控制缠绕机及计算机数控缠绕机，这实际上也是缠绕机发展的四个阶段。目前最常用的是机械式和计算机数控缠绕机。它通常由机身、传动系统和控制系统等部分组成。辅助设备包括浸胶装置、张力测控系统、纱架、芯模加热器、预浸纱加热器及固化设备等。

四、拉挤成型工艺

（一）拉挤成型原理

拉挤成型工艺通过驱动装置的连续驱动，使纱架上的无捻玻璃纤维粗纱、毡材等增强材料经胶液浸渍，再通过具有固定截面形状的加热模具，在模具中固化成型，并实现连续出模。

对于固定截面尺寸的玻璃钢制品而言，拉挤工艺具有明显的优越性。首先，拉挤工艺是一种自动化连续生产工艺，与其他玻璃钢生产工艺相比，拉挤工艺的生产效率最高；其次，拉挤制品的原材料利用率是最高的，一般可在95%以上；最后，拉挤制品的成本较低、性能优良、质量稳定、外表美观。通过拉挤工艺制成的产品，可取代金属、塑料、木材、陶瓷等制品，广泛地应用于化工、石油、建筑、电力、交通、市政工程等领域。

（二）成型工艺流程

增强材料（玻璃纤维无捻粗纱、玻璃纤维连续毡及玻璃纤维表面毡等）在拉挤设备驱动力的作用下，经浸胶槽充分浸渍胶液后，由一系列预成型模板合理导向，得到初步定型，最后进入被加热的金属模具，模具在高温的作用下反应固化，可以得到连续、表面光洁、尺寸稳定、强度极高的玻璃钢型材。

（三）成型设备

实现拉挤工艺的设备主要是拉挤机，它可分为卧式和立式两类。一般情况下，卧式拉挤机结构比较简单，操作方便，对生产车间结构没有特殊的要求。另外，它可以采用各种固化成型方法（如热模法、高频加热固化法等），因此在拉挤工业中应用较多。立式拉挤机的各工序沿垂直方向布置，主要用于制造空心型材。在生产空心型材时，芯模只能一端支承，另一端为自由无支承端，因此立式拉挤机不会因为芯模悬臂下垂，而导致拉挤制品壁厚不均匀。目前，这种拉挤机由于局限性较大，生产的产品品种单一，已经不再使用。以上两种拉挤机都主要由送纱装置、浸渍装置、成型模具与固化装置、驱动装置、切割装置等五部分组成，它们对应的工艺过程分别是排纱、浸渍、入模与固化、驱动、切割。

思　考　题

1. 客车的冲压件有什么特点？
2. 冲压最常用的四个基本工序是什么？
3. 客车覆盖件拉深成形工艺的设计要遵循哪些原则？
4. 简述辊压加工工艺的原理。
5. 焊接工艺有哪些特点？
6. 粘接工艺有哪些优缺点？
7. 铆接的三种形式分别是什么？
8. 客车侧围蒙皮张拉的目的是什么？客车侧围蒙皮张拉工艺有哪几种形式？
9. 手糊玻璃钢成型原理及应用特点是什么？

第三章　客车产前准备

本章主要介绍客车投产前需要做的准备工作，包括：生产的设备投入、机械化和自动化设备、工艺路线的制定和工艺文件的准备，以及样板、样架、检具的制作。另外；通过设计实例，重点介绍了客车生产用工装夹具及工装夹具的设计与制作。

第一节　客车生产设备

客车生产的特点是将复杂且多元化的不同零部件进行整合，最后集成为整车。当今社会，分工越来越细，客车上的每一个零部件几乎都有专业的工厂生产，这为客车企业的选择性投入带来了便利条件。

客车生产企业一般会根据投资规模、车型特点及周边配套能力来确定生产投入和工艺流程。客车生产制造过程中，白车身的生产、涂装及总装是必不可少的，底盘生产和电泳工艺的应用，则要看企业的生产资质及投资规模，没有底盘生产条件或不具备其他生产工艺条件的企业一般采取外购或委托生产加工的方式。

一、客车生产的设备投入

在客车生产工艺中，企业一般按综合生产纲领确定设备的投入量，综合生产纲领少的中小型生产企业，或少批量多品种的生产企业，设备投入趋向简单，主要依靠密集型人工作业；综合生产纲领多的生产企业，设备投入复杂，主要是自动化设备、半自动化设备的投入程度较大。

大型企业经常用到的大型自动化设备、半自动化设备，包括：自动化生产流水线、机器人焊接、手控地板链、手控拼焊台等，见图3-1、图3-2、图3-3。

图3-1　自动焊接

图3-2　自动化生产流水线

客车企业常用的设备一般分为通用设备、专用设备和普通工具。

图3-3　机器人焊接

通用设备指在生产过程中能适用于不同工段的设备，这里讲的通用设备包括公用设备，如行车、叉车、焊机、打气泵和空压站等。

专用设备是专为某一工位生产而准备的设备，如焊装车间用张拉蒙皮机、底盘车间用机油加注与计量设备、涂装车间用发泡机、喷烘设备、总装车间用地板革焊枪等。

普通工具指日常生活中常用的工具，如扳手、套筒、螺钉旋具等。

客车企业生产中常用的设备种类名录见附录2。

二、机械化和自动化设备

（一）机械化和自动化的意义

机械化和自动化设备的使用，对客车生产有很重要的意义。

（1）采用先进的机械化和自动化设备，可以解决关键性的工艺问题，有利于提高客车产品的生产质量。

（2）采用机械化和自动化设备，可以减轻操作工人的劳动强度，提高生产效率。

（3）采用先进的机械化和自动化设备，有利于生产节奏的控制，便于组织管理，实现现代化生产。

（二）焊装车间里的主要机械化和自动化设备

客车焊装生产中主要的机械化和自动化生产设备包括：侧蒙皮拉伸设备、客车蒙皮自动点焊设备、板式链输送机、焊接烟尘自动排放系统、焊接翻转设备。

1. 侧蒙皮拉伸设备

（1）液压拉伸蒙皮设备。客车蒙皮液压拉伸设备主要用于拉伸车身侧围蒙皮，使侧围蒙皮产生一定的塑性变形，从而保证客车车身侧面的平整性。

该设备主要由基础轨道、拉伸架、拉伸头、高度调节系统、拉伸架调整锁紧机构、液压系统、电气系统等部分组成。四个拉伸架沿车身两侧布置，两侧蒙皮可同时拉伸。每侧拉伸架一端固定，另一端可沿基础轨道移动，并靠调整锁紧机构锁紧，用于适应不同长度的车型。其他夹紧、推靠、角度微调等机构都依附在拉伸头上。

该设备的主要特征包括：

① 拉伸力大。选用大缸径的拉伸液压缸，拉伸力大，可满足不同厚度、宽度的侧蒙皮拉伸调整，对不同宽度的蒙皮可设定不同的拉伸力。

② 布置方式独特。采用敞开式布置，即拉伸机构设在车身的前后端，中部完全敞开，可使工人在无障碍的情况下进行焊接操作，也便于布置各种焊接工具。

③ 调整性和操作性好。该设备是一种通用设备，能够满足各种车型的拉伸要求，能够调整的参数包括侧蒙皮长度、侧蒙皮高度和不同宽度的车身。

它的蒙皮夹具宽度范围大，常见宽度的蒙皮都可以正常使用。长度采用滚轮加锁机构快速调整，高度采用电动调整，不同车身宽度采用液压调整。

在操作时，蒙皮的夹紧、推靠、高度调整等动作都是由液压或电气驱动来实现的，这大大减轻了工人的劳动强度，提高了工作效率。

该设备是一套适用于多种车型、各种工艺状况，且结构先进、机械化和自动化程度高的先进蒙皮装配系统。采用该设备，不仅可以提高客车的蒙皮装配质量和工作效率，还为侧蒙皮实现电阻式点焊创造了有利条件。

（2）电热张拉蒙皮设备。电热张拉蒙皮设备是客车行业中应用比较广泛的一种装备。这种设备采用电加热的方法，使客车侧蒙皮发热产生膨胀伸长，然后把变形的蒙皮固定在骨架上，这保证了侧蒙皮的平整性。

电热张拉蒙皮设备主要由主体珩架、机械夹紧式电极、拉伸装置、变压器及电控装置等部分组成。

这种设备的主要工作原理：电极夹紧蒙皮，使蒙皮自身产生电涡流，进而发热并伸长。蒙皮伸长后迅速焊固到骨架上，待其冷却收缩后可达到张紧的目的。

这种设备的主要特征：

① 设备使用方便，造价低，使用效果好。

② 对蒙皮质量要求较高，要求蒙皮各处电阻率相近。

③ 使用环境略差。

④ 可靠性高、适应范围广，可适应各种客车的拉伸范围。

⑤ 蒙皮加热后，应在最短时间内焊固到骨架上，因此对工人的操作熟练程度和责任心要求较高，容易产生质量不稳定现象。

2. 客车蒙皮自动焊接设备

（1）客车侧蒙皮自动点焊设备。客车侧蒙皮自动点焊设备是用于客车侧蒙皮与骨架焊接的大型自动化设备，是客车生产中的关键设备之一。使用该设备可大幅度提高客车生产的焊接质量，提高工作效率，减轻工人劳动强度。

该设备布置在车身两侧，两侧蒙皮可以同时施焊。它主要由基础轨道、床身、焊接系统、冷却系统及控制系统等组成。

它的主要工作原理：床身上设置有各种机构，可对上下电极宽度，电极高度以及电极的推进、收缩进行电动调整。整个点焊过程由 PLC 工业控制器自动控制，也能以手动方式工作。

这种设备的主要特征：

① 采用单面双点电阻焊，对侧蒙皮与骨架进行焊接。焊后的侧蒙皮表面质量非常高。

② 采用自动化焊接，能够获得稳定的焊接质量和焊点分布，并能减轻工人劳动强度、

提高效率。

③ 设备的调整性及通用性好。该设备可以满足各种车型的焊接需要，各种参数通过电动调整，可调整的参数包括蒙皮宽度、蒙皮高度和车身宽度。

这种设备往往与侧蒙皮液压拉抻设备配套使用，共同完成拉伸与点焊的动作。

（2）客车顶蒙皮电阻滚焊设备。顶蒙皮滚焊机是顶盖低位作业的关键设备。使用这种设备，可以把顶盖搭接的张拉蒙皮一次精确定位并焊接（滚焊）完毕。焊后变形小、表面平整、不漏水，质量非常可靠。使用这种设备可以省去打磨等很多后序工作，极大提高生产效率。

这种设备可将构成客车顶盖的三张已经成形的蒙皮（中顶蒙皮、左右侧顶蒙皮），通过定位、拉伸和电阻滚焊，形成一个顶蒙皮总成。它主要由运行轨道、蒙皮定位工作台、拉伸系统、固定系统、龙门架，以及焊接、冷却、控制等系统组成。焊接采用单面双滚电阻焊方式，焊接机组对张拉蒙皮中间两处搭接处施焊。该设备采用焊机固定，负载蒙皮的工作台行走的运行方式。在施焊前，对蒙皮先进行定位、拉伸，然后使负载蒙皮的工作台起动、运行，同时，两组双滚电极落下，压紧蒙皮并通过连续施焊，在两条搭缝处形成两条连续的焊缝。

这种设备的主要特征：

① 连续滚焊。采取连续滚焊作业方式，滚焊后焊缝连续，无间断点，因此很大程度上解决了顶盖防漏问题。

② 单面双滚。这种单面双滚作业方式用于客车顶蒙皮焊接，在国内外均属于比较先进的焊接方式。它将两组滚轮旋转置于蒙皮上方，使蒙皮支撑更容易布置，能够满足多种车型顶蒙皮的焊接需求。

③ 工作效率高。从上料到焊接完成，工作节奏比较快，而且两条焊缝同时完成。

④ 改善了与骨架组焊的工艺性。三张蒙皮已焊接成一体，在与骨架组焊时，不必设置两条骨架纵梁与蒙皮两条搭焊处的对应关系，使骨架的组焊工艺更加灵活。

3. 板式链输送机

板式链输送机是客车流水化作业中常见的一种输送设备。这种设备较其他输送设备相比，结构简单且运输平稳。它易实现自动控制，也是客车行业较为流行的一种输送方式。

该设备主要由板式输送链、基础及金属构件、动力装置、传动轴系统、张紧装置和电气控制系统等组成。

这种设备的主要特征：

① 可以实现长距离输送，运输平稳但造价高。

② 可以实现节拍输送和自由输送两种输送方式。

③ 该设备是循环输送法，不需考虑工艺小车的回程问题。

④ 有单板链和双板链之分，双板链可配合工艺举升机使用，使焊接工艺更加优化。

板式链输送机主要被生产批量大的企业采用，小批量生产不宜使用该设备。这种设备不仅适用于焊装生产，也适用于底盘生产和总装生产。

4. 焊接烟尘自动排放系统

客车焊装生产作业时，会产生大量的有害气体，环境污染比较严重，对工人的身体健康有较大危害。烟尘自动排放系统就是为解决这一问题而开发的一套系统。它主要由主离心分机、局部离心分机、车间主管路、支管路、折叠摆臂、垂直伸缩软管、吸风器等组成。主风机是一台大功率吸风设备，与主风管连接并延伸到车间，支管延伸到各个污染点，在各污染点还设置有吸烟系统。

这种系统由主风机和分风机自控联动进行排烟。分风机处设有感应开关，焊机焊接时，电信号传到分风机，分风机自动开启。分风机开启数量增多、烟尘增大时，主风机自动起动。其主要特点：

① 主风机与分风机分开，有利于布置吸风点。

② 因为设有感应烟尘的传感器，故该设备为节能系统。

③ 因为安装有机发泡隔声板的消声器，故吸尘噪声小。

④ 因为分处吸尘，故消尘效果好。

烟尘自动排放系统作为一种生产辅助系统，能有效解决现场环境问题，越来越受到企业和环保部门重视。

5. 机械化整车起吊设备

在客车焊装流水生产线上，合装工位至下一工位，以及最后的下线工位处，经常要使用整车吊具，这种吊具用于把车身提起，旋转置于下一工位上。传统的起吊方式是行车加起吊工装，操作起来既不安全又费时间。机械化整车起吊设备解决了这个问题，这种整车起吊设备的结构和形式多种多样，但其基本结构均由宽度调节装置、长度调节装置、可摆动的吊臂、吊具架体、气动系统等部分组成。

机械化整车起吊设备可电控或遥控，操作方便可靠，适用性较强。这种设备的主要特征：

① 整车起吊设备的调整性和适用性好，可以适应不同车长和车宽的顶盖。它的吊臂已经考虑了大拱高的车顶，因此对车顶拱高没有严格要求。

② 可以遥控，使用起来更加方便。

③ 采用了自锁结构，在各种特殊情况下都不会产生危险。

整车起吊设备是客车焊装生产中必不可少的辅助设备，其结构和造价均比较低，安全且可靠，有利于大面积推广。

6. 总成焊接翻转设备

低位作业安全且操作方便，已经被许多企业使用。但是总成焊接件复杂，有些部件不得不在整车上施工。例如在传统工艺中，大顶内侧的许多内焊件均是在流水线上高空作业，而较先进的工艺方法是将大顶内焊件的焊接放在大顶蒙皮点焊后进行，这就需要一台翻转设备把大顶翻转 180°。顶盖分总成翻转设备就可满足上述要求。这种设备主要由调整轨道、移动提升架、固定提升架、电气系统等部分组成。它设置了专用的调整锁紧机构，用于适应不同长度的大顶总成。电动葫芦提升装置可避免落地时的冲击。气动夹紧机构是四连杆自锁机构，可完全保证提升大顶时的安全。

这种设备的主要特征：

① 适应性和调整性强，利用移动提升架的行走功能和专用的锁紧机构，可调整出适应不同长度大顶的使用位置。

② 翻转平衡且翻转角度任意。翻转机采用了星型摆线针轮减速机，可以翻转任意角度且自锁。

③ 采用四连杆自锁机构，保证了夹紧时的可靠性。

④ 电动葫芦提升装置可以避免工件落地时的冲击。

三、客车底盘装配生产线的主要装备

（一）用于轮胎螺母锁紧的可控力矩多头拧紧机

以往，通常采用气动扳手按企业作业指导书要求，逐个拧紧每一个车轮螺栓，工人的劳动强度大、工作效率低，车轮螺母的拧紧力矩无法准确控制，经常导致螺母的拧紧力矩过大。目前，部分企业开始采用电动轮胎螺母锁紧可控力矩多头拧紧机，可以同时拧紧多个螺栓头，而且拧紧力矩可控，见图3-4。

图3-4　用于轮胎螺母锁紧的可控力矩多头拧紧机

多头拧紧机主要特征：

（1）多头拧紧且均分可调。多头拧紧机一般带5个工作头或4个工作头，工作头可以按需要调整，还可调整分度圆直径和各个拧紧头之间的距离，调整范围为275～335mm，能满足多种类型的车轮装配要求，且调整时间不大于1min。

（2）拧紧力矩定值可调整。多头拧紧机拧紧力矩调整范围为100～600N·m，能正反转、多头同时拧紧，拧紧时间不超过30s。

（3）具有手动正转、手动反转、自动控制及多轴同步拧紧功能。

（4）具有识别不良联接件的功能，并能控制力矩预紧。

拧紧力矩的值有数字显示，能判断最终力矩合格与否，具有力矩控制、角度控制及假力矩识别功能，力矩精度为±3%，角度精度为±3%，生产节拍为10s。

这种多头拧紧机具有自动化程度高、能人机对话、操作简便、能自动跟踪力矩变化、能自我诊断等特点。

（二）车架翻转器

装配客车前后桥及悬架时，装配位置太低，工人不好操作，因此一般需要将车架翻转。以往采用的行车翻转方式效率低，目前出现了一种专用翻转器，用于装配前后桥及悬架。这种翻转器为链条式结构，采用2个电动葫芦分别吊2个翻转机构的形式。电动葫芦可带动翻转机构纵向行走，方便调整2个翻转机构的间距，可适应长度为5～12m的车架。翻转器前、后装有2个同步电动机，以保证2个翻转机构同步翻转，同步升降，并能正/反方向旋转。2个翻转机构也可单独调整正转、反转。此外，它还采用链轮与链条机构，翻转车架时运行平稳，与车架无相对运动，翻转器能满足具有一定高度差的变截面车架、桁架式车架和复合悬架式车架的翻转。电动葫芦行走机构采用无线遥控器、手动操纵控制器和可编程序控制器（PC）控制，操作系统配备急停装置，保证了使用的安全性和可靠性。这种翻转器可适应小批量多品种的生产，特别适合客车底盘小批量、多品种的生产模式，提高了生产能力。

（三）液压弯管机

该设备用于折弯不同直径的管道。车间生产安装时，一些硬管在铺设过程中需要弯成不同的角度，人工弯曲操作不仅困难而且容易出现管道拉伸不均的现象，因此需要借助弯管机来完成管道的折弯。液压弯管机可以满足不同直径管道、不同弯管角度的要求。操作时，先将工作液压缸旋入方挡块的内螺纹，使液压缸后端装在支架上的车轮向下。根据所弯管子的外径选择模头，套在柱塞上，将两只辊轴所对应的槽向着模头，然后放入相应尺寸的花板孔中，再将上花板盖上，将所弯管子插入槽中，再将高压油管端部的快速接头活动部分向后拉，并套在工作液压缸的接头上，将电动液压泵上的放油螺钉旋紧，即可弯管。弯管完毕，放松放油螺钉，柱塞自动复位。

这种机器除了具备弯管功能外，还能将液压缸作为液压千斤顶使用。

四、客车涂装生产线的主要装备

客车车身外表面不但要具有良好的保护性，还要具有一定的装饰效果，因此对于涂装后的油漆表面要求比较高。客车车身喷涂面积大，外表图案多种多样，因此施工周期比较长，施工要求比较高，且施工过程复杂。

一般采用喷涂方式进行涂装。喷涂工具有空气喷枪、高压无气喷枪、空气辅助式喷枪及手提式静电喷枪。空气喷枪喷涂效率低（约 30%），高压无气喷枪浪费涂料，两者共同的缺点是环境污染较严重，所以正在逐步被空气辅助式喷枪和手提式静电喷枪取代。

真空静电涂装法是一种新的涂装工艺。它将静电涂装应用于一定真空度的密闭环境中，工件在密闭的环境中涂装，避免人体直接接触油漆，废气废漆通过回收装置实现环保减排。它的优点主要包括：

（1）节能：节省能源 30%（电/柴油），无论小批量打版还是大批量生产，均节能明显。

（2）降耗：用漆量下降 10% ~60%，比手工涂装省 2/3，比一般静电涂装省 1/4。

（3）保质：真空静电涂装环境相对传统涂装环境得到大幅改善，产品的膜厚为静电涂装的 2/3，但漆膜光泽度和附着力有了显著的提高，产品的合格率达到 95% 以上。

静电涂装技术一般应用在喷涂中间涂层和不需快速换色的面漆工位。国外一般都采用杯式电喷枪（日本采用高速微杯式，欧洲多采用超高速杯式电喷枪）。在喷涂面漆且需快速换色的情况下，一般采用 REA 型空气雾化电喷枪和能快速换色的超高速杯式电喷枪。喷涂金属闪光底色面漆时，则以 REA 型空气雾化电喷枪为主。

日本扶桑动热公司的 PH505 超高速杯式电喷枪在进行轿车车身中间涂层自动喷漆作业时，占据 2 个工位，每个工位装备有 6 支电喷枪，喷涂效率为 60 台/h。

五、客车总装配生产线的主要装备

客车总装配生产线的设备围绕解决待装车身及其装配总成部件的输送、吊装问题来设置。同时，客车总装配是以手工劳动为主的劳动密集型工程，所以总装配线的设备设置要以减轻工人的体力劳动，创造良好的工作条件和工作环境，提高工作效率和工作质量为目标。客车总装配线的设备主要包括车身输送装置、车身吊装设备、车身转运车、前后风窗玻璃吊装设备。

（一）车身输送装置

总装生产线的车身输送装置主要有以下种类：

1. 地面链驱动工艺小车输送带

这种形式的输送带主要用于车身焊装线和整车装配线。用于车身焊装线的工艺小车的一个车位做成一个或两个工艺小车，用于总装配的工艺小车为一个工艺小车。链条由专业厂生产。

这种输送带的优点是设备结构简单且制造容易，工作长度能随意变化，可以连续或间歇式运行，生产节拍可根据产量变化进行调整，设备基础地沟较浅，投资比板式和滑撬式输送带少，因此在国内客车厂中已得到广泛应用。

2. 地面板式输送带

这种形式的输送带主要用于车身焊装线和整车装配线。用于车身焊装线的输送带的结构为整板式带随行支架，用于装配的输送带为单条板且不带支架。

这种输送带的特点是操作者的接近性和通过性好，装配工位长度可随意变化，可以连续或间歇式运行，生产节拍可根据产量变化进行调整，设备基础地沟较深，投资比地面链工艺小车式输送带稍多，在国内客车厂生产中的应用也较广泛。

3. 滑撬输送系统

这种输送系统常用于轿车的大量生产、焊装、涂装和总装。

这种输送系统的优点是具有储存和集放功能，生产线为柔性且布置灵活，使用可靠，可实现自动化控制。

客车生产批量相对不大，流水线生产节奏较慢，为了提高投资效益，采取人工移位的方式也是可取的。

（二）车身吊装设备

在车身结构允许的条件下，客车以白车身状态完成焊装后再进行整车喷漆。最后在总装配线上，将漆后的车身与底盘进行扣合（亦称合装），完成这道工序需要吊装设备。

1. 吊装设备起重吨位的确定

进行扣车作业时，需用吊装设备将底盘吊运到指定位置并将车身扣合到底盘上，因此需要较大吨位的吊装设备。确定吊装设备的吨位时，应考虑被吊物的最大吨位并留有余地。12m长客车的大梁式三类底盘的重量约为6t，因此一般扣车工位吊装设备的吨位应大于6t。

2. 常用的扣车吊装设备

普通的单梁或双梁单行车。它的优点是除扣车外还能完成其他工作，如吊运承载车架等。缺点是用普通单行车吊装底盘或车身时稳定性不好，横移时有左右摇摆，纵向移动时上下晃动，车身下落时冲击力大，难以实现挂钩自动化等。

龙门式专用吊装设备。龙门式专用吊装设备主要由龙门架、单梁轨道、两个电动葫芦和电气控制等部分组成。它的优点是工作平稳，克服了普通单行车存在的问题，便于实现挂钩自动化。它的缺点是只能专用，不能做其他作业。

车身吊具，即吊装车身用吊具，有人工夹紧吊具和自动夹紧吊具两种。人工夹紧吊具用在通用行车吊装底盘或车身的场合，自动夹紧吊具用于龙门式专用吊装设备，自动夹紧吊具的动力多数情况下采用压缩空气。

（三）前、后风窗玻璃吊装设备

目前，越来越多的客车生产厂开始采用全景风窗玻璃，这种玻璃尺寸大、重量大，用人工把它抬到安装位置很不安全。国外采用机械手臂进行吊装，这种机械手臂上装有真空吸盘，能将玻璃吸在吸盘上，用起来很方便。国内有些厂家将吸盘架挂在行车上，吸盘吸上玻璃后用行车进行吊装，这种方法既方便，又经济，很实用。

（四）侧窗安装升降台

目前，很多客车生产厂的总装生产线采用混线安装的方式，侧窗位置的离地高度不尽相同，因此侧窗安装工位需要不断地更改操作人员的站立高度，这就需要安装侧窗安装升降台，它可以根据侧窗的高度调整自身高度，以方便操作人员更好地完成侧窗安装。

（五）电动和气动工具

客车总装配是以手工操作为主的工作，采用高效、节能、方便的工具尤为重要。客车装配中使用的工具主要分为气动和电动两大类，以压缩空气为动力的气动工具，安全、价廉，使用范围更广。

第二节　确定工艺路线

一、工艺路线

工艺路线（Routing），是描述物料加工、零部件装配的操作顺序的技术文件，是多个工序的序列。

工序是生产作业人员或机器设备为了完成指定的任务而做的一个动作或一连串动作，是加工物料、装配产品的最基本的加工作业方式，是与工作中心、外协供应商等位置信息直接关联的数据，是组成工艺路线的基本单位。例如，一条流水线就是一条工艺路线，这条流水线上包含了许多的工序。

在 ERP 系统中，工艺路线文件一般用以下内容进行描述：物品代码、工序号、工序说明、工作中心代码、排队时间、准备时间、加工时间、等待时间、传送时间、最小传送量、外协标识（Y/N）、标准外协费和工序检验标志（Y/N）等字段。

物料代码用来表示该工艺路线是针对何种物料的工艺路线。

工序号用来表示该物料加工时需要经过多少个工序，该工序号应该按照加工顺序进行编排。

工作中心代码，用来表示该工序在哪个工作中心中进行加工。

排队时间、准备时间、加工时间、等待时间和传送时间这五种作业时间，主要用来描述工序的作业时间，以进行能力计算和车间作业排产。

外协标识、标准外协费指如果该工序（如电镀）对企业来说是进行外协加工的，则需要在工艺路线中进行指定。

二、工艺路线的设计拟定

在传统的 ERP 系统中，工艺路线是生产加工、装配中的概念。实际上，工艺路线的概念应该扩展到包括管理过程。管理工作，或者管理作业，应该像生产作业那样，制定规范的作业流程，明确每项活动的时间定额和费用，明确每项活动涉及的工作中心等。

工艺路线如果没有与具体的物料加工关联，则这种工艺路线就是标准的工艺路线。一般情况下，工艺路线是与具体的物料加工关联在一起的，这时才能有准确的提前期数据。因此，工艺路线数据包括了加工的物料数据。

例如，空调器中的蒸发器和冷凝器的标准装配工艺路线的工序包括串 U 形管、胀管、折弯、清洗、封管、气密测试、整理和包装入库等。U 形管的加工顺序为下料、弯管、切管、收管口和打毛刺等。

一般情况下，工艺路线数据主要包括工艺路线编码、工艺路线名称、工艺路线类型、制造单位、物料编码、物料名称、工序编码、工序名称、加工中心编码、是否外协、时间单位、准备时间、加工时间、移动时间、等待时间、固定机时、变动机时、固定人时、变动人时、替换工作中编码、生效日期、失效日期和检验标志等。

编写工艺路线的过程包括：确定原材料、毛坯；基于产品设计资料，查阅企业库存材料标准目录；依据工艺要求确定原材料、毛坯的规格和型号；确定加工、装配顺序，即确定工序；根据企业现有的条件和将来可能有的条件、类似的工件、标准的工艺路线和类似的工艺路线以及经验，确定加工和装配的顺序；根据企业现有的能力和将来可能有的条件选定工作中心；基于尺寸和精度的要求，确定各个作业的额定工时等。

工艺路线和工序不是一成不变的，而是随着生产类型、技术进步、产品发展和员工素质的不断变化而变化。

三、工艺路线的作用

工艺路线是一种关联生产计划安排和物料消耗定额等基础数据的重要基础数据，是实施劳动定额管理的重要手段。

工艺路线是重要的文件，它代表着一项作业在工厂里的运行方式。如果说物料清单用于描述物料是按怎样的层次结构连在一起的，则工艺路线用于描述制造每一种物料的生产步骤和过程，确定详细的生产进度。工艺路线的作用包括：

1. 工艺路线是库存装配件累计提前期的基础

对于采购物料，我们可以定义其预处理提前期（提出采购申请到采购订单下达的时间长度）、处理提前期（采购订单下达到供应商送货所需时间），后处理提前期（收到货物到货物可用的时间，如质检时间），采购件的提前期需要手工输入。

对于制造物料，可以通过工艺路线累计其提前期信息：通过在工艺路线上定义做每道工序所需的时间，逐步累计其提前期信息。提前期信息是 MRP 计划时的基础资料：通过提前期设置，系统倒算出采购开始日期，生产开始日期，也只有设置了物料提前期信息，才可以使系统实现自动按日期发放采购订单的功能（通过设置自动发放的条件，如提前三天发放，系统在正确日期自动发放采购订单）。

2. 工艺路线是核算装配件成本的依据

装配件的成本是由材料成本、工时成本和费用成本构成的。系统内的物料清单指出生产某一装配件所需的材料及数量。对于工时和费用的标准消耗，系统内通过定义工艺路线来指定：可以把任何除原材料的其他投入定义为资源（如人工、设备、燃料、厂房、金额等），把间接投入定义为费用（管理费用等），通过定义每道工步所使用的资源，把工时和费用记录到材料成本中。

3. 工艺路线是生产能力计算和考核的根本

工艺路线是实现能力计划的基础资料。系统进行 MRP 计算时，可以同时考虑生产能力，对于系统内的生产能力，可通过定义以时间为单位的资源来表现：如人力时间、机器时间，通过定义各个生产车间所拥有的资源数量来表示生产车间的生产能力。进行能力计划时，系统会考虑生产车间所拥有的资源量，由工艺路线得到生产产品所需的资源量，综合考虑车间是否有足够的时间在一定时间内按计划生产出产品。

4. 工艺路线是实现实时记录生产费用、实时过程控制的基本条件

若管理部门希望系统反映实时的生产进度，则需要定义详细的生产工艺。在实际生产中可以通过生产任务在工艺路线的各道工序间移动来表示生产任务处于哪个状态。

若成本会计需要在系统内实时记录工时、费用等生产成本，则必须定义工艺路线，以使每个生产任务可以进行资源事务处理。

5. 要实现系统标准外协功能就必须定义工艺路线

系统内的标准外协功能是通过定义外协资源和外协物料来实现的：关联外协资源和外协工艺路线，在系统内释放或移动生产任务时，系统根据生产任务使用的外协资源自动生成相关联外协物料的采购订单，对外协物料的采购订单进行接收时，系统自动把外协物料的费用记录到生产任务当中。

6. 可以更准确地定义物料清单

定义工艺路线后，可以更准确地定义物料清单：可以定义每个原材料的投入工步，更准确地计算物料所需时间。可以根据工艺路线扣减特定的物料，使库存现有量更准确。

第三节　产前工艺文件制订

一、工艺文件

1. 工艺文件

生产时，应按照一定的条件选择产品最合理的工艺过程，将实现这个工艺过程的程序、内容、方法、工具、设备、材料以及每一个环节应该遵守的技术规程，用文字的形式表示，称为工艺文件。

2. 工艺文件的主要作用

（1）指导组织生产，建立生产秩序。

（2）指导技术设计，保证产品质量。

（3）编制生产计划，考核工时定额。

（4）合理安排和调配生产人员。

（5）调动物资供应、仓储管理。

（6）对工具、工装、模具进行管理。

（7）对经济核算起数据支撑作用。

（8）起标准化作业、巩固工艺纪律作用。

二、工艺文件和设计文件的区别

工艺文件是带有强制性的纪律性文件，不允许用口头的形式来表达，必须采用规范的书面形式，而且任何人不得随意修改，违反工艺文件属违反公司纪律行为。

工艺文件的内容包括：作业指导书、工装设备明细表、材料消耗定额表、辅助材料消耗定额表、配套明细表、工位器具明细表、工时消耗定额表等一系列文件。

设计文件指从技术设计、产品试制、产品鉴定到生产的各个阶段实践过程形成的图样及技术资料。

设计文件包括设计任务书、技术条件、调试大纲、标准化报告、检测大纲、全套图纸等。

三、工艺文件介绍

（一）作业指导书

（1）作业指导书指作业指导者对作业者进行标准化作业，为保证生产过程的质量而制订的程序文件。它是随着作业的顺序，对每个工位的作业内容、品质要点及安全进行的明示，又称为操作规范。

（2）作业指导书的作用

① 指导操作者如何作业和标准化作业。

② 保证过程质量的最基础的文件。

③ 质量体系程序文件的支持性文件。

（3）常用的作业指导书应包含的内容

常用的作业指导书应包含编制目的、编制依据、适用范围、作业前的准备工作、作业方案、技术要求及措施、人员组织要求、安全质量保证措施等。作业指导书的样本示例见附录A。

（二）工装和设备明细表

（1）工装和设备明细表是记录生产车间工艺装备和生产设备的台账。新建企业和企业新增车型时，要考虑原有工装、设备是否满足生产工艺要求，是否应增加新的工装、设备。

（2）工装和设备明细表的作用

① 财务资产成本核算的依据。

② 制定设备维护保养计划的依据。

③ 考核是否具备生产能力和工艺保障的依据。

（3）工装和设备明细表内容

工装和设备明细表示例见表3-1。

工装和设备明细表内容一般包括设备编号、设备名称、制造厂家、购置时间、使用部门、价格等。设备编号按企业内部编号规则，主要用于区别同种设备或同样设备的身份。

表3-1　工装和设备明细表示例

序号	设备编号	设备名称	制造厂家	购置时间	使用部门	价格（万元）
1	S171－011	液压摆动剪板机	江苏×××公司	20130808	焊装车间	…
2	S171－021	液压板料折弯机	南京×××公司	…	焊装车间	
3	S171－032	等离子切割机	…	…	焊装车间	
4	S258－051	底盘打码机			底盘车间	
5	S258－06	汽车举升机			底盘车间	

（续）

序号	设备编号	设备名称	制造厂家	购置时间	使用部门	价格（万元）
6	S358－07	发泡机			涂装车间	
7	S371－06	气动打磨机			涂装车间	
8	S271－02	地板革焊枪			总装车间	

（三）材料消耗定额表

材料消耗定额表是以单一车型为单位，对一个单位的车型进行的材料统计文件，包括原材料、自制件、外购件、外协加工件。

1. 材料消耗定额表的作用

① 指导采购和库存管理。

② 用于产品成本核算及异常分析。

③ 指导生产。

2. 材料消耗定额表内容

材料消耗定额表示例见表 3-2，一般包括图幅、零部件号、零部件名称、材料及规格、数量、单位、单重、零部件类型、推荐厂家、技术协议号、工段。另外，配套厂使用的件号、旧的零部件号等信息，置于表后。

表 3-2　材料消耗定额表示例

材料消耗定额表																	
序号	图幅	零部件号	零部件名称	材料及规格	数量	单位	单重	零部件类型	推荐厂家	技术协议号	工段	发料	厂家件号	零部件旧号	系统名称	所属装配	备注
1	A4	…	骨架	…													
2																	
3																	

（四）辅助材料消耗定额表

辅助材料消耗定额表是以单一车型为单位，对一个单位的车型的生产辅助用材料进行统计的统计文件。

辅助材料包括胶类、油类、清洁类、焊丝类、小型标准件类、小工具（钻头、锯条）类等。

1. 辅助材料消耗定额表的作用

① 指导采购和库存管理。

② 用于产品成本核算。

③ 指导生产及用于财务成本核算。

2. 辅助材料消耗定额表的内容

辅助材料消耗定额表示例见表 3-3，一般包括所属总成、代号、规格、单位、定额、使用单位、用途等。

表 3-3　辅助材料消耗定额表示例

××汽车 有限责任公司		辅助材料消耗定额表				产品型号	6120
						生产线	总装线
序号	所属总成	辅助材料		单位	定额	使用单位	用途
		代号	规格				
1	5402000	AM－120A（软管）	400mL/支	支	3.5	内装	侧围板粘接
2	5703000	AM－120C（硬管）	300mL/支	支	3	内装	天窗密封粘接
3	5100 地板总成	AM－121	400mL/支	支	20	内装	木地板粘接
4	5100 地板总成	JGY－1（白色）	10kg/桶	kg	3.2	内装	木地板密封
5	5409/5702	奥神	3kg/桶	kg	1	内装	面料粘接

（五）配套明细表

配套件明细表是以单一车型为单位，对一个单位的车型的外购、外协件进行统计的文件。它的作用除指导生产外，还包括：指导采购和库存管理，控制产品质量和保证 3C 的一致性。

配套件明细表示例见表 3-4。

表 3-4　配套件明细表示例

配套明细表									
编号：×××－2013－001			产品型号：6120Y5	产品名称：12m 旅游车			生产车号：		
序号	图纸	代号	零部件名称	数量	所属装配	供应商	材料	规格	备注
1	无	729000010	发泡隔热层	1	后台阶装置	…	聚氨酯发泡		
4	有	256500023	顶置进气装饰罩	1	顶置进气总成	…	玻璃钢		
5	有	360400008	顶置进气上连接波纹管	1	顶置进气总成	…		1170	
6	无	360400006	防尘袋	1	顶置进气总成	…	三元乙丙	内径 40mm	

（六）工位器具明细表

工位器具明细表与设备明细表不同，它是对生产车间具体某工位使用工具情况的统计，也是设备台账。工位器具明细表示例见表 3-5。

表 3-5　工位器具明细表示例

工位器具明细					
序号	名称	型号	数量	工序名称	工位序号
1	铝锉	12 寸	10 把	焊装研门	HZ07
2	扩孔器	ψ22～ψ110	各 2 套	焊装蒙皮扩孔	HZ07
3	电钻	M13 上海龙牌	1 把	暖风系统安装总成	ZZ－08
4	水平尺	650mm＋1200mm	各 2 支	发动机安装总成	ZZ－01
5	数字式角度仪	DP－360MW	2 个	发动机安装总成	ZZ－01
6	画笔	9#	1 支	隔热层	ZZ－05
7	壁纸刀	RJ－328 18mm	1 把	隔热层	ZZ－05

(七) 工时消耗定额表

工时消耗指个人在一个工作班内全部工作的消耗，包括生产及各项活动的时间消耗。

定额时间指工人为完成某项生产任务所必须消耗的时间。

研究工时消耗的目的和作用，在于消除不必要的时间消耗，为制定先进合理的劳动定额提供依据，同时为控制生产节奏，合理安排人员提供依据。工时消耗定额表示例见表3-6。

表3-6　工时消耗定额表示例

工 时 消 耗 定 额 表							
	工位	工作内容	人数	工序时间/min	合计/min	生产节拍/min	生产周期（日产量）
焊装副线	HFX01	组对、正反面焊接、打磨、补漆	5	95	95	96（1.6h）	日产:8 ÷ 1.6 = 5(台)（日工作时间按8h）
	HFX02	组对、焊接、打磨、补漆	3	95	95		
	HFX03	组对、正反面焊接、打磨、补漆、侧蒙皮点焊、中间蒙皮张拉点焊、开天窗	4	95	95		
焊装线	HZX01	车架操平	2	80	80		
		六面体立车点焊					
	HZX02	修车	2	20	95		
		下部焊		20			
		车身密封板组对		20			
		地板梁零部件组对		20			

(八) BOM 清单

目前，一般企业都采用计算机辅助生产管理系统。采用计算机辅助生产管理，为了便于计算机识别企业所制造的产品构成和所有涉及的物料，必须把用图示表达的产品结构转化成某种数据格式，这种以数据格式来描述产品结构的文件就是物料清单，即BOM。它是定义产品结构的技术文件，见表3-7。

BOM 的具体用途如下：

① 它是计算机识别物料的基础依据。

② 它是编制计划的依据。

③ 它是配套和领料的依据。

④ 根据它进行加工过程的跟踪。

⑤ 它是采购和外协的依据。

⑥ 根据它进行成本的计算。

⑦ 它可以作为报价参考。

⑧ 根据它进行物料追溯。

⑨ 它使设计系列化、标准化、通用化。

表 3-7　BOM 示例

<table>
<tr><td colspan="4">×××公司</td><td colspan="3">文件编号：</td><td colspan="2">文件版次：</td><td colspan="3"></td></tr>
<tr><td colspan="4" rowspan="2">BOM 清单</td><td colspan="3">制　订：</td><td colspan="2">日　期：</td><td colspan="3"></td></tr>
<tr><td colspan="3">审　核：</td><td colspan="2">批　准：</td><td colspan="3"></td></tr>
<tr><td>编号</td><td>名称</td><td>零件类型</td><td>规格</td><td>数量</td><td>单位</td><td>材料</td><td>推荐厂家</td><td>厂家编号</td><td>备注</td><td>车间</td><td>重量</td></tr>
<tr><td>229400001</td><td>轮辋</td><td>采购件</td><td>22.5×9.00</td><td>1</td><td>个</td><td>…</td><td>…</td><td>…</td><td></td><td>底盘</td><td>…</td></tr>
<tr><td></td><td></td><td></td><td></td><td></td><td></td><td></td><td></td><td></td><td></td><td></td><td></td></tr>
<tr><td></td><td></td><td></td><td></td><td></td><td></td><td></td><td></td><td></td><td></td><td></td><td></td></tr>
<tr><td></td><td></td><td></td><td></td><td></td><td></td><td></td><td></td><td></td><td></td><td></td><td></td></tr>
</table>

第四节　客车生产用工装夹具及其设计与制作

一、工装夹具的定义

工装夹具指制造过程中所用的各种工具，包括刀具、夹具、模具、量具、检具、辅具、钳工工具、工位器具等。例如：操作台面、工艺小车等属于辅助器具；侧围曲线样板、窗口检具等属于样板检具；车身总拼工装、车身底架拼焊工装属于工装含夹具。辅助器具一般根据企业生产规模和需要来确定，工装、样板检具则需要根据车型来确定。

工装夹具是个组合词，由工装和夹具两个不同概念组成。

GB/T 4863—2008《机械加工工艺装备基本术语》对工装有专门的定义，它是用来保证某种产品生产的一些设施。

夹具属于工装的一种，需要装配几个部件并保证其定位准确的时候就需要专用夹具将其夹紧。简而言之，夹具是用于工件装夹的工具。一般来说，工装是某种产品专属的东西，例如：用于生产前围玻璃钢蒙皮的模具属于工装，只能用于生产特定车型的前围蒙皮；焊装的焊接胎具属于工装夹具（工装上固定了夹紧装置），也只能用于某种特定焊接总成；大力钳属于夹具，有需要的地方就能使用。

二、工装夹具的设计

工装夹具的设计要与产品紧密结合，因为它是专门为生产某个产品特制的。设计时要保证工装夹具在生产时与产品无干涉现象，定位准确，工人操作便捷。同时，工装夹具的设计也要满足汽车生产的规划要求，例如生产的节拍、焊点的分配、夹具在厂房的布置、车身零件的焊接顺序、夹具焊接的过程分析等，这些都是夹具设计所要考虑的因素，也是夹具设计所必须满足的要求。

工装夹具设计三要素：定位基准、尺寸公差、夹紧装置。相应的要求：定位基准要准确，尺寸公差要保证，夹紧装置要牢固可靠。

（一）工装夹具设计的基本要求

（1）工装夹具应具备足够的强度和刚度，不变形。

（2）夹紧装置要牢固可靠，保证焊接过程中不松弛。

（3）要保证焊接操作的方便性与灵活性。

（4）要便于焊接工件的安装和拆卸。

（二）工装夹具设计的基本方法

1. 设计前的原始资料准备

（1）工装夹具设计任务书。

（2）工件图样及技术条件。

（3）工件的装配工艺规程。

（4）夹具设计的技术条件。

（5）夹具的标准化和规格的标准化资料，包括国家标准、工厂标准和规格化结构图册等。

2. 设计的步骤

（1）确定夹具结构方案。

（2）绘制夹具工作总图。

（3）绘制装配焊接夹具零件图。

（4）编写装配焊接夹具设计说明书。

（5）编写焊接夹具使用说明书，包括夹具的性能，使用注意事项等内容。

3. 夹具结构工艺性的要求

（1）夹具工艺性的基本要求

① 整体夹具中的部件，应尽量采用各种标准件和通用件，专用件的比例应尽量少，以减少劳动量并降低费用。

② 各种专用零件和部件结构形状应容易制造和测量，且装配和调试方便。

（2）装配基准的合理选择

① 装配基准是夹具上一个独立的基准表面或线，其他元件的位置必须以此表面或线为基准进行调整和修理。

② 装配基准一经确定，其位置和尺寸就不应再变动。因此，在装配过程中自身的位置和尺寸仍需调整或修配的表面或线不能作为装配基准。

（3）夹具结构的可调性。一般采用螺栓紧固、销钉定位的方式。调整和装配夹具时，可对某一元件进行适当的修磨。还可在元件与部件之间设置调整垫圈、调整垫片或调整套等来控制装配尺寸，补偿其他元件的误差，提高夹具精度。

（4）夹具的维修工艺性。进行夹具设计时，应尽量使其便于维护和修理，它的制造精度分三个等级。

① 直接与工件接触，并严格保证工件位置和形状的工装夹具，主要包括接头的定位件、V 形块、定位销等。

② 作为内部结构件相互配合的夹具元件，如夹紧装置的各组成零件。

③ 不影响工件位置，也不与其他元件相配合的夹具元件，如夹具的主体骨架等。

（三）工装夹具的结构方案确定

完整的工装夹具包括工装定位基座、工装体、定位块、夹紧装置等部分，见图 3-5。

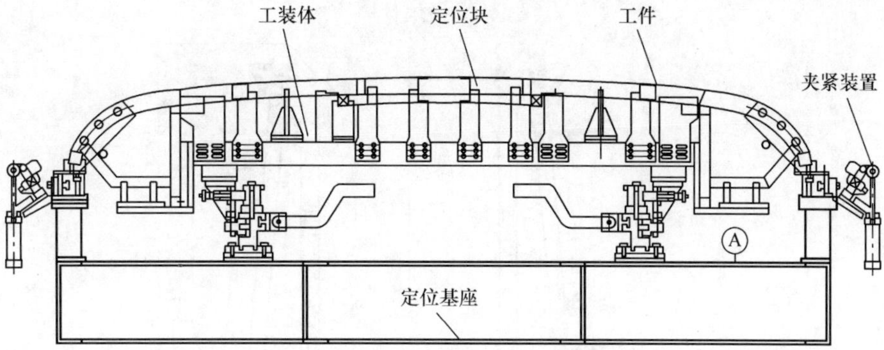

图 3-5　工装夹具示意图

1. 根据要焊合的工件技术设计图样确定被焊合件的作业方式

大客车中要焊合成型的总成工件都比较大，前、后围尺寸可达：宽 2.5m、高 3.8m。顶盖、侧围和底架尺寸可达：长 13.5m，高 3.8m。如何减少操作工人的劳动强度，增强操作便捷性，减少因补焊移动造成的工件变形，是工艺设计者首先要考虑的问题。

工装夹具的设计结果决定了操作者的作业方式，一般大客车骨架焊接工装的作业方式有三种：低位作业、高位与低位结合作业、高位作业。

（1）低位作业。采用低位作业方式的工装夹具一般是卧式结构，低位作业方式工装结构见图 3-5。

低位作业指在设计工装夹具时，充分考虑操作者的动作习惯，使操作者不用借助任何举升设备，站在地面便可完成工作的作业方式。例如前后围骨架、顶盖骨架的焊接工装。

它的优点是无登高危险，操作者操作方便。缺点是焊接工装固定，占地面积大，下表面焊接操作困难。需要从工装上卸下焊不到的总成，对其进行补焊，这容易导致焊合总成变形。

低位作业虽缺点较多，但操作方便，仍被众多企业采用。有的企业通过优化设计工装的旋转机构，来解决焊接操作困难问题。

（2）高位与低位结合作业。采用高位与低位结合作业方式的工装夹具一般是立式结构，高低位结合作业方式的工装结构见图 3-6。

高位与低位结合作业时，一部分焊接工作在地面进行，一部分焊接工作需要借助工位器具才能完成。例如侧围骨架的焊接工装就属此类。

它的优点是占地面积小，一次装夹焊接部位大。缺点是操作者高位作业危险。

（3）高位作业。高位作业一般采取就车生产方式，要焊接的工件直接固定在已部分焊接完成的车体骨架上。进行客车顶蒙皮焊接时，有的企业采用低位方式，有的企业则采用高位方式。

2. 确定定位基准

工装的定位面一般采用骨架总成技术设计中的坐标平面，如前、后、侧围的垂直面，顶盖的水平面。低位卧式工装把垂直面放平，立式工装则根据工艺设计要求，将垂直面按需要角度倾斜。

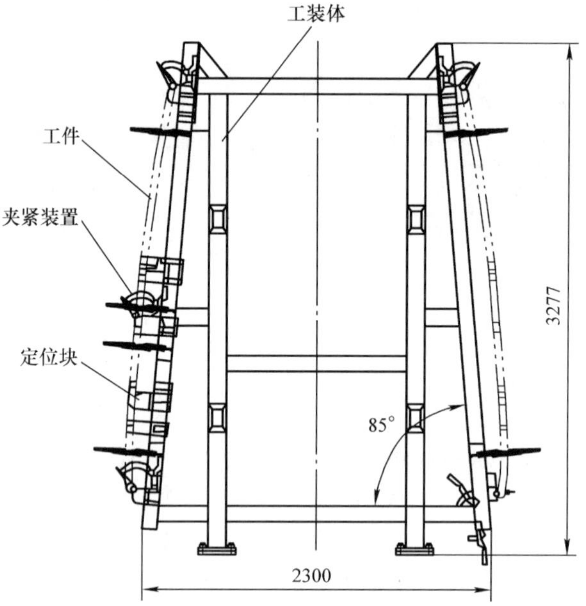

图 3-6　立式侧围焊接工装示意图

3. 定位元件的布置及设计

（1）定位元件的概念。定位元件是使工件定位并固定的零件。客车骨架焊接工装中的定位元件包括定位块、支撑板、料夹等。定位元件的布置原则是要尽量避开焊接部位，便于焊枪的进出和焊接操作。

（2）定位块设计。客车用工装外形尺寸一般都比较大，对于车身骨架来说，工装夹具的作用是将不同形状的方钢或折弯件按设计要求焊接在一起。这些工件的特点是细长且无加工表面，对精度要求不高，一般采用 L 形或 U 形定位块方式定位，既起定位作用，又起支撑作用，见图 3-7、图 3-8。定位块一般选取标准型，如选不到，就要自行设计。

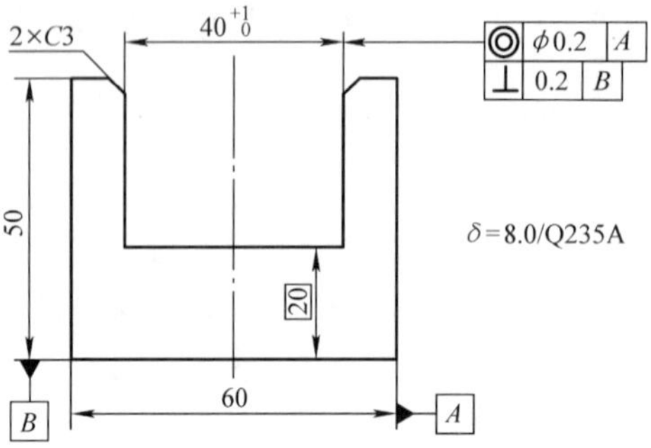

图 3-7　U 形定位块

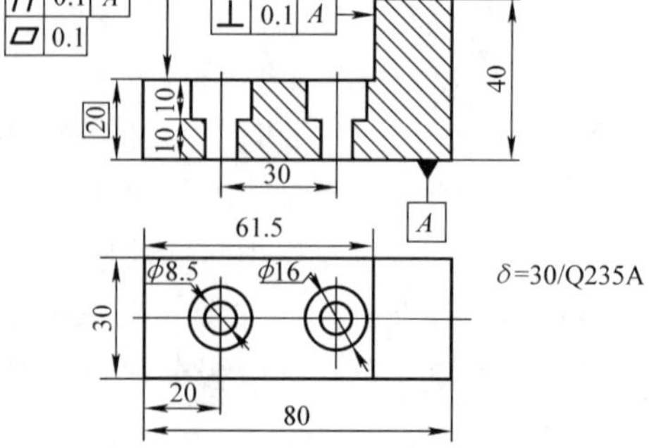

图 3-8　L 形定位块

定位块设计步骤：

① 熟悉工装所要服务的产品图样及技术要求，尤其是公差要求。

② 分析确定工装基准面。

③ 确定定位支撑点。

④ 设计定位块。

(3) 定位块设计注意事项

① 定位块设计时要考虑工件压力和夹具夹紧力的影响，因此要有一定的强度，材料选择时要考虑耐磨性、防锈性。

② U形定位块设计时，要考虑放入和取出工件的方便性。一般采用正公差，设计时应给出公差要求。

4. 确定工装夹具结构

大客车的工装较大，其工装夹具的结构形式有平板平台式和骨架式两种。确定工装夹具结构时，首先要考虑操作的方便性。

(1) 以大型平板操作台面作为基准面的工装不宜太高。人站在平台上工作时，离地高度应为300mm左右。如侧围骨架焊接工装、顶盖骨架焊接工装。

(2) 以骨架作为基础的低位作业，工件装夹后总高度应控制在1～1.3m的范围内，若太低，则操作者长时间弯腰容易疲劳；若太高，则不容易操作。

(3) 立式工装夹具一般采用骨架结构，如立式侧围骨架焊接工装。

5. 确定工件的夹紧装置

(1) 确定夹紧装置类型。夹紧装置可分为手动夹紧装置、半自动夹紧装置两类。

手动夹紧装置又包括：丝杠形式，靠旋转丝杠螺纹旋紧；摆动手柄式，调好夹紧力后扳动手柄快速夹紧，也称快速加紧装置，在客车焊装夹具中普遍采用这种形式，见图3-9。

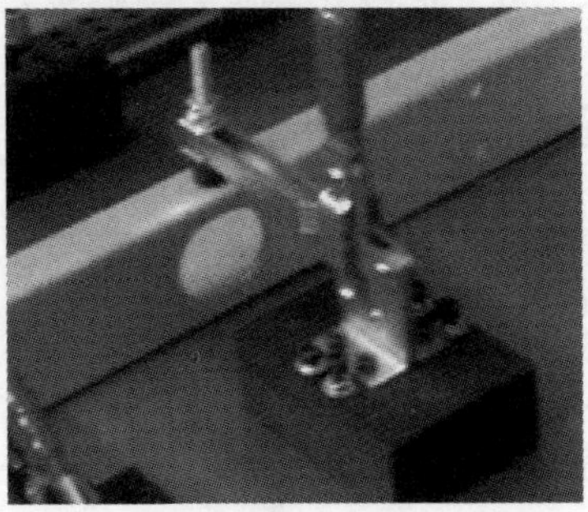

图3-9　手柄式夹紧装置

自动、半自动夹紧装置是以气体或液体作为动力源来实现夹紧的一种装置，分为液压夹紧装置、气动夹紧装置，一般用于机械化程度较高的企业。

在客车焊装夹具的设计中，最好选用现成的，避免重新设计制作。

(2) 对夹紧装置的要求

① 夹紧装置应保证工件各定位面的定位可靠。

② 夹紧力大小要适中，在保证工件加工所需夹紧力的同时，应尽量减小工件的夹紧变形。

③ 夹紧装置要具有可靠的自锁机构，以防止加工中夹紧装置突然松开。

④ 夹紧装置要有足够的夹紧行程，以满足工件装卸空间的需要。

⑤ 夹紧动作要迅速，操作要方便、安全、省力。

⑥ 夹紧装置的结构应紧凑，工艺性要好，尽量采用标准化元件。

(3) 对夹紧力的要求

① 制定夹紧力方案时，应尽可能避免夹紧力与支撑反力构成力偶。

② 在夹紧过程中，不至于因重力的影响而破坏正确定位。

③ 在夹紧过程中，应使工件不产生超出表面形状精度允许范围的变形。

6. 绘制工装夹具总图

工件夹紧装置方案确定以后，根据焊合工件大小、夹紧机构所需要的空间尺寸范围及操作方式，确定工装夹具的具体结构尺寸，然后绘制夹具总图。

（四）工装夹具设计案例

1. 侧围骨架焊装夹具设计

某客车侧围骨架图样见图 3-10。外形尺寸：长 10.2m、高 2.7m、宽（整车骨架合装后，侧围的自然宽度）0.16m。技术设计要求：立柱间距极限偏差 ±1.5mm；侧窗窗口对角线极限偏差不大于 2mm；所有侧窗窗口与样架比对，样架与窗口扣合后，前后或上下两对应边的误差之和小于 2mm。

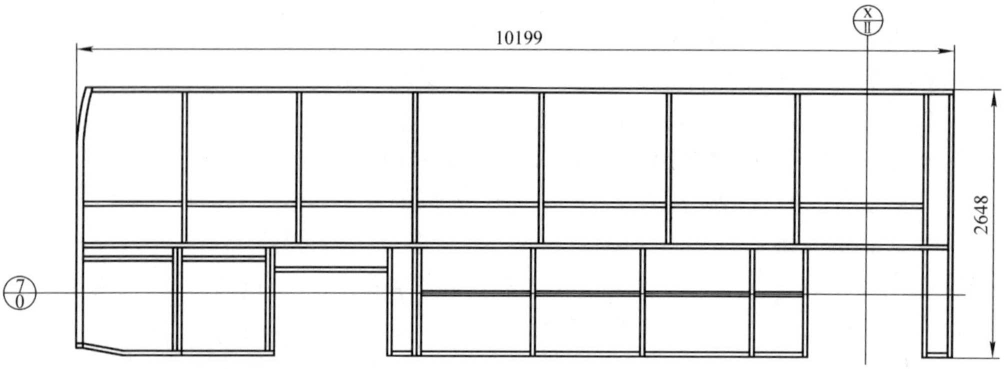

图 3-10　某客车侧围骨架图样

（1）确定被焊合件的作业方式。侧围骨架外形尺寸较大，如采用卧式低位焊接，则左右侧围需要两个工装，占地面积大。采用立式工装焊接方式，左右两侧围可在工装的两侧同时作业，占地面积小、利用率高，且侧围的正反面可在工装上焊接部位多。因此，确定采用立式焊装夹具方式。

（2）确定定位基准。以侧围骨架在整车状态时的垂直面，即设计时的 XOZ 平行面为基准面，上下以侧围最下的横梁作为定位，前后以侧围骨架在整车的坐标位置进行定位，见图 3-11。

（3）定位元件的布置及设计

① 定位元件的布置应尽量避开焊接部位，便于焊枪的进出和焊接操作，一般定位元件距焊接部位应在 50mm 以上，定位元件的布置示意，见图 3-12。侧围定位元件布置，见图 3-13。

② 定位块设计。根据其自身位置对每一处的定位块进行设计。以一点为例，见图 3-13 中的标记 A 处的定位块设计。

a. 由定位基准面测得至工件的距离 a 的值。

b. 根据需要确定定位块形式。如采用 U 形定位块，则用工具工件尺寸确定 U 形开口宽度 b，公差一般取开口宽度大于工件宽度 0.5 ~ 1mm。实际工件尺寸宽为 40mm，则 $b=41$mm。

c. 确定定位块的开口高度尺寸 c。一般取定位块的开口高度尺寸占工件高度的约 2/3。

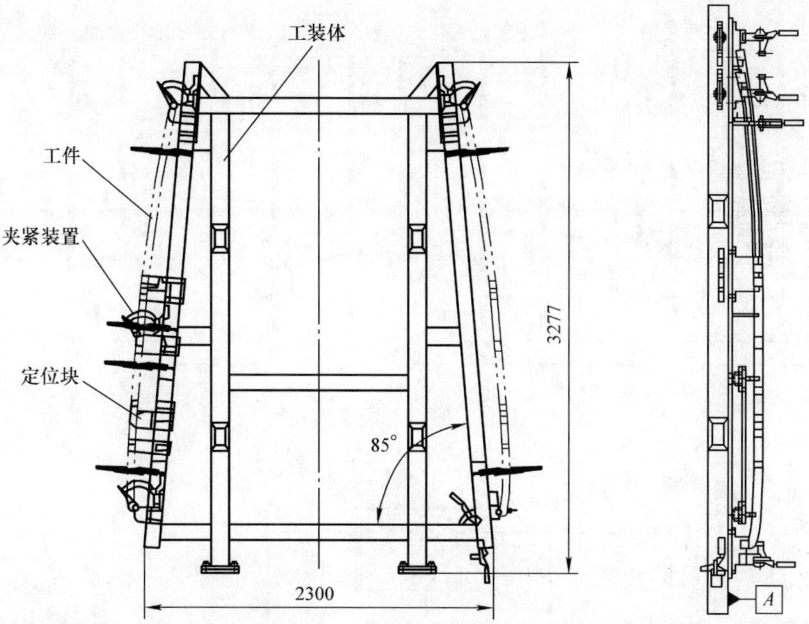

图 3-11　侧围工装定位基准

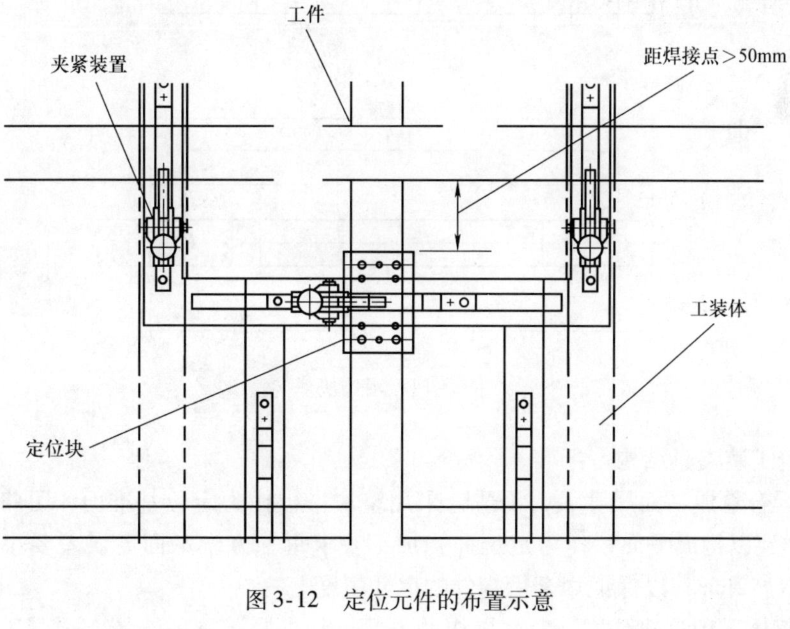

图 3-12　定位元件的布置示意

实际工件高为 40mm，则 $c = 25$mm。

d. 确定定位块与工装体的连接方式。为便于维修和调节，固定方式采用螺纹连接。

e. 选材。定位块要有一定的耐磨性和强度，因此选取 45#钢或铸件，支撑部位厚度为 12mm。

f. 绘制定位块图样，见图 3-14。

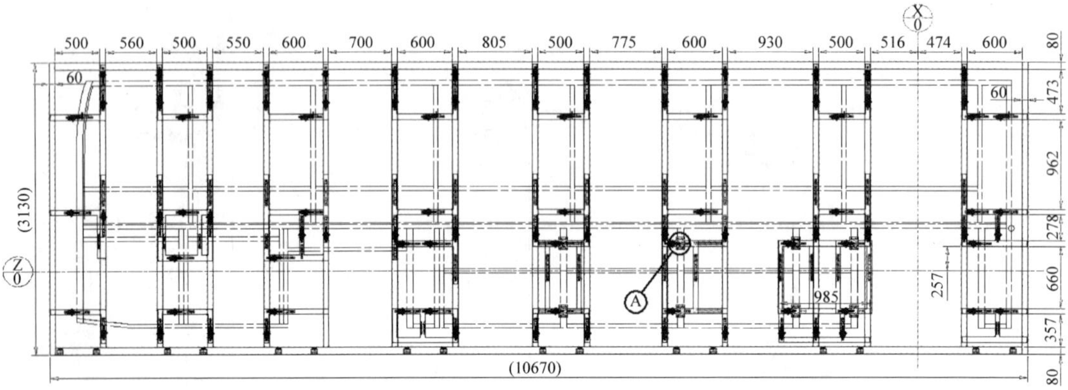

图 3-13　侧围工装平面布置

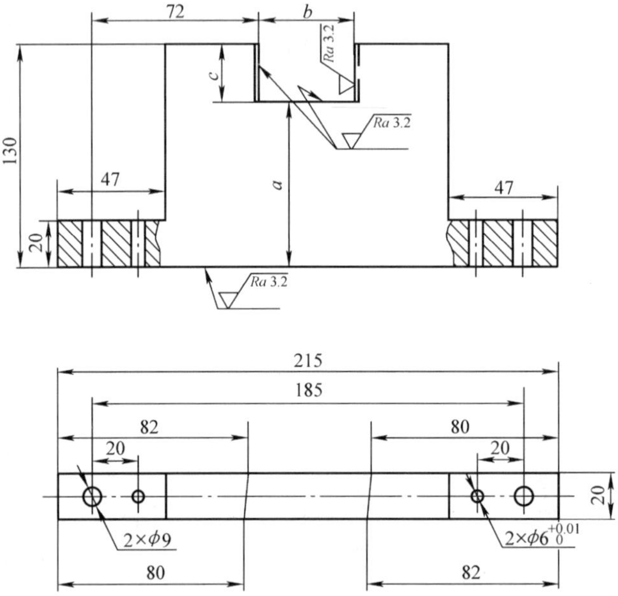

图 3-14　定位块

（4）确定工装夹具结构

① 侧围焊合总成平面尺寸大，不适合采用整块平板作为定位基准面，可将矩形方钢或槽钢加工为框架以构成平面，作为定位面。加工要求每平方米平面度误差要小于 1mm，对角线误差要小于 2mm，以保证焊合后构件的尺寸精度。

② 工装整体采用骨架结构。考虑操作的方便性和夹紧装置的布置需要，工件夹紧装置最低点应离地 400mm，工件装夹最高点距工装顶部应为 300mm，这样，工装总高度确定为 3.4m。

③ 考虑所设计工装专门为一种车型生产使用，故采取简易式，见图 3-11。

（5）确定工件的夹紧装置。夹紧装置最好选用专业制造厂生产的产品，见图 3-7。工件由定位块支撑并定位，除重力作用外，焊接时不受其他力的影响，手动夹紧装置夹紧力以能压紧、搬动为宜。

（6）绘制工装夹具总图。夹具总图绘制的方法和步骤与产品技术图样设计相同。

① 首先确定图幅和布局。工装总图一般都用 A1 图幅以上绘制，布局时尽可能以操作面作为主视图。

② 坐标系应采用构件图的整车坐标系。

③ 若细节难于在主图上表达，则要做剖面或局部放大。

④ 总图中出现的零部件要列出详细的明细表。

⑤ 最后提出对制作和完工状态的的技术要求。工装夹具总图见图 3-15。

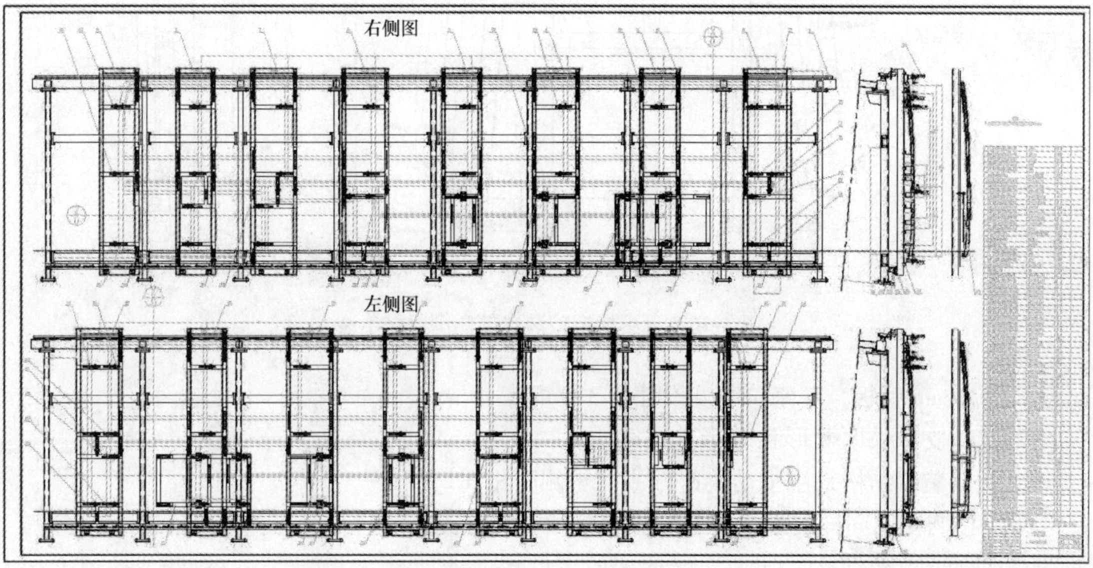

图 3-15　工装夹具总图

上述案例中，若工装基座体需用于多车型生产，则应采用能更换定位装置的相对复杂的结构形式，见图 3-16。

这种结构中，工装体和定位体相对独立，定位体与工装体采取活动连接，可根据生产需要进行更换。

2. 前后围焊接工装设计

（1）总体方案。大客车前后围骨架的总体尺寸，一般宽为 2～2.5m，高为 2～3m，弧高约为 0.25m。若含驾驶人窗和前车门，则前围弧高可达 1.3m 左右。因此，前后围骨架焊接工装均采用低位操作的卧式结构，见图 3-17。

（2）定位基准。以前围或后围骨架在整车状态时的垂直面，即设计时的 YOZ 平行面作为基准面，水平放置，左右则以前围或后围侧边梁来定位，前后以骨架在整车的坐标位置来定位，并进行工装的设计。

（3）定位、夹紧装置的布置要求与侧围焊装夹具要求相同。

（4）确定工装体结构。工装体结构采用平台基准面板，定位装置支撑夹紧方式。

① 考虑工装底座的支撑和定位基准作用，底座框架应采用槽钢或矩形方钢设计，基准

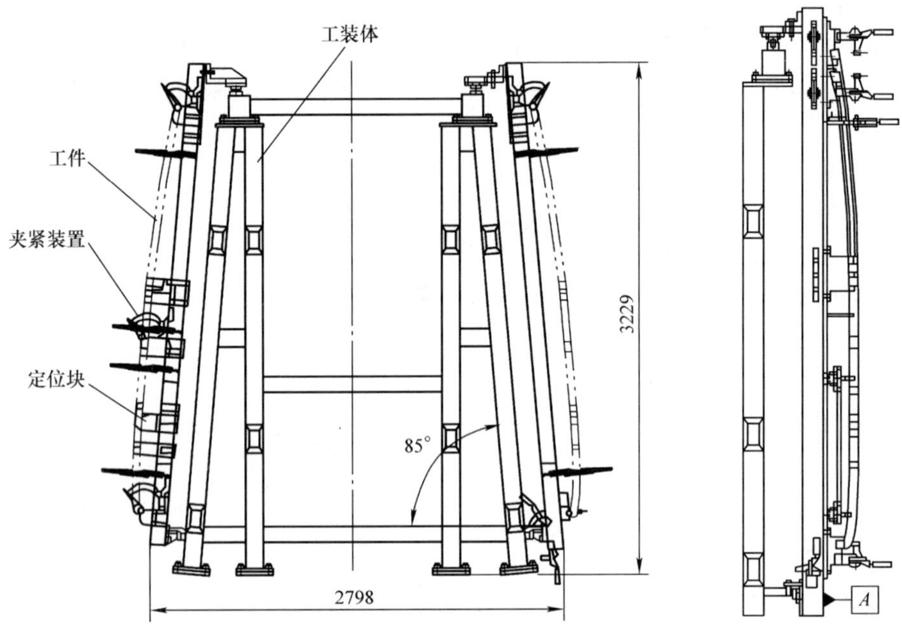

图 3-16　可更换定位装置的侧围焊接工装

面板采用 15mm 钢板，基座总高度设计为 300mm。

② 定位支撑采取 L 形和 U 形立式结构。

③ 夹紧装置结构采用手动快速方式，与侧围相同。

(5) 按与侧围同样的方式绘制定位总成和工装总成。

三、样板、样架的制作

(一) 样板的制作

样板的用途一般有两种，一种用于检验，一种用于生产。它按技术设计时的 1∶1 图样或采点制作。

1. 样板材料

制作材料一般为冷轧钢板、镀锌板或电解板，厚度为 1 ~ 1.2mm。

2. 折弯

为保证样板有一定的刚性，不变形，可将曲线样板的另一端折弯，折弯后保证样板最窄弧边至折弯棱线间的距离为 120mm 以上，并保证留 80mm 以上的划线基准线位置，见图 3-18。

3. 涂漆

生产用样板和检验用样板要用不同颜色的防腐漆料进行喷漆。镀锌板、电解板只在折弯外表面涂漆，漆膜厚度为 0.2μm 以上，涂漆表面应均匀不漏底。

4. 划线尺寸

油漆彻底干后，开始划线型。

(1) 按图样要求，在样板内侧划基准线。

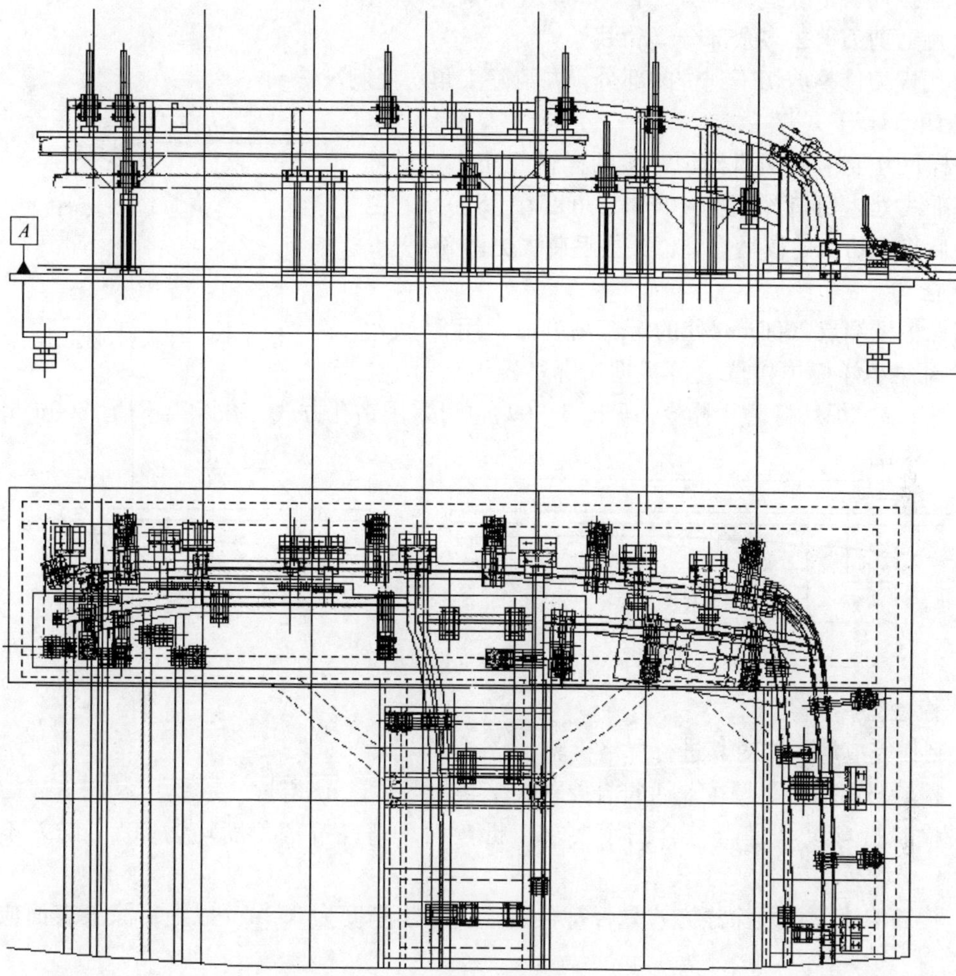

图 3-17　工装总图方案

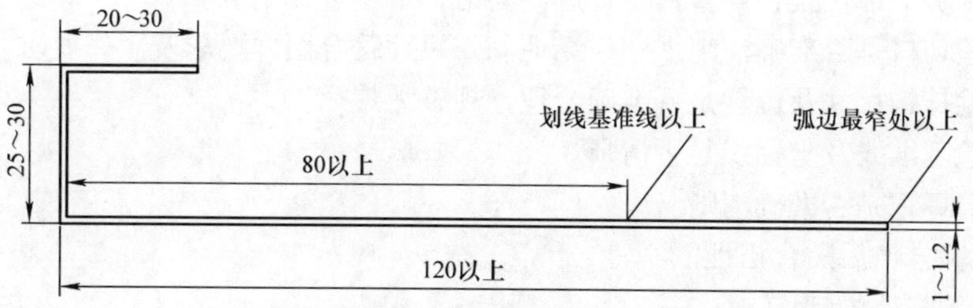

图 3-18　样板的制作

（2）按图样要求，在样板上划坐标线。

划线的线宽应在 0.1 ~ 0.15mm 范围内。

5. 剪线型

剪线型的方法

（1）用振动剪依线进行粗剪（留 10mm 左右余量）。

（2）用弯剪刀剪去多余部分（留线）。

（3）用锉刀修整剪切不到位的部分，并清除尖角、毛刺。

6. 开切口标记

按图样尺寸要求开切口标记，包括样板起止点、对称线处、基准线处，切口深度为 10mm，角度在 25°～30°范围内，随后将开切口处校平修整，并去毛刺，见图 3-19。

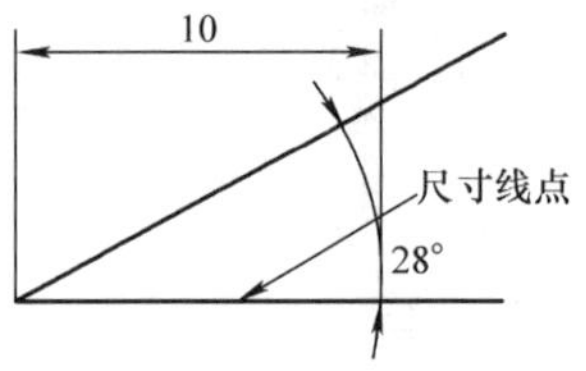

图 3-19　样板切口标记

7. 焊挂钩

在离样板下端点 2000mm 处的折弯高度面，用 8#铁丝焊一个挂钩（小样板焊接位置可根据实际情况调整），挂钩直径为 30mm。焊后打磨并补漆，见图 3-20。也可采用钻孔方式，孔距离下边 1800mm。

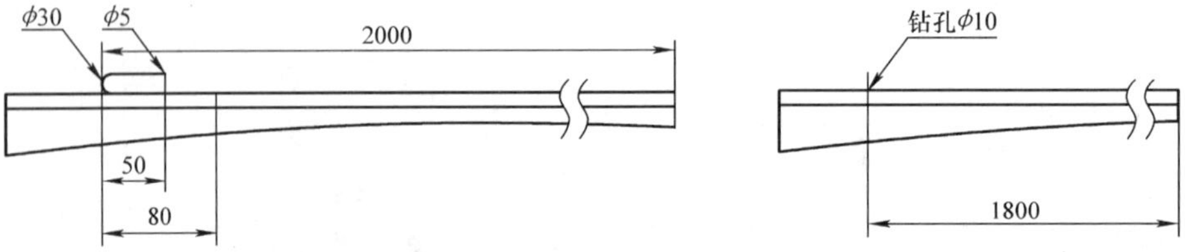

图 3-20　样板挂钩焊接点示意

8. 样板检验

样板制作完成后，要对其进行严格检验。

（1）检验材料品种、厚度是否符合要求，平整不变形，无锈蚀。

（2）检验折弯尺寸是否符合图示要求，折弯面平整，折弯角度均为 90°，误差不大于 5°。

（3）检验涂漆颜色及涂漆方式是否符合要求，漆膜厚度为 0.2μm 以上，涂漆表面应均匀不漏底。

（4）检验划线尺寸是否准确且符合图样要求，误差不大于 0.5mm。基准线及线宽符合制作要求，线形清晰，曲线过渡圆滑。

（5）检验剪形部位是否修整到位，过渡圆滑，平整且无毛刺。

（6）检验切口是否准确清晰平整，无毛刺。尺寸符合图样要求及制作要求。

（7）检验挂钩尺寸及位置是否准确合理，规整无焊疤。

（8）检验基准线及坐标线是否清晰。

（9）检验标记是否准确清晰。

（10）检验合格后贴合格证。

（二）风窗样架的制作

风窗框样架的制作方法有多种，可根据企业实际情况选择。

1. 按样车制作风窗框检验模

（1）材料。周边材料用 40×40×4 的角钢制作，一层、二层及连接两者的垂直加强梁，斜加强梁用 30×30×1.5 的矩管组焊制作。间隙垫板用 $\delta=4\sim6$mm 的热轧钢板制作。

（2）结构。结构及尺寸可参照图 3-21 制作，以保证止口贴合面不易变形为最大原则，垫板按要求制作。

风窗框检验模一般制成立体梯形格栅结构，框架应左右对称，可按“横三竖五”的结构制作。后风窗止口样架可适当减少。四角斜加强梁可根据实际强度情况作适当增加。样架贴合面中间格栅与贴合面留 5mm 以上间隙，以保证其不与玻璃样架贴合面中间格栅相碰。制作完成后，采用胶条方式装配玻璃的风窗框样架，在止口外加装间隙垫块，垫块尺寸为 100 × 30 ×（4 ~ 8）。采用胶粘方式装配玻璃的风窗框样架，在止口处加装外弧曲面垫块及外蒙皮连接块，连接块尺寸为 90 ×40 ×4，数量一般为 14 件。间隙垫板分布一般为横四竖三，根据实际情况可作适当增减，每个垫板采用两个 M5 螺钉固定，最后在样架中心上方格栅结构的适当部位用 Φ12 圆钢焊一个吊钩，方便使用时起吊，吊钩的焊接位置以能平衡起吊样架为原则。

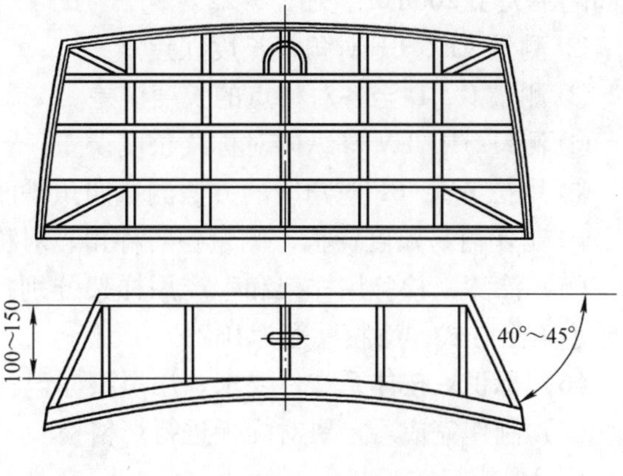

图 3-21 风窗样架

（3）具体制作要求：

① 当前后风窗玻璃安装采用胶条时，要符合以下要求。（以玻璃内表面为制作基准）

a. 风窗框检验模周边止口曲线圆滑过渡，流畅无尖点。

b. 风窗框检验模周边止口与样车止口间隙≤1mm，内侧表面的间隙垫板（胶条厚度）与样车止口不贴合间隙≤2mm。

c. 周边角钢一般采用冷作方法制作，尽量不以火焰煨弯。

d. 各支撑骨架分布合理，焊接牢固，焊后打磨焊缝，并将周边止口打磨光滑。

e. 制作完成后，必须对风窗框检验模进行校形，以保证风窗框检验模对称，校形方法也可作检验方法。

② 当前后风窗玻璃的安装采用胶粘接时，应符合以下要求（以玻璃外表面为制作基准）

a. 风窗框检验模周边止口曲线圆滑过渡，流畅无尖点。

b. 风窗框检验模周边止口与样车止口间隙≤1mm，周边止口外表面（相当于玻璃外表面）不允许超出前后围外蒙皮，高低差≤2mm。各对角线、对称线、对称点长度差≤2mm。四角平面度差≤3mm。对称角三维弧度差≤2mm。

c. 周边角钢一般采用冷作方法制作，尽量不以火焰煨弯。

d. 各支撑骨架分布合理，焊接牢固，焊后打磨焊缝，并打磨周边止口使其光滑。

e. 制作完成后必须对风窗框检验模进行校形，以保证样架对称，校形方法也可作检验方法。

（4）校形测量各点并修校后使其达到检验要求，且左右对称。

① 确定 A、B、C、D 四角点，找出 C、D 对称中线，再找其余各对称点，各点要求每边不得少于 4 点，每

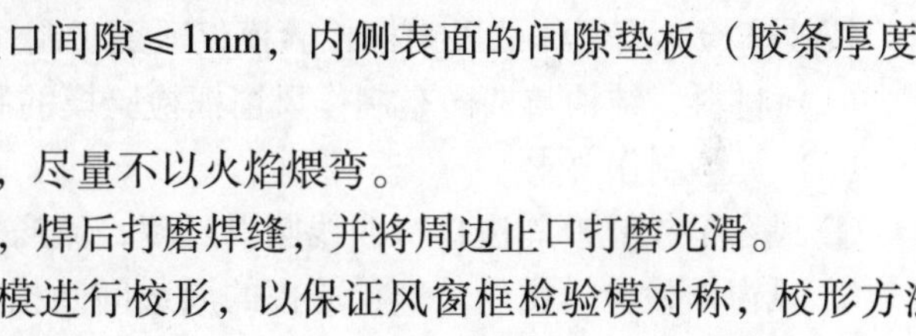

图 3-22 风窗样架测量点

点间隔不大于 200mm，见图 3-22。

② 测量 AE、BF 对角线长度误差。

③ 测量 C、D 至各对称点的长度误差。

④ 测量 ST、UV 等纵向对称线长度误差。

⑤ 用拉 AE、BF 对角线的方法测量四角平面度误差。

⑥ 制作简易弧度样板，测量各对称角、对称弧边的三维弧度差。

（5）涂漆。检验用样架和生产用样架分别按企业内部要求涂不同颜色的漆，可采用喷涂或手工涂方式，漆膜厚度为 0.2μm 以上。

（6）标识。按体系文件要求，用黑漆标识（包括编号、名称及检验日期）。

（7）制作完成后，要对样板进行严格检验，检验合格后贴合格证。

检验要求：

① 符合制作要求。

② 无锈蚀、毛刺，曲线圆顺。

③ 各对角线、对称线、对称点长度差符合要求，四角平面度差符合要求，对称角三维弧度差符合要求。

④ 颜色正确，标识清晰，字迹工整。

⑤ 涂漆颜色符合要求，涂漆表面均匀不漏底。

2. 按玻璃检验模制作风窗框检验模

按玻璃检验模制作的风窗框检验模仅适用于制作生产用样架。

（1）材料、结构与按样车制作风窗框检验模的制作要求相同。

（2）具体制作要求

① 风窗框检验模周边止口曲线圆滑过渡，流畅无尖点。

② 风窗框检验模相对玻璃检验模的周边间隙按设计图尺寸，误差不大于 0.5mm，不贴合间隙≤1mm。

③ 周边角钢一般采用冷作方法制作，尽量不以火焰煨弯。

④ 各支撑骨架分布合理，焊接牢固。焊后打磨焊缝，并打磨周边止口使其光滑。

⑤ 加装间隙垫板块。

（3）制作时应注意保护玻璃样架，不得使玻璃样架损坏和变形。

（4）按企业内部颜色要求涂漆。

（5）用玻璃检验模对风窗框检验模进行检验。

（6）按体系文件要求用橘黄色漆写标识（名称、编号）。

（7）检验要求。参照样车制作风窗框检验模检验要求。

3. 按风窗框检验模翻制玻璃检验模

（1）材料。周边材料用 30×30×3 的角钢制作，一层、二层及连接两者的垂直加强梁、斜加强梁全部用 25×25×1.5 的矩管组焊制作，支撑架用 25×25×1.5 的矩管组焊制作。

（2）结构。玻璃检验模要求制成立体梯形格栅结构，框架应左右对称，可按图 3-23 中的结构及尺寸制作（横三竖五），后风窗玻璃样架可适当减少。四角斜加强梁可根据实际强度情况作适当增加。样架贴合面中间格栅与贴合面留 5mm 以上间隙，以保证不与玻璃样架贴合面中间格栅相碰。制作完成后，玻璃样架必须加焊支撑架并竖起来放置，样架倾斜度与车身一致，下方用25×25×1.5的矩管焊接两个支撑玻璃的支架腿，支架腿结构及位置见图3-23，支架与止口边间隙为15mm。

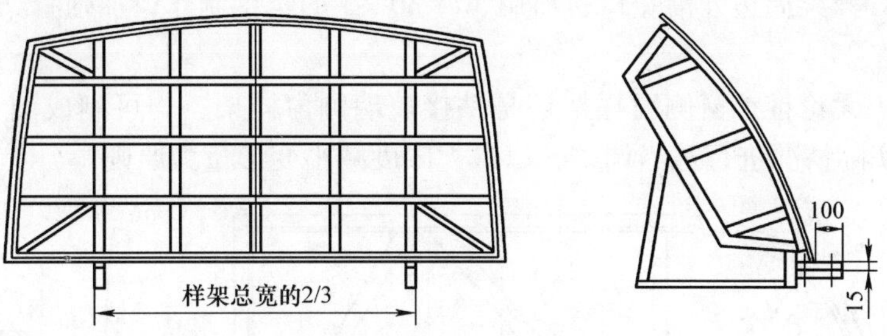

图3-23　玻璃检验模结构

（3）具体制作要求

① 玻璃检验模周边止口曲线圆滑过渡，流畅无尖点。

② 玻璃检验模的周边相对风窗框检验模间隙按设计图尺寸，误差不大于0.5mm。

③ 玻璃检验模表面与风窗框检验模不贴合间隙≤1mm。

④ 周边角钢一般采用冷作方法制作，尽量不以火焰煨弯。

⑤ 各支撑骨架分布合理，焊接牢固，焊后打磨焊缝，并打磨周边止口使其光滑。

⑥ 制作时应注意保护风窗框检验模，不得使其损坏和变形。

⑦ 制作完成后，以风窗框检验模为标准，对玻璃检验模进行校形。

（4）涂漆。按企业内部要求涂相关颜色的漆，可采用喷涂或手工涂方式。要求漆膜厚度为0.2μm以上，涂漆表面应均匀不漏底。

（5）检验

① 材料品种、规格是否符合要求，钢度足够，不变形、无锈蚀。

② 结构及尺寸是否参照图样制作，以保证止口贴合面不易变形为最大原则，垫板按要求制作，曲线圆滑。

（6）检验合格后贴合格证并标识。

4. 按玻璃翻制玻璃检验模

（1）材料、结构与按风窗框检验模制作玻璃检验模要求相同。

（2）具体制作要求。

① 玻璃检验模周边止口曲线圆滑过渡，流畅无尖点。

② 与玻璃内表面贴合间隙≤1mm。玻璃检验模周边与玻璃内表面周边平齐，误差不大于1mm。

③ 周边角钢一般采用冷作方法制作，尽量不以火焰煨弯。

④ 各支撑骨架分布合理，焊接牢固，焊后打磨焊缝，并打磨周边止口使其光滑。

（3）适于制作检验用玻璃样架。

（4）制作时应注意用保护层保护玻璃，不得使玻璃损坏和变形。

（5）按企业内部要求涂相关颜色的漆。

（6）将玻璃竖置，按安装角度位置对样架进行检验。

（7）参照按风窗框检验模制作玻璃检验模的检验要求进行检验。

5. 侧窗样架的制作

侧窗止口样架见图3-24。

（1）材料　样架周边外沿止口材料用30×30×3的角钢制作，加强骨架用25×25×1.5的矩管组焊制作。

（2）结构　无论推拉窗侧窗样架还是粘接玻璃侧窗样架，均可制成图3-24所示结构，加强骨架根据实际情况进行适当调整，以最大限度减小变形量为原则。

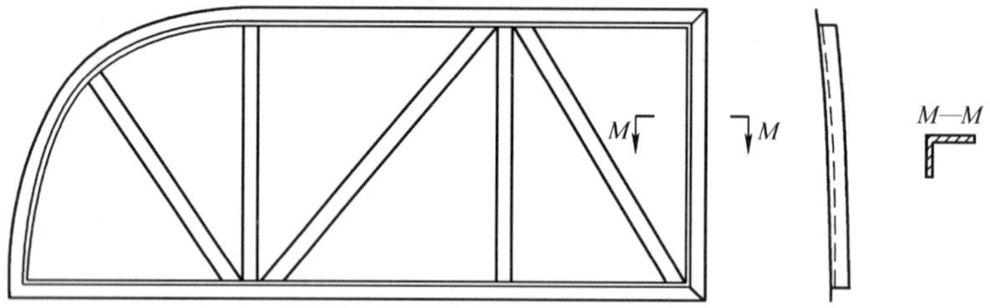

图3-24　侧窗止口样架

（3）制作要求

① 除特殊情况外，样架一般按图样要求的弧度及尺寸制作。

② 无论直边还是弧边，其外框外形尺寸应比侧窗洞口周边外沿小1mm。

③ 样架周边止口曲线圆滑过渡，流畅无尖点。

④ 测量对角线差≤1mm（规则样架）。

⑤ 样架弧度与样板不贴合间隙≤1mm。

⑥ 周边一般采用冷作方法制作，尽量不以火焰煨弯。

⑦ 各支撑骨架分布合理，焊接牢固，焊后打磨焊缝，并打磨周边止口使其光滑。

⑧ 一般情况下，允许只制作带弧侧窗样架，规则样架可不制作，采用手工测量方法。

（4）涂漆。检验用样架涂橘黄色醇酸磁漆，生产用样架涂草绿色醇酸磁漆，可采用喷涂或手工涂方式。

（5）检验

① 材料品种、规格是否符合要求，钢度是否无变形，是否无锈蚀，曲线是否圆顺。

② 结构及尺寸按图样制作，加强骨架可参照图3-24作适当调整，以保证止口贴合面不易变形为原则。

③ 按企业内部要求涂漆，漆膜厚度为0.2μm以上，涂漆表面应均匀不漏底。

④ 标识颜色正确，标识清晰，字迹工整。

6. 车门框检验样架

（1）材料。样架周边外沿止口材料用40×40×4的角钢制作，加强骨架用30×30×1.5的矩管组焊制作。

（2）结构。乘客门框检验样架一般制成图3-25所示结构，中门、侧舱门、后舱门、油箱门等也可参照该结构制作，加强骨架根据实际情况进行适当调整。

（3）制作要求

① 除特殊情况外，样架一般按图样要求的弧度及尺寸制作。

② 样架外框主要检门洞口，无论直边还是弧边，其外框外形尺寸应比图样尺寸稍小，保证样架与门框洞口周边外沿留有1mm的均匀间隙。

③ 样架周边曲线圆滑过渡，流畅无尖点。

④ 测量对角线差≤1.5mm（规则样架）。

⑤ 样架弧度与弧度样板不贴合间隙≤1mm。

⑥ 周边一般采用冷作方法制作，尽量不以火焰煨弯。

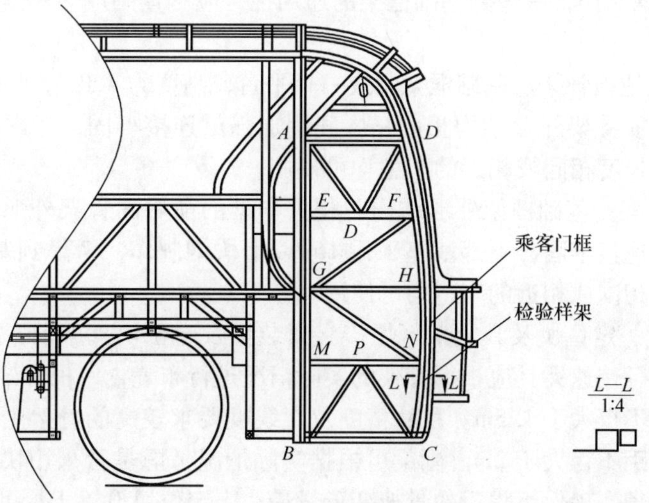

图3-25 乘客门框检验样架

⑦ 各支撑骨架分布合理，焊接牢固，焊后打磨焊缝，并打磨周边止口使其光滑。

（4）涂漆。检验用样架和生产用样架按企业内部要求涂不同颜色的漆，可采用喷涂或手工涂方式，漆膜厚度为0.2μm以上，涂漆表面应均匀不漏底。

（5）标识。按体系文件要求用黑漆写标识（编号、名称及检验日期）。

（6）检验。检验合格后贴合格证。

（7）检验要求

① 材料品种、规格是否符合要求，钢度是否无变形，是否无锈蚀、毛刺，是否曲线圆顺。

② 结构及尺寸是否按图制作，加强骨架可参照图3-25作适当调整，以保证止口贴合面不易变形为原则。

③ 颜色正确，标识清晰，字迹工整。

四、简易焊胎、模具的制作

（一）简易焊胎的制作

骨架组焊胎模的制作属于典型的简易焊胎。

1. 材料

基础框架的主梁材料用不小于12#的槽钢制作。根据骨架外形在中间加焊的副梁材料用不小于10#的槽钢制作。夹紧装置及定位块支撑骨架，一般采用不小于40×40×1.75的矩管制作，以保证有足够的强度。夹紧装置及定位块应采用专门的加工零件，定位块应使用工装专用定位块，夹紧装置及定位块基座用厚度为4mm以上的钢板制作。

2. 结构

（1）左右侧骨架：基础框架外形结构的中心线与相关车型的左右侧骨架外形相同，左右对称且垂直放置。中间用横梁连接牢固，且相应部位需焊接横穿左右侧骨架的两根安全梁，以防止骨架脱落，便于骨架脱模。安全梁采用10#以上槽钢制作，横穿左右侧的下部基座采用16#以上槽钢制作，考虑到基础框架的通用性，应尽量制成使长度相同或相近的车型均可使用的尺寸。

（2）顶骨架及地板骨架。基础框架制成一个平台，高度为400～500mm，其俯视外形结构应与相关车型的顶骨架外形结构相同，中间用加强梁连接牢固，考虑到基础框架的通用性，应尽量制成使长度相同或相近的车型均可使用。

（3）前后围骨架。基础框架外形结构与相关车型的前后围骨架外形相同，背靠背垂直放置，中间用横梁连接牢固，下部基座采用16#以上槽钢制作，考虑到基础框架的通用性，应尽量制成使长度相同或相近的车型均可使用。

（4）夹紧装置、定位块及其支架。焊接夹紧装置及定位块支架前，应先在焊接部位焊接基座板，定位块、快速夹具应根据骨架的实际情况进行布置，一根骨架不得少于两个定位块，两定位块间距不得大于1.5m。尺寸精度及直线度要求较高的骨架主梁必须采用快速夹具夹紧，夹距的间距不得大于2m。副梁可根据实际情况考虑是否采用快速夹具，定位块及快速夹具布置应合理，确保组焊后的骨架变形量最小。定位块设置于尽可能靠近工件需焊接处，定位块及快速夹具的布置应考虑脱模的方便性，保证不与骨架干涉。

3. 制作要求

（1）基础框架。对角线差≤3mm（规则框架）；平面度差≤3mm。

（2）定位块。保证直杆件焊接后，在焊胎上测量的直线度差≤2mm，弧杆件与样板贴合间隙≤1mm，与工件间隙≤0.5mm。

（3）基础框架全部焊缝为满焊焊接。定位基座，各支撑架，定位块及快速夹具可视情况进行满焊和断续焊，但应保证焊接牢固、可靠，不易变形，焊后需将焊缝打磨平。其余要求参见相关作业指导书。

4. 涂漆

制作完成后，先用铁红环氧漆做防锈处理，再在外表涂刷企业内部要求的漆，可采用喷涂或手工涂漆方式。涂漆颜色应符合要求，漆膜厚度为0.2μm以上，涂漆表面应均匀不漏底。

5. 标识

按体系文件要求用深黄色漆写标识（编号、名称）。

6. 检验

严格按产品图样尺寸和精度要求检验首件或试组件，并按上述要求判定基础框架、基础框架座、定位块、夹紧装置布置的合理性，结构的可靠性。检验合格后贴合格证，要颜色正确，标识清晰，字迹工整。

（二）模具的制作

1. 手敲模制作

（1）材料。基座主材料采用不小于10#的槽钢制作，其余部分根据实际情况调整，模体主要敲制工作面，用厚度不得低于10mm的45#钢板制作。在结构允许的情况下，最小厚度不得低于8mm，以保证模具有足够的强度。

（2）结构

① 基座：一般根据模具的大小及外形等实际情况制作，通常采用直脚支撑和人字斜脚支撑两种形式，以保证模具在敲制使用时不移动或倾倒为原则。

② 模体工作面：工作面尺寸及弧度按图样要求制作。在工作面的选择制作时，应保证便于敲制后脱模。涉及手工敲制的悬空部位，应用加强板或加强筋连接加固，以保证敲制时敲制表面不易变形，加强筋间距不得大于100mm，基座和模体工作面用加强板或加强筋连接。

③ 夹紧装置及定位装置：如有必要，模体上应焊接夹紧装置及定位装置。夹紧装置用支架连接，并焊接在底座及加强板相应部位上。夹紧装置及定位装置的安装不得影响敲制，夹紧装置及定位装置应根据骨架的实际情况进行布置。

（3）制作要求

① 基座：布置合理，保证强度，不变形。

② 成型面：表面要求棱线清晰、整齐，平面平整，曲面及曲线过渡圆滑、平顺，无明显加工痕迹，成面表面粗糙度不得低于3.2级，成形面必须以火焰淬火，HRC38－42。曲面吻合度与样板不贴合间隙≤1mm。如采用拼焊后敲制，则拼焊焊缝部位应设置10mm宽、2～3mm深的沟槽，使焊接部位敲制后保持平整。

③ 夹紧装置：布局合理，使零件便于成型，且成型后变形量最小。

④ 基座全部焊缝为满焊焊接。成型面、加强筋（板）及各支撑架，定位块及快速夹具可视情况进行满焊和断续焊，应保证焊接牢固、可靠，不易变形，焊后将焊缝打磨平。

（4）检验。严格按产品图样尺寸和精度要求检验首件或试组件，并按上述要求判定基座、加强筋（板）、定位块、夹紧装置布置的合理性，强度及使用寿命，检验合格后贴合格证。

（5）涂漆。制作完成后先用铁红环氧漆做防锈处理，再在外表涂刷企业内部要求的漆，可采用喷涂或手工涂漆方式。涂漆颜色应符合要求，漆膜厚度为0.2μm以上，涂漆表面应均匀不漏底，工作面可不涂漆。

（6）标识。按体系文件要求用深黄色漆写标识（编号、名称）。要求颜色正确，标识清晰，字迹工整。

2. 自制简易成形模

（1）材料。为便于淬火，成形部位必须用45#钢制作，其他部位可用热轧钢板Q235或A3钢制作，上下模座钢板总厚度不得低于30mm，模体部分主件最小厚度不得低于8mm，加强筋钢板厚度不得低于8mm。

（2）结构

① 模体结构：简易成型模具的基本结构全部用钢板拼焊并打磨而成，主要包括上模座、下模座、凸模体、凹模体、压边圈（压紧器）、导向（限位）装置、定位装置、脱模装置等

部分。结构及尺寸要与所制零件的大小、外形以及所选择油压机的工作台面、拉伸力、压边力、最小闭合高度、顶杆孔的位置等相适应，模具在设备上的安装方式应简易可靠，所选择的模具结构应尽量保证一次成型。

② 模体工作面：凸模面和凹模面可按零件形状拼焊后打磨。合模后，中间间隙为成型材料厚度的100% ~120%，另外，还必须考虑各零件分块处的搭接边，搭接边深度一般为2mm，成型面尺寸及弧度按图样及样件要求制作。工作面的角度应便于成型后脱模。

③ 压紧装置：为便于成型，防止零件起皱，模具必须设置压紧装置。压紧装置可分为压边圈结构，压紧器结构两种形式。压边圈结构根据零件情况可设置压边筋，压紧器结构可设置成弹簧压紧和橡胶压紧等形式。

④ 导向（限位）装置、定位装置及脱模装置：一般情况下，模具必须在凹模与压边圈之间，压边圈与凸模之间，以及凹模与凸模之间的各（除上下）方向设置导向（限位）装置。在凹模的上平面必须设置坯料定位装置（前后及左右定位）。如零件结构脱模困难，则应设置脱模（卸料）装置。导向装置、定位装置及脱模（卸料）装置的安装不得影响模具成型，导向装置、定位装置及脱模（卸料）装置应根据模具的实际情况进行布置。

（3）制作要求

① 模具必须按要求的材料及厚度制作，保证强度。

② 上下模座与压机工作台的上下平面间的接触面必须平整，平面度误差≤1mm，对角线差≤2mm（规则形状）。

③ 成型面：表面要求棱线清晰、整齐，平面平整，曲面及曲线过渡圆滑、平顺，成型面表面粗糙度不得低于3.2级，成型面必须淬火，不小于HRC38。

④ 曲面吻合度：与样板不贴合间隙≤2mm。

⑤ 强度及寿命：模具结构必须保证有足够的强度，压制1000件以上不变形。

⑥ 导向（限位）装置、定位装置及脱模装置：布置合理，导向可靠，定位准确，脱模容易。

⑦ 压紧器：布局合理，便于成型，确保产品的成型要求。

⑧ 焊接：全部焊缝采用手工电弧焊焊接。模座与模体全部焊缝为满焊焊接。成型面、加强筋及各支撑筋，导向（限位）装置及定位装置可视情况进行满焊或断续焊，但应保证模体焊接牢固、可靠，不易变形，焊后将焊缝打磨平。

（4）检验

① 模具检验：判定模具材料、结构、制作方式是否符合规定要求，是否能达到要求的强度及使用寿命，压边圈（压紧器）、导向（限位）装置、定位装置、脱模装置等布置是否合理。

② 首件检验：由专职检验员严格按产品图样或样车（样件）检验首件，检验合格后出具检验报告（含模具检验）。

③ 验证检验：压制第一批零件后进行试装验证，验证合格后由过程检验员出具验证报告。

④ 全部检验合格后由检验员贴检验合格证。

（5）涂漆。制作完成后，先用铁红环氧漆做防锈处理，再在外表涂刷企业内部要求颜色的漆，可采用喷涂或手工涂漆方式。工作面可不涂漆。漆膜厚度为0.2μm以上，涂漆表面应均匀不漏底。

（6）标识。按体系文件要求用深黄色漆写标识（编号、名称）。

五、工位器具的设计与制作

工位器具是企业在生产线上或仓库中用以存放物料、工具或辅助器械等的装置。它是生产过程中每一个工位都不能缺少的。客车生产的主副生产线上常用的工位器具包括：工作台、零配件存放架、分装台（架）、运转小车等。

工位器具设计中应遵守以下原则。

（1）明确设计目的。

（2）充分了解工位现场，合理利用空间。

（3）考虑工位器具通用性和标准性。

（4）考虑装配工艺的要求及工人操作的方便性。

（一）操作台架的设计与制作

在客车的生产中，很多部件需要分装或修配。制作操作台架的目的是为分装或修配这些零部件提供操作平台，方便工人作业。

1. 操作台架的设计要求

（1）必须有足够的强度和刚性，以支撑所加工的零部件。

（2）必须有足够的平台面积，以放置和加工零部件。

（3）要考虑所加工工件材料的类型。加工金属类工件的平台面板，一般采用一定厚度的钢板，钢板厚度取决于工件的质量；加工非金属类工件的平台面板，一般采用一定厚度的木板或竹夹板，表面铺软性材料，以防止工件与台面摩擦而损坏。

（4）操作台架的高度应适合工人操作。零部件组装工作台骨架示意图，见图3-26。

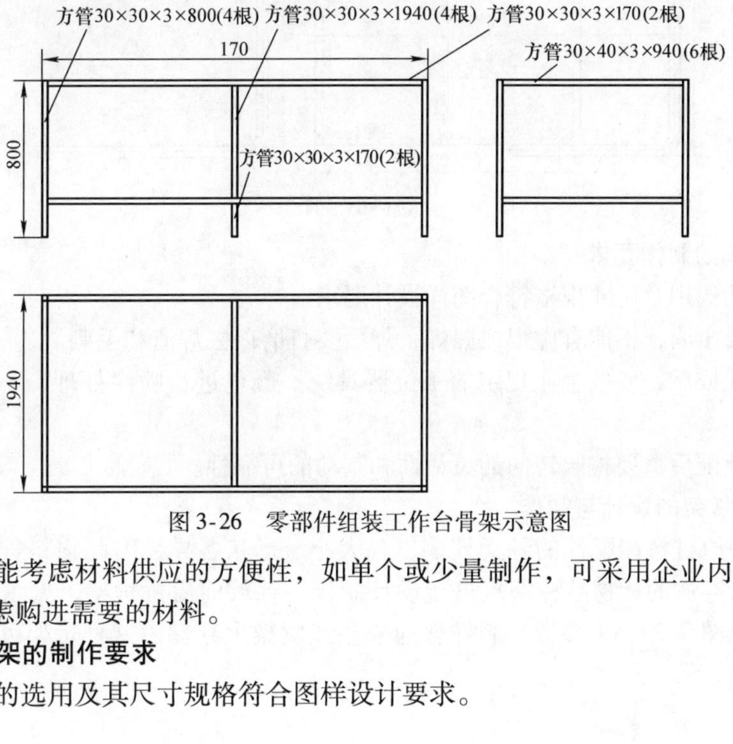

图3-26　零部件组装工作台骨架示意图

（5）尽可能考虑材料供应的方便性，如单个或少量制作，可采用企业内部的通用材料。大量制作则考虑购进需要的材料。

2. 操作台架的制作要求

（1）材料的选用及其尺寸规格符合图样设计要求。

（2）焊接要牢固，不能有虚焊或漏焊，焊后要打磨以去焊渣和毛刺。

（3）除工作台面外，要按企业规定的工位器具统一颜色进行喷漆处理，不能有露底现象出现。

（二）工位小车的设计与制作

工位小车用于在物料的存放区与生产现场相对较远时，装载或移动小型物料件。工位小车形式较多，有单层或多层物料盒式、也有单一式，见图 3-27。可根据工位的需要进行选择。

1. 工位小车的设计要求

（1）为方便在车间内部穿行，外观尺寸不宜过大。

（2）要考虑允许的载荷，并加以说明，防止因载荷过大，导致车体损坏。

（3）要注意转向轮和制动轮的选用。

（4）要考虑把手位置，其距地面高度一般在 800mm 左右。

（5）要考虑小车的结构强度。

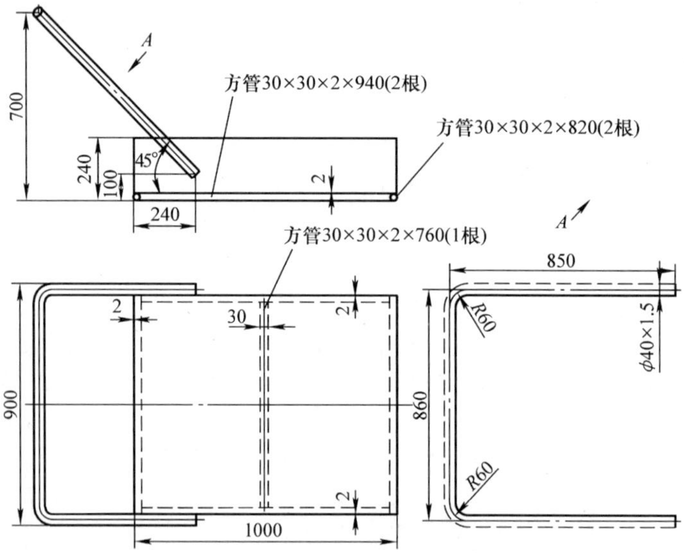

图 3-27　物料小车骨架示意

2. 工位小车的制作要求

（1）材料的选用及尺寸规格符合图样设计要求。

（2）焊接要牢固，不能有虚焊或漏焊，焊后要打磨以去焊渣和毛刺。

（3）制作完成后，要按企业规定的工位器具统一颜色进行喷漆处理，不能有露底现象出现。

（4）车轮装配后，要检验转向的灵活性和制动的可靠性。

（三）物料货架的设计与制作

客车生产用原材料和配件的种类繁多，且大小、形状各异，因此物料货架的种类也较多，一般根据所存放的货物品种特点进行设计制作。存放前后桥货架，见图 3-28，存放内饰材料货架，见图 3-29。大多数物料在普通隔层式货架上存储，这种货架可以自行设计制作，也可以订购。

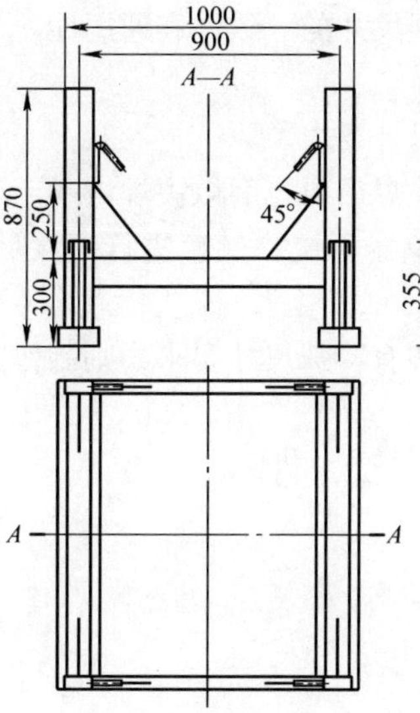

图 3-28 前后桥货架

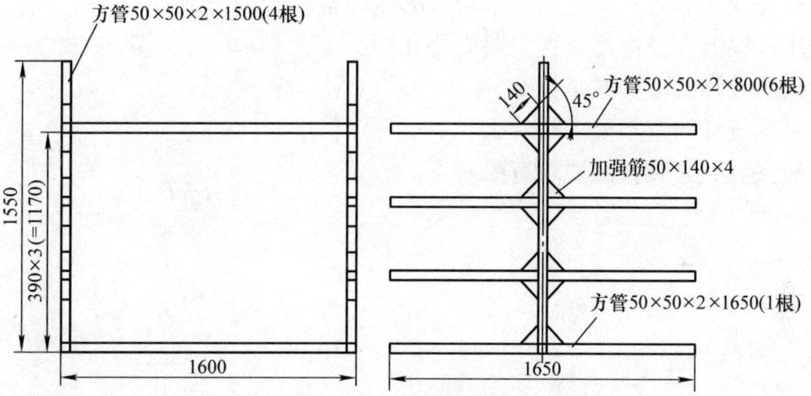

图 3-29 内饰材料货架

1. 物料货架的设计要求

（1）必须有足够的强度和刚性，以支撑所存储的物料。

（2）必须说明所能承载的质量。

（3）必须符合企业或国家的相关规定，每平方米存储的货物质量不超过规定限额。地面上允许可堆放物品的质量参考，见表 3-8。

表 3-8 地面上允许可堆放物品的质量

物品名称	单位面积许可堆放的质量/kg	物品名称	单位面积许可堆放的质量/kg
汽车配件	600	金属	700
总成	500	木制品	700
汽车轮胎	500	裁制品	250
润滑材料	500	化工材料	250
工具	400	油漆	250
金属制品	600	清洁用布料	500

（4）设计多层物料货架时，要考虑外观尺寸的一致性和通用性。

2. 物料货架的制作要求

（1）材料的选用及尺寸规格符合图样设计要求。

（2）焊接要牢固，不能有虚焊或漏焊，焊后要打磨以去焊渣和毛刺。

（3）制作完成后，要按企业规定的工位器具统一颜色进行喷漆处理，不能有露底现象出现。

（4）用于存放特殊品种物料的货架，如有特殊尺寸要求，则制作完成后需要检验。

思 考 题

1. 什么是工艺路线？
2. 工艺路线的作用是什么？
3. 工艺文件的作用是什么？
4. 工艺文件与设计文件的区别是什么？
5. 什么是作业指导书？作业指导书包含哪些内容？
6. 总装生产线的车身输送装置主要有哪几种？
7. 工装夹具设计的三要素是什么？
8. 工装夹具设计的基本要求是什么？
9. 对工装夹具夹紧装置的要求有哪些？

第四章　客车底盘生产工艺

第一节　概　　述

一、客车底盘

客车底盘（图4-1）在整车运行过程中，既要承受来自车架以上的垂直载荷，又要承受不断变化的交变载荷，还要考虑到整车的动力性和燃油经济性。并保证乘坐的舒适性及行驶的平顺性。

本章节围绕行业最新出现的先进设计技术，从生产工艺、装配工艺、调试工艺等角度，结合客车底盘产品模块化思路进行详细的说明。在这些新技术中，全承载车身是相对非全承载车身而言的，它可避免底盘件进入到涂装烘烤房，形成早期损害。同时，它的整车骨架形成格栅式闭环结构，极大地提高了整车的刚强度及抗扭转强度。

图4-1　客车底盘

二、客车底盘装配流程

客车底盘的装配流程根据车架的结构一般分为大梁式底盘装配和全承载式底盘装配流程。

（一）大梁式车架底盘装配工艺

目前，我国除了特定要求的车型外，多数客车还是以纵梁式、三段式车架结构为主，这两种结构的底盘装配工艺见图4-2。

（二）全承载式车架底盘装配工艺

为实现整车轻量化，提高整车的使用性能，我国主流客车企业均在推行全承载装配工艺。它与大梁式车架装配工艺的不同在于：车架与车身骨架形成整车框架，承载整车主体受力；底盘大件的装配工艺、工位顺序均发生相应改变。

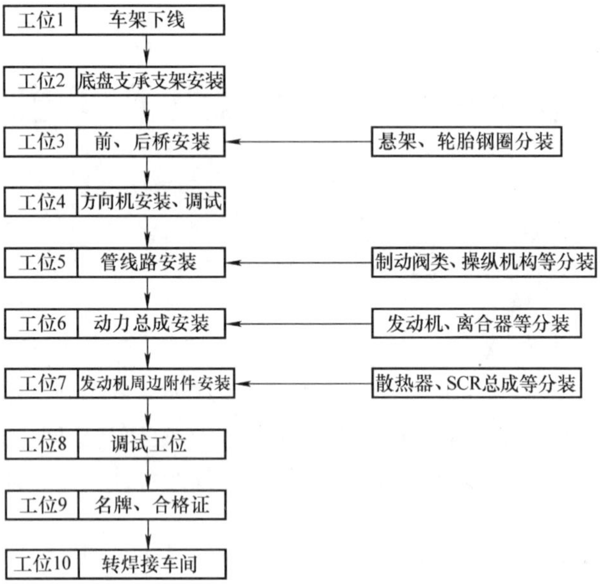

图 4-2　纵梁式和三段式车架底盘的装配工艺

全承载车架底盘装配工艺流程见图 4-3。

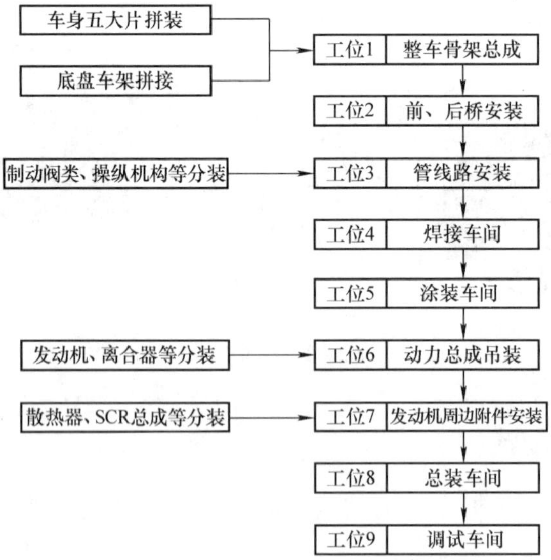

图 4-3　全承载车架底盘装配工艺流程

三、底盘模块化生产

底盘模块化生产基于客车底盘的模块化设计。在设计中，为了提高生产工艺的便利性和可替换性，将底盘的各部件根据性能、规格划分成小功能单元，同时又以机械结构为基础，形成自底向上的“金字塔”式层级结构，并按照各层级需求将各功能单元组合在一起，见

图4-4。

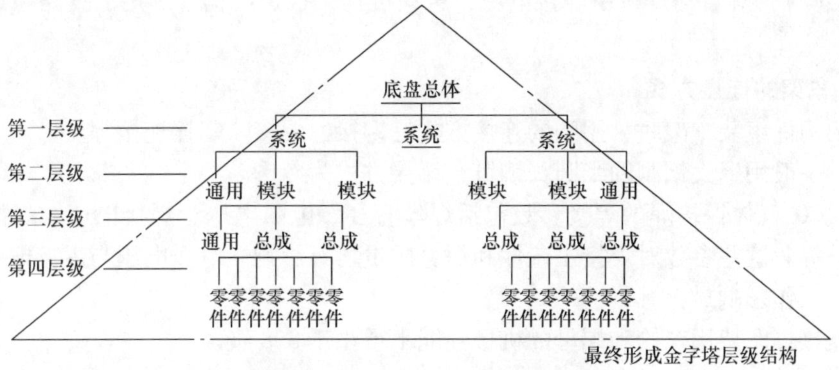

图4-4　“金字塔”式层级结构

客车底盘采用模块化设计后，从原始设计、生产组织到工艺安装等各方面的工作效率都得到了提高。根据所设计车型的不同，每一模块都可以选用不同的组件，组合成一款新的底盘。这种底盘构建方式非常灵活，可以支持不同型号。

第二节　车 架 工 位

客车车架按结构形式可分为三种：纵梁式、格栅式和三段式。纵梁式车架由贯通前后的纵梁及若干横梁，以及用铆接或焊接方式连接成的刚性构架组成，车架构件一般用低合金钢钢板冲压而成。格栅式车架（承载底架）是按整车布置要求设计的空间桁架结构，一般用薄壁矩形管或薄板件焊接而成。三段式车架由纵梁式和格栅式结构组合而成，即前后段为纵梁式、中间为格栅式结构。

一、车架生产的准备工作

（一）生产车架的基本设备

1. 方管件下料设备

下料设备一般采用带式锯床、盘式锯床和弓式锯床。

2. 剪板机

可根据纵梁长度选用相应规格的加长剪板机。

3. 冲孔设备

可采用数控冲床逐个冲孔，也可采用专用加长压力机一次完成切边和冲孔。

4. 弯曲设备

可采用专用加长压力机压型，或用折弯机分段折边。

5. 折边机

选用吨位较大，上、下模根据板厚相应配套的折边机。

6. 液压铆接机

大多采用冷铆，选用设备时应选择额定铆接力大于所需铆接力的液压铆接机。

7. CO_2保护焊焊机

CO_2气体保护焊自动焊机由焊接电源、送丝机构、行走机构、焊矩、气路系统和控制系统等组成。

（二）车架的连接方式

用车架构件组装车架时，用到的连接方式有铆接、焊接、螺栓连接等。

铆接：一般用退火钢制的半圆头铆钉，铆接方式为冷铆。

焊接：CO_2气体保护焊的焊接参数包括焊丝直径、电弧电压、焊接电流、焊接速度和保护气体流量等。这些参数对焊接工艺性和焊缝质量均有影响，电弧电压与焊接电流这两个参数的匹配对工作影响最大。

螺栓连接：车架用螺栓和螺母的机械性能不得小于 8.8 级。

二、纵梁式车架生产工艺

（一）组装流程

（1）准备零部件。

（2）分别将板簧座、连接板、加强板等零件用铆接或螺栓连接方式连接到左、右纵梁上，见图 4-5。

图 4-5　左、右纵梁

（3）将铆接（螺栓连接）好的左、右侧总成放在工装平台上，用同心棒穿过板簧座以进行校准调整，直至各尺寸处于设计公差范围内，最后铆接各处内横梁，见图 4-6。

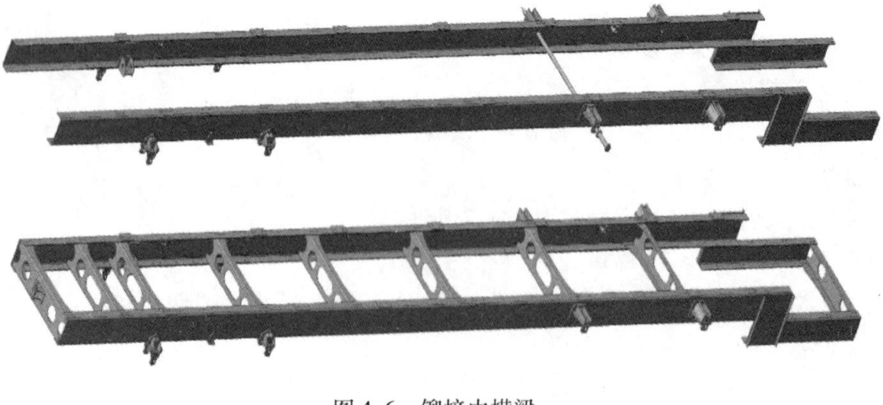

图 4-6　铆接内横梁

（4）检测车架总成对角线差、左右纵梁平行度、纵梁直线度、板簧座销孔同轴度等参数。

（二）组装要求

在组装纵梁式车架时，应以纵梁为基准零件，因此纵梁必须准确定位。

一般情况下，应采用专用的胎模对纵梁和横梁进行定位。胎模应保证左、右纵梁处于同一水平面上。两纵梁的距离要符合要求，并且在长度方向上保持一致。前后悬架固定端支架距离和对角距离应符合设计要求。此外，还应保证钢板弹簧支架的钢板销孔同心。

组装车架前，应先铆接钢板弹簧支架，然后在车架组装胎模上定位钢板弹簧支架，以此来定位纵梁在长度方向上的位置。这样既可以保证两纵梁在长度方向平齐，也可以确保钢板弹簧支架的钢板销孔同心。

三、格栅式车架生产工艺

（一）组装流程

（1）方管下料及零部件准备。

（2）方管在工装胎模上进行四面点焊以制作单片。

（3）各单片在工装上组焊为分段，见图4-7。

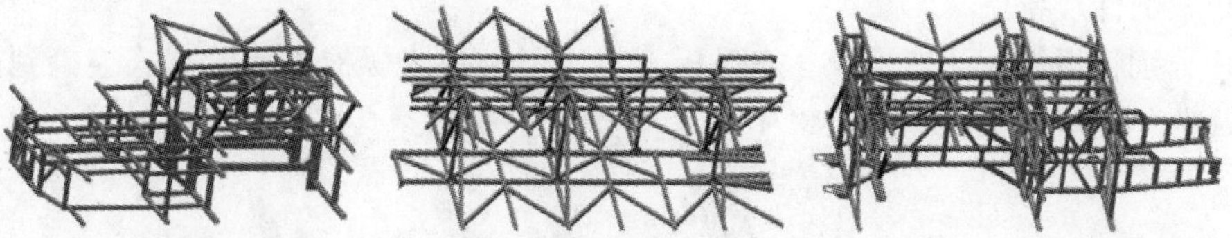

图4-7　分段

（4）各分段在工装上拼焊为车架总成，见图4-8。

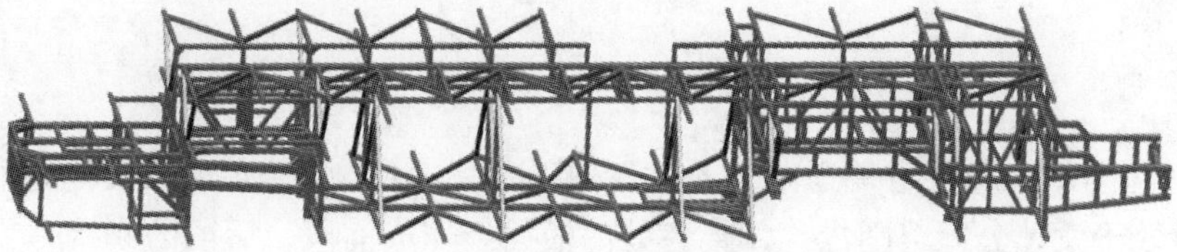

图4-8　拼焊分段

（5）校正车架总成的对角线差、左右纵梁平行度、纵梁直线度、轴距等重要尺寸。

（6）对车架总成进行加焊，见图4-9。

（7）焊接各类支架、埋板等。

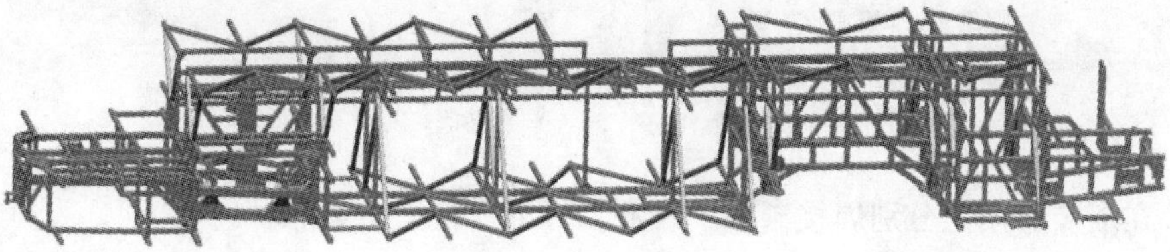

图4-9　加焊车架总成

（8）打磨焊缝，检验移工。

（二）要求

车架在分片时，最好将车架左、右有关联的零件在同一工装胎模中组装。车架中相同的单片可通用一个工装胎模，不同的单片应分别设计不同的胎模。单片焊接时，应对每根矩形管都进行定位。在工装上先进行上面和两侧面的焊接，从工装吊出后再进行底部焊接。

格栅式车架一般分为前、中、后三段（必要时也可以再细分更多段），每段组焊时，应使用工装胎模，保证每个单片都正确定位。

车架总成组焊时，要对每段车架都进行定位，一方面保证车架顺利组装，另一方面保证车架长度和底盘轴距的准确。

焊接后需对平面焊缝进行打磨。打磨后，采用火焰和锤击的方法校正相关的尺寸和平面度。

四、三段式车架生产工艺

（一）组装流程

（1）零部件准备。

（2）分别将板簧座、连接板、加强板等零件用铆接或螺栓连接的方式连接到前后段的左、右纵梁上，见图4-10。

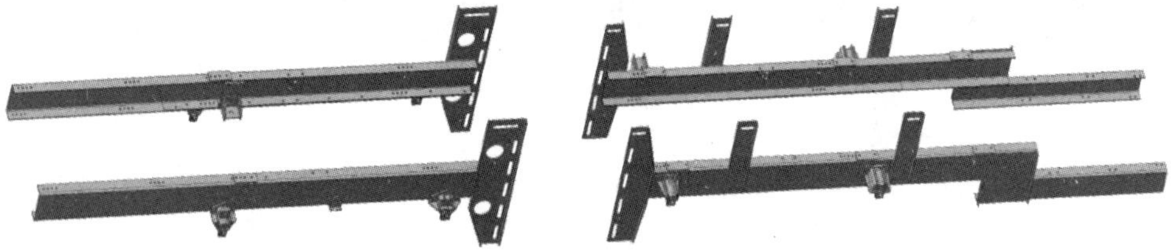

图4-10　左、右纵梁

（3）将铆接好的左、右侧总成放在工装平台上，用同心棒穿过板簧座进行校准调整，直至各尺寸处于设计公差范围内，铆接各处内横梁。完成前段、后段的铆接，见图4-11。

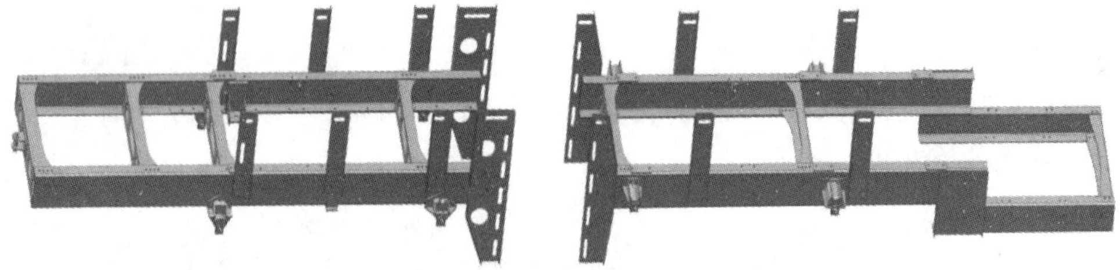

图4-11　前、后段铆接

（4）在工装胎模上分别焊接制作中段上、下单片，见图4-12。

（5）将前段、后段及中段上、下单片在工装平台上进行定位组焊，见图4-13。

（6）将车架总成吊出工装平台进行加焊。

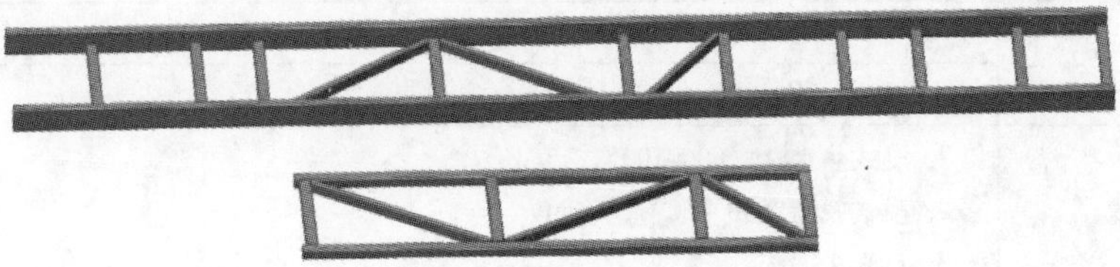

图 4-12　中段上、下单片

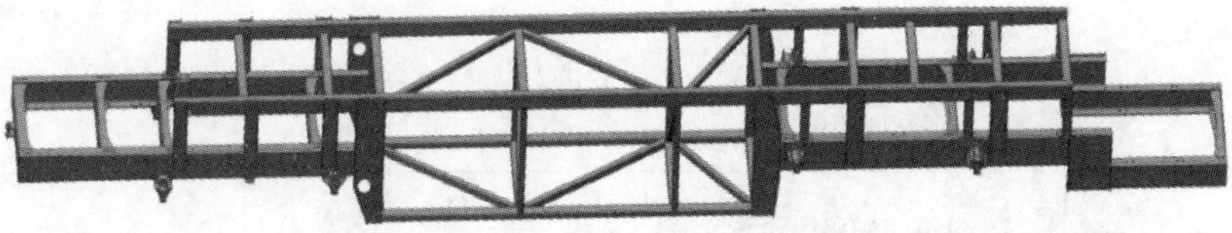

图 4-13　定位组焊

（7）焊接各类支架、埋板等，见图 4-14。

图 4-14　焊接支架和埋板

（8）打磨焊缝，检验移工。

（二）要求

三段式车架的中段大多为格栅式，前段和后段为纵梁式，因此其工艺路线一般会分成两条：一条为铆接线，铆接前段和后段的板簧座、连接板等；另一条为焊装线，焊接中段上、下单片。前段、后段与中段进行焊接时，一般用专用的工装夹具进行定位，以保证底盘的轴距，以及整个车架的平面度和直线度。

五、车架的涂装工艺

客车主体结构由钢材焊接而成，钢结构被腐蚀会直接损害客车的主体结构，因此，钢结构的整体质量直接影响客车的使用寿命。目前，客车车架的涂装工艺主要有电泳涂漆和传统喷漆。电泳涂漆通过化学反应在金属表面形成漆膜，比普通喷漆更致密且附着力更强，其防腐性能较好。但电泳设备投资、维护成本大，目前国内只有少部分汽车厂采用这种工艺。一般情况下，车架与车身骨架焊接好以后一起进行电泳，也称整车电泳。三种常见的车架涂装工艺见表 4-1。

表 4-1　三种常见的车架涂装工艺

<table>
<tr><th rowspan="2">序号</th><th rowspan="2">工艺名称</th><th colspan="3">工序内容</th></tr>
<tr><th>A</th><th>B</th><th>C</th></tr>
<tr><td>1</td><td>涂装前表面处理</td><td colspan="2">1. 浸式热水洗（80 ~ 100℃，5min）
2. 浸式脱脂（50 ~ 60℃，5min）
3. 自来水漂洗
4. 酸洗除锈（40 ~ 60℃，5 ~ 10min）
5. 水洗
6. 中和
7. 表调
8. 磷化
9. 水洗
10. 烘干（电泳前可不烘干）</td><td>1. 用钢丝刷等工具手工将锈除去
2. 用乙醇湿润的布手工擦净被涂表面
3. 喷涂一层磷化底漆</td></tr>
<tr><td>2</td><td>涂装</td><td>1. 阴极或阳极电泳涂装
2. 水洗
3. 烘干</td><td>1. 采用水性浸漆浸涂
2. 干燥
3. 喷涂面漆
4. 干燥</td><td>1. 喷涂合成树脂防锈涂料
2. 干燥</td></tr>
<tr><td>3</td><td>防锈（选用）</td><td colspan="3">喷内腔防护蜡和表面防护蜡</td></tr>
</table>

第三节　车 桥 工 位

行驶系对整车安全性有很大影响，因此车桥工位的装配质量非常重要，它的装配调整及关键紧固件装配必须达到技术文件及国家标准要求，关键紧固件经测量扭矩合格后，要求涂上明显标记，并且要求有可追溯性。

车桥工位一般包含前后桥车轮的安装、后桥润滑油加注和前后桥及其悬架总成组装。

一、车桥分装

车桥分装的一般过程如下：

（1）在安装轮辋时，轮辋散热孔应最大程度与制动鼓观察孔相对，以利于散热，盘式制动则不需考虑。

（2）轮胎气压要符合规定值。轮胎气压偏值厂家有明确规定的，按厂家规定执行；若未明确规定，则轮胎气压偏差值为 ±20kPa。

（3）车轮螺母拧紧力矩要严格按照各桥厂的要求拧紧，企业通用标准见表 4-2。

表 4-2　企业通用标准

定位方式	螺母规格（强度级别 10 级）	拧紧力矩值/N · m
球面定位钢制车轮	M20 × 1.5	450 ~ 490
	M22 × 1.5	450 ~ 490
	M24 × 1.5	550 ~ 650
止口定位钢制车轮	M22 × 1.5	550 ~ 600

对于桥厂有特别规定，或者特殊材料的车轮（如铝制车轮），应严格执行桥厂的规定。广西方盛车桥厂和东风德纳车桥厂车轮螺母拧紧力矩值见表4-3和表4-4。

表4-3　广西方盛车桥厂

定位方式	螺母规格（强度级别10级）	拧紧力矩值/N·m
球面定位钢制车轮	M20×1.5	450~550
	M24×1.5	550~650
止口定位钢制车轮	M22×1.5	550~600

表4-4　东风德纳车桥厂

定位方式	螺母规格（强度级别10级）	拧紧力矩值/N·m
球面定位钢制车轮	M20×1.5	420~490
	M24×1.5	420~490
止口定位钢制车轮	M22×1.5	540~670

（4）车轮螺母紧固需按照十字交叉法分三次拧紧，第一次拧至规定力矩值的50%，第二次拧至规定力矩值的80%，第三次拧至规定力矩值。

（5）装后桥车轮时，尽可能使内外轮的气嘴互成180°。

（6）后桥润滑油的加注，必须使用厂家规定的润滑油牌号，并加注至后桥壳上的油面孔位置。

二、板簧悬架分装

板簧可分为多片式和少片式两种。前钢板弹簧悬架一般都采用钢板弹簧上置的方式，而后钢板弹簧悬架则有上置式和下置式两种，它们的装配方式相同。

在将板簧悬架安装到车架上前，通常先进行板簧悬架的分装。

检验各零部件型号，无磕碰及划伤等可见缺陷。选取钢板弹簧总成时，左右钢板弹簧总成的弧高标记必须同为“+”、“0”或“-”。

在板簧中心螺栓处安装车桥定位套，放上垫板，其中心孔与定位套相配合。将垫板、上盖板、减振器下支架和稳定杆下支架安装孔与车桥固定孔对正，安装U形螺栓，使其跨过上盖板、钢板弹簧，穿过垫板孔、车桥上的钢板弹簧固定孔及减振器支架孔，U形螺栓的底部位于上盖板的凹槽内。安装垫板时，注意垫板的厚度和安装角度，各车型甚至相同车型的悬架状态会经常发生变化，应及时查看图样和零件明细。

在钢板弹簧与前、后桥进行合装时，必须对钢板弹簧总成进行正确定位，使左右钢板弹簧平行且垂直于前、后桥轴线。

U形螺栓拧紧前，为减少螺纹的摩擦力矩，应在螺纹部位涂抹少许润滑脂。拧紧时，应采用对角线拧紧法。

用吊环销通过板簧卷耳连接板簧和吊环时，可在吊环销上均匀涂抹少许润滑脂，借助纯铜棒，用锤子将吊环销慢慢砸入。严禁直接用锤子砸吊环销，见图4-15。

装配卷耳销和吊环销时，对前板簧而言，应使装配润滑嘴的一侧全部朝向车架内侧；对后板簧而言，则应朝向车架侧，并使吊环销上的横向切口与吊环销锁紧螺栓的方向保持一致。板簧中心的螺栓和螺母，吊环销和卷耳销锁紧螺栓、螺母，应按 QC/T518—2013《汽车用螺纹紧固件紧固扭矩》中的 8.8 级机械性能执行。

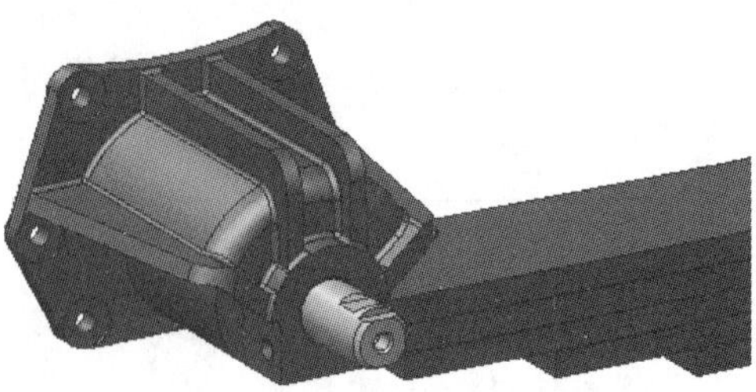

图 4-15　加纯铜棒锤击

至此，完成钢板弹簧悬架零部件在车桥上的安装，将所有组件转至车桥总装车间，架设已预装好的车架总成，把分装好的钢板弹簧悬架、横向稳定杆、减振器安装到车架上，各连接部位必须用规定的连接件连接。螺纹部位必须涂紧固防松胶，并按规定的拧紧力矩拧紧，稳定杆夹板部位的螺栓必须在悬架设计高度状态紧固。钢板弹簧悬架总装完工状态，见图 4-16。

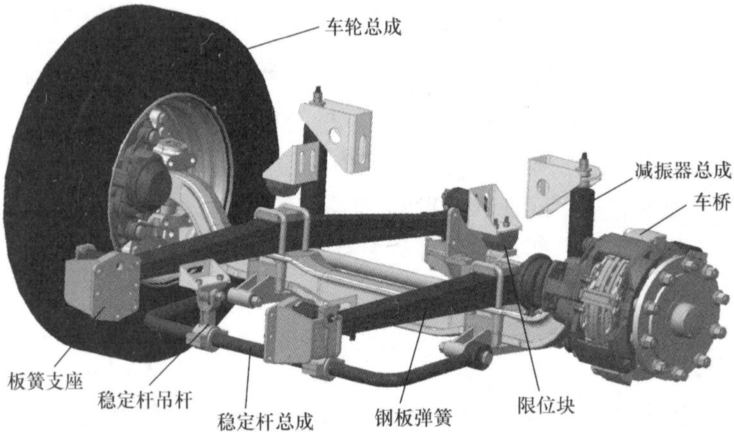

图 4-16　板簧完工状态

三、气簧悬架分装

目前，国外高级大客车几乎全部使用空气悬架，重型载货车使用空气悬架的比例已达 80% 以上。我国交通部 JT/T325—2013《营运客车类型划分及等级评定》标准规定高一级以上大客车必须装用空气悬架。

1. 空气悬架的优点

（1）乘坐更舒适安全。

（2）改善车辆行驶平顺性和稳定性。

（3）延长轮胎和制动片的使用寿命。

（4）减少对道路的损坏。

（5）使用寿命高。

空气悬架刚度低，可提高轮胎抓地性能，减少离地倾向。另外，它的刚度呈非线性变化，随车辆载荷的变化而变化，固有频率基本不变，并且气囊可有效隔振，从而使车辆有良好的行驶平顺性和稳定性，且人员乘坐更舒适、安全。空气悬架的寿命长，一般为板簧悬架的 20 ~ 30 倍，且空气悬架的动载荷小，可有效减轻对路面的破坏，同时也减小了对车辆零部件的冲击，提高了零部件的使用寿命。

2. 一般客车空气悬架系统的结构（图4-17）

（1）弹性元件：承载簧上质量且对高频振动有很好的隔振消声作用，如空气弹簧。

（2）导向机构：在车架与车桥之间传递力和力矩，使车轮按照一定的轨迹相对车架跳动，如导向臂、推力杆等。

（3）阻尼元件：吸收冲击和振动，如减振器。

（4）约束元件：用于安装弹性元件、导向机构及阻尼元件，如安装支架等。

（5）紧固元件：固定悬架各个元件，如高强度自锁紧固件。

（6）控制元件：控制空气弹簧内部气压以保障悬架具有合适的刚度，如高度控制阀。

大型客车的空气悬架系统见图4-18、图4-19和图4-20。

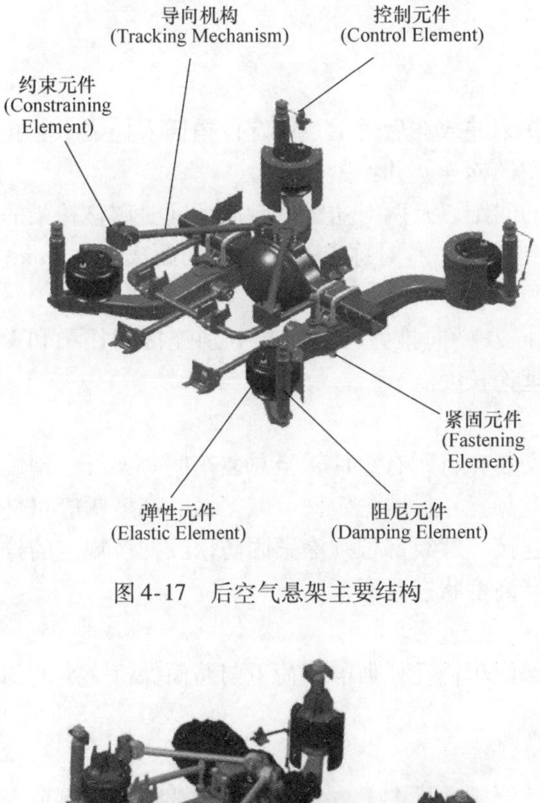

图4-17 后空气悬架主要结构

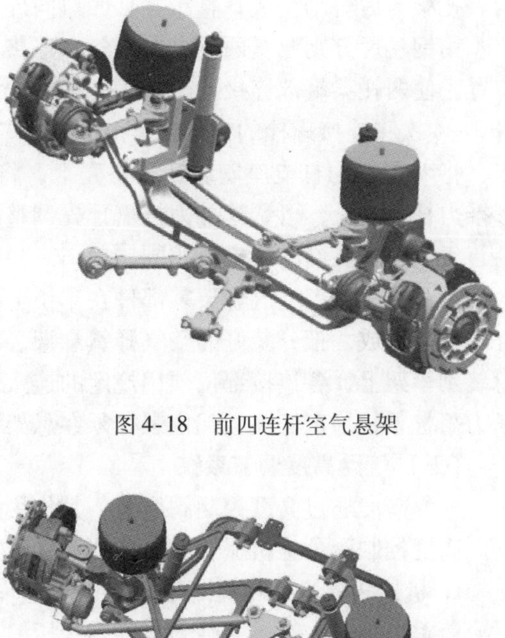

图4-18 前四连杆空气悬架

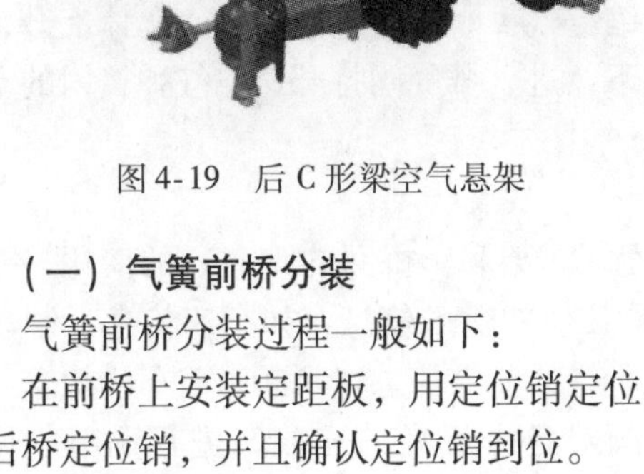

图4-19 后C形梁空气悬架

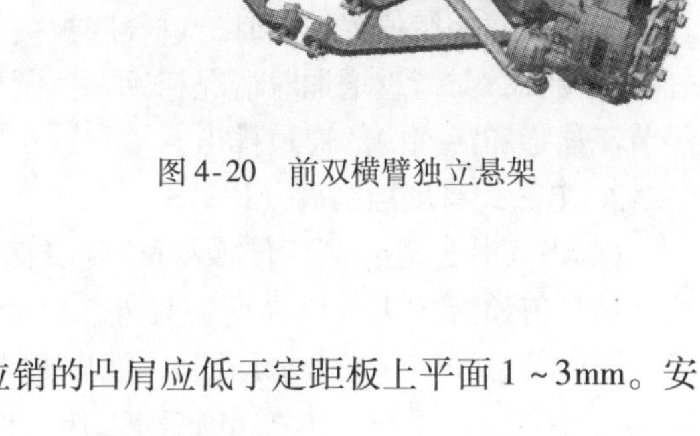

图4-20 前双横臂独立悬架

（一）气簧前桥分装

气簧前桥分装过程一般如下：

在前桥上安装定距板，用定位销定位。定位销的凸肩应低于定距板上平面1～3mm。安装后桥定位销，并且确认定位销到位。

将导向臂和气囊下支座安装在前桥上，使定位销插入下支座中心孔内。将气囊下支座固定螺栓孔与前桥安装孔对正，用螺栓连接并预紧。

用钢卷尺分别测量前气囊板簧端部对称点的间距，及其到前桥左右对称点对角线的距离。同时，调整板簧的位置，使两板簧端部对称点的间距差≤2mm，到前桥左右对称点两对角线的距离差≤3mm，分 3 ~ 4 次将连接螺栓的螺母拧紧，无钢板弹簧的空气悬架则无此项操作。

安装横向推力杆和纵向推力杆支座，以及纵向和横向推力杆，可调式推力杆需预先调整到理论长度。

安装气囊前，应检查气囊是否损坏或划伤，确保气囊完好。将气囊安装到气囊下安装板上，然后安装气囊上安装板，通过气囊上盖接头，连接 6 ~ 8Bar 气流，最后将气囊安装到位。

（二）气簧后桥分装

气簧后桥分装过程一般如下：

将定位销装入后桥的定位孔内。吊起后悬托梁并放在后桥上，使定位销插入托梁中心孔内。托梁与后桥轴线成垂直布置且凹口向外，用螺栓连接并预紧。

用钢卷尺分别测量两托梁端部气囊连接口的间距以及两对角线的距离，同时调整托梁的位置，使两托梁端部连接孔的间距差≤2mm，到前桥左右对称点两对角线的距离差≤3mm，分 3 ~ 4 次将连接螺栓的螺母拧紧。

将 V 形推力杆支座安装到后桥壳上，将纵向及横向推力杆的一端分别连接到托梁和 V 形推力杆支座上，可调式推力杆需预先调整到理论长度。

气囊的安装同前桥安装相同。

至此，完成了空气悬架零部件在车桥上的安装，将所有组件转至总装车间。架设已预装好的车架总成，把分装好的空气弹簧悬架、导向装置、横向稳定杆、减振器、高度阀等组件总装到车架上，各连接部位须用规定的连接件连接。螺纹部位须涂紧固防松胶并按规定的拧紧力矩拧紧，稳定杆夹板部位螺栓须在悬架设计高度状态紧固。

（三）气囊高度调节系统

气囊高度通过高度控制阀调节，其作用是保证车辆在任何静载荷下与路面保持一定的高度。高度控制阀分为机械式和电磁式两种。

1. 机械式高度控制阀工作原理

荷重增加时，车体下降，空气弹簧压缩，控制杆被推向上方，凸轮转动并带动活塞顶开进、排气阀，气缸中的压缩空气通过一段节流通道流入空气弹簧，车架恢复到一定高度后，控制杆会返回平衡位置。此时，进气阀被关闭，压缩空气关断；荷重减少时，车体上升，空气弹簧伸长，与荷重增加时情况相反，控制杆被拉下，进、排气阀打开，空气弹簧内的空气经节流通道和活塞内的通道排出。

2. 电磁式高度控制阀（ECAS）

ECAS 工作原理：高度传感器负责检测车辆高度（车架和车桥间的距离）的变化，并把这一信息传递给 ECU（除高度信息外，ECU 还接受其他的输入信息，如车速信息、制动信息、车门信息和供气压力信息等），然后 ECU 综合所有的输入信息，判断当前车辆状态并按照其内部的控制逻辑，激发电磁阀工作，使电磁阀对各个气囊的充放气进行调节，见图

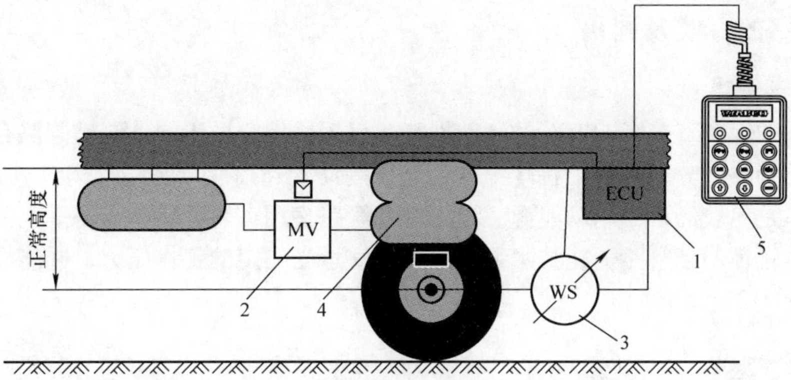

图 4-21　ECAS 系统简图

1—电子控制器（ECU）　2—电磁阀　3—高度传感器　4—气囊　5—遥控器

4-21。

ECAS 除了可以实现机械式高度控制阀的功能外，还具有车辆升降功能和侧倾功能（主要用于城市公交车）。另外，它还具有减少空气消耗、装卸操作更安全等优点。

在安装 ECAS 时应注意：高度传感器横摆杆和纵摆杆应保持在同一平面内。纵拉杆必须保持在垂直位置。在 ECAS 系统保险未接，车辆进行电焊，外接电源对蓄电池充电，车辆未下线（底盘状态）时，严禁连接 ECU。横摆杆和 L 形连接杆橡胶套间的纵拉杆光杆长度不小于 60mm，纵摆杆在橡胶套中的长度不小于 50mm。高度传感器应左右对称，摆杆和连接臂长度应相等，最大限度应用其 ±40°的工作范围，并且在所有行程范围内不允许其与底盘件干涉。在固定传感器前，应确定车身上升时，摆杆顺时针还是逆时针转动，为 ECAS 系统标定提供数据。

高度控制阀数量和布置方式包括：

① 三阀：理论上三点定一平面，因此采用三阀布置最合理。一般车型采用前 1 后 2 布置方式，独立悬架车型一般采用前 2 后 1 布置方式。

② 四阀：对于前悬架采用独立悬架，后悬架采用 C 形梁大跨距气簧的车型，为了充分发挥其增大角刚度的设计，可以前、后都采用两个高度阀，对于 6×2 特大型客车，二、三桥单侧气簧连通，可左、右各布置一个高度阀。

③ 五阀：对于特大型的 6×2 通道（铰接）式客车，一般采用前 1、中 2、后 2 的布置方式，也可采用前 2（独立悬架）、中 1、后 2 的布置式。

第四节　管 路 工 艺

一、管路概述

现代客车底盘中包含有水、气、油等许多管路，它们各自担负着不同的功能。按其功能类型大致可分为制动管路、发动机管路、离合器管路、动力转向器管路、燃油管路等，它们决定了底盘的整体运行性能。

二、管路的分类及选用

（一）制动管路

制动管路的性能直接影响客车的制动性能。根据所用介质不同，制动管路有气压制动管路与液压制动管路之分。目前，在客车中，气压制动管路占主导地位，因为其制动力较大，而且高压气体是比较经济的制动能源。液压制动管路多用在轻型货车与轿车上。液压制动比较平稳。无论哪种制动管路，在技术上均要求能够承受一定的工作压力，并能承受外界环境的影响，见图 4-22。

图 4-22　制动管路

1—不锈钢编织波纹管　2—空压机出气纯铜管　3—制动气路尼龙管

气压制动管路所用的材质有尼龙、邦迪、纯铜等。应根据具体情况选用管材。如与空气压缩机相连接的制动管路，就应该采用纯铜管。因为空气压缩机工作时会产生油水，这样可防止管路生锈和影响其他的阀件。另外，空气压缩机输出的高压空气具有一定的温度，纯铜管的散热性能比较好。采用邦迪管时，应在装配前弯曲成形。邦迪管路大多数通过管路接头相连，其最大的缺点是容易泄漏。

液压管路属于输油管路，目前大多数采用邦迪管。在技术上要求管路能够承受一定的油压，同时在油压反复的作用下不发生膨胀。

（二）发动机管路

发动机工作时，必须有外界空气进入气缸内，与汽油或柴油形成新鲜充量，同时，它的高频运转还会产生热量。因此，发动机中常见的管路有冷却管路、进气管路、空气滤清器管路。这些管路是保证发动机正常运转的必需零部件。

目前，冷却管路与进气管路一般选用三元乙丙橡胶管，并以涤纶、芳纶或涤纶织物作为加强层，另外，还要求它们具有一定的柔性，见图 4-23。空气滤清器管路在吸气过程中，会形成进气负压，因此其管路要求能耐真空，应选用以钢丝作为加强层的三元乙丙橡胶管。有的客车用发动机管路还有其他要求，如带中冷器且采用空气冷却的发动机管路，其进气管路要求硅橡胶和不锈钢管并用，这样可防止金属杂质进入进气系统，见图 4-24。采用水冷却的中冷器或者不带中冷器的进气管路，选用一般的三元乙丙橡胶管就可以了。

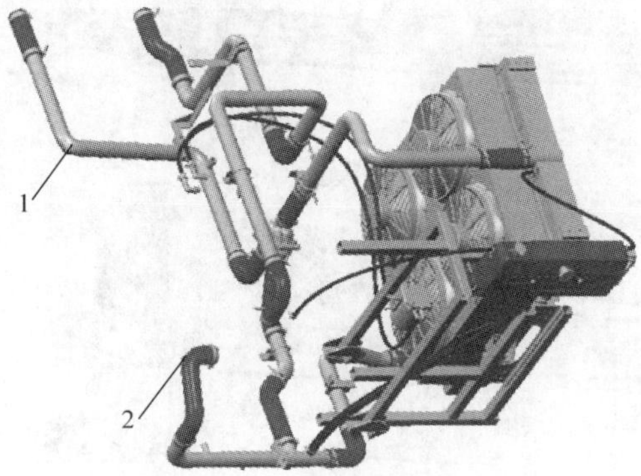

图4-23　冷却管路

1—冷却水不锈钢管　2—冷却三元乙丙橡胶管

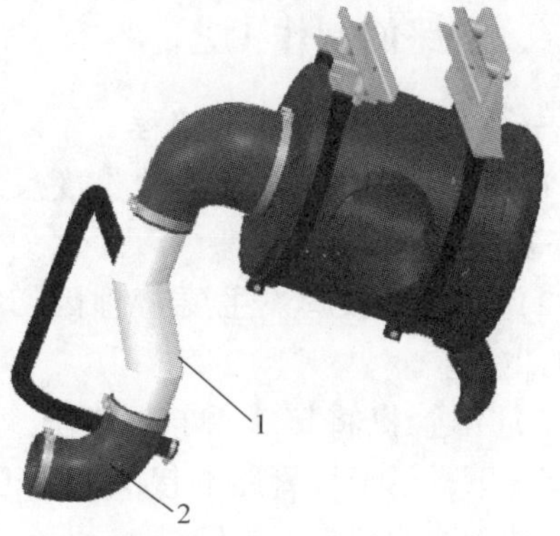

图4-24　进气管路

1—进气不锈钢管　2—进气胶管

（三）燃油管路

目前，客车常用的燃料为汽油、柴油、液化天然气等。以柴油发动机管路为例：发动机工作时，输油泵从燃油箱吸取燃油，送至燃油滤清器，柴油经过滤清后进入喷油泵，柴油压力在喷油泵内被提高，按不同工况所需的供油量，柴油经过高压油管输送到喷油器，最后经喷油孔形成雾状喷入燃烧室内。

在该过程中，既有低压管路，又有高压管路，因此要求燃油管路具有一定的耐压性能，高压时不能爆管，同时还要具有一定的耐油性。目前常选用尼龙管、耐油胶管或金属管，金属管多数为紫铜管或者双层卷焊管，见图4-25。

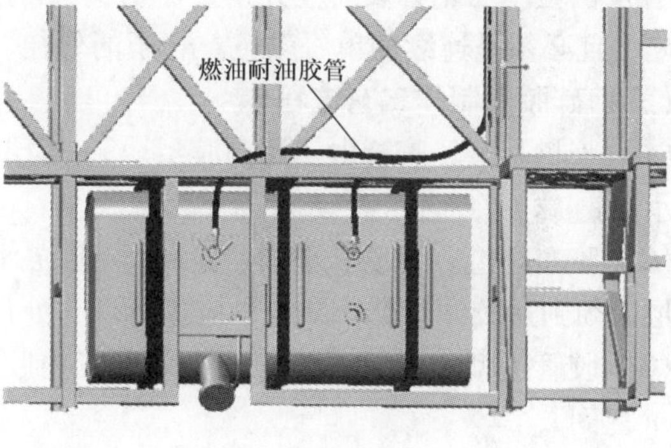

图4-25　燃油管路

（四）动力转向器管路

动力转向器使用专用液压油，这种液压油在高压状态下不会自燃。动力转向器管路包括进油管路与回油管路。进油管路中的油压比较高，因此要求进油管路能够承受较大的油压，并且在油压的作用下不发生膨胀。根据此情况，应选用高压尼龙管，也可将尼龙管和邦迪管相互连接形成动力转向器回油管路。用高压尼龙管泄漏点少，而尼龙管与邦迪管混用容易泄漏。

（五）离合器管路

现代离合器类型有电磁式、液力式等。液力式离合器有输送液体的管路。这些管路属于输油管路，其性能与液压制动管路相同。在技术上要求离合器管路能够承受一定的油压，并且在油压作用下管路不发生膨胀。其选用的材质也与液压制动管路相同，普遍选用邦迪管或者纯铜管，由于高压油被加压后温度很高，对管路本身的散热性有一定的要求，故近年来，纯铜管的运用很广，见图4-26。

三、管路的制作工艺

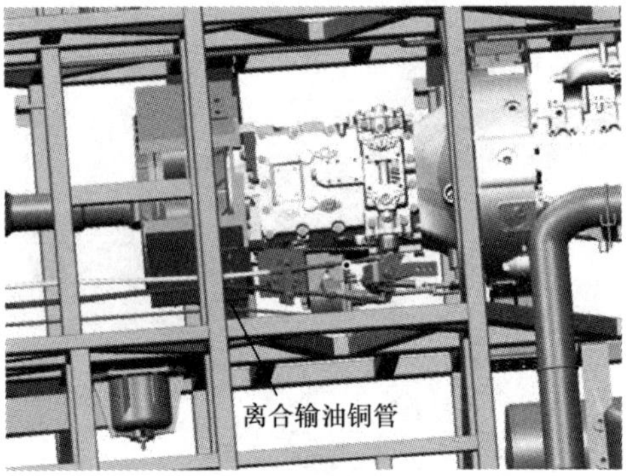

图 4-26　离合器管路

（一）邦迪管制作工艺流程

（1）切割机下料。管子的长度尺寸按图样下料。

（2）铰口机铰口。主要清理因切割而产生的飞边。

（3）铆管机将接头铆接到邦迪管上。一般情况下，用于气管路的接头为卡套式，而用于油管路的接头为扩口式。

（4）按图样的形状用弯管机对邦迪管进行弯曲成型。

（5）检验。

（二）尼龙管制作工艺流程

（1）切管。按图样长度要求切割。

（2）将尼龙管扣压机的卡套式接头扣压到尼龙管上。

（3）贴标记。在尼龙管总成的两端贴上色标。

（4）检验。尼龙管表面应光滑，不应有影响使用的气泡、缩松、裂纹和不均匀性等制造缺陷，且必须呈连续的单一颜色。管子的外径、壁厚和允许压力应符合国家标准的规定。

（三）硅胶管制作工艺流程

（1）胶料制造。胶管由一层内胶层、3～4 层纤维层和一层外胶层组成，也可根据需要增加承压钢圈。

（2）胶布制造。为防止管体在振动、扭转力与挤压力的作用下，内胶层破坏而漏气，胶布层必须到达胶体端部，即胶管应进行切头处理。

（3）胶管成型。为保证胶管的密闭性，内胶层厚度应大于 1.2mm，一般控制在 1.2～1.5mm 之间。

（4）一次硫化。在 180℃条件下，硫化 40min。

（5）切管、标识。

（6）二次硫化。在 200℃条件下，硫化 240min。胶管为模压硫化，为防止模缝处露布，胶管厚度以 5mm 左右为宜。

（7）装配成型。

（8）成品检验。胶管成品要保证气密性、耐高温老化性、抗爆破压力和各层间粘合力。

（四）不锈钢管制作工艺流程

1. 原材料检验

管材及附件内外表面不得有裂痕、裂纹、折叠、结疤、轧断、分层等缺陷存在，表面应光滑、清洁、无针孔和锈蚀。

2. 下料

用规格为 $\Phi16\sim\Phi323$ 的不锈钢管子以专用机械切割的方法切割。所有下料完的管子的内外口必须光顺无毛刺。管子切割后，管端面外表面的垂直公差值应符合企业内部不锈钢管加工工艺要求。

3. 装配

在接头两侧各50mm范围内的内、外表面，在焊接前不得污损。一根管子上有两个和两个以上定型弯头时需二次校管，第一次校管需打底焊，打磨合格后再二次校管。校管结束后，应检查管子的几何尺寸。

4. 焊接

焊接前应先对焊接管道内充氩气10min，充氩气的入口设置在管子的下端，入口与出口要有压力差，使管内焊缝保持良好。焊接时，管内应先接好充气装置，管子两端用海绵或对母材不产生腐蚀的材料密封好。焊接后，焊缝表面不得低于母材，焊缝正面高为0.5～2mm，背面高为0.5～2mm。

四、管路走向规范工艺

（一）管子最小弯曲半径规范

（1）底盘上的管路（含纯铜管、油软管、气软管）在弯曲时，必须根据横平竖直的走向要求，以及其周围可用的固定位置，来合理地确定弯曲半径。

（2）最小弯曲半径（指软管轴向弯曲半径）要求：转向助力油管为管外径×4；离合助力油管为管外径×4；其余油管为管外径×3；气软管为管外径×2.5；纯铜管为管外径×5。

（3）折弯技术要求：管子不能开裂、折瘪，不能折有死角。

（4）软轴不许折弯，只允许大半径平滑过渡。

（二）管路安装布置技术要求

（1）进气不锈钢管插入胶管的长度不短于45mm，抱箍加紧的位置应该在不锈钢管凸沿的内侧。

（2）进气胶管要顺畅，防止装配时出现鼓包、压瘪、扭转等现象。

（3）冷却钢管插入胶管的长度不低于50mm。

（4）所有冷却钢管、胶管装配前必须清理干净，以防杂质进入；管道内表面清洁度要求：内壁残留物不超过0.16g/m^2，且保持密封状态。

（5）安装排气管时，应调整波纹管使其可以伸缩（压缩量≥15mm，拉伸量≥15mm）。

（6）各连接处螺栓、卡箍的拧紧力矩按工艺要求（标准力矩）执行。

（7）尿素管要走向合理，固定有效。尿素管需和加热水管绑在一起，并用隔热石棉布包裹。

（8）尿素喷射管走向应连续向上。

（9）管件连接时，卡箍应紧固无松动，进回油管应顺畅无变形，并保持管路内部清洁。

（10）系统各管路走向要合理、排列整齐，相邻固定间隔不大于150mm，不与金属锐边碰擦，过孔应有橡胶保护套，与运动件之间要留有足够空间，避免运动干涉。

（11）空气压缩机的出气铜管应和其他线束隔开20mm以上的距离。

（12）动力转向进回油管固定线卡最小间距不得大于500mm。

（13）动力转向进回油管不得走急弯，最小拐弯半径不得小于200mm。

第五节　发动机工位

发动机工位指发动机及其附件系统的安装，其中包括发动机的分装，以及发动机悬置系统、进排气系统、冷却系统、供油系统的安装。这些系统安装的质量，将直接影响发动机各项性能的发挥，进而影响整车的性能。

一、发动机分装工艺

发动机分装包括飞轮壳分装、飞轮齿圈装配、飞轮安装、导向轴承安装、发电机装配、传动带张紧轮装配、动力转向油泵装配、曲轴带轮安装、发动机润滑油加注、离合器装配、变速器装配、缓速器装配、传动轴装配以及动力总成吊装。目前，国内给客车厂配套的发动机厂较多，主要有玉柴、潍柴、锡柴、道依茨、日野以及康明斯等。

在飞轮壳、飞轮的安装中，要注意：飞轮壳分装时，应查看 O 形密封圈及塑料堵塞是否干净、无磕碰损坏或其他缺陷。确认无缺陷后，先将 O 形密封圈压入塑料密封圈槽内，再把塑料堵塞打入飞轮驱动孔内。飞轮壳装配时，将飞轮壳与缸体连接的连接螺栓顺序交叉拧紧，拧紧力矩为 65 ~89N · m。安装导向轴承时，将轴承打入轴承孔内，应使轴承端面与飞轮端面平行，且保证轴承能灵活转动，见图 4-27。

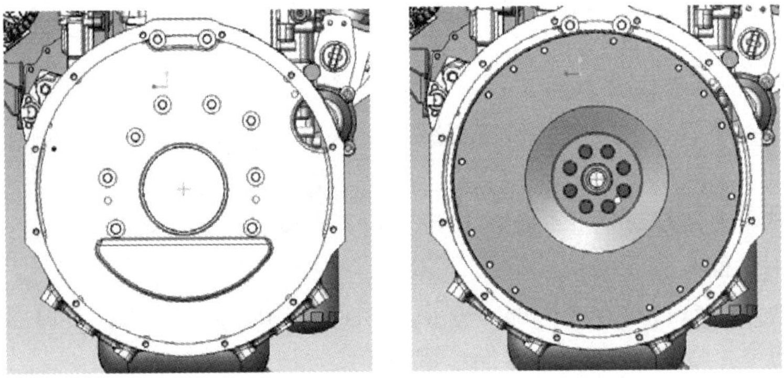

图 4-27　飞轮壳和飞轮安装

加注发动机润滑油时，应确保油位在“最高”和“最低”标志的最高位置，否则应补充油液。

安装离合器时，应保证飞轮的表面干净、干燥，用工艺芯轴将摩擦片、压盘总成套到一起之后，将工艺芯轴穿于轴承飞轮孔。装配压盘时，应按“对角线法则”拧紧螺栓，拧紧力矩为 52 ~90N · m，见图 4-28。

在变速器安装中，要注意：吊出变速器时，严禁磕碰里程表软轴接口，落地要轻放。加注变速器润滑油时，注意检查油面是否已到达油位口螺孔边缘，若未到达则应继续添加油液直到合格为止。变速器与飞轮壳连接时，用吊带套上变速器分装总成，对准预埋双头螺柱与连接孔，将变速器与飞轮壳结合面轴向推至无间隙。连接螺纹时，应按“对角线法则”拧紧螺栓，拧紧力矩为 52 ~90N · m，见图 4-29。

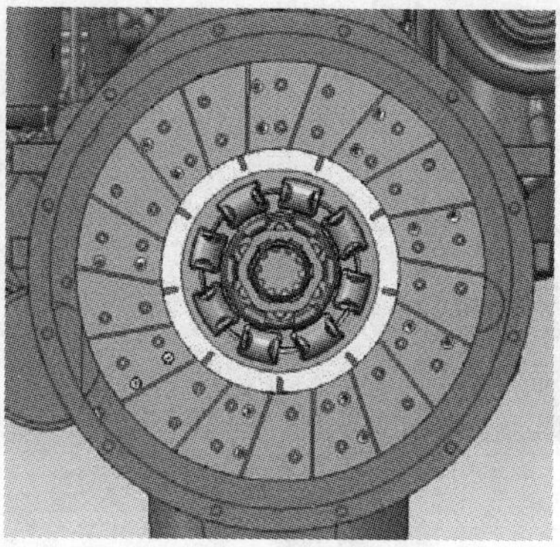

图4-28　离合器安装

图4-29　变速器安装

图4-30　缓速器安装

缓速器与变速器（或驱动桥）的装配需保证所有安装螺栓的拧紧力矩，并且所有螺栓均须按规范涂螺纹锁固胶。装配缓速器与车架时，按指定位置装好各连接组件后，螺栓拧紧力矩按 QC/T 518—2013《汽车用螺纹紧固件紧固扭矩》执行，要保证缓速器软垫紧密接触且不扭曲变形，若出现接触不紧密或扭曲时，要调整到合格为止，见图4-30。

发动机悬置支架安装时，要注意各螺母拧紧力矩的要求。其中，发动机前悬置支架处螺母拧紧力矩要求为 M12：90～110N·m，M14：146～185N·m。发动机后悬置支架（梁）处螺母拧紧力矩要求为 M12：90～110N·m，M14：146～185N·m。发动机支撑架（或发动机总成支架）处螺母拧紧力矩要求为 M14×2：178～200N·m，M16×2：200～310N·m，M18×2.5：380～467N·m。其他螺纹紧固件的拧紧力矩应符合 QC/T 518—2013《汽车用螺纹紧固件紧固扭矩》中的规定。

在传动轴安装中，应使花键轴和花键套的箭头相互正对，确保传动轴的动平衡。保证螺母拧紧力矩为 M14×1.5：180～200N·m，M16×1.5：240～297N·m。

动力总成吊装时，有以下要求：吊带在使用前应检查其完好性，严禁使用破损的吊带；使用桁吊时，要严格遵守操作规范，低空低速，严禁磕碰；发动机悬置软垫不应有明显的变形；螺纹紧固件的拧紧力矩应符合 QC/T 518—2013《汽车用螺纹紧固件紧固扭矩》的规定（注意：吊装作业时，不要大力磕碰发动机及其分装附件，尽量保持平稳），见图4-31。

图 4-31　动力总成

二、发动机周边附件安装工艺

(一) 发动机悬置分装工艺

发动机装配到发动机舱内前，应查看离合器、变速器、传动轴以及其他小附件的分装是否到位，发动机舱内的悬置软垫、悬置下托架总成是否装配到位。一般情况下，将发动机通过吊车吊装或叉车辅助装配到发动机舱内。

吊装发动机时，应该严格按照指导书进行操作。先查看发动机上是否有专用的吊装位置，使用发动机上的吊装环或吊装钩进行吊装作业。发动机上没有吊装位置时，应该选用软质吊装带，尽量选择吊装发动机缸体、离合器壳、变速器等结构件部位，防止吊装线或叉车臂卡住、碰到发动机的薄弱部位。

一般情况下，发动悬置连接板要焊装到车架纵梁上，焊装连接板需要用到焊装夹具，焊接前需要认真核对尺寸、参数和零配件的型号。

悬置连接板焊装后，需要装配悬置下托架总成和悬置软垫。悬置类型比较多，见图4-32和图 4-33，应该认真核对。其中，发动机前后软垫安装孔前后方向的距离在左右侧分别测量时，其左右两侧前后方向误差不超过 2mm，交叉测量时对角线误差不大于 2mm。

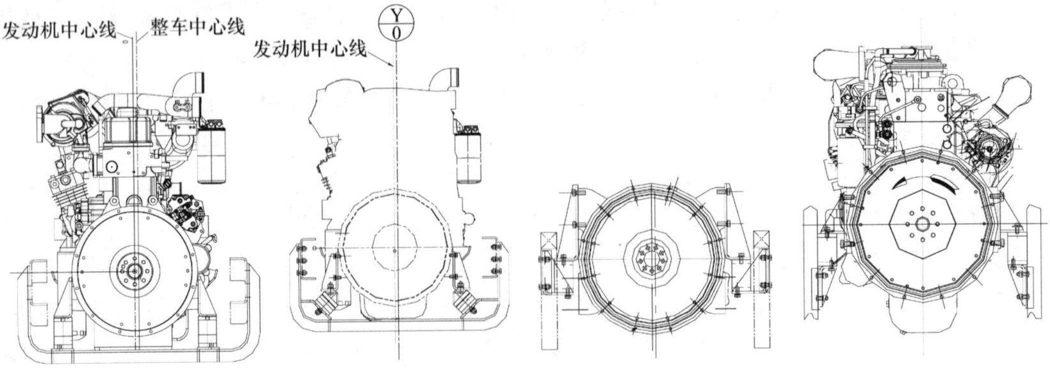

a) 元宝梁两点平置　b) 元宝梁两点对置　c) 托架两点平置　d) 支架两点平置

图 4-32　发动机后悬置的布置形式

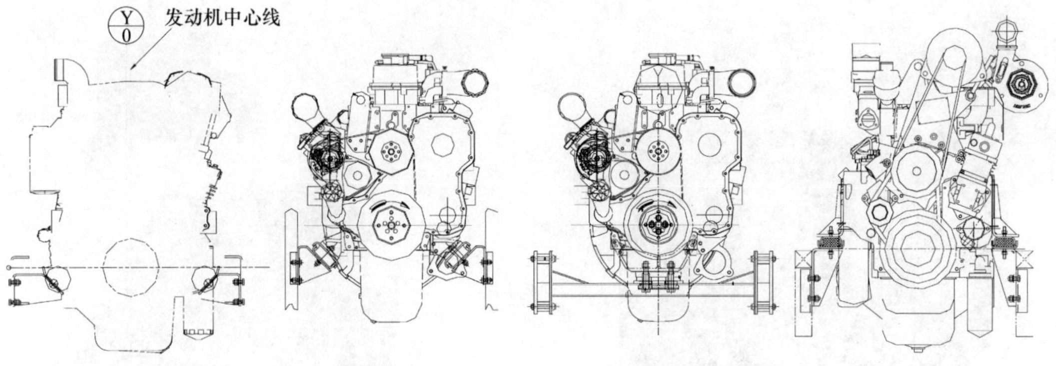

a) 长臂两点对置　b) 短臂两点对置　c) 元宝梁单点平置　d) 支架两点平置

图 4-33　发动机前悬置的布置形式

发动机装配到车架的软垫上时，不能马上将连接螺栓或螺母拧紧，应该进行预装配，待校核并确认发动机安装位置准确后，才能按照标准拧紧连接螺栓或螺母。安装面需要贴合平整，悬置软垫不能出现明显的变形、扭曲。

（二）进气系统分装工艺

进气系统为发动机和整车的气路系统提供清洁的空气。它主要由空气滤清器、空气滤清器支架和气体管路组成。进气系统的安装步骤相对比较固定，一般安装流程见图 4-34。

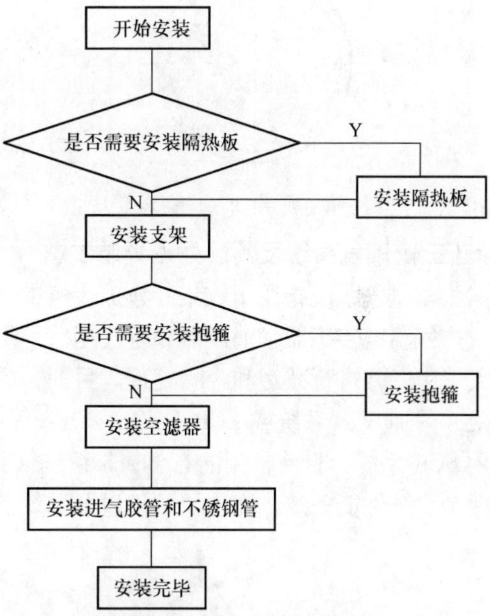

图 4-34　进气系统安装流程

进气系统中的空气滤清器，一般根据发动机的进气口位置，以及整车布置的需要进行布置，主要有侧置式和后挂式，见图 4-35 和图 4-36。

侧置式空滤器，在底盘安装工位就要完成，结构比较紧凑，装配便利。缺点是靠消声器比较近，周边温度比较高，应该事先确定消声器和隔热板是否安装到位。

后挂式空滤器，在总装工位完成，维护方便，离消声器等热源比较远。缺点是装配比较困难，与其他系统的交叉比较多。应该事先确定预埋部位隔热材料的填充是否到位。

进气不锈钢管深入硅胶管的长度不小于 45mm。T 形抱箍的位置应该在进气不锈钢管凸沿的内侧，T 形抱箍中心应该与管路中线平行，不允许 T 形抱箍在不锈钢管凸沿的外侧或者在凸沿上，不允许 T 形抱箍倾斜装配，不允许在 T 形抱箍抱紧的地方出现褶皱，见图 4-37 和图 4-38。

进气系统的装配，应该认真校核空滤器进气口的位置，保证空滤器进气口的位置精度。保证空滤器积灰袋的方向向下。

进气系统的装配，不能使进气胶管出现明显的变形、扭曲和损坏。T 形抱箍的装配应该可靠，不允许在发动机运行过程中，出现 T 形抱箍脱落或松开的情况。

图 4-35　侧置式空滤器的安装

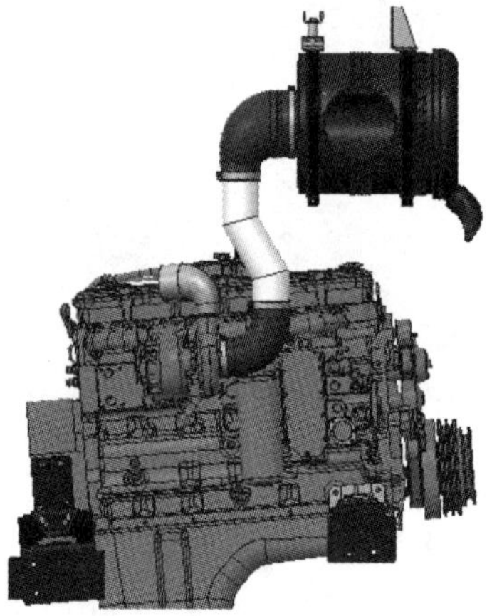

图 4-36　后挂式空滤器的安装

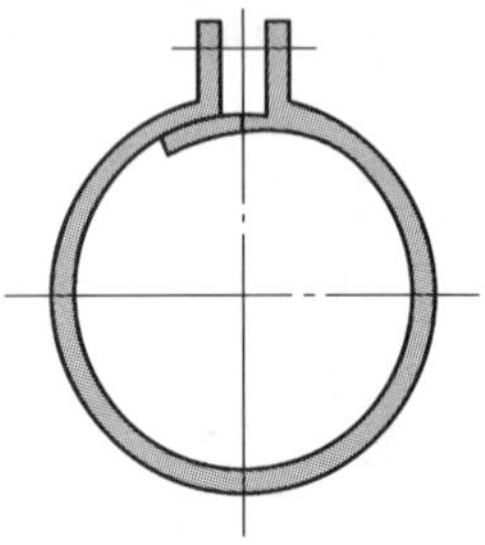

图 4-37　未出现褶皱

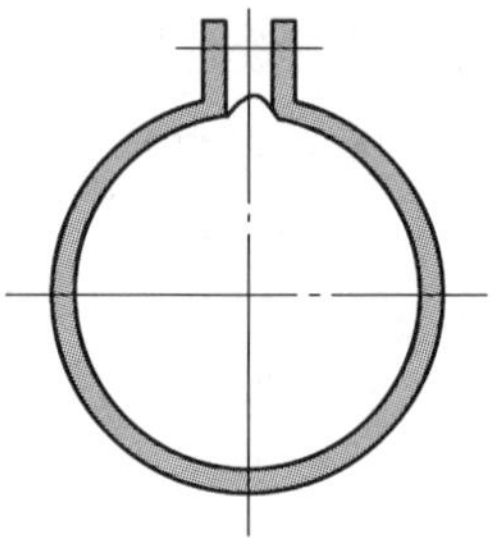

图 4-38　出现褶皱

（三）排气系统及其后处理分装工艺

汽车排气系统指用于收集和排放废气的系统，它一般由排气歧管、排气管、三元催化转化器、排气温度传感器、消声器和排气尾管等组成。它的作用是将发动机工作中产生的废气排放至大气中，并进行减污和降噪处理。目前，国际上绝大部分发动机制造商都是通过改进欧Ⅲ发动机，附加 SCR 系统或 EGR + DOC + DPF 等后处理系统来实现欧Ⅳ/Ⅴ排放要求的。我国普遍采用 SCR 系统，目前常用的有 Bosch 系统（见图 4-39、图 4-40）和 Grundfos 系统（图 4-41）。这两个系统性能一致，在主要配件以及系统兼容性方面有差别，具体差别见图 4-42。

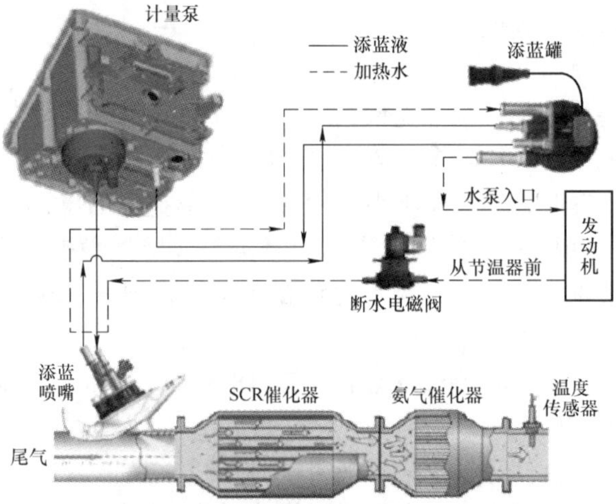

图 4-39　Bosch 系统 DENOX2 版本示意图

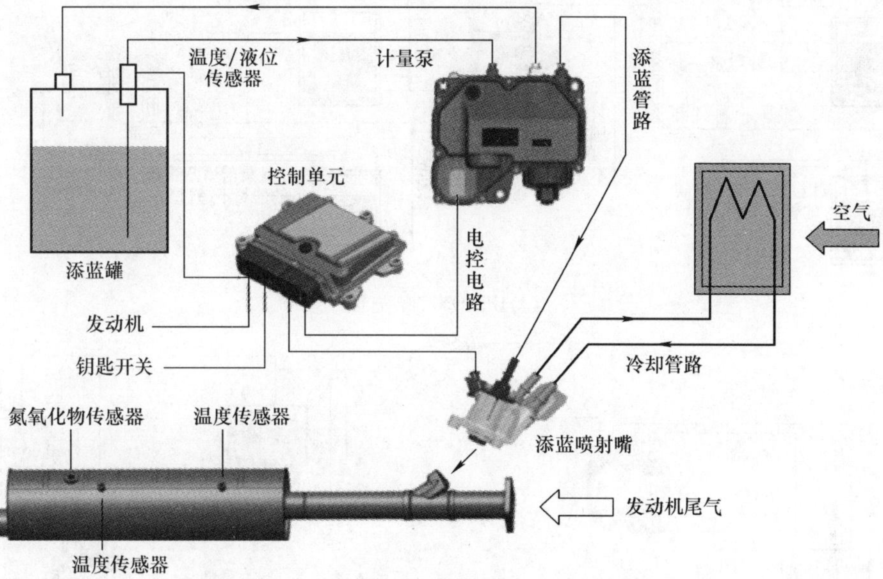

图4-40　Bosch系统DENOX2.2版本示意图

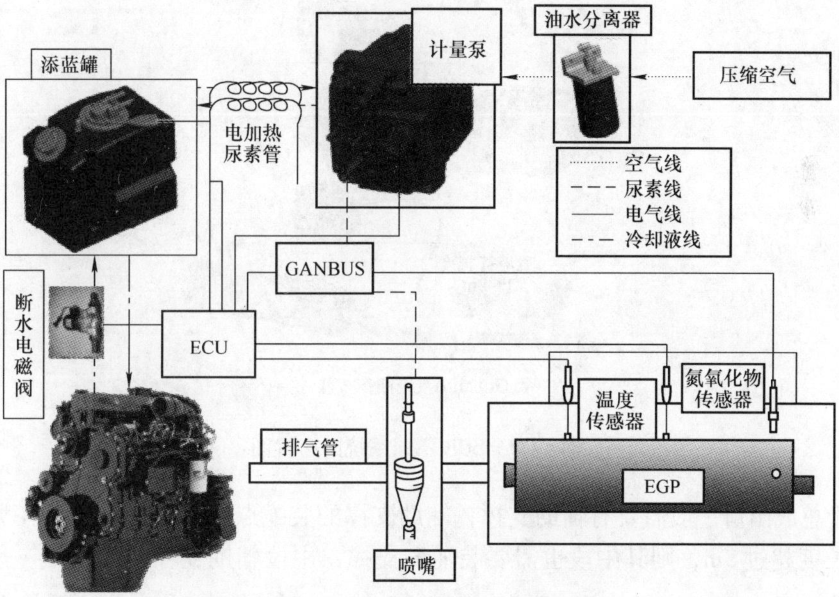

图4-41　Grundfos系统示意图

安装排气系统及其后处理系统时，应该先校核发动机安装的角度是否正确，一般为4.5°。

安装排气管总成时，应调整波纹管的可伸缩量（压缩量≥15mm，拉伸量≥15mm）。排气管总成需包裹保温棉。

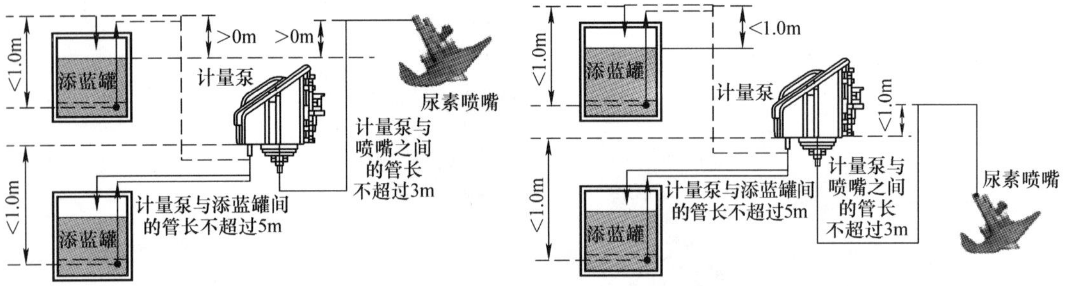

a) DENOX2推荐布置

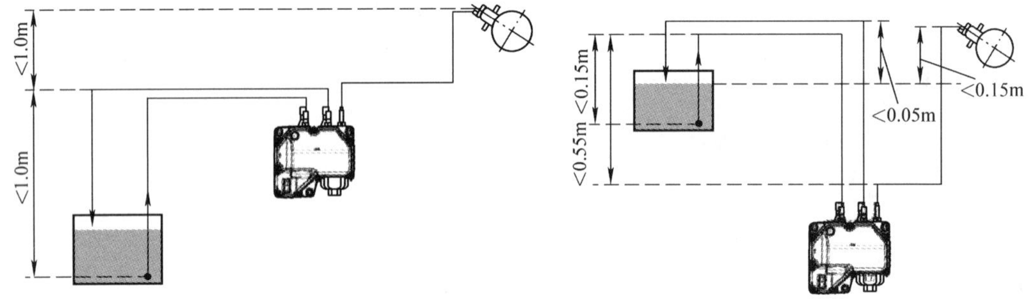

b) DENOX2.2推荐布置

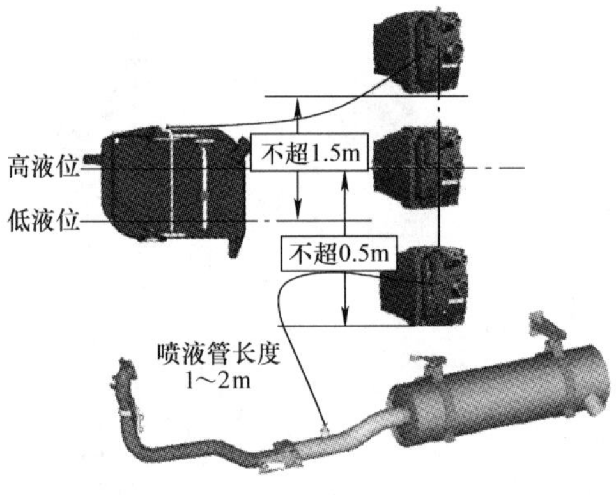

c) Grundfos系统推荐布置

图 4-42　SCR 不同系统的布置图

排气管总成出口一般需要有辅助支撑，辅助支撑的装配点应该在发动机上（见图 4-43）。若排气管长度超过 3m，则其中段也需要装辅助支撑，中段辅助支撑的支撑点一般在车架上（见图 4-44）。

增压器出口与排气管总成、消声器（后处理器）与排气管总成的连接形式一般有止口式（图 4-45）和法兰式（图 4-46）两种，消声器（后处理器）与排气尾管的连接形式一般有法兰式（图 4-46）和插入式（图 4-47）两种。管路安装中需要装配相应的垫片（石棉或其他密封填充物），防止接口处漏气。法兰式的连接处，还应该注意确认紧固件的力学性能不低于 10. 8 级。

消声器（后处理器）安装后要严格进行校核，保证它上面的温度传感器、氮氧化合物传感器（图 4-48、图 4-49）的角度在正确的位置。

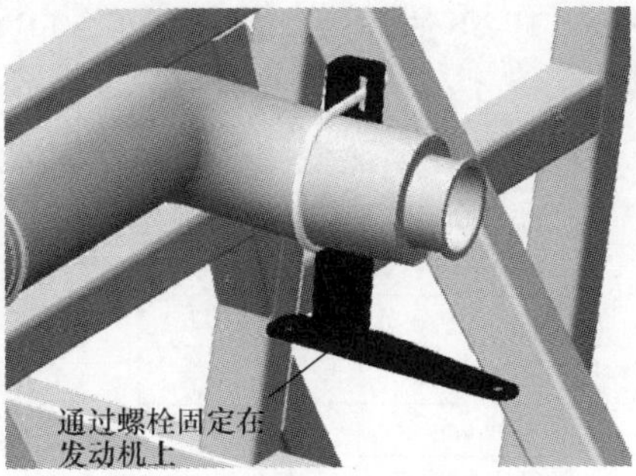

图4-43　发动机上的辅助支撑

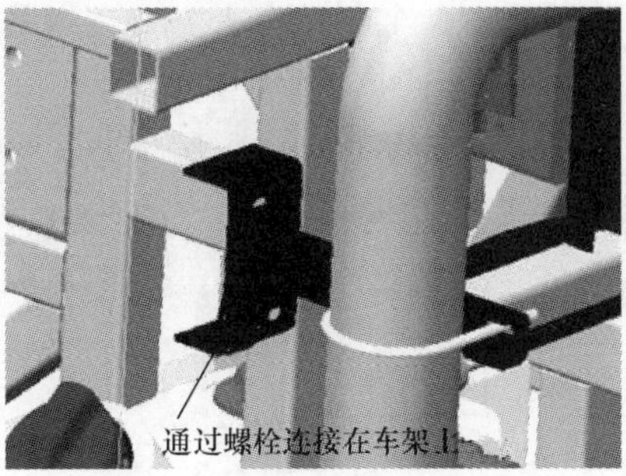

图4-44　车架上的辅助支撑

图4-45　止口式

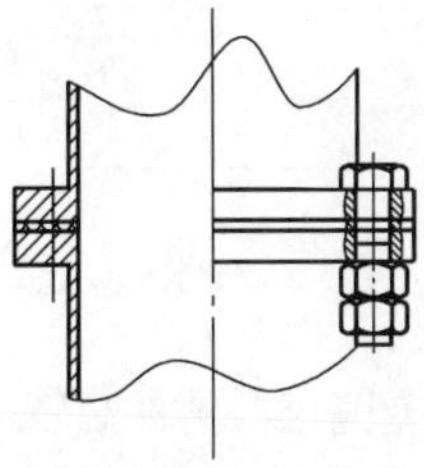

图4-46　法兰式

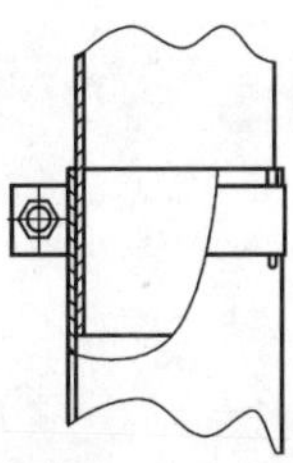

图4-47　插入式

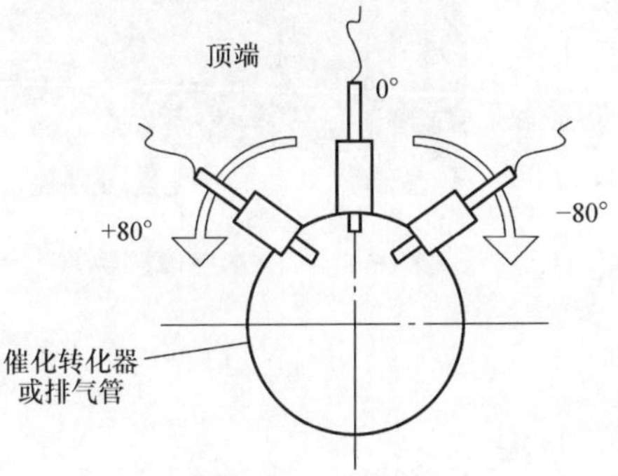

图4-48　安装角度

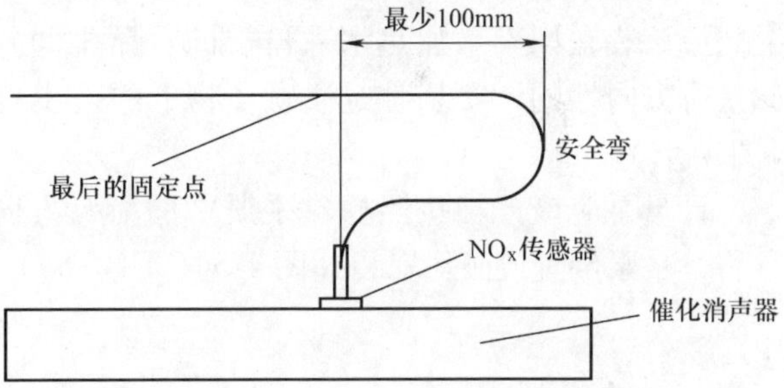

图4-49　安装注意事项

消声器抱箍（图4-50）和尾管抱箍（图4-51）拧紧后，抱箍开口结合面应有1～10mm的间隙。

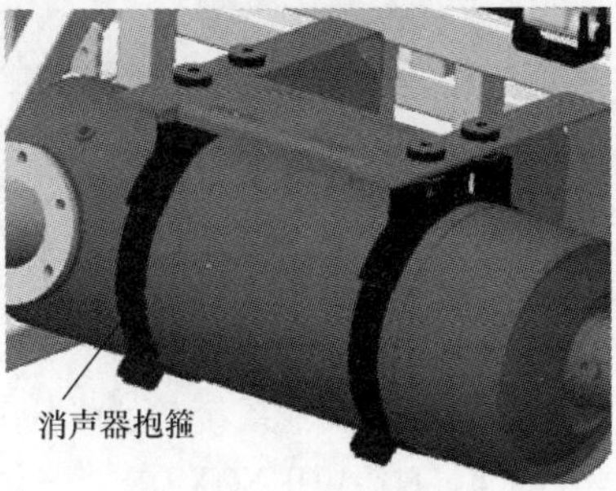

图4-50　消声器抱箍

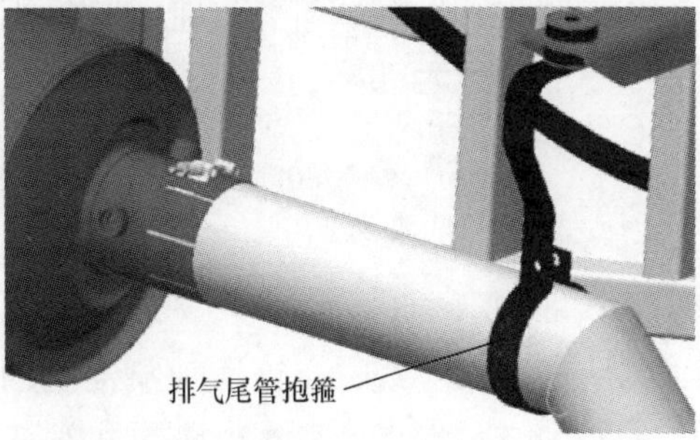

图4-51　尾管抱箍

后处理系统的零配件以及尿素液管路，均要处于50℃以下的环境，若有高于50℃的情况，则应及时施以隔热措施。

应该按要求装配尿素液喷液嘴，禁止进行弯曲喷嘴管路等任何改变状态的操作。尿素液管路的安装应该连续向下（图4-52），管路中间不允许出现绕圈、打结等情况。

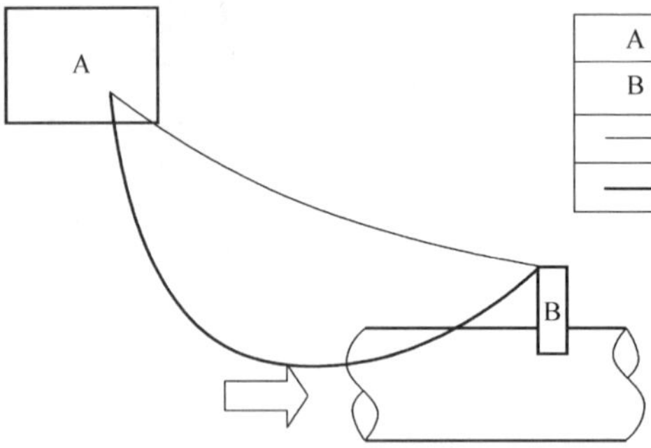

A	尿素泵
B	喷嘴
——	好的管线布置
——	差的管线布置(凹槽和回环)

图4-52　安装要求示意图

对于-5℃以下的工况，应该在尿素罐周围安装一个环境温度传感器。

尿素罐的尿素液加热系统的取水位置应在发动机的规定位置，按照发动机的操作说明来操作。加热后的水应该回到发动机水泵入口端的附近。加热管路系统中的断水电磁阀应该装在尿素罐加热水入口端的管路中间。断水电磁阀是有方向性的，安装时应注意实物上的进出口箭头方向（图4-53）。

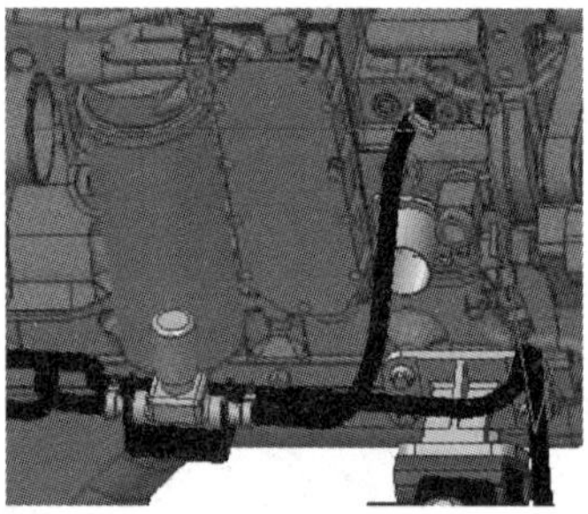

图4-53　断水电磁阀位置

计量泵应该严格按照操作手册中的箭头方向安装，禁止将计量泵倒置或倾斜安装（图4-54、图4-55）。

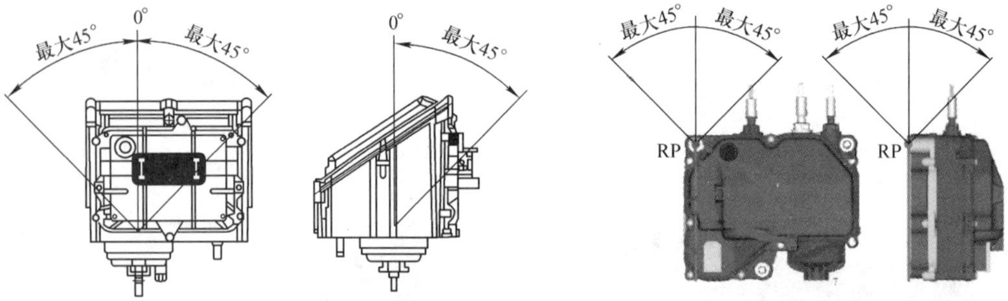

a) Bosch系统DENOX2版本计量泵

b) Bosch系统DENOX2.2版本计量泵

图4-54　Bosch系统计量泵

对于Bosch系统，应该增加喷油嘴的冷却水路，它与尿素罐加热系统应为同一系统。DENOX2版本计量泵在断水电磁阀下游加入三通连接器（图4-56），DENOX2.2版本计量泵在断水电磁阀上游加入三通连接器（图4-57），需注意三通连接器的连接位置。

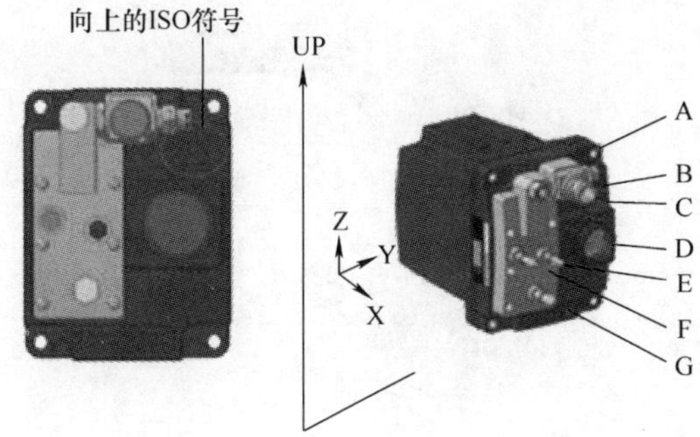

A	ϕ9mm DU尿素泵安装孔
B	2针空气电磁阀接口
C	6mm进气接口
D	37针电器接插件接口
E	喷射接口(SAE J2044 6.3mm插接器)
F	回液管接口(SAE J2044 7.9mm插接器)
G	进液管接口(SAE J2044 9.5mm插接器)

图 4-55　Grundfos 系统计量泵

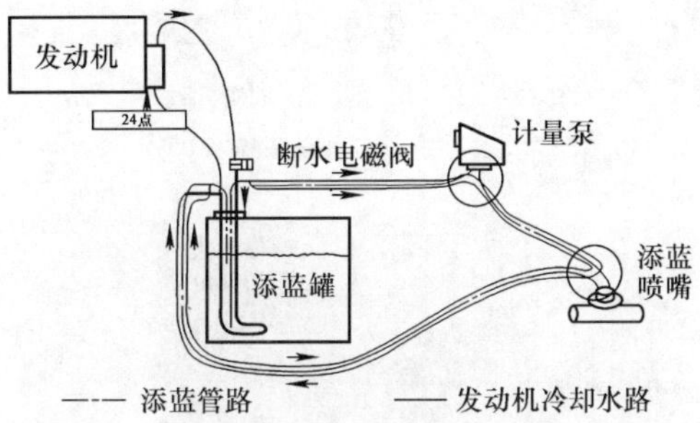

图 4-56　DENOX2 版本加热（冷却）回路

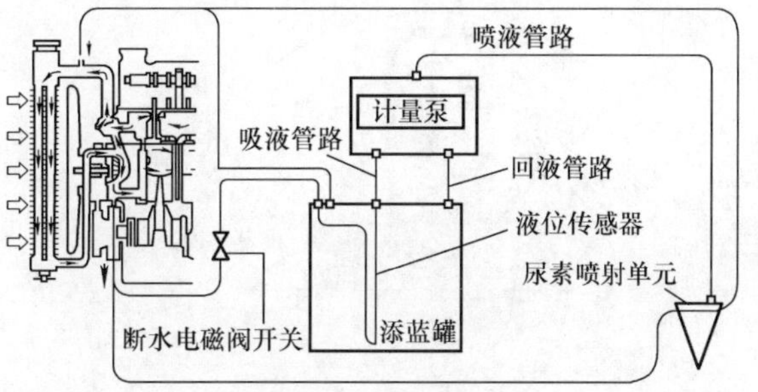

图 4-57　DENOX2. 2 版本加热（冷却）回路

需要自行配置喷嘴座、氮氧传感器座等配件时应该注意：

（1）Bosch 系统 DENOX2 版本。喷嘴安装在混合器上，外形尺寸为 Φ101. 6 ×250mm。它焊接在车辆的排气管路中，安装情况见图 4-58、图 4-59，喷嘴与混合器安装座表面之间使用专用的垫片密封。添蓝喷嘴固定螺栓安装力矩为 8 ~11N · m。混合器最好比消声器的入口高，为了保证更好的混合效果，混合器出口离三元催化转化器入口应尽量远，它们间的管道长度至少为 450mm。混合器应安装在排气管的直管段，汇合器的上游 150mm 和下游 200mm 范围内，不能有弯头和变径（图 4-60）。

为防止添蓝喷在气流低速流动区而引起结晶，弯头后的喷嘴要安装在弯头内侧。添蓝应朝向气流流动速度高的外侧喷射（图 4-61）。

为防止尿素结晶，混合器下游 500mm 内的焊缝管道内壁一定要光滑平整，不能有高于 1mm 的凸起和飞边。喷嘴与三元催化转化器之间不能使用内壁凹凸不平的管接头和金属软管。对于非竖直走向的排气管，最理想的安装角度是 60° ~70°。喷嘴允许的安装角度是 45° ~90°和 270° ~315°。

喷嘴安装位置的上游 200mm 到三元催化转化器的排气管路要使用 304 或 439 级不锈钢材料，喷嘴底座和紧固螺栓材料也要采用相同或相似的金属材料。

（2）Bosch 系统 DENOX2. 2 版本。喷嘴推荐安装位置为 45° ~85°之间或 275° ~315°之间（图 4-62）。为保证尿素在排气管内能够与废气充分混合，应使喷射单元到后处理箱的排气管段长度大于 500mm，若后处理部分同时使用 DPF 系统（欧 V），则喷射单元的安装位置必须在 DPF 下游至少 400mm 处，若该距离不合适，则 DPF 再生时可能因过热而烧坏喷嘴。

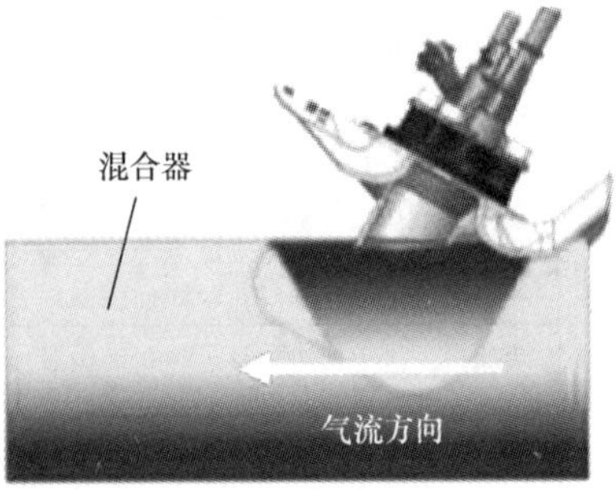

图 4-58　喷嘴安装在混合器上

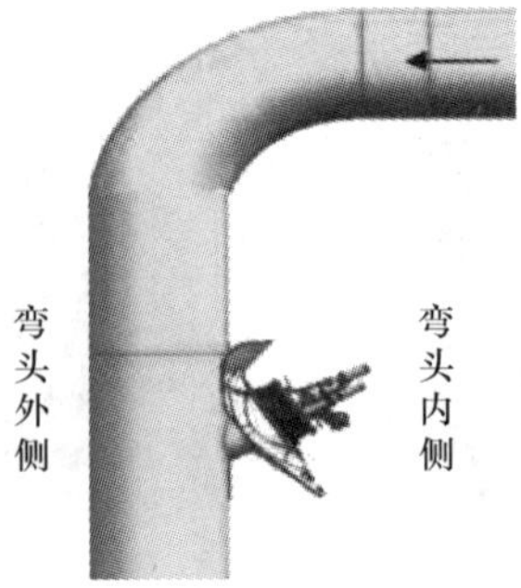

图 4-59　喷嘴安装在弯头内侧

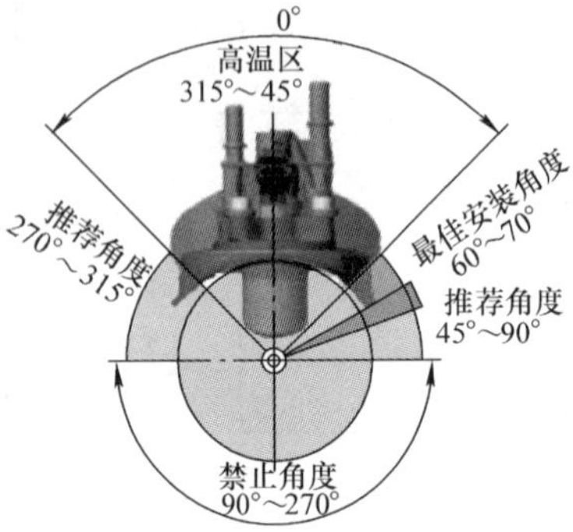

图 4-60　喷嘴安装角度

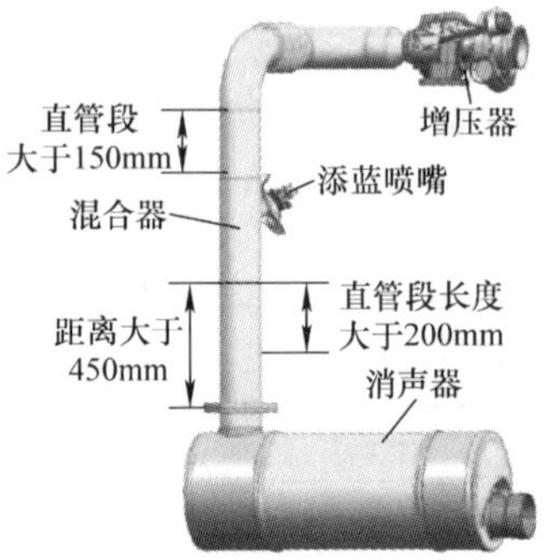

图 4-61　混合器的安装位置

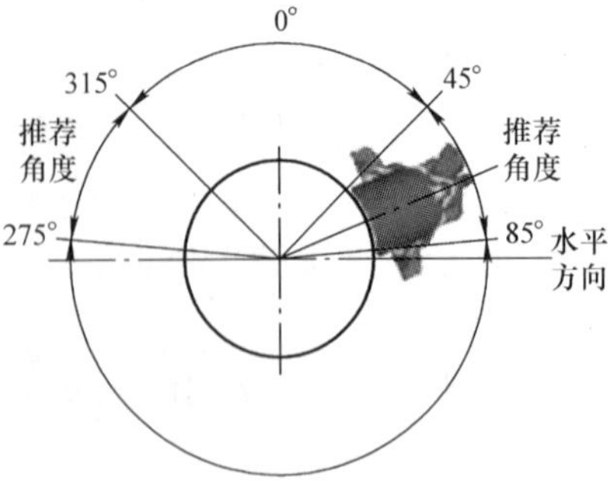

图 4-62　喷嘴的安装角度

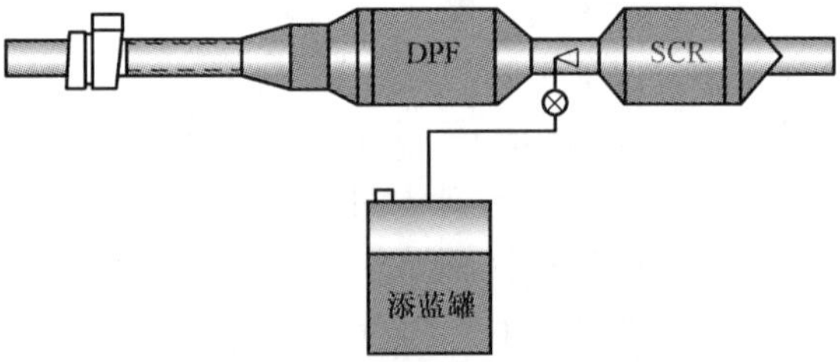

图 4-63　带 DPF 系统的喷嘴安装距离

为防止尿素结晶，混合器下游 500mm 内焊缝管道内壁一定要光滑平整，不能有高于 1mm 的凸起和飞边。喷嘴与三元催化转化器之间不能使用内壁凹凸不平的管接头和金属软管。喷嘴安装位置上游 200mm 到三元催化转化器的排气管路，要使用 304 或 439 级不锈钢材料，喷嘴底座和紧固螺栓材料也要采用相同或相似的金属材料，见图 4-63。

尿素喷雾角度对尿素液滴的雾化和分解效果，结晶和结石情况等影响比较大，因此，应严格按照图样要求进行喷嘴底座的焊接工艺控制。考虑到尿素喷雾粒子受排气气流的影响，在将喷嘴底座焊接到排气管弯管段上时，应使尿素喷雾中心线向气流进入方向进行一定的偏移，作为受气流影响的补偿。

补偿方法一般包括：

① 偏转角度法：使喷雾中心线比排气管水平部分中心线向下偏转 3°～5°，见图 4-64。偏转角度跟弯管半径有关，弯管半径越大，偏转角度越小。弯管半径 $R \geqslant 200$mm 时，偏转角度可取 3°；弯管半径 $R \leqslant 150$mm 时，偏转角度应取 5°。

② 偏心法：喷雾中心线相对于下游排气直管中心线，向弯管内侧方向偏移 5～10mm（喷嘴喷雾中心线相对于喷嘴座中心线向气流上游方向偏移 7.5mm，见图 4-65）。弯管半径越小，下移距离应越大；弯管半径越大，下移距离应越小。

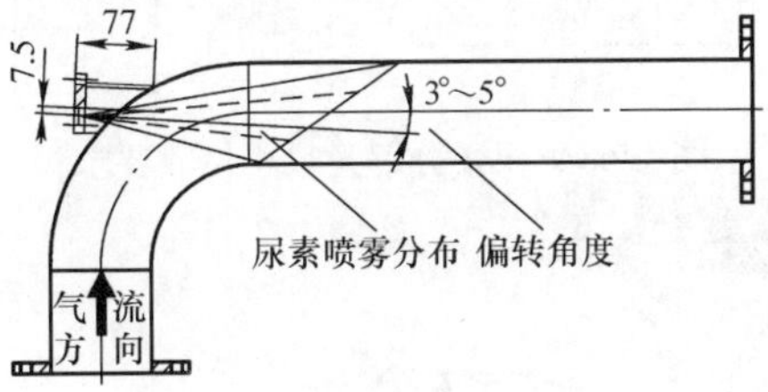

图 4-64　偏转角度法示意图

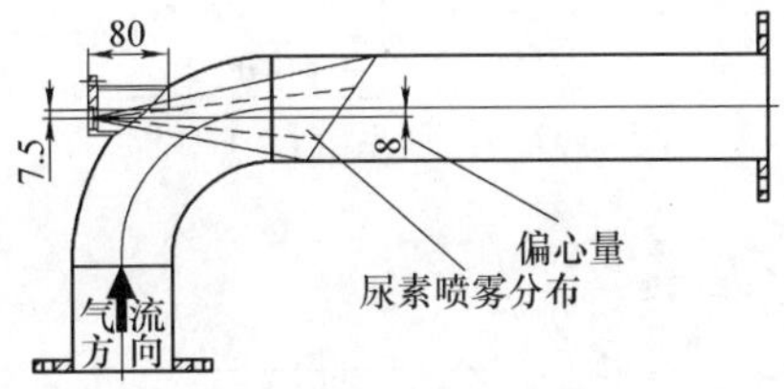

图 4-65　偏心法示意图

总之，加工时允许出现既有偏转角度又有偏心量的情况，但偏移角度不得超过 3°，偏心量不得超过 5mm。为尽量减少尿素结晶，喷嘴底座凸出在排气管外壁的部分应尽量低，以减少散热损失。在喷嘴底座的焊接过程中，不应出现反装现象。

喷嘴底座加工在直管段上时，尺寸要求见图 4-66。喷嘴底座中心线与排气管中心线夹角为 30°，喷嘴座端面与排气管壁的最长距离为 99mm。如果排气管内不加混合器，则尿素喷雾有喷射到对面管壁上的风险。在发动机低速、低负荷运转且排气温度较低，或在寒冷条件下，喷在排气管壁面上的尿素很容易形成沉积。建议在直管段上安装混合器，避免在排气管壁面上形成尿素沉积。

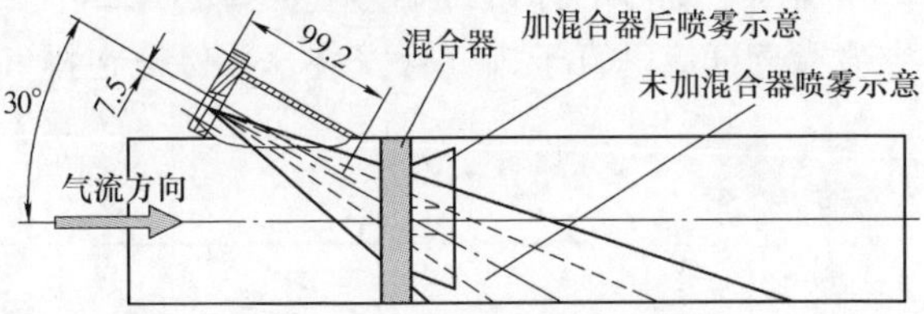

图 4-66　直管段喷嘴座设计示意图

（3）Grundfos 系统。涡轮增压器与 EGP（废气处理单元俗称后处理箱体）之间的排气管长度在 1～4m 之间，为了保证发动机平台的目标寿命，尿素喷嘴上游 100mm 内的排气管，以及其下游到后处理器之间的排气管应该用 304 或 439 级不锈钢制作，排气管上游 100mm 以外的管道可以用铸铁或低碳钢制作，但是必须满足耐久性要求，因为尿素具有腐蚀性，加热后会形成化合物，腐蚀低碳钢部件（见图 4-67）。

尿素喷嘴应固定在排气管的直线段上，并距离后处理器进口端 440mm 以上。除非由 CES 提供带有喷嘴支座的后处理器，否则距离喷嘴上游 100mm 及下游 270mm 的范围内必须是直线段（图 4-68）。

安装喷嘴时，应该使尿素流向后处理器的进口（图 4-69）。喷嘴有一个安装销用来保证安装方向，见图 4-70、图 4-71 中红色圆圈所标注的位置。同时，在排气管上有一个与之配合的带有凹槽的固定支座。如果喷嘴支座作为 EGP 的一部分由 CES 提供，则能保证喷嘴喷射方向朝向后处理器进口端；如果由整车制造商来安装喷嘴支座，则焊接时要保证固定支座的定位凹槽指向后处理器进口端。

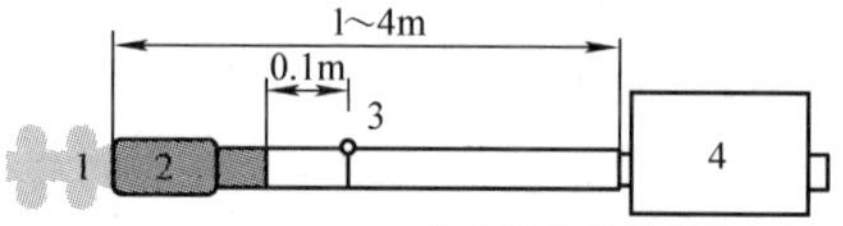

▒	不锈钢
▓	铸铁或低碳钢

1	涡轮增压器
2	柔性管
3	尿素喷嘴
4	EGP

图 4-67　排气系统尺寸要求

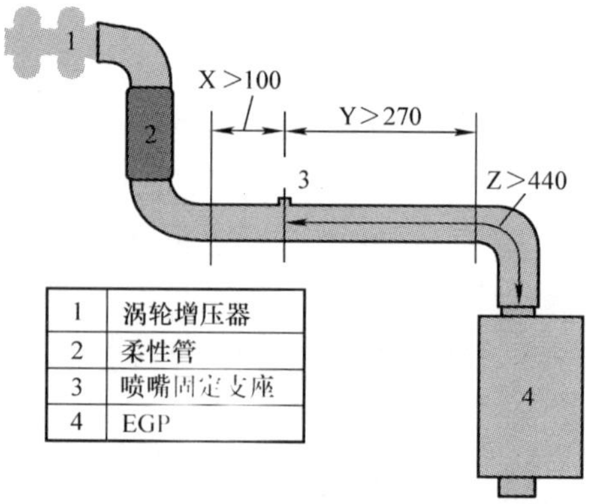

1	涡轮增压器
2	柔性管
3	喷嘴固定支座
4	EGP

图 4-68　尿素分解管最小尺寸要求

○	尿素喷嘴固定支座定位凹槽
	M35×1.56g 外螺纹

图 4-69　喷嘴固定支座

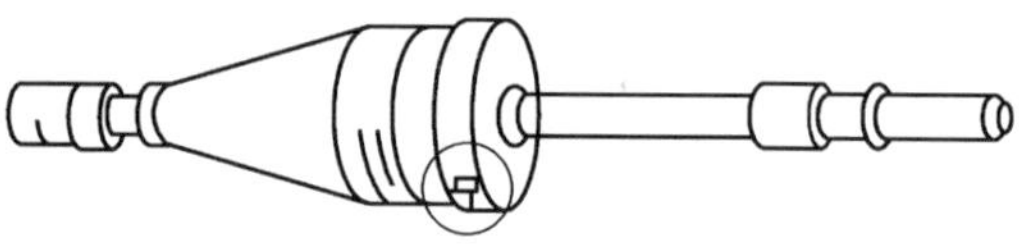

图 4-70　带装配销的喷嘴

喷嘴固定螺母的拧紧力矩为（60 ±5）N·m

喷嘴直杆应垂直于排气管安装，并保证在排气管竖直面顶端 ±80°范围内。

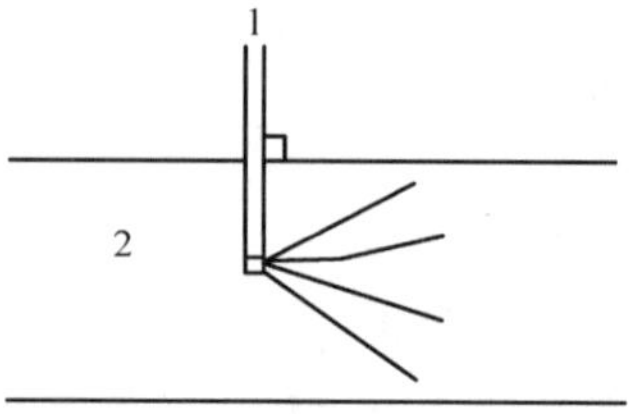

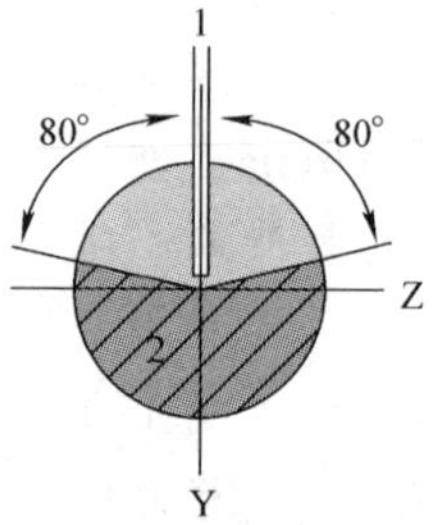

1	尿素喷嘴
2	排气管
Y	垂直于排气管的竖直面
Z	垂直于排气管的水平面

▒	允许的喷嘴固定角度
▨	禁止的喷嘴固定角度

图 4-71　喷嘴安装

整车制造商在将喷嘴支座焊接到排气管上时，需要满足图 4-72 中的公差要求。

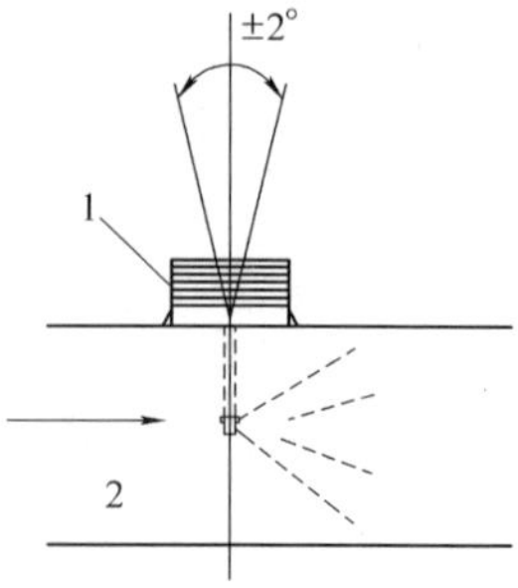

1	尿素喷嘴固定支座
2	排气管
—	废气流向

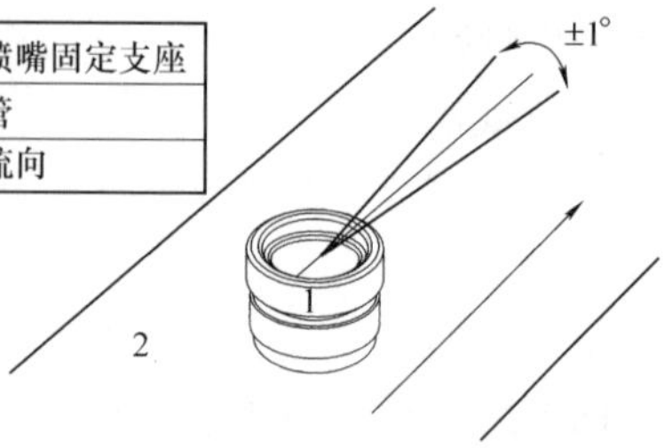

1	尿素喷嘴固定支座
2	排气管
—	废气流向

图 4-72　喷嘴支座安装精度要求

（四）冷却系统分装工艺

冷却系统通过对发动机进行强制冷却，保证其能始终以最适宜的温度状态工作，并获得较高的动力性、经济性及可靠性。冷却系统主要由散热器、中冷器、风扇传动机构、膨胀水箱、各连接管路和安装固定支架组成。

客车的总体布置、油耗以及噪声水平，与冷却系统风扇的布置和驱动方式有很大关系。风扇驱动的方式多种多样。对风扇的驱动方式进行研究，有利于提高客车总体布置水平，降低油耗和噪声。目前，国内客车厂采用的风扇布置和驱动方式主要有发动机直接驱动、发动机间接平行驱动、机械式角传动、液压传动以及电动机驱动。

冷却系统的安装步骤因风扇布置和驱动方式的不同而有一定差异，一般按照如下步骤：散热器总成分装→安装散热器、散热器撑杆、水管支架→安装调整散热器总成→安装调整散热器带轮和风扇→连接及固定散热管路、安装膨胀水箱。

发动机直接驱动又分为两种方式，一种是风扇固定在发动机的曲轴上（图4-73），另一种是风扇固定在水泵轴或者中间惰轮上。发动机直接驱动的传动效率高，驱动系统简单，因此散热器的散热能力只要与发动机的功率相匹配，一般就不会出现过热现象，但是，这种方式比较容易与周边的零部件发生干涉，布置时要注意。

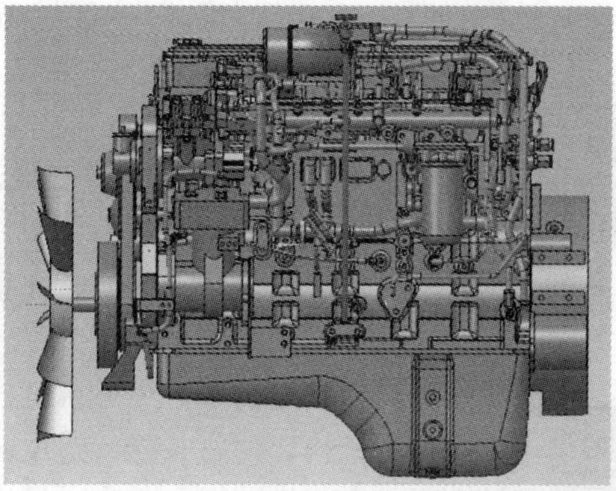

图4-73　风扇安装在曲轴上

发动机间接平行驱动指风扇与缸体前端面平行，曲轴带轮通过传动带将动力传递到中间带轮，再传递到风扇带轮。其布置简图见图4-74。这种结构的传动机构复杂，对各传动部件的性能要求高，装调复杂，并且噪声大。散热风扇后部空间狭小，增加了散热风扇抽风的阻力，不利于散热。因此，这种结构在装配前要精心配置，保证有密封良好的进风道，并且在车身侧围开通风窗口，保证良好的进风环境。

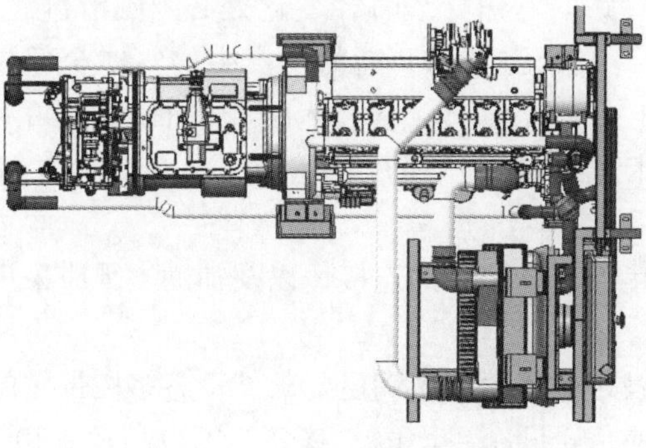

图4-74　发动机间接平行驱动

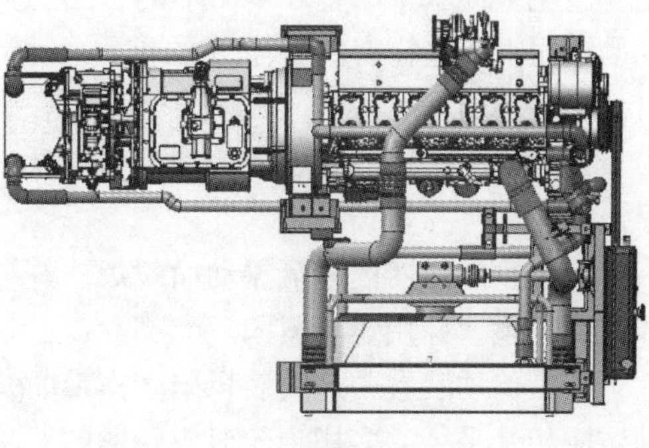

图4-75　机械式角传动

机械式角传动中，散热器和风扇布置在发动机旁，风扇轴线与缸体曲轴中心线垂直。其布置简图见图4-75。该布置方式不仅能改善进风，提高散热能力，还便于客车的总体布置。另外，该机构对风扇和发动机曲轴带轮的安装位置精度要求低，装调方便。它的缺点是锥齿轮的噪声偏大，需定期更换齿轮箱中的润滑油。

风扇液压传动机构指液压泵到液压电动机间的容积调速回路，即发动机驱动液压泵，液压泵泵出压力油，压力油驱动液压电动机，液压电动机带动风扇转动。其结构简图见图 4-76。这种传动方式噪声小，效率高。它的缺点是发动机低速状态下，不易建立高油压，影响散热性能。另外，它的液压管路布置复杂，管路对密封性要求高。

图 4-76　风扇液压传动

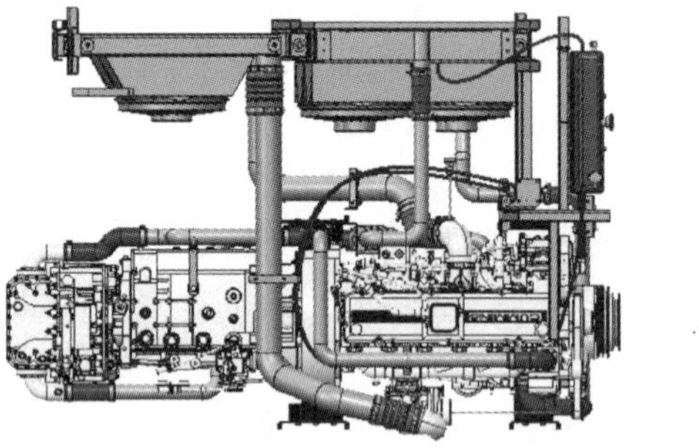

图 4-77　电动机驱动

电动机驱动指不由发动机通过 V 带驱动风扇，而是由蓄电池（或电容箱）向电动机供电，由电动机来驱动风扇。其结构简图见图 4-77。这种驱动方式可以实现风扇转速的电控式无级控制，节能效果明显，噪声低，并且装配效率高。

对于后置式发动机，散热器的安装除要考虑车后部的空间、位置及散热器的通风情况外，还应该使散热器的进出水口尽量靠近发动机的进出水口，并适当加大进出水管的直径，改善进出水管弯头结构，使弯头光滑过度。其次，散热器与车身、发动机舱结合处，以及护风罩装配结合面的密封性要好。再次，风扇前端面与散热器距离应尽可能大，对于吸风式风扇，此距离应大于 50mm（推荐 80 ~ 100mm）；对于吹风式风扇，此距离应大于 100mm。若风扇未扫过面积较大，则此距离应相应增加。发动机舱中的排风通道和排风口面积应尽可能大，排风口总面积应大于风扇叶片扫过面积。

在除气循环管路中，如果主循环系统中具有较长的管路，则管路应沿水流方向适当上翘，避免采用水平布置和呈凸形的管路。另外，管路的弯角处或直径变化处必须圆滑过渡，尽量短而直，这样有利于空气的排出。为了保证冷却液循环时，能将所产生的气体全部排出，副水箱的安装位置要尽可能地提高。管路连接时，要求软管套入钢管的长度在 40 ~ 50mm 之内，卡箍应在距软管端部 5 ~ 10mm 处卡紧。最后用所配的管夹、扎带等将管路固定。

为防止散热器因车辆振动而脱焊、开裂，散热器与车架间的连接，以及辅助支承应采用橡胶减振垫，并用螺栓紧固。

在带传动装置中，安装风扇多楔带时，除多楔带的张紧力应满足要求外，各多楔带轮的轴线应相互平行，多楔带轮对应轮槽的对称平面应位于同一平面内，其公差不得超过 ±20′，调整后应用锁紧螺栓紧固。通过调整中间轮调整螺栓来调节多楔带张紧度，使得曲轴多楔带挠度达到 9mm，风扇多楔带挠度达到 6mm。风扇多楔带撑杆多采用左右螺旋结构，装配时应注意保证左右调节量均等。

（五）燃油系统分装工艺

对柴油发动机而言，发动机供油系统指对柴油起储存、滤清、输送等作用的一系列装置所组成的系统。应保证供油系统在规定的环境温度、气压和工况下，满足正常供应燃油的性能要求。它主要由燃油箱、燃油滤清器、输油泵、相关的连接管路组成。

在柴油机中，供油系统是极其重要的。它的设计和制造要求很高，对整机的动力性、经济性、噪声、排放、机械负荷、热负荷及工作可靠性都有重大的影响。根据底盘总布置要求，油箱可布置于前悬、后悬或中段，并综合考虑轴荷分配、油路长短和总布置需要，一般优先考虑将油箱布置于中段，其次为前悬架，最后为后悬架。

供油系统的安装一般按照如下步骤：燃油箱的安装→油水分离器的安装→燃油管路的铺设与固定。

如果采用双油箱，则一般沿客车车身呈Y向布置，优先布置于前悬架，其次布置于中段（图4-78），一般不布置于后悬架。燃油滤清器一般和油箱（双油箱时和主油箱）位于同一舱体。

图4-78　油箱布置于中段

供油系统设计安装时，应保证：燃油箱及燃油管路应坚固并固定牢靠，不会因振动和冲击而发生损坏和漏油现象；燃油箱的加油口及通气口应保证在车辆晃动时不漏油；燃油箱的加油口和通气口不允许对着排气管的开口方向，且应距排气管的出气口端300mm以上，否则应设置有效的隔热装置；燃油箱的加油口和通气口应距裸露的电气插接器及电气开关200mm以上；车长大于6m的客车的燃油箱距车身前端面应不小于600mm，距车身后端面应不小于300mm；燃油箱的通气口和加油口不得在有站席和座席的车厢内开口。

在燃油箱材料选用中，优先选用金属燃油箱，应使用GB/T 5065—2004规定的热镀铅合金冷轧碳素薄钢板或经特殊防腐蚀处理的镀锌钢板。一般制成长方形筒状加2个堵头，在翻边处滚焊或卷边点焊后堆焊；次选塑料燃油箱，应使用具有很大抗冲击强度的超高分子量聚乙烯材料（HMWPE）或具有同等性能的其他非金属材料。一般采用挤压吹塑法制造，内层涂敷防渗剂或进行化学处理，防止渗油。

在燃油管路的铺设与固定中，要求卡箍胶管与管接头插接到位，管箍不允许夹在管接头边缘凸起部位。软管与卷焊管连接时应插入100mm，并用两个管箍在插入部分的两端10mm处分别夹紧固定管路时要保证其不与其他底盘部件干涉，且全长范围内得到均匀固定。

第六节　传动系工艺

传动系是汽车发动机与车轮负载之间的动力传递装置的总称，它使汽车实现起步、变速、减速、差速、变向等功能，对汽车的动力性与燃油经济性有至关重要的影响。

传动系工艺分为机械传动、液力—机械传动、液力传动和电传动等，客车上使用的主要是机械传动，并且是后置发动机后轮驱动。本书对于传动系的讲解主要围绕后置后驱机械传动展开。

一、离合器分装工艺

（一）离合器简介

在以内燃机为动力的汽车机械传动系中，离合器一般布置在发动机与变速器之间，用来切断或接合动力的传递。它能够使汽车的发动机在起步时与传动系平稳接合，在换档时与传动系分离，在载荷过大时打滑，以保护传动系。

（二）离合器分类

汽车离合器分为摩擦式离合器、液力偶合器、电磁离合器等几种，客车上使用的基本都是摩擦式离合器。

（三）离合器分装程序

（1）安装导向轴承。

（2）用工艺芯轴安装摩擦片总成。

（3）用工艺芯轴安装压盘总成。

（4）按对角线法则紧固螺栓，并安装飞轮壳螺栓。

二、变速器分装工艺

（一）变速器简介

变速器用于改变发动机的输出转矩和转速，以适应汽车在起步、加速，以及各种行驶条件下的要求。此外，变速器还能使汽车在倒退、起动发动机、滑行和停车时，保持发动机与传动系处于分离状态，有时还有动力输出功能。

（二）变速器分类

客车变速器主要分为手动变速器和自动变速器两种。

（三）变速器分装程序

（1）给变速器加注润滑油，根据不同种类的变速器加入相应等级的润滑油。

（2）在手动变速器上安装离合器助力器和后变速操纵器安装支架。

（3）在相应的支架上安装离合助力器和后变速操纵器。

（4）将离合助力器推叉固定在分离摇臂上，将后变速操纵器与变速连杆固定好。

（5）以变速器输入轴为芯轴，将变速器安装到发动机上，按对角线法则紧固飞轮壳螺栓，见图4-79。

（6）自动变速器根据不同品牌，依据厂家提供的说明书安装。

图4-79　变速器

图4-80　传动轴

三、传动轴分装工艺

变速器（缓速器）输出的转矩通过传动轴输入到后桥，实现整车的动力传递。传动轴的安装工艺对传动系统的效率，以及周边系统的安全有较大影响。后置发动机传动轴一般比较短，不需要中间传动轴，见图4-80。

客车的传动轴一般都是总成件，装配时需要注意以下方面：

（1）装配前，应该检查欲装配传动轴的型号和尺寸参数。一般客车传动轴的最大转角小于30°，其转速为2750r/min时，残余不平衡量≤65g·cm，每端平衡片不超过2片。传动轴花键与花键套两端应箭头对箭头。

（2）装配传动轴时，先将传动轴装配到变速器（缓速器）上，然后等动力总成吊装到位时，再将另一端和车桥主减端面贴紧并装配。

（3）安装传动轴的螺栓时，应该涂上螺纹紧固胶，M14的扭力范围为178～235N·m，M16的扭力范围为200～310N·m。

（4）装配传动轴前，需要识别传动轴的端口形式和参数（见图4-81和表4-5），花键轴端一般靠近后桥端装配，花键套端一般靠近发动机端装配。

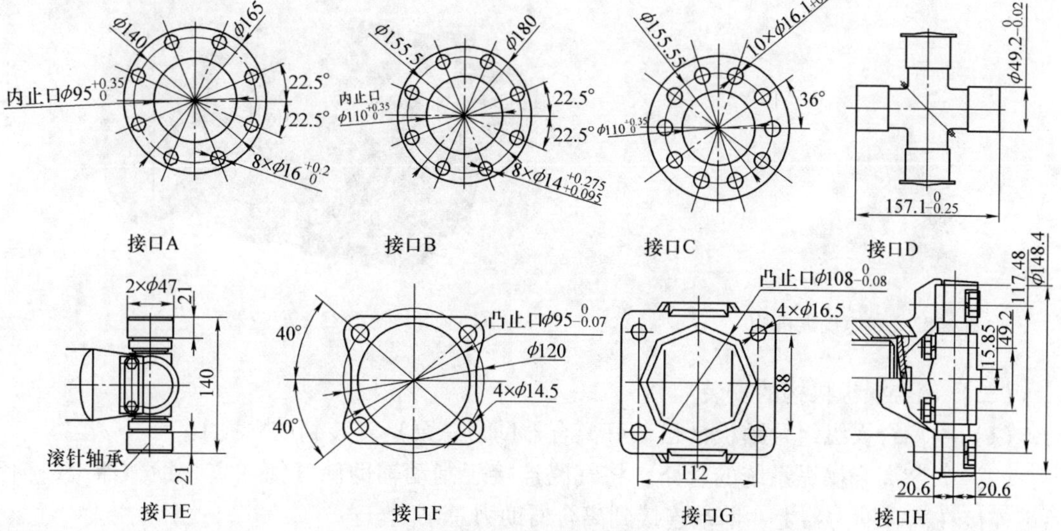

图4-81　常用接口形式

表4-5　常用传动轴的形式及主要性能

传动轴型号	接口汇总	两端接口组合形式	最大传递转矩/N·m	止口距十字轴中心长度/mm
斯泰尔型	A：Φ165 法兰 B：Φ180 法兰（8孔） C：Φ180 法兰（10孔） D：Φ49.2×157.1 叉轴 I：十字花键	A/B/C/D/I 任意组合	15000	82/100
EQ153	G：112×88 法兰 H：15.85 叉轴	G/H 任意组合	8000	78
EQ140 EQ145	E：Φ47×140 叉轴 F：Φ120×40°法兰	E/F 任意组合	5000	78/62

注：进口变速器及传动桥接口尺寸与以上系列不尽相同，故与此部分总成连接的传动轴接口应灵活处理。

（5）传动轴装配应该防止出现花键轴和花键套卡死的现象，两者相对运动要灵活，十字万向节的运动也要灵活。

（6）前置后驱底盘或者其他长距离的传动形式中，需要在中间加上一个或多个弹性中间支承，并将中间传动轴安装在底盘车架上。

四、操纵机构的安装及常见问题解决方案

（一）变速操纵机构的安装

（1）将前变速操纵器支架安装在车架或驾驶人操纵台上，见图 4-82。

（2）将前变速操纵器安装于相应的支架上，并安装变速杆（如操纵器自带则省略该步骤）。

（3）在前后变速操纵器上安装变速操纵软轴。安装过程中，注意调整选换档软轴的安装位置，以使变速器选换档顺序与档位标识牌一致，见图 4-83。

（4）调节变速操纵软轴的限位螺栓，使变速杆操作准确轻便，且空档位置正确。

图 4-82 变速操纵机构

图 4-83 变速器

（二）离合操纵机构的安装

（1）将离合操纵组合踏板（已装好离合器助力总泵）安装到前立板上。

（2）安装离合操纵系统的管路。将气路连接于制动辅助储气筒和离合助力器上，油路后端连接在离合助力器上，前端连接到离合器助力总泵上。

（3）将加注好油的离合器油壶用油管与离合器助力总泵连接起来，以双道卡箍紧固。

（三）操纵安装及常见问题解决方案

1. 档位标识牌与变速器实际档位不符

处理方案：对调选换档软轴的安装位置。

2. 变速换档手感沉重

处理方案：检查变速操纵软轴是否有弯度过小的地方，将其调大，并调节软轴限位螺栓。

3. 离合操纵脚感沉重

处理方案：检查离合器油壶中油量是否充足。检查离合操纵油路是否有漏油之处。检查离合操纵气路是否有漏气之处。

4. 离合器分离不彻底

处理方案：检查离合操纵气路是否漏气。调节离合助力器推叉长度。改换离合助力器推叉的固定孔位以缩小摇臂半径。

第七节　转向操纵机构安装工艺

转向系是用来保持或者改变汽车行驶方向的机构。在汽车转向时，它能保证各转向轮之间有协调的转角关系。客车普遍采用装有助力系统的动力转向系统。

一、转向机构分装工艺

（一）转向器及拉杆的安装

（1）将转向器固定支架及中间摇臂支座用螺栓锁紧在车架上，见图 4-84。

（2）安装转向器、转向垂臂、中间摇臂及转向拉杆。转向拉杆暂时不要锁紧。

（3）对已按规定力矩锁紧的螺栓用红漆标记。

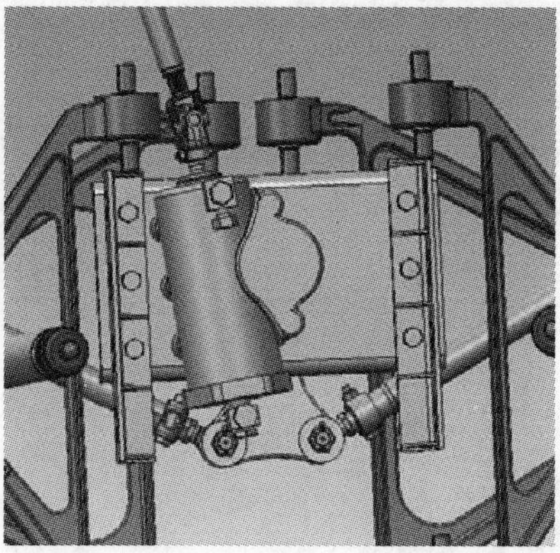

图 4-84　前独立悬架转向器及拉杆的安装

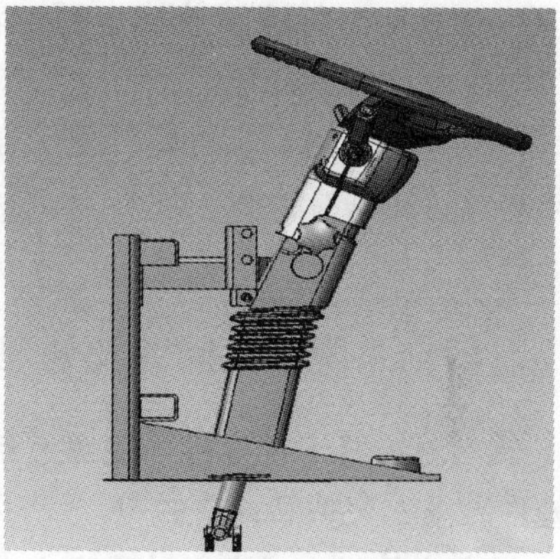

图 4-85　转向操纵部件的安装

（二）转向器的校正

（1）用机械千斤顶将底盘顶起，调整两前轮，直到其中线到车架外立面的距离相同为止。

（2）调节转向拉杆的两球头，直到转向垂臂和中间摇臂位于合适的位置。

（3）收紧转向拉杆两头的卡箍。收紧时，卡箍开口要正对拉杆裂口。对已按规定力矩锁紧的螺栓用红漆标记。

（三）转向操纵部件的安装

（1）以车架中心线和前桥零线为基准将前地板、前立板焊接固定于驾驶人平台上，见图 4-85。

（2）在前立板上用螺栓固定转向管柱固定臂。

（3）将转向管柱安装到转向管柱固定臂上。

（4）对于模块式一体化的驾驶人操纵台，按标准将相关部件固定在驾驶人操纵台上后，直接将驾驶人操纵台固定于车架上即可。

（5）对已按规定力矩锁紧的螺栓用红漆标记。

（四）转向油路的安装

（1）将转向高低压油管安装到转向器和转向油泵上，注意将连接接头密封紧固好，并保证油路顺畅，油管不打死弯，没有摩擦剐蹭之处。

（2）用油管（长度按设计预留）将转向油罐（可带转向油罐支架）连接到转向油泵上，以双道卡箍紧固。

（3）如果转向油罐支架设计安装在底盘上，则应将其固定在底盘上。

（4）如果转向油罐支架设计安装于车身五人座下，则应先将转向油罐与固定支架安装好，预留出足够的油管长度后，再将转向油罐置于底盘上的牢固位置。注意转向油管不要有死弯。

二、转向系统调试工艺

（1）向转向油罐加注适量转向助力油后，起动发动机，查看转向助力油路中的空气是否排空，有无漏油。

（2）在发动力怠速转速稳定后，转动转向盘，感觉转向力度是否合适。松开转向盘，查看转向盘回位是否良好。

（3）在空旷地区，以外轮外侧为基准，用浇水法测量车辆的左右转弯直径，调节直拉杆的球头及转向垂臂位置，使转弯直径满足相关国家标准，并使左转弯直径略小于右转弯直径。

三、转向系统常见问题及处理方案

1. 转向直拉杆卡箍螺栓与底盘其他部件干涉

处理方案：更换转向直拉杆。

2. 转弯直径过大或左右转弯直径差距过大

处理方案：调节前桥转向限位螺栓，或调节转向拉杆两端球头，改变转向拉杆长度并调整转向垂臂位置，以此来平衡左右转弯直径。

3. 转向盘转向力度过重或过轻

处理方案：查看转向油路是否有漏油，转向助力油是否充足。查看并紧固转向系统的松动螺栓。调节转向器。

4. 转向圈数不够

处理方案：对于非自卸荷的转向器，应检查卸荷阀是否打开。带自卸荷的转向器，则应查看卸荷阀是否有故障。

5. 转向盘打手

处理方案：查看转向油罐中的转向助力油是否充足。查看转向油路中是否有空气。

6. 转向盘自由行程过大

处理方案：查看转向操纵机构各部件连接是否有松动。调节转向器。

7. 转向盘回位不良

处理方案：检查转向油路中是否有漏油点。重新校核方向机与转向油泵的动力匹配。

第八节　制动系统工艺

一、制动系统装配工艺

（一）概述

制动系统指汽车用来强制制动的一系列专门装置。它是保障行车安全的重要部分。

（二）制动阀类零部件装配

1. 零部件分装

按零部件清单分装以下零件：制动总阀和软管、干燥器及其接头和支架、再生罐及其接头和支架、前快放阀和PCV及其支架、后快放阀及其支架、继动阀和PCV及其支架、过壁板和过壁接头、三通连接器及其支架、电磁阀和接头等。要求各阀类及支架装配牢固，不可松动。零部件与接头连接处应涂上螺纹密封胶。接头螺纹密封有两种方式：从先进入装配体的一端螺纹处，沿圆周方向均匀涂布10~15圈的密封胶；在接头螺纹上缠绕生料带，然后再在进入装配体一端的3~5道螺纹范围内涂布密封胶。

2. 零部件装配

将以上分装好的部件、储气筒、储气筒安装组件按图样要求安装到车架的相应位置。要求位置正确，安装牢固。最后按制动原理图连接制动系统管路，要求走向正确，密封可靠。制动管路的安装方法所有车型均一致。要求管路固定牢固，管路之间、管路和其他件之间，在车辆静止和运动中均不干涉、不摩擦。缓速器开关仅用于装有缓速器的车型。

制动系统的安装步骤：制动系统各元件的安装（气管接头、储气罐、再生罐、快放阀、差动式继动阀、继动阀、安装支架）→制动管路的连接→制动管路的铺设固定。

二、EBS安装工艺

（一）概述

EBS（电子控制制动系统）是一套新型制动系统，它将ABS和常规制动系统集于一体。EBS包括两种控制回路，即电路和气路控制。整车的制动回路由两条气控回路和一条电控回路组成。它的两条气回路和传统制动系统的气回路一样，均作为备用，只有电回路出现故障时才工作，三回路控制增强了制动系统的安全性及稳定性。

（二）EBS零部件简介及装配

EBS的组成包括：制动信号传输器、中央处理模块、比例继动阀、后桥控制模块、后桥备压阀、ESC控制模块（选装）、转向角度传感器（选装）、ABS电磁阀、轮速传感器等。

制动信号传输器通过电信号和气信号来传达驾驶人的制动请求。与常规的制动主缸相比，它增加了电信号控制回路。制动信号传输器的安装与常规的制动主缸无异，但它只能以直踏方式安装在前地板安装孔上，并要求安装牢固可靠。

中央处理模块（CM）是监督和控制整个制动系统的核心部件，CM接收制动信号传输器传过来的制动信号，根据制动信号，输入相应的车辆参数。CM计算前、后桥需要的制动压力，产生相应的制动减速度。CM一般安装在仪表台上。

比例继动阀是用来控制前桥制动压力的作动件。它由比例电磁阀、继动阀和压力传感器组成，电控系统的促动和监控由中央控制器来完成，气控系统的控制由制动信号传感器来完成。它的安装要求与常规继动阀无异。

后桥控制模块用于控制单后桥和双后桥两侧的制动气室的压力。它包括两个相互独立的气动压力控制通道，每个通道包括进气阀、排气阀和压力传感器，两个通道共享一个桥控调节器 ECU。它接管了继动阀对后桥的气路控制，提高了行车的安全性和稳定性。它一般安装在后桥附近，且排气口朝下。

电子稳定控制系统（Electronic Stability Control，简称 ESC）是一种全功能的电子稳定性控制系统，适用于在高、低附着系数路面上进行侧翻控制、偏航控制和侧向滑移的控制。车辆在转向、制动或打滑时，它会对制动、动力系统进行干涉，使车辆行驶更加稳定和安全。

ESC 由横摆角速度传感器和横向加速度传感器组成，需要将其装在汽车重心附近（$1m^3$ 内）。ESC 模块固定支架钢板的厚度至少为 5 mm，且处于密封空间中。要求电插口朝前或朝后安装（相对于车辆行驶方向，需要按照图样安装）。

转向角度传感器为 ESC 系统测量转向轮的转向角度。它必须安装在转向管柱的防水位置，不应存在干涉，且需 3 点固定，另外，还要求电插口朝下并有刚性的安装支架。

三、缓速器分装工艺

（一）概述

汽车在减速或下长坡时，启用缓速器，可以平稳减速，避免使用强制制动导致的磨损和发热。目前，缓速器主要有两种结构。

电涡轮缓速器：相当于在传动轴上装了一个“发电机”。不通电时，无接触无磨损；需要制动时，接通电路，传动轴受到电磁场的阻力，进而达到制动目的。这种装置无磨损但结构庞大。目前，重型货车和大客车多有选用（国外同类产品还可在工作时向蓄电池充电）。

液涡轮缓速器：在变速器壳体后端增加一个涡轮室，制动电路开启后，变速器油在涡轮室中产生阻力，进而达到制动目的，这种装置无磨损但要增加相应的散热机构。

（二）电涡流缓速器分装

电涡流缓速器的安装位置有三种：装在变速器输出端，装在传动轴中间或装在主减速器输入端。下面以安装在变速器输出端为例。缓速器定子总成安装在缓速器支撑架上，支撑架固定在变速器的后盖上，转子总成通过过渡法兰与变速器输出法兰相连。在定子总成上装上缓速器软垫，并在缓速器上安装托梁，最后通过与车架连接的缓速器托梁连接板相连，缓速器总成便固定安装在车架上了，见图 4-86。安装时，将缓速器定子与转子之间的空气间隙，控制在 1.5 ~ 1.7mm。

（三）液力缓速器分装

1. 液力缓速器分装流程

液力缓速器分装流程见图 4-87。

2. 液力缓速器的布置方式

液力缓速器有三种布置方式：缓速器置于变速器输入端，缓速器置于变速器输出端，以液力变矩器的液力元件兼作缓速器叶轮。目前，客车一般安装在变速器输出端，见图 4-88。缓速器结构紧凑，能与变速器共用油道，因此常与变速器集成一体。为了满足市场需要，也

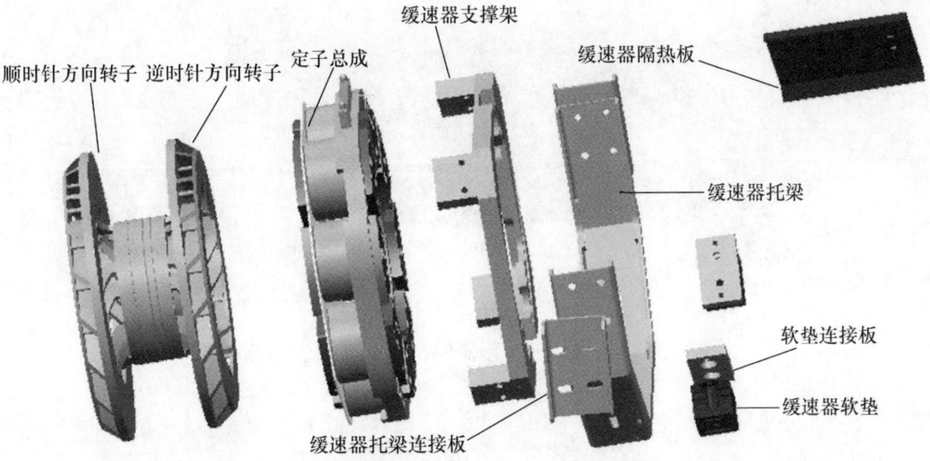

图 4-86　电涡流缓速器安装示意图

可将液力缓速器独立出来作为选装件。安装独立出来的液力缓速器时，要注意变速器处和传动轴处的机械接口。

四、制动系统调试工艺

制动系统调试主要包括制动系统气路密封性检查和制动间隙调整。

1. 气路密封性检查

（1）断开气泵到干燥器之间的金属编织软管，用外接气源向气路内充气。

（2）在气路各接头上涂刷肥皂水，检查有无泄漏。如有泄漏应及时处理。

（3）若在发动机起动后至试车完成的时间内出现泄漏，则应在处理后，再利用发动机的气源，重新执行上一步骤。

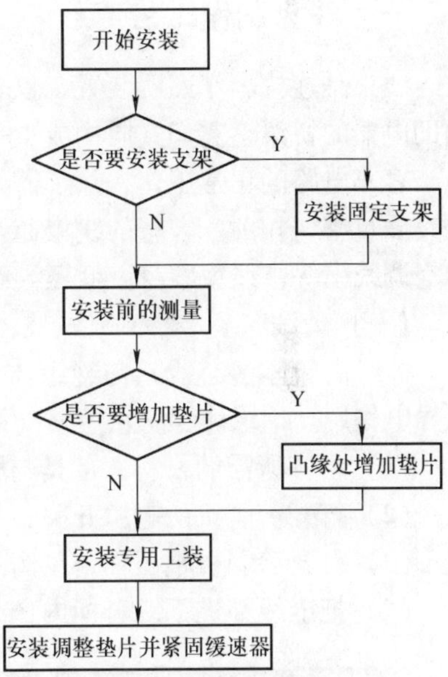

图 4-87　液力缓速器机械部分安装流程图

2. 制动间隙调整

（1）对蜗轮蜗杆式制动调整臂（不带制动间隙自动制动调整臂）：用扳手压紧调整臂的锁止套，转动蜗杆轴的六角头，使位于制动底板的检查孔处的间隙处于 0.7～0.9mm 范围内（或者张开蹄片与鼓贴紧，然后反拧 1/2 圈）。

（2）对制动间隙自动制动调整臂：先用扳手顺时针转动自动间隙调整臂蜗杆端部的六角头（此方向转动力小），直到感觉到摩擦片与制动鼓接触。然后逆时针转回 270°（此时转动力大且有“咔咔”声）。

（3）制动间隙调试完成后，再完全拧入弹簧制动气室的解除制动螺栓，须使其方头露出锁紧螺母，以便实施手制动。

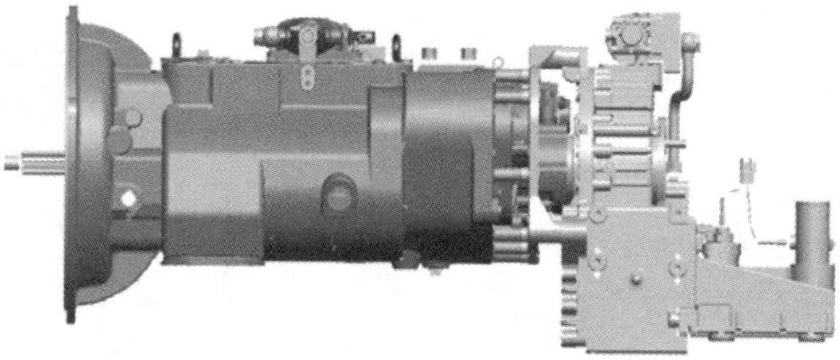

图 4-88　安装于变速器输出端的液力缓速器

第九节　底盘电器工艺

一、线束制作工艺

线束是连接客车照明装置、仪表、开关、起动机、发电机、蓄电池、点火装置、搭铁和辅助电器的桥梁，它们共同构成了一个完整的客车电路。

客车电路的正常工作，除了需要以各电器设施的良好质量为保证外，还与线束质量及其敷设质量密切相关。客车的线束通常可分为底盘线束、仪表台线束、前后围线束、顶盖线束和空调线束等。线束本身由低压导线、高压导线、插接件、接线柱、编织带和套管等组成。

（一）剪线

电线由导体（芯线）与绝缘体（被覆 PVC）组成。导体（芯线）由铜、铝制作而成，起导电作用。绝缘体起防止短路（防止与其他回路干涉）的作用，用塑料等绝缘材料制成。

（1）备齐所需的材料、工具与相应的剪剥机。

（2）打开剪剥机的电源开关，见图 4-89a。

（3）打开剪剥机辊压轴，见图 4-89b。

（4）把电线穿进下线套桶内，并把滚轴压下，见图 4-89c。

a) 剪剥机面板　　b) 打开剪剥机辊压轴　　c) 电线穿进下线套桶

图 4-89　剪剥机

（5）设定设备参数

① 设置总长度。点击“总长”，输入电线长度并点击“回车键”。

② 设置前端剥点。点击“前端全剥”，输入长度并点击“回车键”。点击“前端半剥”，输入长度并点击“回车键”。

③ 设置后端剥点。点击“后端全剥”，输入长度并点击“回车键”。点击“后端半剥”，输入长度并点击“回车键”。

④ 设置打捆数。点击“打捆数”，输入数量并点击“回车键”。

⑤ 设置进刀量和退刀量：点击“进刀量”和“退刀量”，并设置进刀量和退刀量参数（以不剥断铜丝为准），点击“回车键”。

（6）参数设置完以后，点击“START”运行。

（7）电线剪好以后，用橡皮筋及胶带将电线和标签捆扎整齐，标签向外，见图4-90。

图4-90　电线和标签捆扎整齐

（8）下线半成品不得有以下不良现象。

① 电线颜色不清，表面破损，粗细不均等。

② 线芯开叉，见图4-91。

③ 导线断铜丝，见图4-92。

④ 绝缘胶皮断面倾斜，见图4-93。

⑤ 线芯不齐，见图4-94。

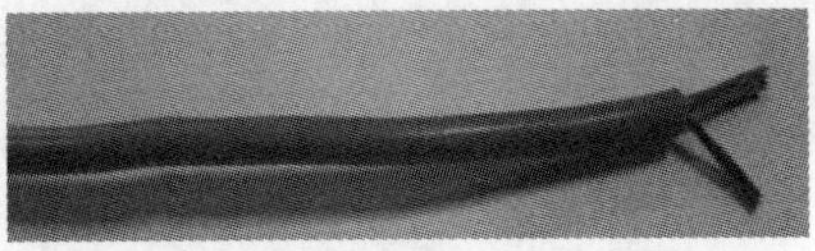

图4-91　线芯开叉图

图4-92　导线断铜丝

图4-93　绝缘胶皮断面倾斜

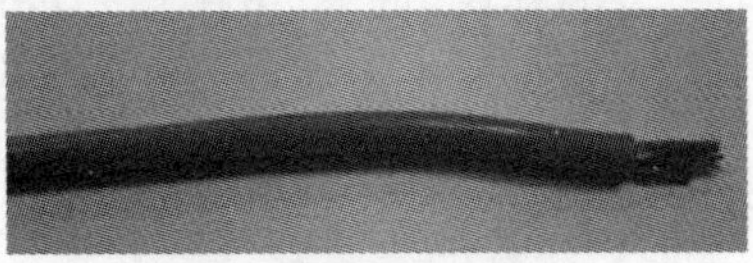

图4-94　线芯不齐

（二）辅助作业操作

（1）按照下线标签，备齐所需的材料。

（2）左手持导线，右手将正确的线号依次穿入导线，距离端子处不超过30mm。

（3）先穿线号再穿防水塞，见图4-95。

（4）先穿线号再穿热缩管，见图4-96。

图4-95　先穿线号再穿防水塞

图4-96　先穿线号再穿热缩管

（5）穿防水塞时，导线绝缘皮应可见且最大不得超过1mm，见图4-97。

（6）检测要求

① 导线的颜色、型号符合工艺要求，表面光滑，无裂痕、伤线芯等现象。

② 其余辅助料型号符合工艺要求，零件表面不得有裂痕、破损等现象。

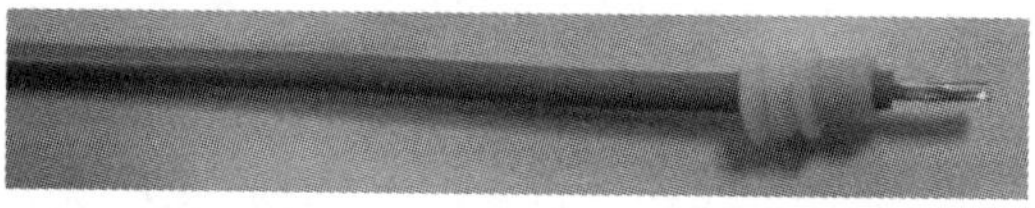
图 4-97 穿防水塞

（三）端子压接

（1）根据生产及下线标签，备齐正确的材料。

（2）了解端子的结构，见图 4-98。

（3）选择正确的压接机，打开电源开关，调好压力，参考《压接机操作手册》进行操作。

（4）左手持线，右手持端子，将两者放在压接模具上。确认放好以后，右脚踩下踏板，将端子压好，见图 4-99。

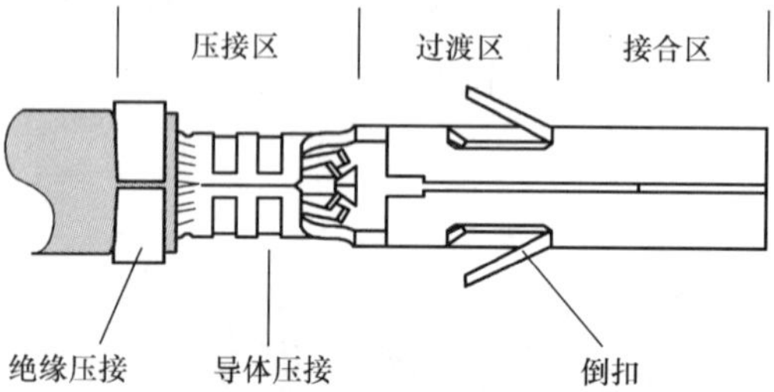

图 4-98 端子的结构

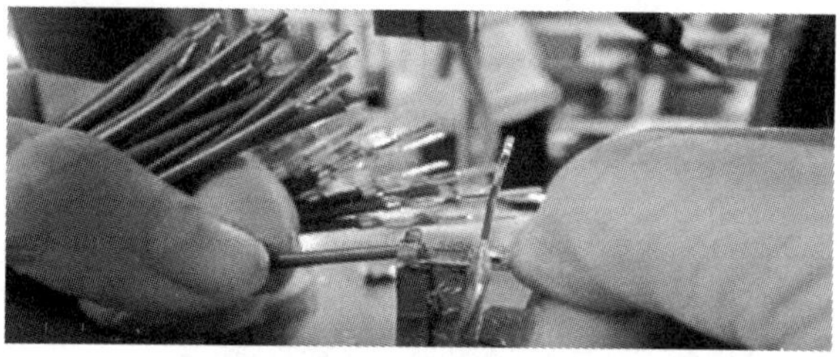
图 4-99 端子压接

（5）首件产品完成以后，目视检查端子是否符合标准，见图 4-100。

（6）目测合格以后，再用拉力试验机测试端子的拉力强度是否符合标准（图 4-101），参考《拉力测试机的操作手册》进行操作。

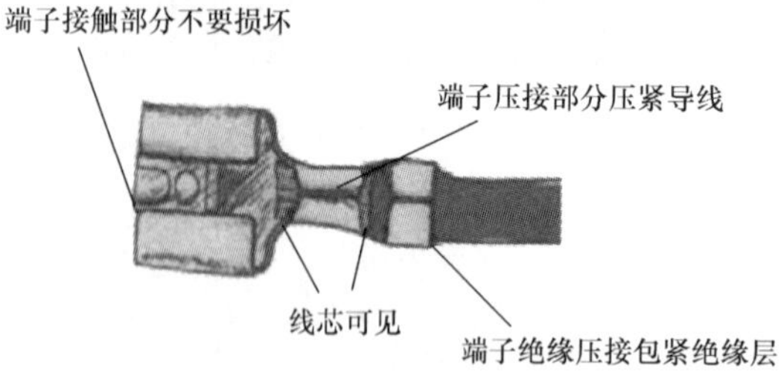

图 4-100 检查端子

图 4-101 拉力试验

（7）检查合格以后，继续进行生产操作，操作过程中也要随时进行抽检。

（8）进行合并线压接时，合压线剥皮长度必须相同，位置对正。两线截面不同时，两线必须上下叠加放置，且大截面导线在上，小截面导线在下，见图 4-102。

（9）带防水塞的端子压接。

1）密封塞在压接时不应损坏。

2）电线与密封塞之间、密封塞与护套之间，不应有目视可见的间隙。

3）电线和密封塞与端子压接后，在图 4-103 中的 a 区内，应可见密封塞和电线绝缘层的端部。

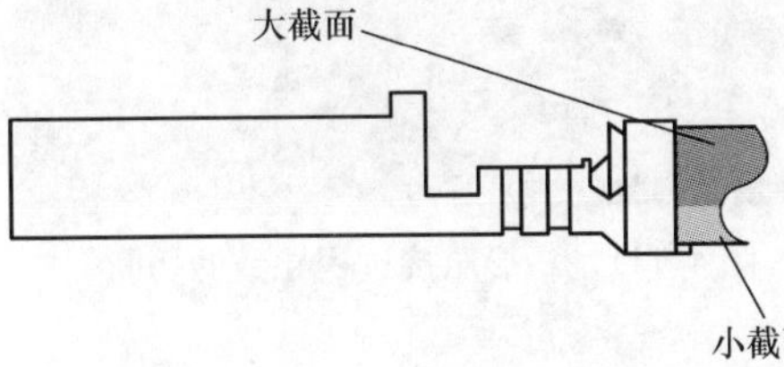

图 4-102　合并线压接

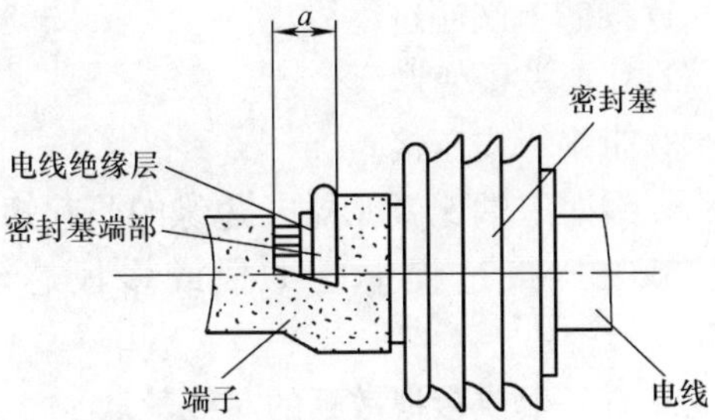

图 4-103　电线和密封塞与端子压接结构

4）进行防水塞端子压接检测时，端子压接不得出现以下现象，见图 4-104 ~ 图 4-110。

① 压接高度过小或过大。

② 部分线芯不在导体压接区内。

③ 电线未伸出导体压接区。

④ 接合区和压接区的中心线不平行。

⑤ 无喇叭口或尺寸过小。

⑥ 电线导体延伸至端子的过渡区，绝缘层进入压接区。

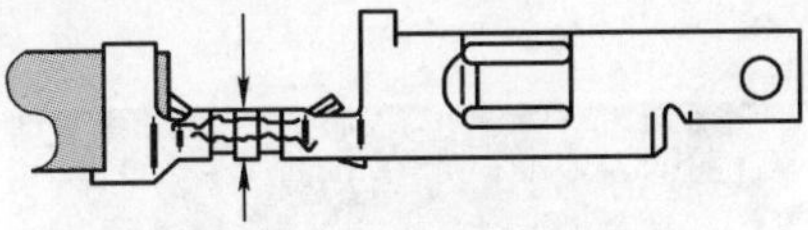

图 4-104　压接高度过小

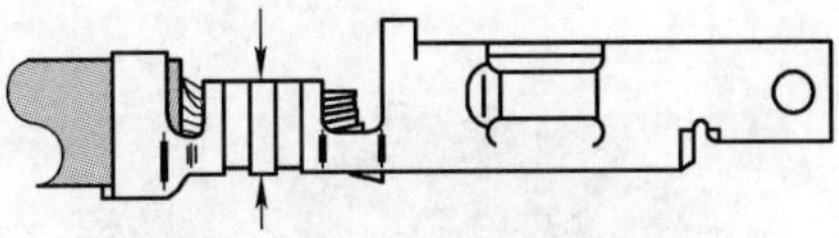

图 4-105　压接高度过大

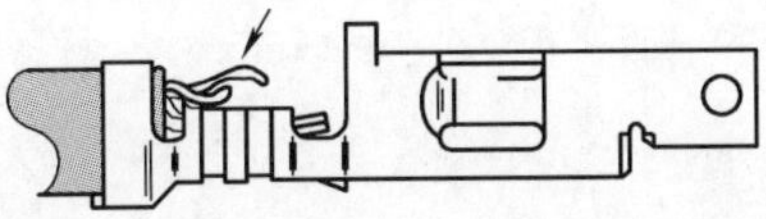

图 4-106　部分线芯不在导体压接区内

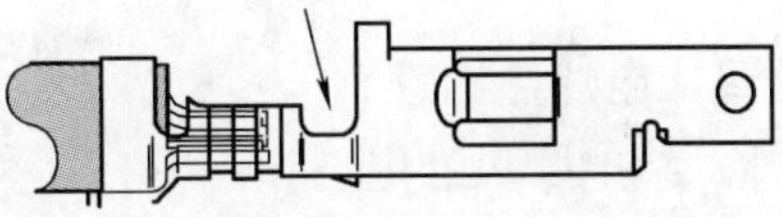

图 4-107　电线未伸出导体压接区

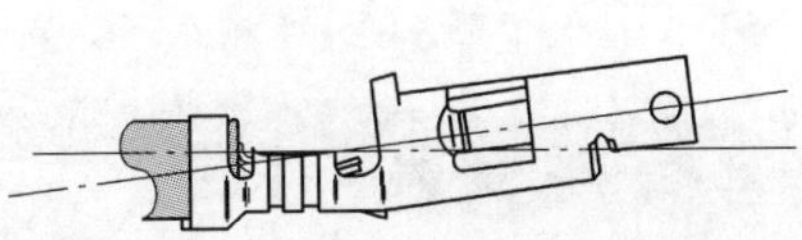

图 4-108　接合区和压接区的中心线不平行

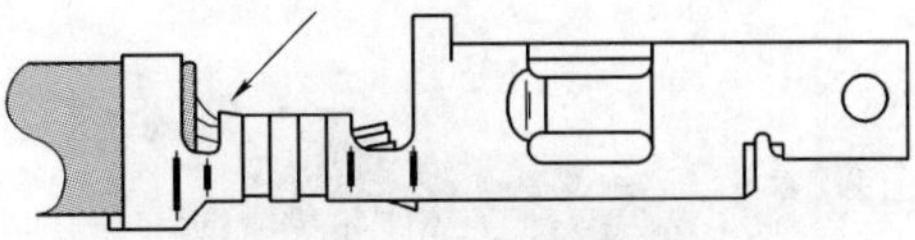

图 4-109　无喇叭口或尺寸过小

（10）U 形端子压接。

1）线芯末端在端子和绝缘皮之间。

2）导线剥皮切口整齐，且线芯及外部绝缘皮不能有损伤。

3）无 U 形压接过程中切断或遗漏的芯线丝，见图 4-111。

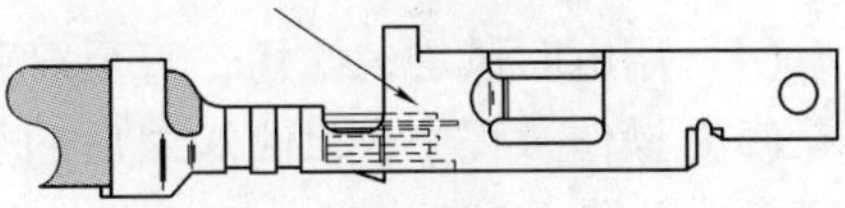

图 4-110　电线导体延伸至端子的过渡区，绝缘层进入压接区

4）其余操作步聚同端子压接操作。

5）进行 U 形端子压接检测时，要求不能出现以下现象，见图 4-112 ~ 图 4-117。

① 线芯末端超过绝缘皮。

② U 形端子变形。

③ 带绝缘皮压接。

④ 线芯末端比 U 形端子边缘的凸起短。

⑤ 在压接过程中有 1 根或多根芯丝被切断。

⑥ 有一根或多根散开的芯线丝。

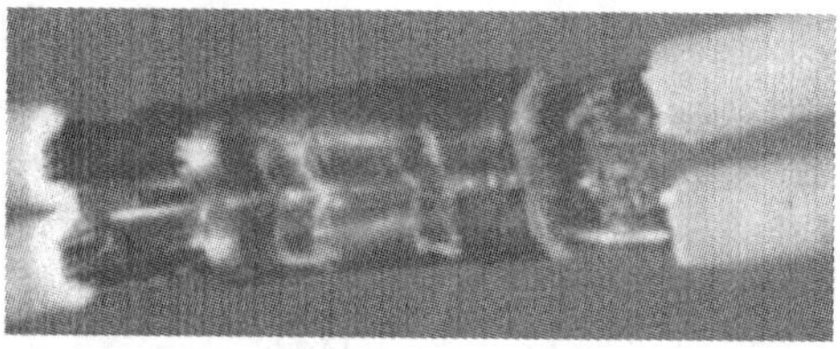

图 4-111　U 形压接过程导致的切断

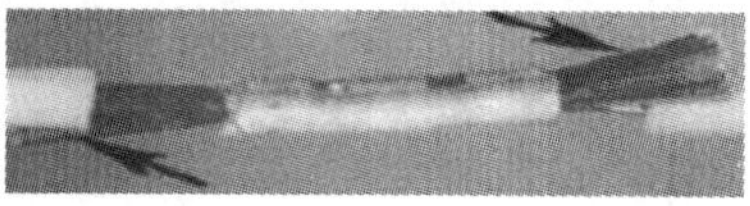

图 4-112　线芯末端超过了绝缘皮

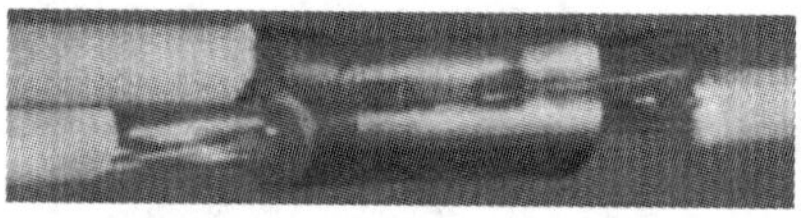

图 4-113　U 形端子变形

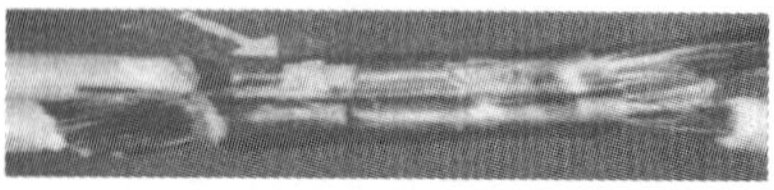

图 4-114　带绝缘皮压接

图 4-115　线芯末端比 U 形端子边缘的凸起短

图 4-116　在压接过程中导致 1 根或多根芯丝被切断

图 4-117　有一根或多根散开的芯线丝

（四）电烤热缩管

（1）给电吹风通电。

（2）将焊接点用电工胶带缠绕三圈，不能有铜丝外露，见图 4-118。

（3）将待烤的双壁热缩管预置在焊接点上，需将整个焊接点贯穿，见图 4-119。

图 4-118　焊接点用电工胶带缠绕

图 4-119　双壁热缩管预置在焊接点上

（4）用电吹风均匀吹烤，直至双壁热缩管全部收缩，见图 4-120。

（5）操作过程中，目测烤缩后的热缩管有无破损，位置是否适中，是否收缩均匀且牢固可靠，见图 4-121。

（6）检测要求。

1）热缩管沿轴向不得有窜动现象。

2）沿径向观察不得有露铜丝现象。

3）对于孔式和叉式插接器，热缩管不得与铜件的外圆相互干涉（对于有特殊工艺要求的按特殊工艺要求执行）。

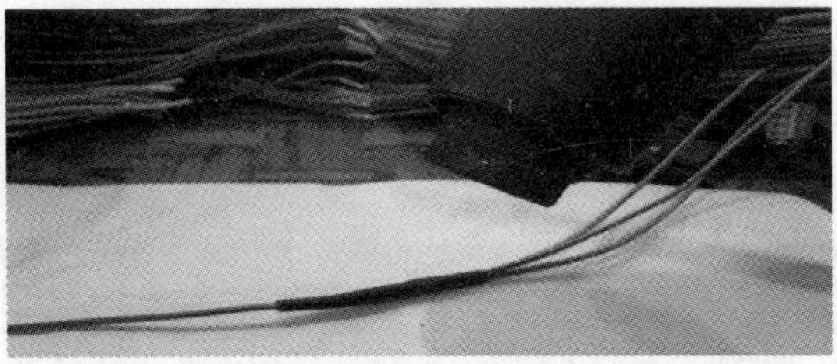

图 4-120　用电吹风均匀吹烤

图 4-121　烤缩后的热缩管有无破损

(五) 安装护套

依照“一插、二听、三回拉”的原则进行操作。

(1) 根据图样确定端子插入护套的方向，见图 4-122。

(2) 将端子插入相应的护套孔位后，听到“咔嚓”一声响后，表明端子已插到位，见图 4-123。

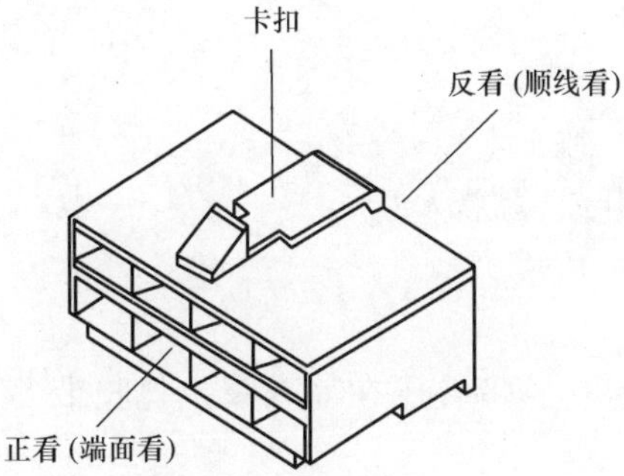

图 4-122　护套方向

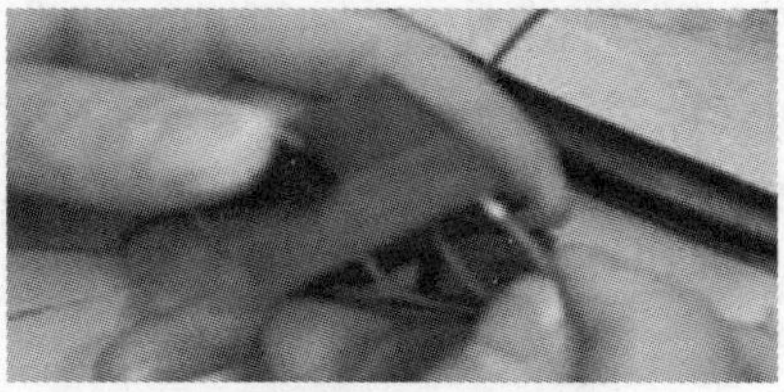

图 4-123　端子插入

(3) 将插入的导线向后做拉伸试验（用 1 ~ 3N 的力），确定端子被锁紧，见图 4-124。

(4) 如需装定位线夹，则在导线全部装配完毕后，再将其装入护套定位处。

(5) 根据成组图备齐电线及护套等材料。

(6) 将组件所需的电线有序地排放在成组架上，见图 4-125。

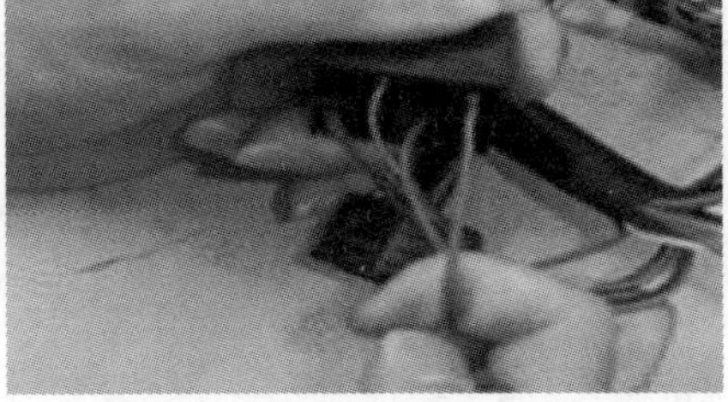

图 4-124　导线向后做拉伸试验

图 4-125　电线排放在成组架上

(7) 按照图样要求确定护套方向。

(8) 按照成组图，以从上到下的顺序插护套，每根导线都需单独拉出再插入护套，以免缠绕打结。

（9）插好护套后，用胶带在距离护套 50mm 处缠绕三圈，以防线号滑落，见图 4-126。

（10）安装完毕后，将此组线整齐地捆好，见图 4-127。

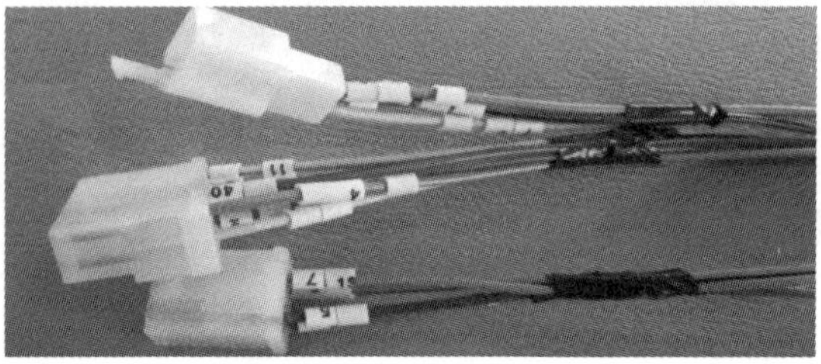

图 4-126　防线号滑落

图 4-127　将线整齐地捆好

（11）检测要求，见图 4-128。

1）端子必须正确插入所在孔位。

2）端子必须插接到位。

3）将导线向反方向拉伸，端子不能退出。

4）目测，并用卷尺检查加工产品与预装图是否一致。

5）号码管必须置于导线的顶端，不能脱落、散开或模糊。

（六）线束合成

1. 胶带半叠包扎

（1）半叠包扎，即在包扎的长度方向，将每圈包扎胶带叠压在前一圈包扎胶带 1/2 宽位置的包扎方法，见图 4-129。

（2）在包扎起始处，包扎 2 层后将胶带倾斜适当角度再做半叠包扎。

图 4-128　端子检测要求

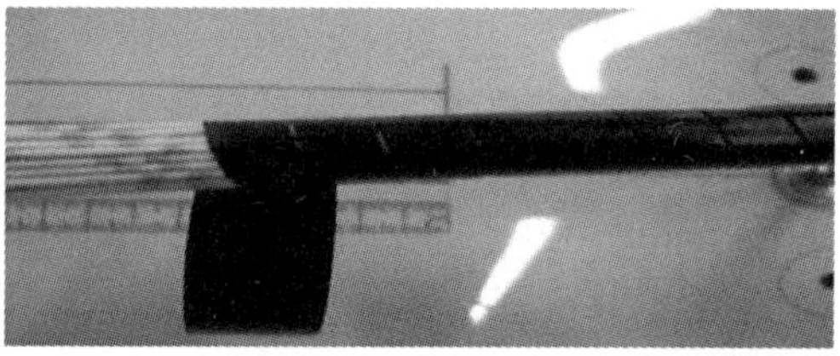

图 4-129　胶带半叠包扎

（3）在包扎收尾处再包扎 2 层，见图 4-130。

（4）检测要求

① 胶带半叠包扎后的线束应光滑、平整，无电线外露。

② 胶带无皱折、开口、疏密不均匀等缺陷。

在包扎过程中，胶带应在外力作用下产生不超过 10% 的延伸，以保证包扎质量。

2. 胶带花缠

（1）花缠，即在包扎长度方向，将每圈包扎胶带与前一圈包扎胶带间隔 1/2 胶带宽的包扎方法。

（2）在包扎起始处，包扎 2 ~3 层后将胶带倾斜适当角度再做花缠。

图 4-130　收尾处包扎 2 层

（3）在包扎收尾处再包扎 2 ~3 层。

（4）检测要求

① 胶带花缠包扎后的线束应光滑、平整，无电线外露，见图 4-131。

② 胶带无皱折、开口、疏密不均匀等缺陷。在包扎过程中，胶带应在外力下作用下产生不超过 10% 的延伸，以保证包扎质量。

图 4-131　胶带花缠（不良品）

3. 胶带定点包扎

（1）定点包扎，即在包扎长度方向，以一定的距离间隔，用胶带重叠包扎 2 ~3 圈，见图 4-132。

（2）在包扎起始处，重叠包扎 2 ~3 圈后将胶带剪断。

图 4-132　胶带定点包扎

（3）分段停止包扎 2 ~3 层，每分段间隔 100 ~120mm。

（4）检测要求

① 胶带定点包扎后的线束应光滑、平整，无电线外露，见图 4-133。

② 胶带无皱折、开口、疏密不均匀等缺陷。

在包扎过程中，胶带应在外力下作用产生不超过 10% 的延伸，以保证包扎质量。

4. 波纹管包扎

图 4-133　胶带定点包扎（不良品）

（1）在线束包扎起始处包扎 2～3 层后，给起始端套上波纹管，在波纹管外再包扎 2～3 层。

（2）将波纹管按图样要求套在线束上，距收尾点 40～50mm 处停止（特殊工艺除外）。

（3）在包扎收尾处包扎 2～3 层，给收尾处套上波纹管，在波纹管外再包扎 2～3 层。

（4）根据图样要求对波纹管外部进行包扎，外部包扎分为定点、花缠、密包三种方式，方法同胶带，见图 4-134。

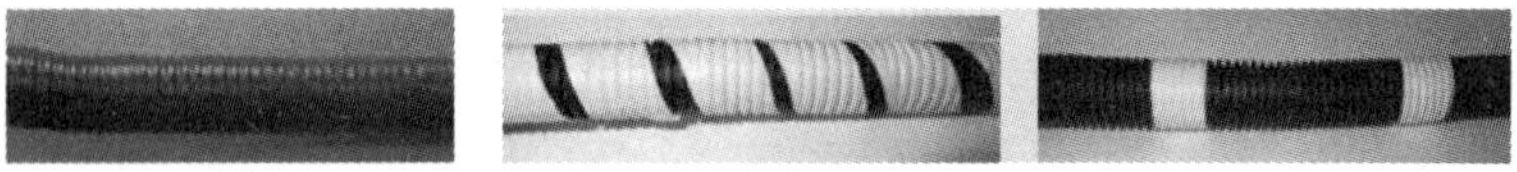

a) 密包　　b) 花缠　　c) 定点包

图 4-134　不同包扎方式

（5）检测要求

① 包扎后的波纹管应光滑、平整，无胶带皱折、开口等缺陷。

② 包扎的波纹管必须牢固，不易拉脱。

③ 如果波纹管外部为密包工艺，则不允许有导线露出，见图 4-135。

5. 波纹管合点包扎

（1）合点包扎，即主干与一个或多个分支连接处的包扎，见图 4-136。

（2）用胶带将合点包严，然后将波纹管拉至合点处再进行密包。

图 4-135　波纹管密包（不良品）

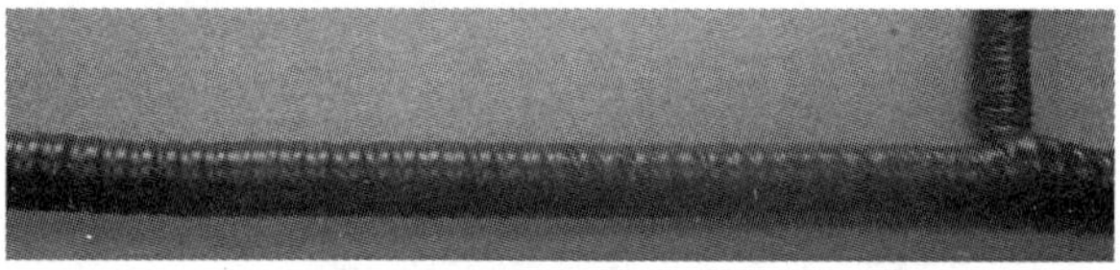

图 4-136　波纹管合点包扎

（3）包好的合点需整齐、紧密、均匀，不应松散，不能出现以下现象：

① 导线漏出，见图 4-137。

② 主干波纹管与分支波纹管末端没有连接好，主干波纹管没有穿到末端，见图 4-138。

图 4-137　导线露出（不良品）

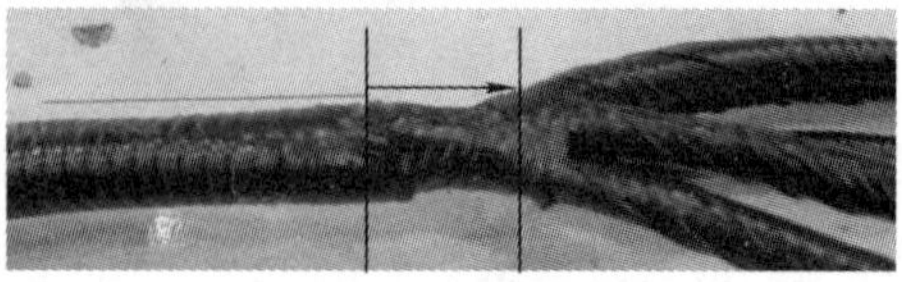

图 4-138　这段距离无波纹管（不良品）

6. 总装

（1）认真阅读装配图样。

（2）确认半成品组件及配线板正确无误。

（3）根据图样将各组件的线，按照配线板的顺序，从起始端开始整齐挂置，见图4-139。

（4）组件全部挂上配线板后，按照图样装护套，见图4-140。

图4-139　总装样板

图4-140　装护套

（5）将分支线拉齐，用胶带进行花缠或密包。包胶带时，应从分支线往主干线的方向包扎。

（6）分支包完后，再用胶带将主干花缠固定，见图4-141。

（7）对线束进行编织（穿波纹管，包胶带），见图4-142。

根据技术要求对线束进行密包或花卷，遇分支点一定要密包固定。

图4-141　线束包扎

图4-142　线束编织

（8）检测要求

① 分支包扎位置正确，长度与图样相符。

② 护套中的电线安装到位，线号、线色、线径与图样相符。

③ 外观包扎符合工艺要求。

二、线束安装工艺

（一）线束固定间距要求

底盘电缆所处位置比较复杂，要求线束敷设必须避免机械摩擦、高温、油污染以及沙石冲击等，因此将底盘电缆敷设到底盘纵梁型材里侧是既稳定又安全的方法。另外，还要明确底盘主干电缆线束，以及分支电缆线束端头功能代号字母所对应的电器设备，以确保电缆敷设准确、到位。

底盘需安装的线束：底盘线束、ABS线束、发电机连接线（发电机到蓄电池）、蓄电池连线（起动机到蓄电池）、蓄电池连线（搭铁）、缓速器线束和加热器线束等。

底盘需安装的开关和传感器：油量传感器、水位报警开关、制动灯开关、手制动开关、气压传感器、机油压力传感器和冷却液温度传感器等。

具体要求如下：

进行底盘主干电缆线束敷设时，每间距200～300mm设置一处卡箍，分支电缆线束同电器设备连接的端头，不能受外力作用，因此电缆线束在分叉处及电器设备连接处均应设卡箍，敷设完毕的底盘电缆，不允许扭转，在固定卡箍内松动及在固定点间自由下垂，见图4-143。

敷设电缆时，应保证有进行三次以上修复的余量，使电器设备能够方便地从安装位置卸下，移至便于拆装和检查的位置。电缆穿过孔洞时，应将孔洞处的金属锐边打钝，必要时可加装橡胶护套，并将该处电缆的外面缠扎聚氯乙烯带5～6圈。穿过地板或隔板处的电缆，要用黑色聚氯乙烯带将其缠成圆柱形，然后用密封胶或腻子将孔的缝隙密封，见图4-144。

裸露的电气插接器和电气开关，应距燃油箱的加油口和通气口200mm以上。

图4-143　电缆线束敷设间距

图4-144　固定底盘线束

（二）固定线束和管路时避开热源

（1）线束、管路固定时，距离热源不小于150mm，以避免线束、管路被高温物体烧毁、烫坏，实在不能避开时要采取隔热防护措施。

（2）典型的隔热措施，见图4-145和图4-146。

图4-145　在线束与排气管之间加隔热板

图4-146　在涡轮增压器上安装的隔热挡板

（三）线束穿过金属薄板和过孔处应作必要的防护

（1）线束固定时，应避免与尖锐金属件干涉，以防止线束被磨破而发生短路。实在不能避开时，应用U形胶条等防护材料进行保护。过孔时，加胶套或U形胶条防护，最好使线束处于悬空状态，与周边不发生任何干涉、磨碰，见图4-147。

（2）用专用工具（圆柱形PA磨头）将搭铁线安装孔周围的漆层刮磨干净，直至看见锃亮的金属表面如图4-148所示。同时，螺栓紧固后应用红漆做标记。

图 4-147　过孔处应使用胶圈

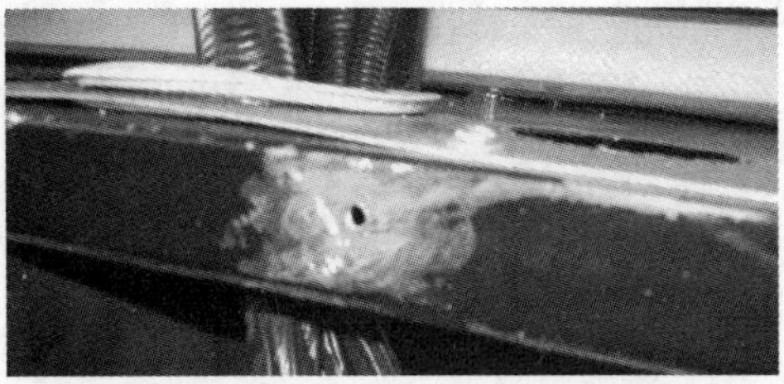
图 4-148　磨过后露出锃亮的金属表面

三、电器件安装工艺

（一）发电机接线要求

（1）发电机（图 4-149）电源线压接在发电机 B+接线柱上，搭铁线压接在 B-接线柱上，充电指示线压接在 D+接线柱上，起动控制线压接在 W 接线柱上。

（2）压接在发动机上的发电机搭铁线，注意对搭铁点和搭铁平面做除漆处理，保证发电机搭铁线搭铁良好。电源线及搭铁线螺栓固定后用红漆做标记。

（二）起动机接线要求

（1）起动机（图 4-150）电源线压接在起动机电枢接线柱上。

图 4-149　发电机

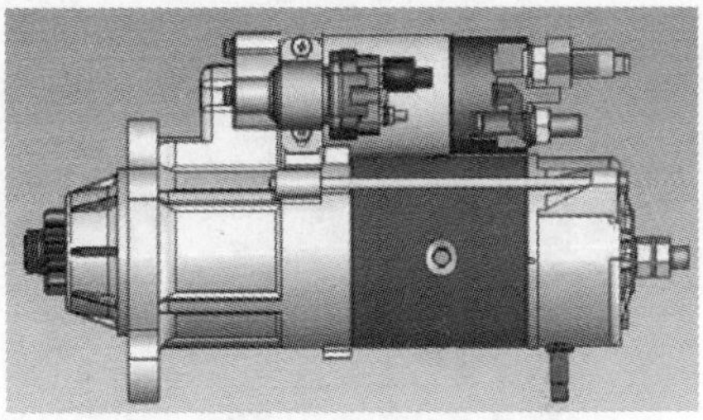
图 4-150　起动机

（2）起动机线接起动继电器触点。

（3）起动机线接好后，固定线束时，线束固定点与起动机之间要留有 50mm 距离。

（4）不允许割破或拿掉起动机和发电机上的橡胶烟斗帽，防止短路。

（三）开关及传感器接线要求

变速器线路连接：空档开关、倒档开关、里程表传感器全部装在变速器上，并用尼龙扎带固定，线束与变速器之间要留有一定的余量，以免变速器抖动时扯断线束，见图 4-151。

空档开关　倒档开关　里程表传感器

图　4-151

油量传感器一般为油箱自带，线束接好后用扎带固定。固定时，线束要留有一定余量，避免车辆抖动时扯断线束（图 4-152）。

制动开关安装在制动继动阀上，位置在后桥右侧。断气开关安装在差动继动阀上，位置在后桥左侧。制动开关和断气开关线束插接器均要求是防水件，并且要求插接牢固，见图4-153。

图4-152　油量传感器

图4-153　制动开关及驻车制动断气开关

气压传感器及悬架压力传感器安装在前桥和后桥的储气筒上，要求接线正确牢固。气压传感器外面用胶套接好线后，用密封胶封好，见图4-154。

ABS传感器（图4-155）的线束安装时，注意分清左右侧，传感器、电磁阀线束插接要正确牢固。

图4-154　气压传感器

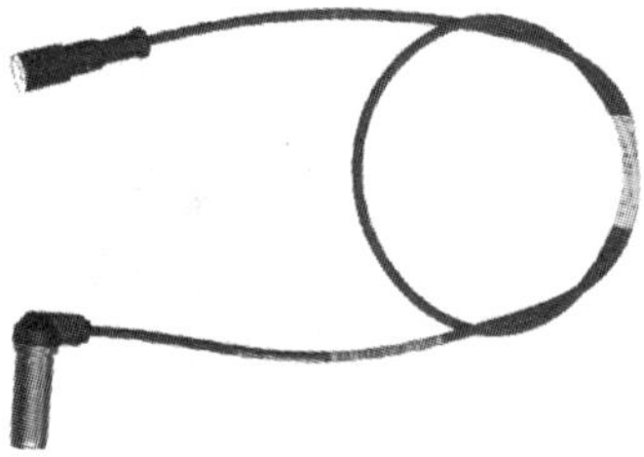

图4-155　ABS传感器

前轮传感器线束沿制动软管捆绑整齐。线束采用尼龙扎带捆扎时，应紧密、均匀、不松散，间隔距离按图样要求，未注明时按间隔200mm捆扎。用保护套管时，应采用阻燃波纹管。

（四）焊接时必须对线束和插件进行保护

对车辆进行焊接时，应先断开车上的各种电控单元（ECU）及发电机（装日野发动机的车型要同时断开调节器的插接器）与线束的连接，否则焊接产生的大电流会对ECU造成损坏，减少其使用寿命，甚至会烧毁电控单元及相关的电器零部件。

底盘转出之前，要将以下部位用优质塑料袋（防水）或石棉布袋进行防护：所有到车身的线束插接器（前面）、与后尾灯对接的线束插接器（后面）、到蓄电池舱的线束、底盘线束上的总线模块插接器、各ECU线束插接器。

在焊装工位（带底盘生产时）要对线束（包括插接器）、管路用隔热材料作必要的遮挡防护，见图4-156。

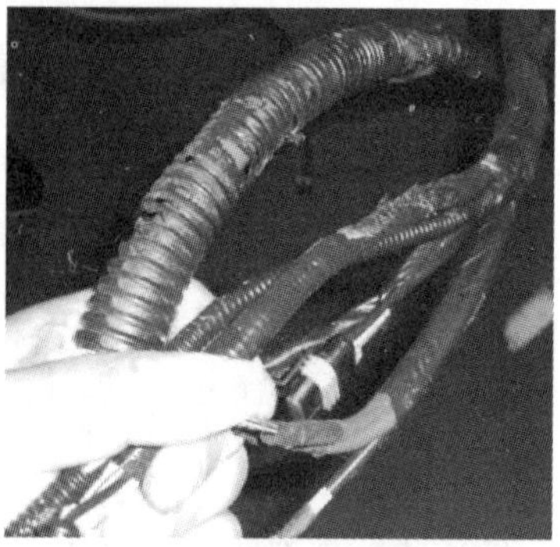

图4-156　被烧坏的线束

第十节　新能源分装工艺

一、天然气系统

（一）概述

天然气是车用替代燃料，按其使用形态可分为 CNG（Compressed Natural Gas）和 LNG（Liquefied Natural Gas）。CNG 的压力一般在 20Mpa 左右，是将含甲烷 90% 以上的天然气，经脱水、脱硫净化处理后，经多级加压制成的，使用时为气态。LNG 指将含甲烷 90% 以上的天然气，经过一定工艺，使其在 -162°C 变为液态，体积比气态时缩小 625 倍。同 CNG 相比，LNG 的优势在于工作压力大为降低且更加安全，在相同容积下存量更多且续航里程更长，但是其低温要求给储存等环节带来一定的困难。

（二）LNG 系统

车用 LNG 供气系统包括专用车载低温绝热瓶、充装接口、安全限流装置、LNG 汽化器、稳压器、燃气低压滤清器，压力显示器等装置，其系统流程见图 4-157。

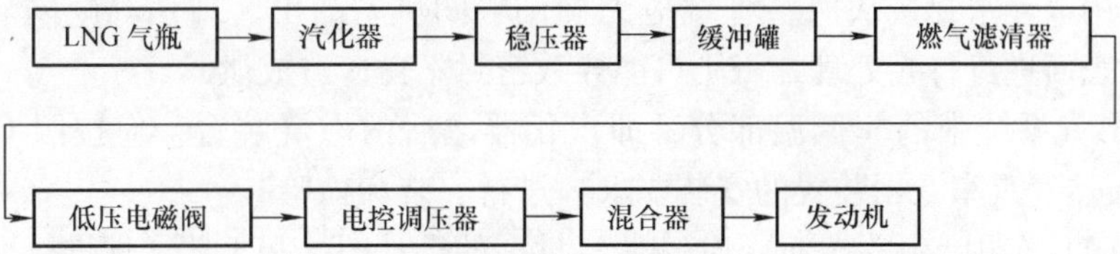

图 4-157　LNG 系统流程图

1. LNG 燃气系统安装规范

LNG 系统的安装有如下总体要求：

（1）安装前，所有管路应当去毛刺、去油并进行干燥处理，用三氯乙烯或四氯化碳进行清洗。检查球面密封的密封面是否有贯穿性划痕，若存在则应禁止使用，否则会引起泄漏。

（2）管路的安装、支撑、保护及固定，应将热胀冷缩、振动、弯曲和磨损等对管路造成的破坏可能性降至最低，并且要防止其在运输过程中出现任何松动的现象。管路不应与相邻部件发生碰撞或摩擦，否则可能因长期摩擦使管路破裂，管路的固定管卡之间的距离不要大于 600mm。

（3）有低温液体通过的管道在定位时，不能与车架直接相连，否则可能因低温作用引起车架材料（碳钢）脆断。安装时，低温管道与车架的距离不得小于 20mm，且需要用耐低温的材料将低温管道与车架隔开。同样，低温管道与车辆电气线路、油管路、水管路、气管路等不耐低温的线路的相对距离，也要保持 20mm 以上。

（4）安装后部供气管路时，尽量避免直角等会引起较大管道阻力损失的折弯。

（5）两个固定部件之间的连接刚性管道，必须做成“O”形、“S”形或“U”形等能够消除热胀冷缩和振动影响的结构，管路中心线曲率半径应不小于管路外径的 5 倍。

（6）应当根据发动机的使用情况，选择适合的发动机进气管通径，否则可能会导致气瓶过流阀关闭。

（7）供气管路阀门（指不属于气瓶本体的阀门）的安装应当满足：

① 避免以与之相连的管道作支撑。

② 如果没有空间安装阀门支撑，则应当进行相应的评估，并且采用厚壁管和大通径等抗弯模量大的方式。

③ 管路系统中应当设置压力调节阀（降压调节阀），否则可能因气瓶压力的波动，影响发动机的效率，甚至使发动机不能工作。调节阀的流量应当大于发动机最大需求量的 1.2 倍以上。

④ 管路系统中应当设置电磁阀，当发动机点火开关关闭或处于非起动位置时，阀门应当处于关闭状态并能够阻止天然气流向发动机。

（8）连接螺纹密封接头时，应当缠绕生料带，且避免生料带细屑残留于管道内，否则会对系统造成影响。

（9）放空管路的放空口应位于车辆顶部或尾部。应设有防止雨水、灰尘进入和聚积的结构。放空管安装在车辆尾部时，应采取相应措施防止天然气进入或聚集在车厢内、车底等处，并与汽车排气管、蓄电池、继电器等容易产生火花的装置和部件分隔设置。

（10）采用卡套密封接头时，管端应无椭圆、凹坑、凸出、划伤等缺陷。应对管端约 30mm 长度的表面进行打光处理，否则可能导致密封不良，造成泄漏。

① 车用燃气系统中的非低温部分，即汽化器之后的燃气装置，应按照 GB/T 19240—2003《压缩天然气汽车专用装置的安装要求》进行安装和检验。

② 安装 LNG 车用专用装置时，应按照经批准的设计图样和工艺文件进行操作。

③ 安装前，应对 LNG 专用装置进行核对和检查，主要包括：规格型号是否匹配、零部件是否齐全且完好、标识是否清晰等。其中，专用装置的完整性和各部件的技术条件应符合 QC/T 755—2006《液化天然气（LNG）汽车专用装置技术条件》的要求。

④ 所有装置和零部件应安装牢固，不允许因振动、颠簸而松动或脱落，并保证安装维修方便。

⑤ 专用装置安装时，应充分考虑车辆承载件的强度，对强度较弱的安装部位应有加强措施，不允许采用可能导致车辆承载件强度和刚度降低的安装方法，不允许将专用装置作为承载件使用。

⑥ LNG 汽车的车辆通过性能和安全性能应符合 GB7258—2004《机动车运行安全技术条件》的规定。

2. LNG 燃气系统安装工艺

（1）燃气泄漏报警器的安装固定。燃气泄漏报警器一般安装在气瓶舱、汽化器舱，加气舱和发动机舱内，通常以扎带固定。

（2）电控调压器的安装固定。电控调压器（图 4-158）安装在发动机舱预埋的螺栓板上，需要防振、防污染。电控调压器的天然气进气口必须保持垂直向上，误差 ±5°。另外，电控调压器的天然气出口离混合器的天然气进口距离要求控制在 15 ~ 700mm 之内。

（3）汽化器的安装固定。汽化器应安装在靠近发动机进气管且振动较小的位置，但不应直接安装在发动机上。因此，汽化器必须安装在汽车（底盘）大梁上。汽化器的安装位置不能高于发动机散热器顶部。加热水管走向要顺畅，不能弯折。如果软管与发动机其他部分接触，则应采取保护措施。

（4）低温进液口、回气接头的安装。低温进液口和回气接头应安装在一个固定可靠的刚性构件上（通过管道与气瓶相连），不允许有任何松动。固定构件应具有足够的强度保证低温进液口（回气接头）与加气枪（回气枪）对接和分离操作正常。同时，应保证构件在加气软管没有卸掉，而汽车驶离的情况下，不会在外部拉力的作用下损坏。

图 4-158　电控调压器

（5）燃气低压滤清器安装。为有效防止 LNG 中的油污染导致电控燃气零部件失效，要求在高压减压器与低压电磁阀之间的管路上加装天然气低压滤清器，见图 4-159，它的安装位置应方便维护、拆装。

图 4-159　燃气低压滤清器

图 4-160　LNG 储气瓶

（6）气瓶的安装。安装过程中，LNG 储气瓶（图 4-160）表面不得刮碰，不得在气瓶上进行焊接、挖补等操作。气瓶安装后不得超出车辆的外轮廓边缘，与汽车排气管的距离不小于 200mm。距离小于 200mm 时，应设置可靠的隔热装置。气瓶瓶口阀门与车辆两侧最大轮廓边缘的距离应不小于 200mm。气瓶应纵向安装，即其轴线与车辆的纵轴平行，使气瓶装有阀门、仪表的一段朝向车辆的尾部。气瓶应安装牢固，与固定座之间应垫厚度不小于 2mm 的柔性防滑衬垫，紧固螺栓应有放松装置，紧固力矩应符合设计要求。

（7）管路防漏检测。车用 LNG 储气瓶出厂前必须进行压力试验，并出具试验报告。因此如无必要，车用 LNG 专用装置压力试验可以不包括 LNG 储气瓶。管路压力试验包括强度试验和泄漏检验两类，按照 GB 50235—2010《工业金属管道工程施工规范》的相关要求操作。

燃气系统检漏点的位置及数量见图 4-161。

3. 注意事项

（1）由天然气的特性引起的安全问题及处理方法，请参见汽车气瓶使用说明书。

（2）在修理或更换气瓶本体上的零部件和管路接头时，应以安全的方法把容器中的液化天然气排尽。工作人员在操作时，应当按照汽车气瓶使用说明书相应的规定进行着装。

（3）在充装或是使用液化天然气液体时，应防止液体飞溅或溢出，操作时应有防冻措施。如果发生冻伤，应按照汽车气瓶使用说明书的方法进行处理。

（4）在充装或使用过程中，阀门可能会因结霜而不易开启和关闭，此时不能强拧，可用温水解冻后再操作。

（5）存放期超过 5 天的盛液气瓶必须将液体排尽，且将压力放至 0MPa，关闭所有阀

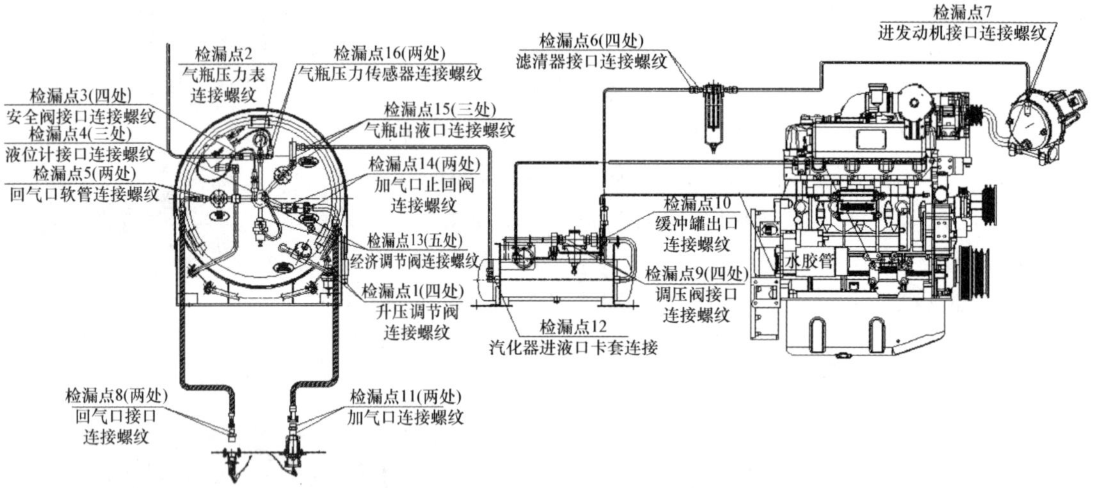

图 4-161　燃气系统检漏点的位置及数量

门，放置在空旷处或者通风处，放置处的电器等设施应为防爆形式。泄放时，应按照汽车气瓶使用说明书规定的地点进行操作。

（6）装有液化天然气的气瓶严禁存放在密闭的空间内。

（三）CNG 燃气系统安装工艺

压缩天然气（CNG）与车用 LNG 相比，容器的成本较低，因此发展较快，现已进入大面积商业化使用阶段。CNG 燃气供给系统（图 4-162）的组成一般包括：

① 储气系统，包括气瓶组、高压管路、操控面板总成（充气阀、充气截止阀、压力表、系统排空阀）及剩余气量显示系统等。

② 调压系统，包括高压球阀、高压精滤器等。

③ 安全保护及电控系统，包括充气单向阀、过流保护集成阀等。

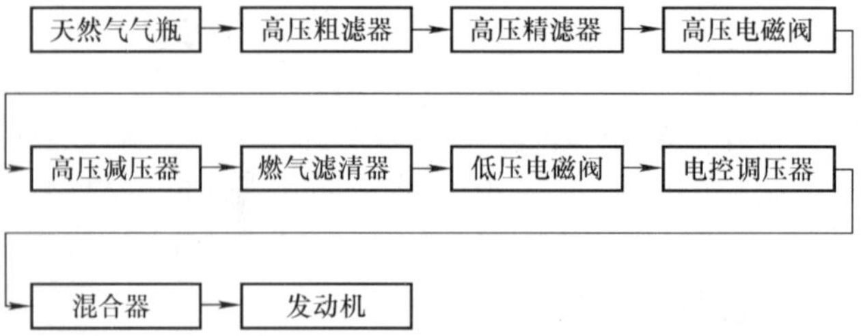

图 4-162　CNG 系统流程图

1. 底盘管路安装规范

（1）CNG 高压管路部分必须使用不锈钢管。

（2）CNG 管路需单独布置，不得和线束、油管捆扎布置，刚性管路固定必须使用管夹（配有胶层），原则上间距不大于 600mm，弯管半径不小于管直径的 5 倍。

（3）在预布置未联时，管接头部需要用胶布密封。

（4）固定可靠，不得松动。

（5）安装低压柔性管路时，要求安装牢固，与发动机连接时留有足够长度，软管弯曲半径35mm以上，与排气管距离不小于100mm。

2. CNG燃气系统相关附件安装

（1）CNG过滤器安装。CNG过滤器分为高压粗滤器和高压精滤器，需在高压电磁阀之前安装。过滤器、各部件、周边管路及接头与排气管的距离不应小于75mm。距离在75～200mm时，应设置可靠固定的隔热装置。滤清器、周边管路及接头与传动轴的距离不应小于75mm。每隔500mm应给高压管线安装管夹等固定装置。

（2）高压减压器安装。高压减压器（图4-163）应安装在靠近发动机进气管且振动较小的位置，但是不能直接装在发动机上，其安装位置不能高于发动机散热器顶部，否则高压减压器会因无加热水流过而结冰，甚至冻裂。此外，考虑到管路阻力的影响，要求高压减压器与低压电磁阀之间的距离小于1500mm。

（3）低压电磁阀安装

① 安装时必须保证线圈部分竖直向上。低压电磁阀与电控调压器的距离不得大于200mm，并尽可能缩短。

② 安装时，电磁阀上所标明的气流方向应与实际气流方向一致。

高压减压器和低压电磁阀（图4-164）采用压缩软管可以避免振动。若用硬管连接，则需做减振圈（以2.5圈为准，减振圈直径不宜过大，以15cm左右为宜）。

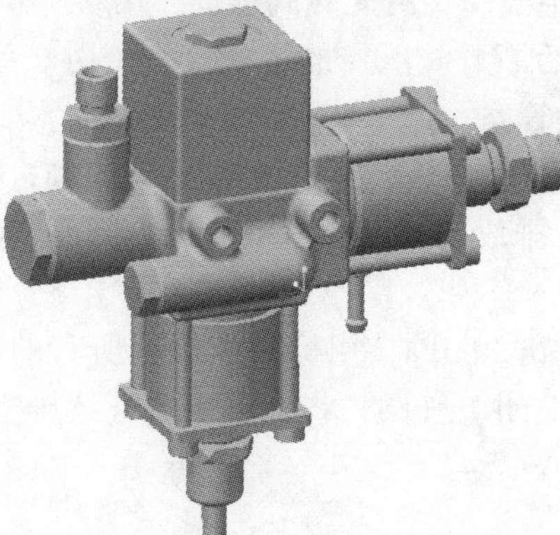

图4-163　高压减压器

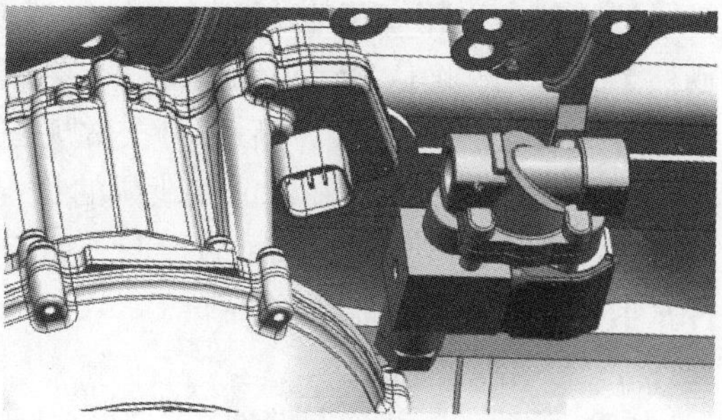

图4-164　低压电磁阀

（4）气瓶安装

将分装好的CNG气瓶（图4-165）及支架用吊车吊至车顶指定位置，对准预埋螺栓落位，并用螺母锁紧。安装支架时，螺栓固定须设有防松装置。

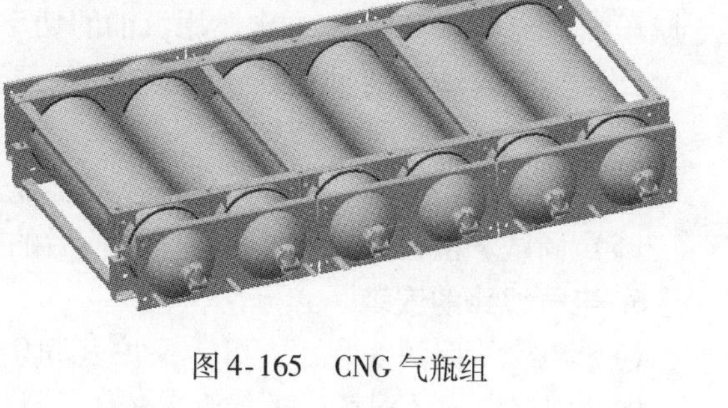

图4-165　CNG气瓶组

安装汇流排、连接管路。用专用管连接每个气瓶，在支架上安装好汇流排支架及汇流排（无汇流排的车型则无需安装汇流排）。

过流保护装置安装。在汇流排后端连接好过流保护装置。

车顶管路与底盘管路连接布置。汇流排的出气口与底盘的预布管路连接。管路过顶盖蒙皮处需套胶圈保护且须用935密封胶密封。

（5）加气面板安装

① 牢固安装相应的控制面板的支架。

② 对准安装支架的孔位，安装好控制面板，控制面板加气口距车辆外轮廓边缘应不小于15mm。

③ 连接与加气面板（图4-166）相关的气体管路。

图4-166　加气面板

（6）气管安装

按相关的技术要求及管路布置图，在相应位置安装好管路。安装时，管路须固定可靠，不得松动。管路过上下孔时，须套橡胶套避免磨损。管路须外套包层柱与车厢外分隔开。

3. 车辆调试

CNG装置安装固定好后，应做如下检测和调试。

（1）吹管。CNG装置在通气之前必须进行吹管操作，以排出钢瓶和管线中的泥沙和铁锈（首先断开过滤器的进气接头，关闭气瓶阀，开启主气阀，由充气阀进气，用0.5MPa左右的压缩氮气或压缩天然气吹扫管路和气阀通道。最后断开减压器的进气接头，用0.5MPa左右的压缩氮气或压缩天然气吹扫管路），恢复断开的管路。

（2）排空。用CNG将气瓶中的空气置换出来。检查完毕后，第一次充气到2MPa，将车辆移至开阔处，确认各接头无泄漏后，将瓶中的CNG排放出来，让瓶中的压力降到1MPa，然后再次重复上述过程，随后即可按常规方法充气。

（3）气密性检查。在保证无泄漏的情况下，充气到20MPa，用检漏液检查所有的高低压接头、管路和减压阀总成是否泄漏。如有泄漏，应关闭主气阀，将管路中的气体排空后，拧紧卡套或接头，不能带压操作。

4. 出厂检验

（1）检验发动机的起动性能。汽油机在$-10℃\pm5℃$的条件下应在15s内正常起动，在常温下5s内正常起动。

（2）检查发动机的加速性能和动力性能。按规定，发动机改用天然气后的功率应不低于原车额定功率的80%，再次燃用汽油的功率下降应不大于5%。

（3）检查发动机的排放。用排放仪检测怠速工况下的CO排放量，要求CO排放浓度$\leqslant4.5\%$。

（4）进行道路实验，检查车辆的制动性能，不能有跑偏、甩尾的现象。

（5）调试、检验完成后，应在车辆前后的醒目位置喷涂或安装“CNG”标志。

5. 电气线路的安装

（1）电气线路的安装、支撑、保护及固定，应该能够防止因振动、冲击、弯曲、磨损或腐蚀等因素造成的损坏。进行汽车整体设计时，应当将液位计线、压力变送器线与汽车的线束一起安装，或者专门留出安装固定的空间。

（2）所有导线应能满足最大设计载荷要求，并设置电流过载保护装置。

（3）所有电气线路的安装应当尽量远离气瓶的低温空间（阀门端在使用中会结冰），电气线路与低温管道的最小距离应当保持在20mm以上。

（4）其他的电气安装方法与传统的电气安装方法相同。

二、纯电动动力系统

纯电动汽车是以蓄电池为唯一车载电源，并由电动机驱动的汽车。

车用驱动电机要具有调速范围宽、转速高、起动转矩大、体积小、质量小、效率高等特性，另外，还要求动态制动能力强，并具有能量回馈功能，这样才能使纯电动汽车具有良好的使用性能。目前，纯电动汽车用驱动电动机主要有直流电动机、异步电动机、永磁无刷电动机和开关磁阻电动机。其中，直流电动机的控制原理见图4-167。目前普遍安装在纯电动汽车上的感应驱动电动机，基本上都采用矢量控制和直接转矩控制方式控制，其中，交流异步电动机的控制原理见图4-168。永磁无刷电动机则分为无刷直流电动机和正弦波驱动的永磁同步电动机两种，这两种电动机都具有较高的功率密度，电动机的控制方式也与感应电动机的控制方式基本相同，永磁无刷电动机的控制原理见图4-169。

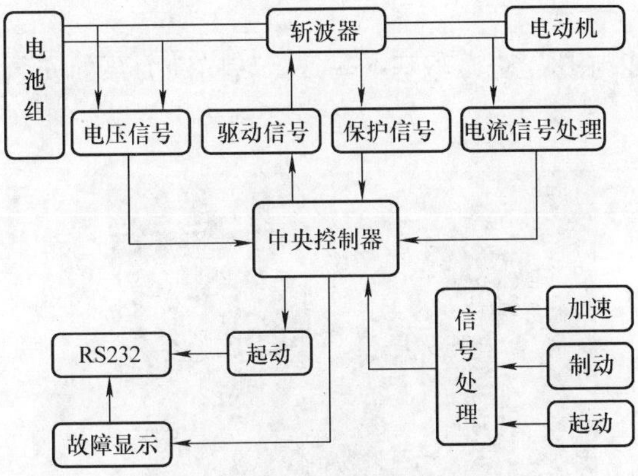

图4-167　直流电动机控制系统

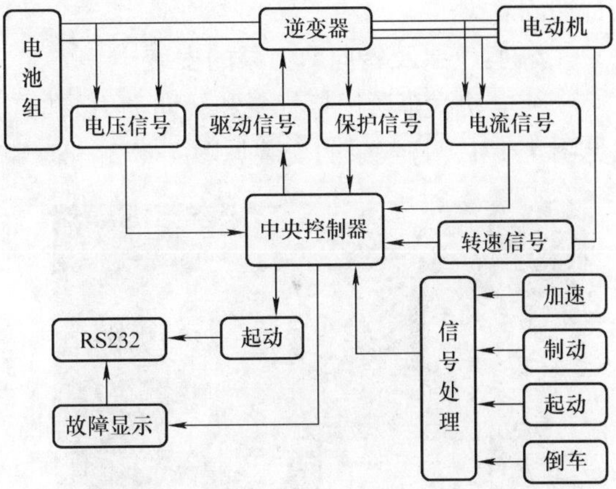

图4-168　交流异步电动机控制系统

1. 电动机的安装

电动机的装配需要注意以下方面：

（1）以驱动电动机代替发动机，一般将其安装在发动机舱或者传统动力传动系统的安装位置。安装时，可参照动力总成安装方式，将电动机支架焊接到指定位置之后，再把电动机安装至设计位置，并校核电动机的角度，它在Y－Z面的投影应该与后桥接口轴线共线，轴线的误差不大于0.5°。校核电动机轴线与Y－Z面的平行情况，它的轴线与Y－Z面夹角不应大于0.5°。

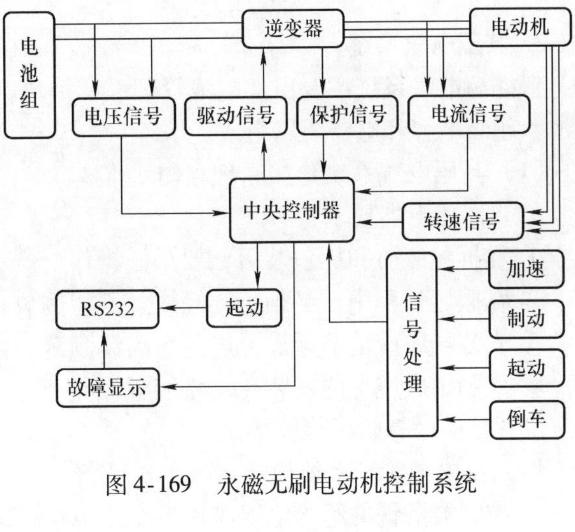

图4-169　永磁无刷电动机控制系统

（2）安装电动机时，要配备软垫以防止车辆行驶中的大幅振动。安装的软垫不能有明显的变形、扭曲，安装结构必须固定牢靠，不能松脱，见图4-170。

（3）安装电动机时，要认真查看进水口、出水口的位置，防止接错，安装必须牢靠，不能出现漏水、破损等情况。

（4）安装电动机时，不允许超出电动机轴伸端上允许承受的轴向力和径向力。

图4-170　交流感应电动机的安装

（5）法兰或脚座的固定螺钉要位于同一平面上。拧紧固定螺钉时，为防止螺钉变形，须使用强度等级至少为 8.8 的内六角柱头螺钉，需要注意电动机法兰固定螺钉的拧紧力矩。

（6）尽量不要提前拆下所有保护盖，除非马上要开始安装相关部件。

（7）电动机驱动端的螺钉必须带垫片。在安装非弹性部件时，原则上要对非驱动端进行加固。

2. 打气泵及转向助力泵的安装

纯电动汽车所用打气泵和转向助力泵的功能与混合动力车基本一致。转向助力泵的安装见图4-171，打气泵的安装见图4-172。

图4-171　转向助力泵安装

图4-172　打气泵安装

3. 高压电气系统

新能源电气系统主要由蓄电池管理系统模块、驱动及控制管理模块、整车控制模块、蓄电池、超级电容和电器线路组成。

（1）高压电气系统连接原理见图4-173。

（2）总体电器要求

① 在拆包装时和拆包装后，要小心操作，避免控制器受损。

② 在搬运过程中，必须小心轻放。不能倒放。严禁从高处摔落，以防止损坏内部器件。

③ 安装场所应清洁干燥，避免在高温潮湿、阳光直射或有腐蚀性气体的环境中作业。

④ 应利用底座上的安装孔，将装置固定于平坦的平面上垂直安装。在可能产生振动的固定位置，应设有防振橡胶垫。

（3）蓄电池管理系统模块

① 控制器搭铁的绝缘电阻应该不小于100MΩ。

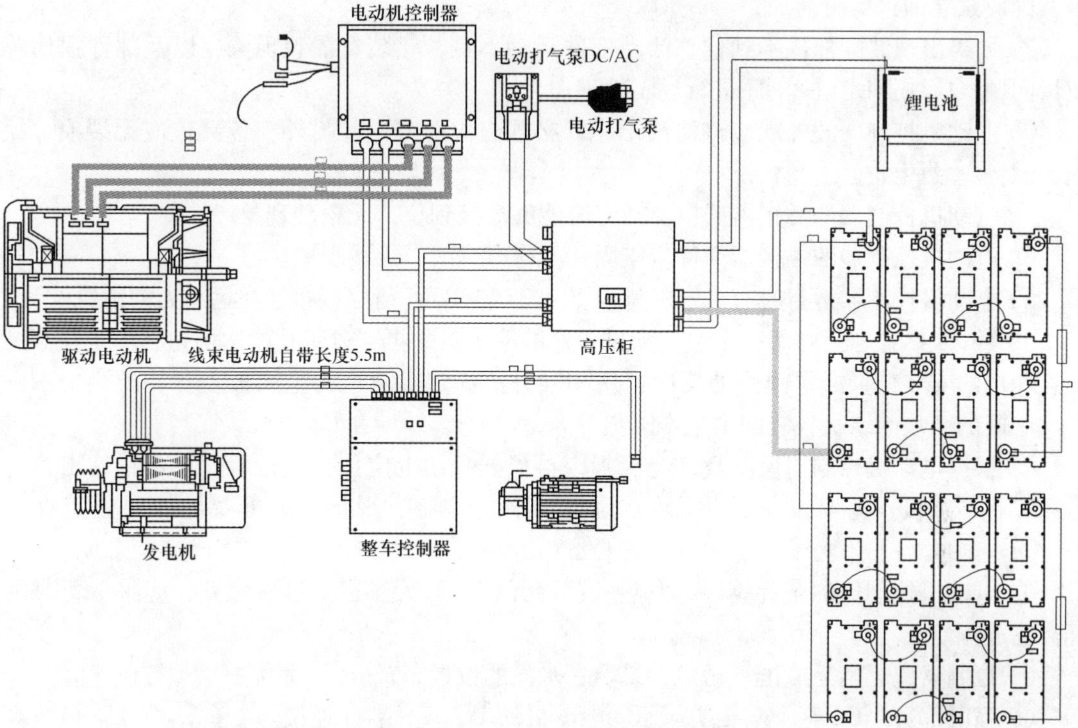

图 4-173　高压电气系统连接原理图

② 根据控制器尺寸裁好绝缘板，再根据托架上定位孔的位置，用电钻钻出适合的孔。将绝缘板、托架在安装孔位处用 M8 螺栓、弹垫、平垫、螺母及绝缘块固定在车身上。

③ 控制器的布置应远离发热和制冷元件。如无法避开这些位置，则应采取可靠的隔离措施。

④ 控制器的布置应远离易撞击、污染、暴晒、水浸的位置。

⑤ 按图 4-174 的标识进行接线。

（4）驱动及控制管理模块

① 检查在本工序所需要安装的总成或者零部件是否正确，紧固件是否紧固到位，运动件是否灵活可动。

② 检查在本工序安装使用的紧固件是否良好。如果螺栓、螺母出现螺纹损坏，则应及时进行更换。

③ 检查本工序所需要安装的零部件和总成的外观是否良好，有无损伤、划痕，外装饰是否完整，有无装饰外观缺陷和电镀缺陷。

图 4-174　蓄电池管理系统模块
1—变频＋　2—发电＋　3—发电－
4—变频－　5—电容＋　6—电容－

④ 检查本工序所需要安装的焊接件。焊接部位是否存在虚焊、漏焊，焊缝是否均匀，有无气孔、沙眼，有无焊瘤、焊渣。

⑤ 检查大型焊接件和其他零部件、塑料件的安装孔位置是否正确。如果出现较大的差

异，则应该立即进行更换。

⑥ 如果出现装配部件不到位，活动部件运动不良，错装、漏装现象，以及部件损伤等质量问题，应该退回上一工序进行返工处理。

⑦ 电动机控制器的外观应该清洁干净，必须有出厂号码。另外，各部位应无裂痕、缺损，螺钉应紧固到位。

⑧ 电动机控制器的插接器插口、插座应能够插接到位，无松动现象。

⑨ 电动机控制器的插接器插件应牢固，不得有少线、裸线现象。

⑩ 电动机控制器运行时有一定的噪声（小于 40dB），请尽量布置在远离人的位置。

⑪ 给 M8 螺栓套上弹垫、平垫，穿过备好的绝缘板，再穿过带孔的木圆垫，固定在车尾顶层相应的安装位置。木圆垫的反面也用相同方法固定。两边的绝缘板上各装配四个木圆垫，中间的两块绝缘板各装配两个木圆垫。

⑫ 根据电动机控制器尺寸裁好绝缘板，再根据托架上定位孔的位置，用电钻钻出适合的孔，将绝缘板、托架在安装孔位处用 M8 螺栓、弹垫、平垫、螺母及绝缘块固定在车身上。

⑬ 电动机控制器的布置应远离发热和制冷元件。如无法避开这些位置，应采取可靠的隔离措施。

⑭ 控制器应远离易撞击、污染、暴晒、水浸的位置布置。

⑮ 强电部分：U、V、W 接头与驱动电动机的 U、W、V 柱连接。“+”、“-”极与高压控制器的“变频+”、“变频-”柱连接，见图 4-175。

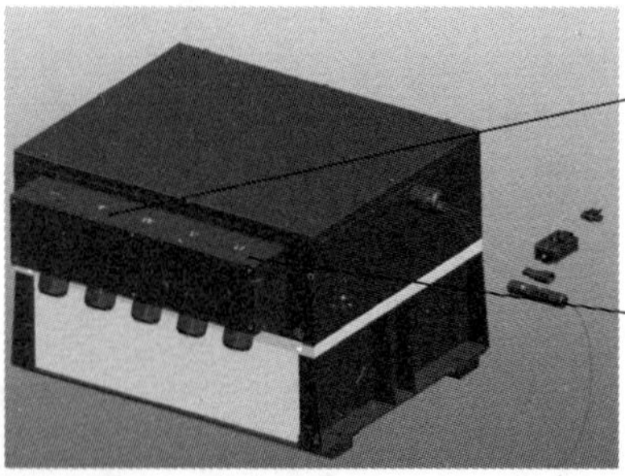

图 4-175　驱动及控制管理模块

（5）整车控制模块（图 4-176）

① 电线露出护套部分的长度为 10cm ±2cm。端子处的铜线露出 1 ~2cm 为宜。

② 按电动机控制器最大限流值选择动力线导线。动力线路的载流面积应满足汽车使用中的最大电流要求。

③ 动力线路的阻燃和耐火性能需满足 GB/T 19666—2005《阻燃和耐火电线电缆通则》的要求。

④ 安装和绑扎时应保证动力线不松动，并具有抗振功能，确保输电可靠。

⑤ 动力线连接器应能在 -40 ~80℃ 范围内正常工作。

⑥ 选择适宜的电工防护材料，采取二级绝缘措施。

⑦ 动力线路的过线孔应采取防护措施，并具有防止振动和摩擦的功能。

⑧ 线路的交差、拐角处要圆滑，不应损伤导线。

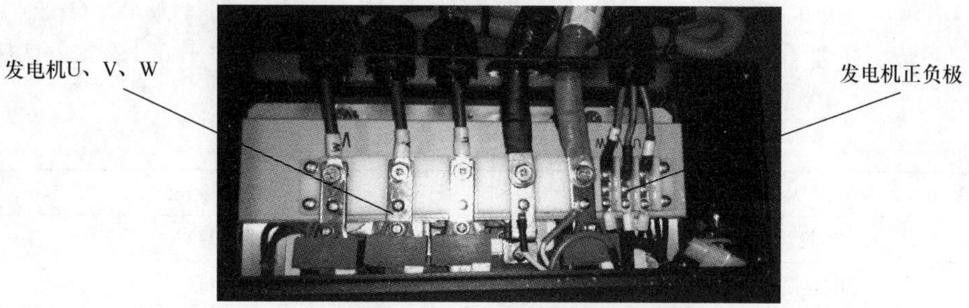

图 4-176　整车控制模块

根据标识将电缆接入电容＋、电容－、变频器＋、变频器－，蓄电池总正极线接入电池＋，蓄电池动力延长线接入电池－，永磁发电机三相线接入 U、V、W。将整车控制器控制线束与其他预留线束对接，注意接口具有唯一性。

（6）动力锂电池（图 4-177）

① 取出动力锂电池，轻拿轻放，附件集中存放待用。

② 分组完成后，将锂电池摆放整齐，不可堆叠。区分清楚，不可混淆。

测量模块电压，判断正负极准确性。模块电压在直流状态下为 64V 左右。（万用表红色表针接蓄电池模块红色插头，黑色表针接蓄电池模块黑色插头，读数应为正值。

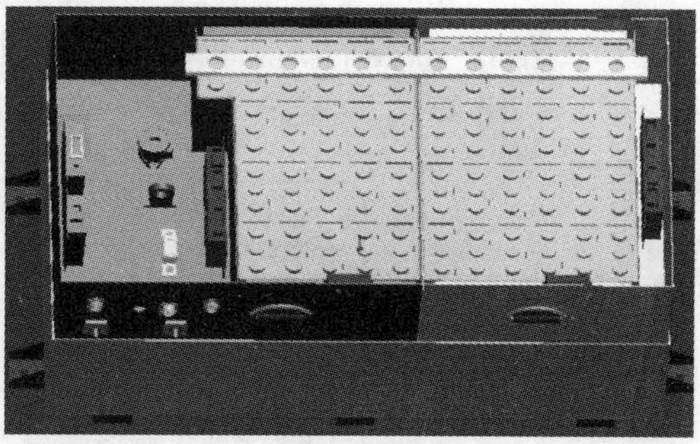

图 4-177　动力锂电池

（7）超级电容（图 4-178）

① 取出超级电容，轻拿轻放，附件集中存放待用。

② 以 16 个超级电容为 1 组，再将每组分成两区，即 1 区和 2 区。1 区的 8 个装在车身左侧，2 区的 8 个装在车身右侧。

③ 分组完成后，将超级电容摆放整齐，不可堆叠，且区分清楚不可造成混淆。

④ 卸下电容模块自带 M8、M10 螺钉。去除电容模块正负极短路连接线。将电容支架装于高压设备舱内，固定方式为埋铁打孔攻螺纹，M12 螺栓固定。然后将电容放到支架上固定。

图 4-178　超级电容

⑤ 超级电容的选择。整车驱动电动机最大功率为 90kW。平台电压为 430V 时，电堆所需放出的电流为 300A。应考虑整车设计的模块化，确定超级电容型号为 48V/165F，为适应整车电压平台，还要有冗余量。超级电容模块数确定为 14 组，每组串联 18 个。具体数据见表 4-6。

表 4-6　电容参数表

产品型号	48V/165F
电容模块重量/kg	14.3
电容模块个数	14
模块单体数	18
总重量/kg	200.2

三、混合动力系统

目前，客车上常见的新能源系统，根据使用燃料的不同，可分为油电混合、气电混合和纯电，其中，混合动力主要有串联、并联和混联三种形式，分别见图 4-179 ~ 图 4-181。

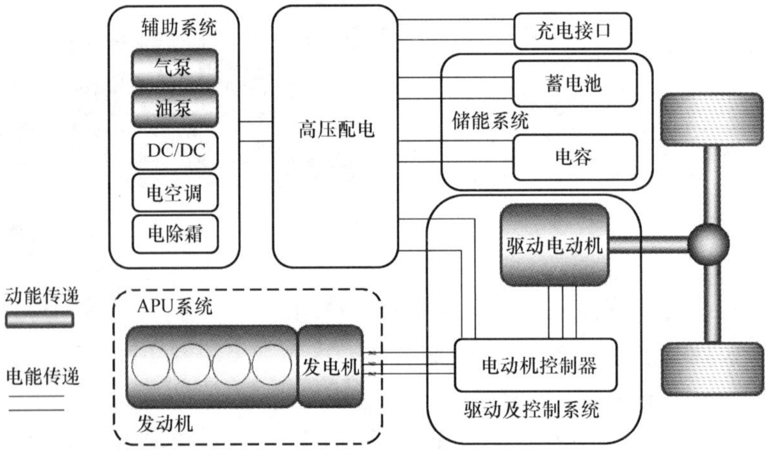

图 4-179　串联系统

由于布置形式、控制策略、能量传输路径不同，串联、并联和混联系统的总成件存在部分装配工艺的差异。

（一）串联系统

（1）串联系统由永磁发电机为动力电池组提供电能，其装配需要注意以下方面。

① 安装永磁发电机时，参照动力总成中变速器的分装方式，将永磁发电机与发动机离合器壳的孔位对准，永磁发动机与发动机离合器壳的安装力矩为 60 ~ 65N · m。

② 安装永磁发电机（图 4-182）时，要认真查看进水口、出水口的位置，防止接错。安装应该牢靠，不能出现漏水、破损等情况。

（2）驱动电动机（包括三相异步电动机、永磁同步驱动电动机等，见图 4-183）的装配需要注意以下方面。

① 驱动电动机的安装参照动力总成安装方式。将驱动电动机（包括三相异步电动机、

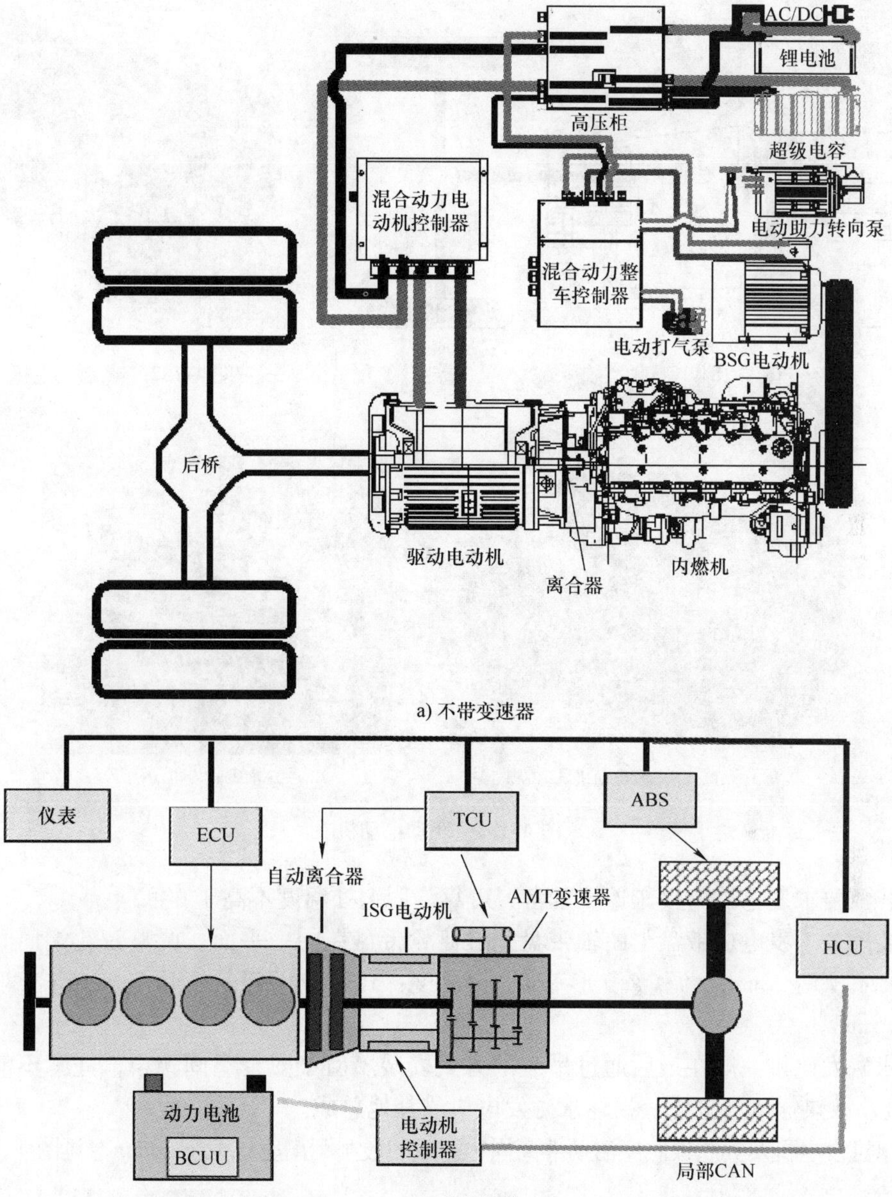

图4-180　并联系统

永磁同步驱动电动机）安装到指定位置，校核驱动电动机的角度，它在Y－Z面的投影应该与后桥接口轴线共线，轴线的误差不大于0.5°。校核驱动电动机轴线与Y－Z面的平行情况，它的轴线与Y－Z面夹角不大于0.5°。

② 驱动电动机的安装软垫不能有明显的变形、扭曲，须固定牢靠，不能松脱。

③ 安装驱动电动机（指永磁同步驱动电动机）时，要认真查看进水口、出水口的位置，防止接错。须固定牢靠，不能出现漏水、破损等情况。

（二）不带变速器的并联系统

（1）永磁发电机为动力电池组提供电能，见图4-184，其装配需要注意以下方面。

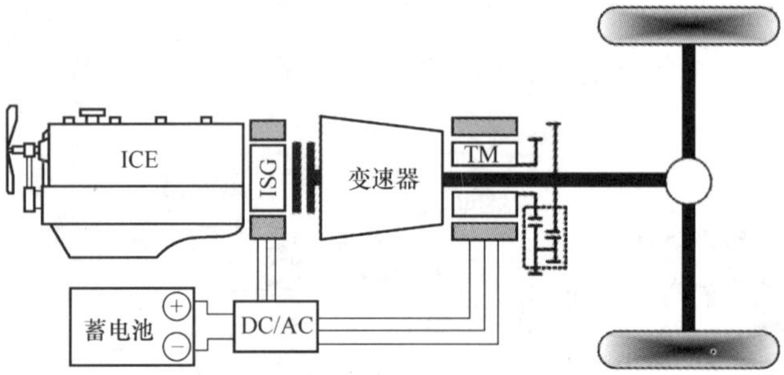

图 4-181　混联系统

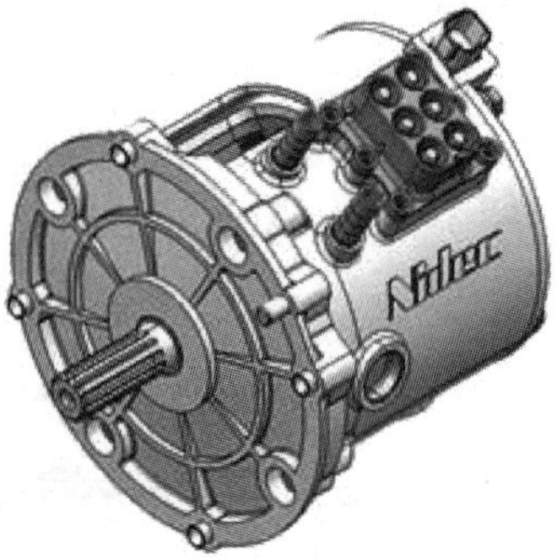

图 4-182　永磁发电机

a) 三相异步电动机　　b) 永磁同步电动机

图 4-183　驱动电动机

① 装配要求发电机与整车连接紧密、可靠，固定处温度不高于 60℃。

② 装配要求发电机带盘与曲轴带盘、过渡轮带盘在同一平面。调整带轮端面间的平行度，要求不大于 2mm。调整楔形带的张紧度：10kg 检测压力下楔形带挠度要求为 9.5 ~ 12.5mm。

③ 永磁发电机一般在最后通过吊装的方式安装。由于安装空间狭小，注意不能和周边的发动机、散热器风扇碰撞，损坏永磁发电机或其他总成。

④ 永磁发电机及其翘板底座活动件离周边总成的最小距离应该大于 20mm，见图 4-185。

图 4-184　永磁发电机

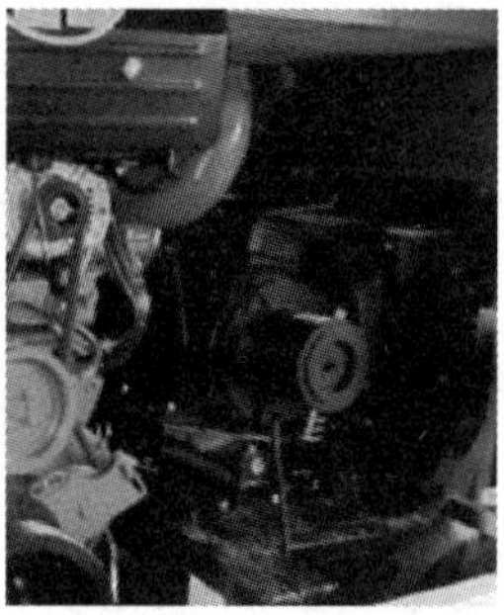

图 4-185　永磁发电机的安装

（2）驱动电动机的装配需要注意以下方面。

① 安装驱动电动机时，参照动力总成中变速器的分装方式。将驱动电动机与发动机离合器壳的孔位对准。驱动电动机与发动机离合器壳的安装力矩为60～65N·m。

② 要求与发动机同轴度好，连接稳定，振动时传动可靠，见图4-186。

图4-186　驱动电动机的装配

③ 离合器摆杆的调整。摆杆侧螺牙露出部分小于20mm，气缸侧的螺牙露出部分小于15mm。同时，要保证离合器的分离间隙为2～4mm，见图4-187。

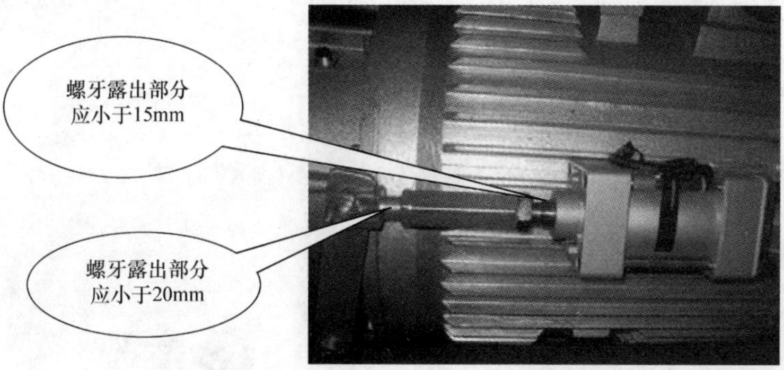

图4-187　离合器摆杆的调整

④ 驱动电动机体积比较大，重量相对比较重，因此安装辅助支撑时，应该防止辅助支撑软垫扭曲变形。

（3）辅助打气泵为驱动电动机离合系统的操纵机构提供动力，它的装配需要注意以下方面。

① 装配之前应该认真查看安装说明，整车气源位置、进气口、出气口不能连接错误（一般黑色标识指通往驱动电动机气缸尾部，白色标识指通往驱动电动机气缸前端）。

② 辅助打气泵安装要求牢靠、不松垮，它周围的温度不应高于60℃，且应布置在粉尘、油烟不易进入的位置。

③ 安装气管前，应该查看气管型号（外径12mm，内径8mm，耐120℃高温），保证耐腐蚀、耐油污性能达标（两根气管为黄色，用于打气泵与气缸间的连接），见图4-188和图4-189。

（三）带变速器的并联系统

驱动系统的装配需要注意以下方面：

① 驱动电动机、发电机的安装，参照动力总成中变速器的分装方式，见图4-190。将驱动电动机、发电机与发动机离合器壳的孔位对准，驱动电动机、发电机与发动机离合器壳的安装力矩为60～65N·m。

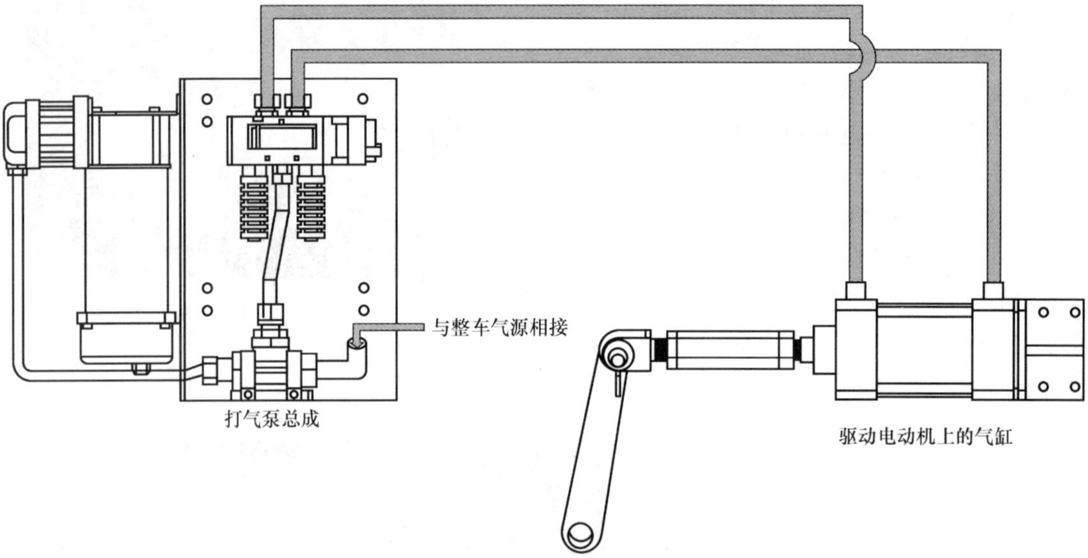

图 4-188　辅助打气泵的装配示意图

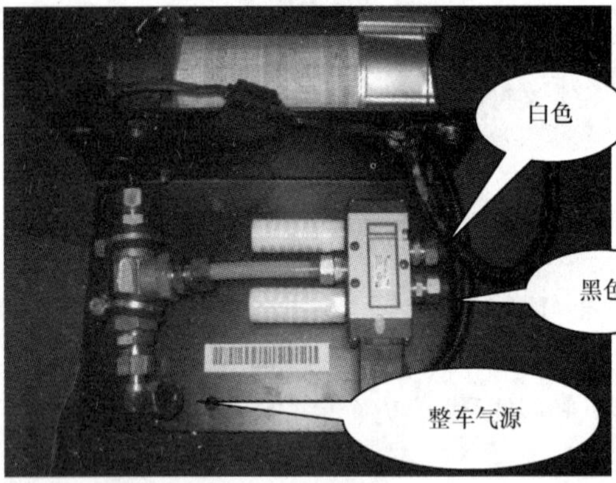

图 4-189　辅助打气泵

图 4-190　并联系统（带变速器）

② 给驱动电动机、发电机安装冷却水管前，要认真查看进水口、出水口的位置，防止接错。安装应该牢靠，不能出现漏水、破损等情况。

（四）混联系统

① 混联动力系统的安装参照发动机的分装过程，见图 4-191 须依次安装 ISG 永磁同步电动机、发电机、离合器、变速器、带动力分配的驱动电动机。它的安装力矩为 50 ~60N · m。

② 离合器的安装调试参照常规离合器系统，自由间隙控制在 3 ~5mm。

③ 动力系统的辅助支撑软垫不能有明显的变形和扭曲，安装要牢靠、不松脱。

（五）三种系统的总成件存在部分相同的装配工艺

（1）动力电池组的装配需要注意以下方面。

① 电池固定安装在支架上，固定方式为 M8 双头螺柱连接，两个绝缘器件（环氧板、尼龙套）需同时安装。

② 电池组带电安装时，应该做好绝缘准备，防止人员触电，见图4-192。

（2）超级电容用来储存能量，它的装配需要注意以下方面。

① 超级电容一般安装在整车的后部，并安装在专用的架子上，安装要牢靠，不能有松脱。

② 超级电容舱应该注意通风、散热。

（3）电动打气泵的装配需要注意以下方面。

① 电动打气泵的电动机端盖侧应该有50mm的间隙，散热片出风位置应该有80mm的间隙，其他需要更换维护的部位（滤清器、油水分离器等）应该保留不小于120mm的间隙。

② 安装空气压缩机底座软垫时，不能有明显的变形、扭曲，要安装牢靠、不松动，见图4-193。

图4-191　混联动力总成

1—变速器　2—带动力分配驱动电动机
3—动力偶合单元

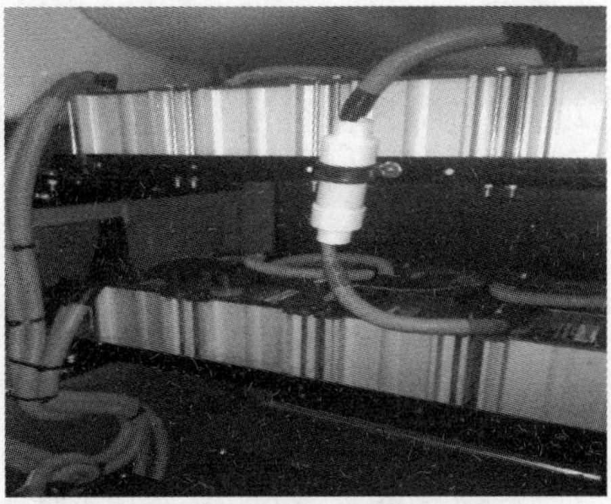

图4-192　电池组安装示意图

图4-193　电动打气泵

（4）转向助力泵的装配过程需要注意以下方面。

① 转向助力泵安装的软垫不能有明显的变形、扭曲。安装要牢靠、不能松脱，见图4-194。

② 转向助力泵电动机周边距离不小于10mm，断面距离为80mm。

③ 安装时，注意入口端、出口端的记号，

图4-194　转向助力泵

防止接错。

（六）插电式混合动力

插电式混合动力系统在串联、并联、混联式系统的基础上增加了用外接电源为蓄电池充电的功能。插电式混合动力车与普通混合动力车的区别：普通混合动力车的蓄电池容量很小，仅在起停、加减速的时候供应/回收能量，不能依靠外部电源充电，不能用纯电模式行驶较长距离；插电式混合动力车的蓄电池相对比较大，可以依靠外部电源充电，可以用纯电模式行驶，蓄电池电量耗尽后再以混合动力模式（以内燃机为主）行驶，并适时向蓄电池充电。

思　考　题

1. 车架一般有几种结构形式？简述各种结构形式的工艺特点。
2. 简述车架的各种涂装工艺及其优缺点。
3. 简述板簧、气簧悬架的安装工艺。
4. 简述气囊高度调节系统工作原理。
5. 管路如何分类？各有什么特点？
6. 常规管路的生产制作流程有哪些？
7. 发动机分装主要包括哪些工序？
8. 发动机冷却系统的风扇布置形式有哪些？各有什么优缺点？
9. 简述发动机悬置分装工艺的步骤及注意事项。
10. 安装发动机供油、供气系统时，有哪些步骤及注意事项？
11. 进气系统的布置形式有哪几种？分装过程需要注意哪些问题？
12. 简述排气系统的安装工艺及注意事项。
13. 简述传动系统各总成的分装工艺。
14. 简述操纵系统的安装工艺及注意事项。
15. 常用传动轴的端口形式有哪些？安装传动轴应该注意哪些问题？
16. 简述制动系统的安装步骤。
17. 液力缓速器及电涡流缓速器的安装方式有哪些？

第五章　客车白车身生产工艺

第一节　概　　述

客车车身是一个特殊的产品，它是结构设计、工艺制造与造形设计结合的产物。客车车身既是承载单元，也是功能单元。对于客车制造厂而言，车身的生产是客车制造的主要作业项目。

客车车身整体质量与产品设计有关，也与车身生产制作过程密不可分。车身的装焊是一项复杂的系统工程。将车身散件组装成分总成，再将分总成组焊成车身总成，这个过程需要很多工位和大量人员协同工作才能完成。其中，生产工艺方法、设备水平、焊接质量、检测手段等因素都会对车身质量产生影响。因此，详细探讨客车车身生产工艺，对提高客车制造水平有重要的意义。

一、产品结构

根据车型分类不同，客车车身结构也有较大区别。7m 以下客车的车身结构形式与轿车相似，一般采用承载式车身，车身构件为薄板冲压件，较少采用骨架结构。7m 以上的大中型客车，则多采用骨架蒙皮结构。大中型客车车身由底骨架、左右侧围骨架、前后围骨架及顶围骨架等 6 大片骨架经组焊复合蒙皮而成。

根据车身承受载荷程度的不同，可把客车车身分为半承载式、非承载式、全承载式三种。

1. 半承载式车身

半承载式车身的结构特征是车身底架与底盘车架合为一体。通过在底盘车架上焊接牛腿、纵横梁等车身底架构件，将底盘车架与车身底架焊接为一体，然后与左右侧骨架、前后围骨架及顶骨架组焊成车身六面体。车身底架与底盘车架共同承载，因此称为半承载式车身。

2. 非承载式车身

非承载式车身的底架为独立制作，是槽钢或矩形钢管和异形钢焊制的平面体结构，比较单薄。车身底架与左右侧骨架、前后围骨架及顶骨架组焊成车身六面体，涂漆后的车身要装配到三类底盘上，由底盘车架承载，因此称为非承载式车身。

3. 全承载式车身

全承载式车身底架为珩架结构，由矩形钢管和型钢焊制而成，底架与左右侧骨架、前后围骨架及顶骨架共同组焊成车身六面体。涂漆后的车身采用类似轿车的装配工艺，在车身（底架）上装配发动机、前后桥、传动系等底盘部件，这种客车已无底盘车架痕迹，完全由车身承载，因此称为承载式车身。

二、三种车身结构的焊接工艺比较

1. 半承载式车身焊接工艺

半承载式车身是在三类底盘上焊制而成的。生产中，底盘要经过生产的各个环节，因此在焊装生产中也会产生一些工艺问题。其一，底盘大大增加了车身质量，使车身在焊装线工序运输中不灵便，人工推运困难，往往需要增加机械化输送机构。其二，车身六面体合焊时，需要在合装设备中定位底盘，为此，合装设备需要设计底盘举升机构用于底盘的二次定位，这增加了合装设备造价。目前，国内只有少数小型客车厂或某些客车厂的少量车型，因生产技术和生产能力的限制，仍沿用这种工艺。

2. 非承载式车身焊接工艺

非承载式车身在焊装生产中不带底盘，车身结构相对简单，易组焊且重量轻，焊装线工序运输方便，可采用人工推运方式。另外，车身底架平整的下平面，易于车身六面体的组焊定位，不需要举升进行二次定位，生产效率高。非承载式结构车身适合大批量生产。目前，国内大型客车厂采用这种生产工艺的比较多。

3. 全承载式车身焊接工艺

全承载式车身的底架是由矩形钢管和型钢焊接的格栅式空间结构，与半承载式和非承载式车身底架比较，其焊接工作量大，底架夹具结构复杂。另外，它的行李舱内板、舱门的制作和焊接研配的工作量均较大。但这种结构具有整体刚度好、车身承载程度高、构件受力较均衡、重心低，便于在地板下布置行李舱和空调装置等特点。从技术角度看，全承载式车身结构是比较理想的结构形式。西方发达国家早在 20 世纪 30 年代就开始采用这种车身结构，现在已很普及。我国在这方面起步较晚，在 20 世纪 90 年代中末期，才开始引进这种车身技术，目前主要用于豪华大型客车的生产。

第二节　白车身焊接方法的工艺规程

金属焊接结构中，焊接方法的选用取决于产品结构形式与特点、结构材料，焊接接头的形式与厚度，生产批量的大小以及装焊自动化程度等诸多因素。客车车身装焊结构中，主要包括车身骨架的焊接，蒙皮与骨架的焊接以及车身合装焊接。这三种形式的焊接主要采用 CO_2 气体保护焊及手工电弧焊两种方法。

一、焊条电弧焊工艺守则

（一）焊条电弧焊接工艺参数选择

1. 焊条直径选择

（1）焊条直径可根据焊件板厚选择，见表 5-1。

表 5-1　焊条直径与板厚关系

板厚/mm	1.2 ~ 2	2 ~ 2.5（不含 2）	2.5 ~ 4（不含 2.5）	4 ~ 6（不含 4）	6 ~ 10（不含 6）
焊条直径/mm	ϕ1.6 ~ 2	ϕ2 ~ 2.5	ϕ2.5 ~ 3.2	ϕ3.2 ~ 4	ϕ4 ~ 5

（2）立焊、仰焊、横焊时，使用的焊条直径均不大于 ϕ4mm。

（3）焊中碳钢或低合金结构钢时，焊条直径比焊低碳钢时要适当减小。

2. 焊接电流选择

（1）酸性焊条平焊时，焊接电流的选择，见表5-2。

表5-2 焊接电流和焊条直径的关系

焊条直径/mm	ϕ1.6	ϕ2	ϕ2.5	ϕ3.2	ϕ4	ϕ5	ϕ5.8
焊接电流/A	25~40	40~65	50~80	100~130	160~210	200~270	260~300

（2）立焊、横焊时，电流要比平焊时减小10%~15%，比仰焊时减小5%~10%。焊中碳钢或普通低合金结构钢时，电流应减小10%~20%。

（3）碱性焊条的焊接电流为同规格酸性焊条的80%。

3. 电弧电压

电弧电压由电弧长度决定，焊接过程中，应力求使用短弧，保证弧长不超过焊丝直径。

4. 操作注意事项

（1）施焊时，不得在工艺装备或产品非焊面上引弧，应在焊缝前方引弧。

（2）应先焊对接焊缝后焊角焊缝。对于纵横交错的焊缝，应先焊横焊缝再焊纵焊缝。对过长的焊缝，可采用由中间向两端的分段退焊法进行焊接。

（3）定位焊的焊点高度不得大于焊缝高度的2/3。断续焊缝的长度公差保证在-5%~10%范围内。

（4）在焊接过程中，如发现焊接质量问题，应立即停止焊接并找出原因，调整好之后再继续施焊。

（5）对于要求两面焊的重要零件的对接接头，正面焊完后，应先清除反面焊缝根部的熔渣和焊瘤，再施焊。

5. 焊接检验

（1）检验员应根据产品图样、技术条件、工艺文件和基本规定进行检验。

（2）焊前应检验焊接材料、被焊件是否符合图样要求。

（3）焊接过程中注意检验焊接范围及焊接顺序。

（4）焊后应检验焊件的焊接质量。

（二）焊条电弧焊的基本操作方法

1. 引弧

焊条电弧焊的引弧方法包括擦划法和短路接触引弧法两种。

（1）划法。将焊条在焊件上划动一下（划擦长度约20mm）即可引燃电弧。电弧引燃后，立即将焊条末端与焊件表面的距离保持在3~4mm。之后，使弧长保持在与所用焊条直径相当的范围内，就能使电弧保持稳定燃烧。

（2）短路接触引弧法。将焊条末端与焊件表面垂直地接触一下，然后迅速把焊条提起到距焊件表面3~4mm的高度。待电弧产生后，使弧长保持在可使电弧稳定燃烧的范围内。引弧时，如果发生焊条与焊件粘连的情况，不要惊慌，只要将焊条左、右摆动几下，就可以脱离焊件。如果焊条仍不能脱离焊件，则应立即使焊钳脱离焊条，待焊条冷却后，再将焊条拔掉。

2. 运条

电弧引燃后，焊条有三个基本运动方向，即向熔池送进、向前移动或向两侧摆动。焊条向两侧摆动时，常用的运条方法有直线形运条法、直线往复运条法、锯齿形运条法、月牙形运条法、三角形运条法和圆圈形运条法等。运条方法应根据接头形式、接头间隙、焊缝位置、焊条直径与性能、焊接电流和焊工技术水平等因素确定。

3. 收弧

电弧中断或焊接结束时，都会产生弧坑，这会诱发疏松、裂纹、夹渣等现象。因此，在收弧时，必须对弧坑进行处理。焊接薄板时，最好在收弧处反复熄弧、引弧数次，直至填满弧坑为止。对于厚板，焊条移至焊缝终点时，常使焊条作圆周运动，直到填满弧坑再拉断电弧。

4. 各种位置的操作要点

（1）平焊。焊接时，要避免熔渣和铁水混合不清的现象，防止熔渣流到铁水中。熔池应控制成椭圆形，且表面要略微下凹。

（2）立焊。要防止熔池温度过高，使铁水下坠形成焊瘤。操作时，焊条应向下倾斜，与焊缝成60°~80°角，使电弧略向上吹向熔池中心。

（3）横焊。焊条向下倾斜，与立板成70°~80°角，防止铁水在自重作用下坠到下坡口上。运条到上坡口处不应作稳弧停顿，而应迅速带到下坡口根部，作微小横拉稳弧动作，依次匀速进行焊接。

（4）仰焊。仰焊时，铁水易坠落，熔池大小和形状不易控制，最好用小电流短弧焊接。第一层最好用短弧作前后推拉动作，使焊条与焊接方向成80°~90°角，其余各层焊条横摆，并在坡口两侧略停顿稳弧，保证两侧熔合。

二、CO_2气体保护焊工艺及参数选择

（一）焊前工艺准备

① 对焊接电源、送丝机、控制器、指示仪表和焊枪进行检查，确保正常，否则不得使用。特别要认真检查焊机送丝顺畅情况和气体流量。

② 焊丝、焊接面（坡口）及周围大于20mm的两侧面不得有影响焊接质量的铁锈、油污、水和涂料等。如有上述异物，则必须先进行相应的清理。

③ 止焊枪导电嘴和喷嘴粘着后会导致焊接飞溅，因此焊前应在导电嘴和气体喷嘴表面涂硅油或其他防飞溅剂。

④ 坡口设计如下：

a 焊件厚度小于6mm时，一般不开坡口。对接焊时，若板厚为1~3mm，则焊接间隙为0~1.5mm；若板厚为3~6mm，则焊接间隙为1~2.5mm。垂直或斜焊时，若板厚为2~6mm，则焊接间隙为0~2mm。

b 焊件焊接厚度太大（不小于6mm）时，为确保焊透强度，应在管材或板材的对接或角接边缘开切坡口，坡口形式根据工件形状和焊接要求确定，可开单边V形、V形或X形坡口。

（二）焊接工艺参数选择

1. 焊丝直径的选择

焊丝直径应根据焊件的厚度、焊接位置和对焊缝的质量要求来选定，见表5-3。

表 5-3　不同焊件所需的焊丝直径

焊件厚度/mm	焊丝直径/mm		施焊位置
	碳钢、低合金高强度钢	奥氏体不锈钢	
1 ~ 3	ϕ0.8	ϕ1.0	各种位置
3 ~ 6	ϕ1.0	ϕ1.0 ~ ϕ1.6	各种位置
>6	ϕ1.2	ϕ1.6	各种位置

2. 焊接电流种类与极性的选择

进行熔化极气体保护焊时，为减小飞溅，加大母材熔深及焊缝成形性，一般采用直流反接法，即焊件接负极，焊枪接正极。

3. 焊接电流

焊接电流应根据焊件厚度、接头形状、焊丝直径来选择。进行熔化极气体保护焊时，焊接电流取决于焊丝给送的速度，两者成正比关系。可通过调节焊丝给送速度来实现对焊接电流的调节。

4. 电弧电压的选择

进行熔化极气体保护焊时，电弧电压与焊接电流之间存在严格的匹配关系。电弧电压应随焊接电流的增大而调高，以保持焊接过程的连续性。在一定的焊丝直径和焊接电流下，最合适的电弧电压范围见表 5-4。

表 5-4　焊丝直径与焊接电流、电压的关系

焊丝直径 ϕ/mm	ϕ0.8	ϕ1.0	ϕ1.2	ϕ1.6	ϕ1.6	ϕ2.0
焊接电流/A	100	125	150	200	250	300
电弧电压/V	19 ~ 22	20 ~ 23	21 ~ 24	23 ~ 26	25 ~ 27	27 ~ 30

5. 焊接速度

焊接速度指焊枪沿接缝中心线方向的相对移动速度。随着焊接速度的增加，焊逢的熔宽、熔深和余高都会减少。焊速过高，容易产生咬边和未焊透等缺陷，同时使气体保护效果变坏，易产生气孔；焊速过低，容易产生烧穿、变形增大等缺陷，使生产率降低。在保证质量的前提下，适当加快焊接速度，可以提高生产率。半自动细丝气体保护焊的速度一般控制在 40 ~ 50cm/min 的范围内。

6. 焊丝伸出长度

焊丝伸出长度直接影响它的熔化速度。焊丝伸出长度越长，则焊丝的电阻加热越大，焊丝熔化速度越快。合理的细丝 CO_2 焊的伸出长度为焊丝直径的 10 ~ 20 倍，即 8 ~ 15mm，具体数值视焊丝直径确定。进行氩弧焊时，短路过渡焊丝的伸出长度以 6.5 ~ 13mm 为宜。其他形式的熔滴过渡，推荐将伸出长度保持在 13 ~ 25mm 的范围内。焊丝直径越小，则伸出长度越短。焊丝伸出长度过长会导致电弧电压下降，熔化速度过快，焊缝成形不良，焊缝熔深减小及电弧不稳定；伸出长度过短，会导致焊接熔池的可见度差，易烧坏导电嘴，增加气体喷嘴被金属飞溅堵塞的可能性。

7. 气体流量

气体流量太大会浪费气体。另外，对焊接熔池的吹力增大，使冷却作用加强，易使焊缝

产生气孔。气体流量太小会使保护气体的挺度不足，对熔池的保护作用减小，也易产生气孔。如果焊接电流较大，焊接速度较快且焊丝伸出长度较长，则应适当加大气体流量，保证气流有足够的挺度，以加强保护效果。通常细丝 CO_2/Ar 气体（焊丝直径不大于 1.6mm）保护半自动焊时，气体流量以 8～25L/min 为宜。

（三）CO_2保护焊设备操作规程

1. CO_2保护焊设备操作规程

（1）接通焊机电源，观察电源指示灯是否点亮。

（2）接通预热器电源，开启减压阀。

（3）按下送丝开关并检查是否提前送气，管路系统是否漏气，以及送丝速度是否均匀。

（4）松开送丝开关，检查送丝是否立即停止，CO_2/Ar 气体是否滞后停流。

（5）选择适当的工艺参数。

（6）进行气体保护焊时，不宜在野外和有风的地方操作。

（7）焊接过程中，不允许调节焊接规范旋钮，须待停止焊接后再调节。

（8）发现故障后，须停机检查。

（9）选择合理的焊接电流、焊接速度、电源极性、焊丝伸出长度、气体流量等参数，先进行试焊，再进行焊接。

2. 气体保护焊机的安全操作规程

（1）操作者必须掌握焊机的一般构造和正确的使用方法。

（2）焊机应按外部接线图正确安装，其外壳必须可靠搭铁。

（3）进行气体保护焊时，要穿好工作服，选用合适的电焊护目镜。

（4）进行气体保护焊时，要注意排气和通风。

（5）CO_2/Ar 气瓶应远离热源，避免太阳暴晒。严禁对气瓶进行激烈撞击，以防爆炸。焊接现场及周围一定范围内应禁止存放易燃易爆品。

（6）开启 CO_2/Ar 气瓶时，阀门口不得朝向人体。

（7）进行 CO_2 气体保护焊时，环境温度不能低于 -10℃。

3. 气体保护焊机的维护保养

（1）应按照相应负载持续率使用焊机。

（2）应经常检查电源和控制系统的接触器及继电器的工作情况，发现故障应及时排除。

（3）必须经常检查送丝机构、干燥器、预热器等部件，发现问题及时处理。

（四）电焊机的使用与维护

（1）电焊机应尽可能安放在通风良好、干燥、远离高温和空气清洁的地方。

（2）将电焊机接入电网时，必须使电压与其相符。

（3）起动电焊机时，电焊钳不能直接接触焊件，以防短路。在焊接过程中，不能长时间短路。

（4）调整焊接电流和变换极性接法时，应在空载下进行操作。

（5）按照焊机的额定电流操作，不要使焊机过载。

（6）保持焊接电缆与电焊机接线柱的良好接触。

（7）经常检查旋转直流弧焊机的电刷和整流片的接触情况，使电刷在整流片表面有适当而均匀的压力且有良好的接触。电刷磨损或损坏时，要及时更换。

（8）露天操作时，要防止灰尘和雨水侵入电焊机的内部。搬动电焊机时（特别针对硅整流弧焊机），避免产生剧烈的振动。

（9）每台电焊机都应有可靠的搭铁线，以保障安全。

第三节　白车身焊装生产工艺流程

一、白车身焊装工艺流程设计中的问题

生产工艺流程是制造型企业的主动脉，它对于保证公司的竞争力起到非常关键的作用，适宜的生产工艺流程能够提高企业的资源利用率和劳动生产率。

客车白车身的焊装工艺流程设计应遵循先进、合理、经济、可靠的原则，以达到良好的综合效果，具体应注意以下要求：

① 要满足产品结构和产品技术条件的要求。

② 尽量采用流水线生产方式和直线式工艺流程。简化搬运作业，使车间之间具有最短的流程。

③ 尽量使工序集中，压缩劳动量，减少工作面积和流水线长度。

④ 尽量采用柔性可变流水线，以适应产品品种的多样化。

二、白车身的传统及改进焊装工艺流程

目前，国内客车企业采用的焊装生产工艺流程大致可分为传统车身焊装工艺流程和改进车身焊装工艺流程。

传统的车身焊装工艺流程为：六大片骨架预制、车身六面体组焊、修磨焊缝、校正骨架、局部补涂底漆、焊装左右侧蒙皮、焊装前后围蒙皮、研装各种门类件、送涂装车间喷涂车身面漆。详细的工序作业流程见图5-1。

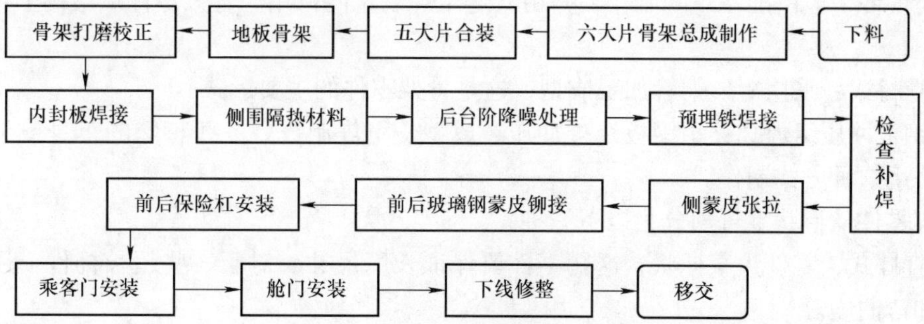

图5-1　传统的车身焊装工艺流程图

传统工艺流程的特点：在车身焊装过程中，基本无涂装工艺，仅在焊缝处手工补涂快干底漆。目前国内绝大多数客车厂仍沿用这种工艺流程。

国内少数客车厂通过技术引进对传统的工艺流程进行了改造。这种改进的工艺流程包括：六大片骨架预制、车身六面体组焊、补焊、焊装各种小件、修磨焊缝、骨架校正、骨架整体前处理、焊装内蒙皮、内蒙皮前处理、焊装左右侧蒙皮、焊装前后围蒙皮、研装各种门

类件、送涂装车间喷涂车身面漆。详细的工序作业流程见图 5-2。

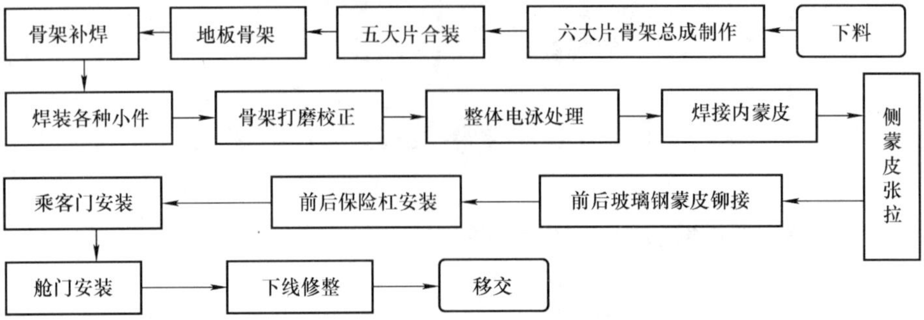

图 5-2　改进后的车身焊装工艺流程

改进后的工艺流程的特点：车身焊装工艺和涂装工艺相互交叉。这种混合流程不仅使骨架在焊装生产中被破坏的底漆层得到彻底补涂，而且彻底清除了焊接操作过程中，工人无意中涂抹在车身上的油污、汗水等污渍，可显著提高车身防腐蚀性能，提高面漆的附着力。

以上两种工艺流程生产出的白车身就是整车脱壳生产工艺中的“壳”。白车身和底盘进行扣合后，进入总装车间进行车内外饰件的装配后，整车即生产完毕。

第四节　白车身骨架的构成及分片制作工序

一、白车身骨架的构成

白车身骨架一般包含骨架零件、骨架分总成、侧舱门、车身外蒙皮及车内封板等部件。

（一）骨架零件的构成

骨架零件一般由准备车间制作，并由其运至焊装车间待用。骨架零件从结构上可分为两种形式。

① 管材式：采用矩形钢管加工成型，这是骨架零件的主要形式。

② 钢板冲压组焊式：用钢板经过冲压、成型、组焊制成。一些特殊的车身或形状复杂的零件采用这种方式制作。

骨架零件从形状上可划分为以下三种：

① 直杆式，零件为直杆状，这些零件要保证长度尺寸。对于一些超长杆件，还要保证直线度和弯曲度。

② 弯曲形杆件，如车身侧立柱、前后围骨架及顶盖骨架上的横梁等，它是弯曲成型的杆件。

③ 异形零件，一些非杆状部分，如轮罩、暖风道等，整车中所占比重不大。

（二）骨架分总成的构成

车身骨架构成客车车身的主框架，它是车身的主体，除起到承载车身负荷作用外，还连接车身覆盖件及各种车身附件。因此，车身骨架除有一定的强度外，还必须保证一定的尺寸和形状精度。

车身骨架由前后围骨架、左右侧围骨架、顶盖骨架和底架六大片构成，见图5-3。

1. 前围骨架总成

一般以第一立柱为界，满足前部结构的要求，尤其要保证风窗框及前围装饰件的安装精度，同时还要保证前围造形需求。此外，也可以乘客门后立柱为界，将乘客门框和驾驶人门框都包含在前围骨架里，形成整体的前围骨架，具体形式如图5-4所示。

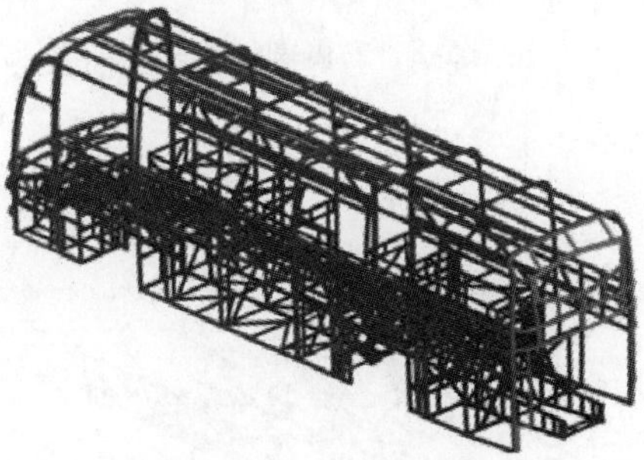

图5-3　车身骨架总成

图5-4　前围骨架总成

2. 后围骨架总成

对后置发动机客车，除后风窗框要求外，还应保证发动机舱盖、尾灯等安装要求，如图5-5所示。

3. 顶盖骨架

内饰结构多种多样，顶盖骨架用于保证各种附件的安装要求，见图5-6。

图5-5　后围骨架总成

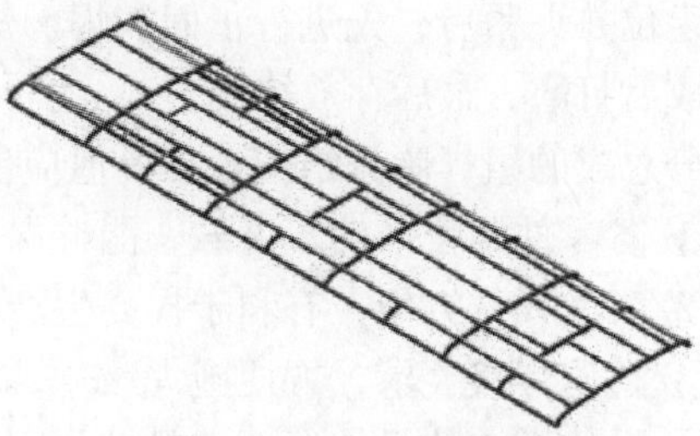

图5-6　顶盖骨架总成

4. 左侧围骨架

左侧围骨架用于保证侧窗、行李舱门、外蒙皮等的安装要求，见图5-7。

5. 右侧围骨架

除侧窗、行李舱门、侧蒙皮外，右侧围骨架还用于保证乘客门的安装要求，见图5-8。

6. 底架

底架是客车的基础部分。它除用于保证底盘部件的安装要求外，还要与车身骨架构成车身下部结构，如行李舱等。承载式车身的底架为桁架式结构，见图5-9。半承载式车身的底架主要指地板骨架和车架两部分，见图5-10。

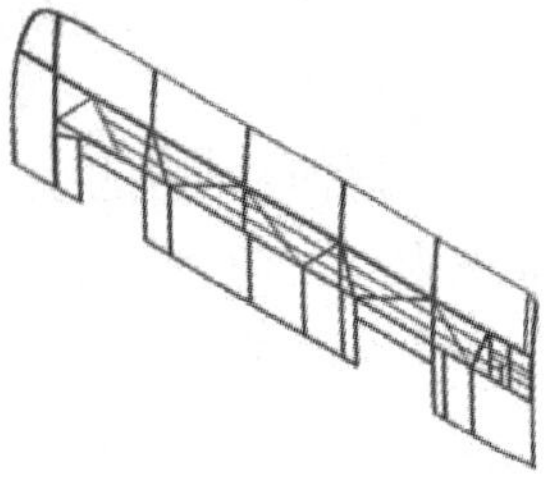

图 5-7 左侧围骨架总成

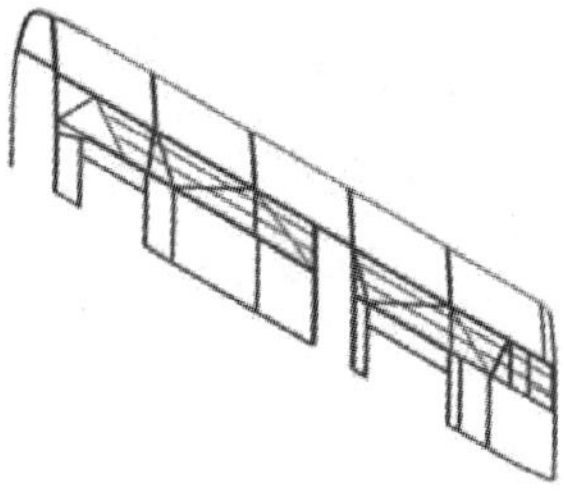

图 5-8 右侧围骨架总成

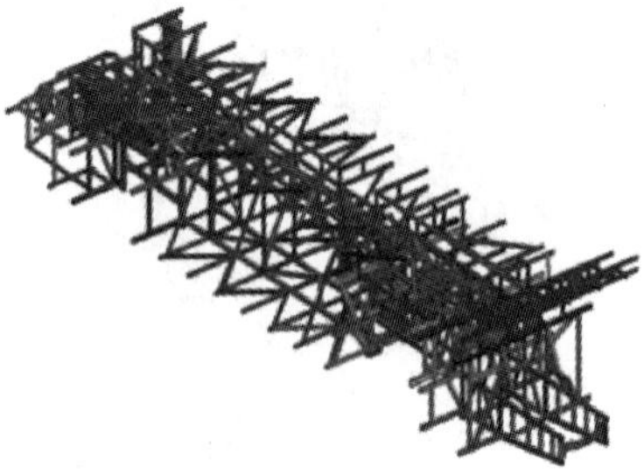

图 5-9 桁架结构的底架总成

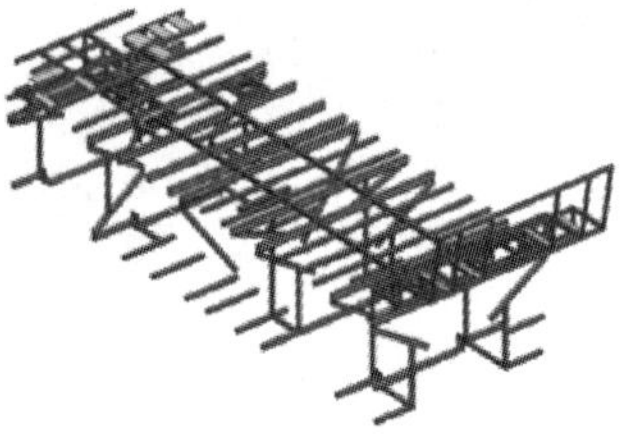

图 5-10 半承载地板骨架总成

二、骨架分总成的焊装制作工序

车身骨架分总成由散件组焊而成。为保证装焊部件的尺寸精度，应在制作分总成时采用胎具制作法。

组焊时，首先将骨架散件放置在胎具相应位置的定位块上进行定位，并使用夹紧器夹紧。定位并夹紧后，先进行正面满焊。焊接完成后，使骨架总成脱离夹具，再进行补焊，补焊完成后打磨，最后存放待用。

分总成的组焊胎具结构各异，但应保证以下要求：

① 各零件定位准确、可靠，能够保证各部件的尺寸精度。

② 工人操作方便，有利于提高生产效率。

③ 适应焊接要求，方便施焊。

④ 胎体及定位系统保证有足够的刚度，防止胎体及骨架焊后变形。

（一）前后围骨架总成的制作工序

1. 前围骨架总成的制作

前围骨架总成是通过在前围骨架胎具上组焊来制作完成的，前围骨架胎具见图 5-11。

（1）前围骨架制作的工序步骤。

① 取料。根据技术文件，先确认车辆前围骨架的状态，再按照前围骨架清单进行备料，并将物料放置在相应的存放处。

② 装模。先将前围骨架的零部件装入胎具的相应位置并夹紧，再进行点焊。点焊完成后，按照图样进行尺寸检验。

③ 全焊。检验无误后，按照从上到下，从中部往两侧的方法进行满焊。

④ 工艺梁点焊。在前围骨架的关键部位，如前风窗玻璃空洞、乘客门空洞等处加焊工

艺梁，以防止焊接变形。

⑤ 脱模。将成型的前围骨架用撬杠在几个固定点位分数次撬起，用起吊机将前围骨架从胎具上吊出，翻转后放置在工作台上。

⑥ 补焊。对前围骨架的内侧面进行补焊并满焊。

⑦ 打磨。用角磨机打磨高于表面的焊缝。

图 5-11　前围骨架拼焊胎具

图 5-12　后围骨架拼焊胎具

（2）前围骨架制作的工艺要求。

① 要求焊接牢固，焊点打磨平整，不允许有漏焊、虚焊。

② 前围骨架风窗尺寸误差≤3mm，对角线误差≤5mm。

③ 骨架总长度误差≤3mm，总宽度误差≤3mm，对角线误差≤5mm。

④ 前围骨架的形状及尺寸要符合图样要求。

⑤ 对于包含乘客门的前围骨架，要求门口尺寸高度误差≤2mm，宽度误差≤2mm，对角线误差≤3mm。

⑥ 在焊接前风窗止口时，要采用断焊，焊缝长度为 20 ~ 30mm，焊缝间距为 100 ~ 150mm。

2. 后围骨架总成的制作工序

（1）后围骨架总成是通过在后围骨架胎具上组焊来制作完成的，后围骨架胎具见图 5-12。后围骨架制作的工序步骤与前围骨架相同。

（2）后围骨架制作的工艺要求。

① 要求焊接牢固，焊点打磨平整，不允许有漏焊、虚焊。

② 后围风窗尺寸误差≤3mm，对角线误差≤5mm。

③ 后围骨架总长度误差≤3mm，总宽度误差≤3mm，对角线误差≤5mm。

④ 后舱门框尺寸误差≤3mm，对角线误差≤5mm。

⑤ 后围骨架的形状及尺寸要符合图样要求。

（二）左右侧围骨架总成的制作工序

左右侧围骨架总成是通过在左右侧围骨架胎具上组焊来制作完成的，左右侧围骨架胎具见图 5-13。

1. 左右侧围骨架制作的工序步骤

① 取料。根据技术文件，先确认车辆侧围骨架的状态，再按照侧围骨架物料清单进行备料，并将物料放置在相应的存放处。

② 装模。先将侧围骨架的零部件装入胎具的相应位置并夹紧，再进行点焊。点焊完成

后，按照图样进行尺寸检验。

③ 全焊。检验无误后，按照从上到下、从中部往两侧的顺序进行满焊。

④ 补焊。按照图样对一些钣金件或冲压件进行补焊，如侧围蒙皮加强筋。

⑤ 工艺梁点焊。在侧围骨架的关键部位，如轮孔洞、中乘客门等处加焊工艺梁，以防止焊接变形。

⑥ 打磨。用角磨机打磨高于表面的焊缝。

⑦ 脱模。将成型的侧围骨架用撬杠在几个固定点分数次撬起，用起吊机将侧围骨架从胎具上吊出，翻转后放置在工作台上。

⑧ 补焊。根据图样要求，在侧围骨架内侧的相应位置补焊加强板及埋板。

⑨ 打磨。用角磨机打磨高于表面的焊缝。

图 5-13　左右侧围骨架焊接胎具

图 5-14　顶盖骨架焊接胎具

2. 侧围骨架制作的焊接工艺要求

① 要求无漏焊、假焊、焊穿等现象。

② 侧围骨架的直线度不大于 3mm。

③ 任意 1m 范围内平整度不大于 2mm。

④ 侧围骨架的总长度误差≤5mm，高度误差≤3mm，前后对角线误差≤5mm。

⑤ 侧窗窗框尺寸误差≤2mm，对角线误差≤3mm。

⑥ 对于有驾驶人门的左侧围骨架，要求驾驶人门框尺寸误差≤3mm。

⑦ 对于有乘客门和中门的右侧围骨架，要求乘客门及中门门框的尺寸误差≤3mm。

⑧ 断焊时，焊缝长度为 20 ~ 30mm，焊缝间距为 100 ~ 150mm。

⑨ 打磨时，焊缝与骨架表面的阶差不大于 2mm。

⑩ 侧围骨架的形状及尺寸应符合图样要求。

（三）顶盖骨架总成的制作工序

顶盖骨架总成是通过在顶盖骨架胎具上组焊来制作完成的，顶盖骨架胎具见图 5-14。

1. 顶盖骨架制作的工序步骤

① 取料。根据技术文件，先确认车辆顶盖骨架的状态，再按照顶盖骨架物料清单进行备料，并将物料放置在相应的存放处。

② 装模。先将顶盖骨架的零部件装入胎具的相应位置并夹紧，再进行点焊。点焊完成后，按照图样进行尺寸检验。

③ 全焊。检验无误后，按照从上到下、从中部往两侧的顺序进行满焊。

④ 补焊。按照图样，对一些钣金件或冲压件进行补焊，如顶盖空调安装板等。

⑤ 打磨。用角磨机打磨高于表面的焊缝。

⑥ 脱模。将成型的顶盖骨架用撬杠在几个固定点分数次撬起，用起吊机将顶盖骨架从胎具上吊出，翻转后放置在工作台上。

⑦ 补焊。根据图纸要求，在顶盖骨架内侧补焊。

⑧ 打磨。用角磨机打磨高于表面的焊缝。

2. 顶盖骨架制作的焊接工艺要求

① 要求无漏焊、假焊、焊穿等现象。

② 顶盖骨架的直线度不大于5mm。

③ 任意1m范围内平整度不大于2mm。

④ 顶盖骨架的高度公差为2mm，对角线误差≤5mm。

⑤ 焊接各短横梁时，应注意折弯，保证与顶盖弧度吻合。

⑥ 打磨时，焊缝与骨架表面的阶差不大于2mm。

（四）底架总成的制作工序

底架由不同规格的矩形方钢组焊而成。半承载式底架主要包含地板骨架和后排五人座椅骨架。全承载式底架是主要由截面梁和连接梁等小总成组焊而成的桁架式底架。非承载式地板骨架将在后续的章节进行介绍，下面主要介绍全承载桁架式底架的焊接制作工序。全承载底架是在底架的工装上组焊而成的，其工装见图5-15。

图5-15　底架制作胎具

1. 全承载桁架式底架的焊接制作工序步骤

（1）定位装配。将底架的各截面梁和连接梁等小总成件，有序地摆放到底架工装的相应位置，并用卷尺测量定位尺寸是否准确，对不符要求的地方进行适当调整。

（2）底架搭焊。用F夹将各截面梁在工装上进行夹紧固定，检查开口尺寸，进行搭焊。搭焊完成后，对关键尺寸进行检查。

（3）底架焊接。

① 对搭焊好的底架进行焊接，首先根据焊接件的厚度等情况，将焊机的电流和电压值调整到合适的范围内。

② 两人一组，从两边同时进行焊接。接头处的焊接顺序：先焊两侧的立焊缝，再焊上下面的水平焊缝。

③ 在底架工装上焊完两侧和上面的焊缝后，先松开夹具，再用吊车将底架吊至补焊处进行下部的焊接。所有接头均为沿四周全封闭焊接，并连立柱和跑道梁允许断续焊。

（4）底架校正。

① 对焊接完的底架进行校正，保证上述关键尺寸仍在规定的范围内，对不符要求的地方，用焊炬进行合理的火焰校正。

② 用4m标尺检测上平面度及跑道梁的直线度。

③ 底架外侧需用4m标尺测量直线度，间隙大于2mm时，需要进行修磨或加垫块。

2. 全承载底架制作的焊接工艺要求

（1）要求焊接无漏焊、假焊、焊穿等现象。

（2）摆放顺序要合理，先放入的件不能影响后续件的摆放，并保证各件摆放方向正确。

（3）轴距公差为±3mm，轴对角线之差不大于5mm。

（4）首片梁到末片梁的距离公差为±5mm。首片梁到末片梁的对角线之差不大于8mm，相邻片梁之间的距离公差为±2mm，末片梁至发动机支架安装板定位孔的距离公差为±1.5mm，其他需要控制的尺寸公差为±2mm。

（5）所有接头至少要搭焊两点，搭焊要牢固，并保持接头平齐。在搭焊的过程中，要用矩形管对大的开口处进行固定，如底架尾段的两纵梁，防止焊接变形。

（6）段焊焊缝长50mm±10mm，间距为150~200mm，所有焊缝要求饱满，不能有漏焊、咬边、焊穿、焊瘤、气孔、焊缝不完整等缺陷。

装焊后的骨架总成应符合图样的精度要求。对于一些特殊部位，如窗框、门框等，应重点检测，避免影响后续装配。

（五）半承载式地板骨架制作的工序步骤及工艺要求

1. 半承载式地板骨架制作工序步骤

① 准备。根据技术文件，先确认车辆顶盖状态，再按照清单进行备料，并将物料放置在相应的存放处。

② 检查地板材料、检修口总成件、座椅侧支板和过道封板有无裂缝、变形。

③ 先将地板内侧纵梁放置在工装上并定位，后将分装好的地板底横梁放置在工装上并定位。

④ 根据地板骨架图，将各分总成摆放在相应位置，要求各接触面缝隙小于3mm，缝隙过大的位置需垫铁片。

⑤ 依据图样进行自检后，对接触面进行焊接。

⑥ 将焊装好的地板骨架从工装上吊下，放到指定位置进行加焊。

⑦ 将过道封板抬到加焊好的地板骨架上，并按要求放置到位。要求过道封板后端与车内过道后立面对正，下部翻边与地板骨架横梁贴合。

⑧ 用角磨机把高于工作表面的焊瘤磨平，并涂防锈底漆。

2. 半承载式地板骨架制作的工艺要求

① 地板骨架形状、尺寸符合图样要求。

② 过道封板形状、尺寸符合图样要求。

③ 无漏焊、无虚焊。

④ 焊接后过道封板无较大起伏。

⑤ 过道封板不能高于地板上平面，且高度差小于3mm。

三、车身骨架校正工序

（一）前后围骨架校正及工艺要求

1. 前后围骨架校正

① 检查前后风窗框与前后风窗样架的吻合度，用电葫芦将前后风窗样架吊起，并移至

前后风窗框处，进行检查，对不合要求处进行火焰校正，直至达到技术规范的要求。

② 检查前后围各横梁与相应弧度卡板的吻合度，用各横梁弧度卡板进行检查，对间隙较大的地方进行火焰校正或锤击。

③ 检查前围后的左右立柱与侧弧卡板的吻合度，根据间隙情况，进行合理校正。

④ 用卷尺测量乘客门和驾驶人门的宽度和高度，以及前后围的总宽度。

2. 前后围骨架校正的工艺要求

① 宽度、高度的尺寸公差为 ±2mm。

② 骨架与弧板吻合度公差为 ±2mm。

③ 车身对角线公差为 ±5mm。

（二）侧围骨架校正及工艺要求

1. 侧围骨架校正

① 用焊炬对侧围中部斜撑进行加热校正。要求每个支撑至少有两个校正点，以保证消除骨架的焊接残余应力，同时减小焊接变形。

② 用侧围弧度卡板，对左右前门的后立柱直线度及弧度进行校对，根据间隙情况，用火焰加热或锤击的方法进行校正。用 4m 标尺校对侧围上下腰梁直线度。

③ 用行李舱立柱弧度卡板，校对行李舱立柱弧度。若弧度与卡板不吻合，则要用点状加热法和锤击法进行校正，并用角尺对侧围各舱门立柱处的直角进行检查，根据吻合情况，进行合理校正。

④ 检查侧围各窗框及驾驶人窗框，与窗框卡板的吻合度，根据间隙情况，进行合理校正。

2. 侧围骨架校正的工艺要求

① 4m 标尺直线度公差为 ±2mm。

② 骨架与弧板吻合度公差为 ±2mm。

③ 车身对角线公差为 ±5mm。

四、白车身骨架的合装工艺

（一）白车身骨架的脱壳生产工艺和非脱壳生产工艺

目前，国内的客车企业一般采用两种生产工艺来生产车身，即脱壳生产工艺和非脱壳生产工艺。

1. 脱壳生产工艺

在焊装车间，先将车身六大片焊接完成后，再进行车身蒙皮和舱门的制作，然后将制作好的白车身送入涂装车间喷涂油漆，涂装车间喷好面漆和图案后再转入焊装车间，由焊装车间将车身与底盘进行合装，最后转入总装车间，由总装车间完成整车装配。脱壳生产工艺被目前国内大多数客车企业所采用，其最大的特点是在焊装和涂装车间的作业过程中底盘不进线，而是在总装前将涂装好的车身总成和底盘进行装配。

2. 非脱壳生产工艺

在焊装车间，先将车身的前围骨架、后围骨架、左侧围骨架、右侧围骨架、顶盖骨架及地板骨架焊接在一起，形成一个整体的车身骨架，然后将事先装配好的底盘和车身骨架进行焊接，再制作蒙皮和安装舱门，并送入涂装车间喷涂油漆及车身图案，最后转入总装车间进行内外饰的装配，从而完成整车制作。

3. 白车身合装

所谓白车身合装，就是把客车的左侧围骨架、右侧围骨架、底架（半承载式的地板骨架）、前围骨架、后围骨架、顶盖骨架六大片组合成为一个符合图样要求的标准六面体。白车身合装是通过客车车身六面体合装设备来完成的，其设备见图5-16和图5-17。

图5-16　骨架合装设备1

图5-17　骨架合装设备2

合装设备是用于组合标准车身的大型设备，该设备采用外表面定位的原理，来完成客车骨架六大片中的吊装、定位、夹紧、合装、组焊。它是使客车车身制作实现机械化、批量化和流水化作业的关键设备，使用该设备可以提高车身质量的稳定性，提高生产效率，实现规模化生产。

（二）白车身骨架合装工序

1. 总拼准备

先检查合装设备是否完好，再根据所拼车型调整定位块的位置。

2. 侧围定位

将左右侧围吊至总拼台的内侧，调整好前后位置后，将侧围挂到设备的相应定位板上并夹紧。

3. 底架定位

把放置在小车工装上的底架沿轨道推入总拼工装中央，并进行前后位置的调整。用四个千斤顶将底架顶起，使其与侧围的裙边梁对齐，并用水平仪测平。

4. 侧围合拢

按下合拢按钮，使侧围逐渐向总拼工装中心的底架靠拢，实现侧围和底架的合拢。当侧围与底架对应部位多处实现接触时，便可松开按钮，待侧围与底架合拢到位，再按下锁紧按钮。

5. 调整搭焊

根据图样要求进行调整，不符合要求的用F夹进行调整，调整好后进行搭焊。

6. 前围合拢

用吊车将前围吊到总拼台的前方，并使其逐渐向底架靠拢。调整前围与底架、侧围之间的位置，反复调整，并检查其余部位的搭接情况，再进行搭焊。

7. 后围合拢

用吊车将后围吊到总拼台后方，并使其逐渐向底架靠拢，调整后围与底架、侧围之间的位置，反复调整，并检查侧窗框的开档尺寸及其余部位的搭接情况，再进行搭焊。

8. 顶盖合拢

用吊车将顶盖吊到总拼台上方，并使其缓慢下移，逐渐与侧围、前后围搭接在一起。

9. 推出搭焊

整车骨架搭焊完成后，按松开按钮，将工装上的定位器打开，再按退回按钮，使合装设备逐渐退回原位，然后放下千斤顶，使整个车身骨架回到工装小车上，推离拼装台后再进行整车的焊接。

（三）白车身骨架合装工艺的要点

（1）合装工艺要把客车六大片一次组合成型，达到行业标准，因此组合车身的六大片首先必须是符合标准的合格品。

（2）客车车身外形的主要外廓是左、右侧围，因此左、右侧围的定位夹紧是整个合装工序的定位关键。侧围的定位块主要用来调出左、右侧相对于 $Y=0$ 立面完全对称的弧度，且该弧度完全符合图样要求。侧围定位多采用外表面定位，定位点多选用窗上梁、窗下梁或靠近底架结合处的梁，其定位块一般采用阶形定位，且 Z 方向和 X 方向均可调，一般采用气动夹紧。为了适应多种车型的需要，合装架上安装有纵向滑道和垂直方向滑道，可以根据不同车型调整出不同的定位夹紧位置。

（3）在合装机架体上，将侧围骨架定位夹紧后，需将底架吊入底架定位平台上。底架定位有平台式、小车式、举升机式等多种方式，但平台式为最常用的一种定位方法。底架的定位，是合装工艺的基础，它意味着车身 X、Y、Z 三个方向的完全确定。底架定位有定位块式和定位梁式两种。定位块主要用于单品种车型的定位，而定位梁多用于多品种车型的定位。一般采用气动夹紧。底架定位必须能在 X、Y、Z 三个方向可调，以便适应侧围与它的组合。

（4）前、后围的定位主要依赖于底架和左、右侧围的定位，定位方法主要有门扇式定位、小车翻转式定位、简易定位等。门扇式定位和翻转式定位比较复杂，且对前后围骨架质量要求高，故在行业内应用比较少，而简易定位应用比较广泛。简易定位用于确定前后围的高度，然后夹紧前后围，而前后围 Z 方向和 Y 方向的位置基本上是由左、右侧围骨架来确定的，故使用起来比较方便、直观，精度也比较高。

（5）顶盖的定位主要依赖左、右侧围和前、后围。车身五大片合拢后，顶盖的位置就已经确定，故顶盖一般不需定位块定位，有时只安装几个导向块，用于顶盖放置的导向。

第五节　白车身制作工序

车身焊装工艺指将车身零部件焊装为合件，再将若干合件和零部件焊装为分总成，最后将分总成、合件、零件通过焊装组成车身总成（又称白车身）。

前文中，我们对车身的骨架分片制作工艺及车身骨架合装工艺进行了详细介绍，下面结合白车身焊装生产工艺流程，对流程中其他重要工位上的工序进行介绍。

一、前后围蒙皮制作工序及工艺要求

（一）前后围铁蒙皮的制作

1. 前后围铁蒙皮制作的工序步骤

（1）前后围蒙皮固定。将前后围蒙皮的限位支架（专用工装）用图 5-18 所示的 F 夹固定在前后围立柱上，注意观察前后围蒙皮有无损伤。用圆规量取 22mm 的宽度，沿前后围蒙皮的底边和侧边，在前后围蒙皮的两侧划线，连接两线的端头为角的修剪线，沿线剪去两侧下拐角。取 2 根前后围横梁弧矩形管，将前后围蒙皮的原折边插入，用 5 把 F 夹分段将弧管与蒙皮夹紧。

（2）前后围蒙皮焊接。打开氧炬，调整到小火焰，沿前后围蒙皮的原折边进行加热收弧。要求火焰行走速度快而均匀，收弧完毕立即用水进行冷却，确保前后围蒙皮的弧度与骨架弧度相吻合后，取下前后围蒙皮，利用前后围蒙皮的限位支架作依靠，用 5 把 F 夹分段将蒙皮固定在横梁上，用单面点焊机将前后围蒙皮上口点焊。

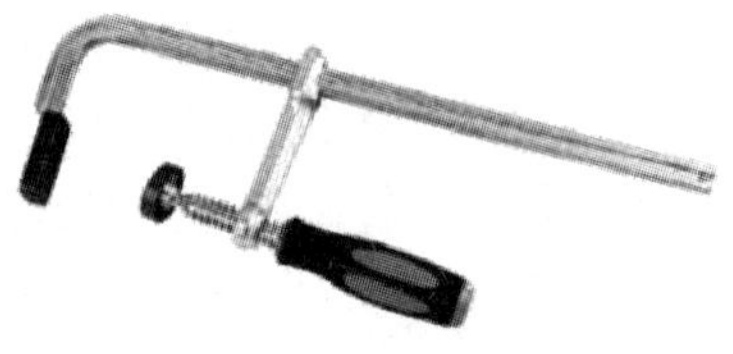

图 5-18　F 夹示意图

（3）蒙皮接缝焊接。车身后围蒙皮由多块蒙皮拼焊而成，各蒙皮接缝处应按要求进行满焊或段焊处理。每焊一段，需要用水进行冷却，并检查蒙皮是否松动或变形。

（4）打磨。将蒙皮四周焊点处打磨平整，不得有翘起和凹陷现象。

（5）前后围蒙皮及灯具间隙的调整。前后围蒙皮焊接完成后，要根据中保险杠、灯具与蒙皮之间的间隙情况，进行适当调节和打磨，保证间隙符合设计要求。

2. 前后围铁蒙皮制作的工艺要求

（1）点焊时，首先以 300mm 左右的大间距，从中间向两侧点焊，之后再进行二次点焊，焊距 50 ~ 70mm，点焊直径 5 ~ 7mm，端头需要点焊。

（2）蒙皮间隙应不大于 2 ~ 5mm。

（3）后舱门上蒙皮在组焊中应表面平整，蒙皮与骨架要吻合良好，蒙皮周边应点焊到四周骨架上。

（4）车身的后围蒙皮由多块蒙皮拼焊而成。在点焊后围出风口蒙皮时，应先点焊四角的蒙皮，再进行周边蒙皮的焊接与定位。

（5）后围蒙皮点焊完后，应对蒙皮的接缝处进行满焊密封处理，蒙皮间隙应不超出 2 ~ 5mm 的范围。在满焊处，如有不平整的地方，可以进行适度锤击。

（6）灯具周边间隙为 2mm，误差范围不大于 1mm，平面度误差不超过 1mm。

（7）前围保险杠和蒙皮之间的间隙应为 5mm，误差范围不大于 1mm，平面度误差不超过 1mm。

（8）后围组合灯与周边蒙皮间隙应在 1.5 ~ 2mm 之间，蒙皮与灯具的表面平面度误差不大于 1mm，间隙要均匀，灯具的弧度要与周边蒙皮之间的弧度相吻合。

（9）后围中保险杠和后围左右保险杠之间的间隙应在 4 ~ 6mm 范围内，表面的平面度误差不大于 1mm，表面要平整，间隙要均匀。

（二）前后围玻璃钢蒙皮制作及安装工序

1. 前后围玻璃钢蒙皮制作的工序步骤

（1）预装配。将玻璃钢预装到车身的前后围骨架上，并用绷带拉紧。调整玻璃钢与骨架的吻合度，周边要留有余量。玻璃钢与前后风窗玻璃框贴合处，要在骨架上焊接玻璃钢支架框。在玻璃钢上做好装配标记后再将其拆下。

（2）清洁。用不掉毛的细平布蘸少量清洁剂西卡底涂剂，在粘接部位沿一个方向抹擦需要粘接的部位，然后立即用细布檫干。西卡底涂剂挥发干燥的最短时长为10min（15℃以上），最长为2h。10min后才能进行后续操作，超过2h需要再清洁一遍，车身和玻璃钢粘接部位都需要清洁。

（3）涂底涂。用干净的毛刷将Sika Primer－210T底涂沿一个方向连续、均匀地涂在粘接部位，只需薄薄一层。没有涂到底涂的地方，等底涂干固后，再用刷子补均。Sika Primer－210T干燥时长最短为20min（15℃以上），最长为2h。涂完后20min才能进行后续操作，超过2h需要重新用Sika Activator清洁后再涂底涂，车身和玻璃钢粘接部位都需要涂底涂。

（4）打胶。在车身前后围骨架要进行玻璃钢组装的矩形管上打胶。

（5）装配。在夹紧的部位垫3mm的垫片，将玻璃钢件对准预装标记扣在车身骨架上，用绷紧带略微绷紧，适当进行调整以使间隙均匀，再拉紧绷紧带，并用F夹将弧度矩形管和玻璃钢件夹紧在骨架上。

（6）打铆钉。在玻璃钢的四周及内部与矩形管相接触的部位，打铆钉固定。铆钉周边要进行凹陷处理，要使用玻璃纤维树脂覆盖铆钉表面。为防止胶经过烘烤后流动，要在矩形管和玻璃钢接触处用玻璃纤维树脂进行覆盖密封。

（7）除胶。将玻璃钢件四周挤出的胶除去并擦净。前围上部粘接部位用胶抹平，12h后拆除F夹和绷紧带。

（8）接缝处理。前后围玻璃钢与蒙皮接缝处，要打磨成斜角坡口。清洗干净后用玻璃纤维树脂进行填缝，纤维层不得少于3层，要粘接严实。最后在接缝上打胶进行密封。

（9）间隙调整。前后围玻璃钢安装完成后，要根据中保险杠、灯具与玻璃钢之间的间隙，进行适当调节和打磨，保证间隙符合设计要求。

2. 前后围玻璃钢蒙皮安装的工艺要求

（1）覆盖矩形管与玻璃钢接触的表面胶的厚度为4～6mm。

（2）玻璃钢与车身蒙皮间的允许间隙为5～10mm。

（3）铆钉应拉紧，铆钉头不得高于玻璃钢平面。

（4）填缝的玻璃纤维树脂表面不得高于车身蒙皮表面，应对接缝处的毛刺及端口进行打磨处理，保证圆滑过渡，但不能将间隙粘上的玻璃钢全部打磨掉。胶宽要覆盖接缝，胶厚应为4～5mm。

（5）前中保险杠与前围整体玻璃钢件之间的间隙要在4～6mm的范围内，表面平面度误差不大于1mm，表面要平整，两玻璃钢件之间的弧度要吻合且均匀。

（6）前围组合灯与前围玻璃钢件之间的间隙要在3～4mm的范围内，表面的平面度误差不大于1mm，表面要求平整，灯的弧度要与周边蒙皮的弧度相吻合。

（7）前围雾灯与周边的蒙皮之间的间隙要在2～3mm的范围内，表面平面度误差不大于1mm，表面要平整。

二、侧围蒙皮制作工序及工艺要求

侧围蒙皮可以采用镀锌钢板、铝塑板及玻璃钢三种材质。铁蒙皮是将镀锌钢板通过辊压成型的，厚度为1.0～1.2mm。铝塑板及玻璃钢材质的蒙皮厚度一般为3～5mm。侧围蒙皮的安装一般采用粘接和涨拉蒙皮焊接两种工艺。

（一）侧围铁蒙皮制作工序及工艺要求

1. 侧围铁蒙皮制作的工序

（1）贴防振绵。在左右侧围的垫板部位贴上防振海绵。

（2）侧围小块蒙皮点焊。将侧围蒙皮小件，如前后轮前蒙皮，放到侧围骨架的相应位置。调整好位置后，用F夹夹紧并进行点焊。

（3）侧围蒙皮点焊。

① 平板蒙皮。进行平板蒙皮点焊前，先用液压涨拉工装将侧围蒙皮夹紧，并调整蒙皮位置，再进行点焊。

② 辊压蒙皮。碰焊前，需用辊压蒙皮标尺先对每个窗框进行侧蒙皮定位，再用液压工装进行涨拉和点焊。

（4）蒙皮接缝焊接。对蒙皮接缝处进行焊接，每焊一段需要用水进行冷却，并检查蒙皮是否松动或变形。

（5）打磨。逐点打磨蒙皮点焊焊点处的氧化层，并将蒙皮接缝处的连续焊缝打磨平整。

（6）打胶。给左右侧立柱蒙皮涂胶。侧面涂密封胶，清理涂胶部位，贴胶带纸，用排笔将缝隙涂实、涂均、涂平。

2. 侧围铁蒙皮制作的工艺要求

（1）平板蒙皮。不高于或低于腰梁上平面5mm。

（2）辊压蒙皮。用辊压蒙皮标尺确定辊压蒙皮定位高度，窗框高度尺寸误差不大于3mm。

（3）平板蒙皮10m涨拉长度为5～10mm，辊压蒙皮10m涨拉长度为4～8mm。

（4）点焊要无脱焊、假焊、漏焊等缺陷。

（5）蒙皮接缝处要进行满焊处理，蒙皮间隙应在2～5mm的范围内。

（二）侧围铝塑板蒙皮制作工序及工艺要求

1. 侧围铝塑板蒙皮制作的工序

（1）准备。查阅相关图样及文件，确认车辆相关状态及前道工序制作情况。依设计图样用PVC板制作侧蒙皮带弧部分模板。

（2）下料。根据设计图样先将PVC板制作成相应宽度的条状，再将铝塑板前端和模板的前端及底边对齐以进行定位。用往复锯沿模板弧度锯出铝塑板的弧度曲线，并将毛刺处修磨平滑。

（3）确定胶粘面。将侧蒙皮抬上车身腰梁处，根据弧度及前端部位将侧蒙皮与腰梁骨架定位。从车内侧沿骨架，在蒙皮内侧划线，确定蒙皮与骨架粘接面的位置。

（4）打磨胶粘面。取下蒙皮并使其内侧面朝上，放置于平地板上，沿所做标示线在粘接面处打磨，使其表面毛糙以增加粘接力。

（5）清洗。打磨后，先用压缩空气吹去蒙皮内表面上的灰尘及打磨残留物，再用清洁布蘸 FL 清洗剂擦洗注胶面，直至其表面无油脂、灰尘及其他杂物。

(6) 涂底涂。先涂刷骨架，并在骨架上粘接相应规格的橡胶垫，再在铝塑板上的粘接面按相同要求涂底涂。

(7) 打胶。将打胶用的胶嘴切斜口，使胶嘴切开面与粘接面成120°左右角度。打胶时，胶枪采用拖进方式工作。

(8) 粘接。抬起铝塑板，以其下边缘进行上下定位，以蒙皮前端与骨架边缘进行前后定位。将铝塑板与骨架贴紧，再用滚子从前往后滚平铝塑板，或从前斜向后拍打铝塑板表面，使其展平。最后用大力钳垫小扁平方钢将蒙皮与骨架压紧，12h 后才能拆除大力钳。

2. 侧围铝塑板蒙皮制作的工艺要求

(1) 蒙皮无变形和龟裂。

(2) 打磨力度不得过大。

(3) 任意 1m 内凹凸不大于 2mm。

(4) 24h 内严禁对蒙皮施加其他变形力，或进行其他装配工作。

侧围玻璃钢蒙皮操作工序步骤及工艺要求与铝塑板蒙皮相同。

三、顶盖蒙皮制作工艺及工序

顶盖蒙皮分为侧顶蒙皮和中顶蒙皮，可选用镀锌钢板或玻璃钢两种材质。侧顶铁蒙皮是将镀锌钢板辊压成型的，厚度为 1.0～1.2mm。在制作顶盖蒙皮时，可以采用低工位或高工位制作。

（一）顶盖蒙皮高工位制作工艺

车身五大片拼装完成后，应通过升降台在车顶进行蒙皮制作。一般可采用直接铆接工艺或分片成型铆焊粘工艺。

(1) 直接铆接工艺。直接将蒙皮放于顶盖骨架上，用夹具夹紧后，通过钻孔铆接。铆接前要先将铆钉涂胶。车顶的防漏、防锈要求较高，因此铆接后还要进行涂胶处理。该工艺简单，但其外观美观性差，质量难以控制，尤其是两侧的蒙皮曲线弧度不易保证，且工作效率低。

(2) 分片成型铆焊粘工艺。车顶外两侧采用铝型材成型后，将其与中顶蒙皮搭接在骨架上。安装时采用铆、焊、粘相结合的方式。

（二）顶盖蒙皮低工位制作工艺

顶盖骨架制作好后，在低工位将蒙皮安装于顶盖骨架上。通常采用涨拉点焊安装或分片成型铆焊粘工艺。

(1) 涨拉点焊安装工艺。采用配备液压涨拉蒙皮机的低位蒙皮安装台，将蒙皮涨拉于顶盖骨架上，再进行点焊。这种操作工作效率高，蒙皮外观美观性好，劳动强度低。但同样需要配备大型工装设备，且要求产品结构应有相对的稳定性和通用性。

(2) 分片成型铆焊粘工艺与高位蒙皮工艺相同。低位作业大大降低了劳动强度，也易于控制产品质量。

（三）顶盖铁蒙皮制作的工序步骤及工艺要求

1. 顶盖铁蒙皮制作的工序步骤

(1) 准备。根据技术文件，先确认车辆顶盖蒙皮的状态，再按照清单进行备料，并将物料放置在相应的存放处。

（2）顶侧蒙皮制作。先在顶盖骨架前后端顶弧杆件的圆弧处内边，加焊宽 30mm、厚 4mm 的铁板，然后将顶侧蒙皮抬起，放置于顶盖骨架上，并使顶侧蒙皮底部挨着边纵梁方钢表面，下端持平，再用方钢紧压蒙皮，并使用大力钳夹紧。使用等离子切割机割去与边纵梁搭接的前后端蒙皮，再根据预埋支架螺栓确定蒙皮开孔，进行等离子割孔。

（3）点焊。检验无误后，先点焊前后端蒙皮与弧杆搭接处，然后再对蒙皮与边纵梁及顶弧杆搭接处点焊。

（4）中顶蒙皮制作。将中顶蒙皮放在骨架上，并搭置于顶侧蒙皮上面。一端用顶蒙皮涨拉工装夹紧，进行预涨拉，见图 5-19；另一端在蒙皮与弧杆搭接处点焊，沿弧杆切断卷板，利用工装涨紧中顶蒙皮后，沿中顶蒙皮与侧顶蒙皮搭接处点焊，最后沿中顶蒙皮与侧顶蒙皮搭接处的接缝满焊。

（5）蒙皮孔洞制作。从下方骨架确定蒙皮开孔的大概位置，用尖锐物进行标记，再从蒙皮上方，根据标记用等离子切割机沿直板切割出孔洞，并将切口处蒙皮与天窗骨架沿缝隙点焊固定，最后将止口小总成配焊于开孔处，将止口与蒙皮接缝满焊。

（6）内面点固。从下方沿顶盖骨架纵向杆件搭接处，按固定间距点焊蒙皮，并增加横向焊点。如遇顶蒙皮鼓动，则应在鼓动处增加焊点。

（7）打磨。打磨高于表面的焊瘤。

2. 顶盖铁蒙皮制作的工艺要求

（1）表面平整，任意 1m 内凹凸不大于 3mm。

（2）蒙皮搭接处焊接牢固，无鼓动现象。

（3）打磨平整，无焊穿、磨穿现象。

（4）顶蒙皮与侧顶蒙皮焊缝连续无断开。

（5）孔洞切口与骨架平齐，切口齐整，止口与顶蒙皮焊缝连续无断开。

（四）顶盖玻璃钢蒙皮制作的工序步骤及工艺要求

1. 顶盖玻璃钢蒙皮制作的工序步骤

（1）准备。根据技术文件，先确认车辆顶盖蒙皮的状态，再按照清单进行备料，并将物料放置在相应的存放处，确认顶蒙皮玻璃钢无质量问题。

（2）粘接面确定。将蒙皮置于干净的工作台，用布蘸酒精擦拭蒙皮，将表面放置吸盘的部位擦干净。用带 8 个吸盘的简易吊具等距吸住蒙皮后，将其吊至顶盖骨架上。调整好玻璃钢与顶盖的相对位置后，沿顶盖骨架边缘，在玻璃钢内侧面划线标示，将蒙皮吊回简易工作台，翻转一面后放置好。

图 5-19　涨拉中的顶蒙皮

（3）涂底涂。在顶盖骨架上表面，用 FL 清洗剂清洗，待清洗剂充分干燥后（约 5 ~ 10min），用毛刷在顶盖骨架上沿划线区域涂刷底涂。

（4）注胶。完成底涂施工 10min 后，在 6h 以内，确认底涂完全干燥后，再用 Terosat－8590 粘接胶进行粘接。胶嘴切斜口，与工作面成 120°左右的角度，以拖进方式施胶。

（5）粘接。用简易吊具将顶盖玻璃钢吊至顶盖上，在顶盖骨架上平整展开，放置到位。由中间向两侧，拍打蒙皮上表面，使其尽量向两端伸展。两侧边纵梁、前后端用长的扁平方钢压靠，并用大力钳夹紧。从车内观察蒙皮与骨架之间粘接不到位之处并补胶，最后擦除蒙皮和骨架接缝处外渗的余胶。

（6）固化。大力钳需压紧8~12h后方可拆下，24h内禁止对蒙皮件施加变形力。

（7）修边。将两侧边玻璃钢超出方钢的下边缘切除掉。

2. 顶盖玻璃钢蒙皮制作的工艺要求

（1）表面平整，任意1m内凹凸不大于1.5mm。

（2）顶侧蒙皮粘接牢固，无鼓动不平，确保凹凸小于2mm。

（3）玻璃钢表面无起泡或龟裂。

（4）底涂应厚约50μm，薄且均匀，连续无漏刷。

四、内封板焊接工序及工艺要求

（一）后台阶封板焊接

1. 侧封板的焊接

取相应规格封板放置到位，使封板与骨架紧贴，沿封板周边点焊。焊接时，用铁锤按压住焊点附近的封板，焊点长为10~15mm，间距为80~100mm。

2. 底封板的焊接

取相应规格封板放置到位，压紧封板，沿周边点焊并固定封板。

3. 打磨与上胶

正面焊点打磨，封板缝隙需打胶刮平。

（二）踏步封板焊接

1. 焊接方法

先焊两侧立面封板，再焊主封板。取相应规格封板放置到位，压紧封板与骨架，沿周边点焊，尽量从封板背面与骨架焊接，若不能，则应在正面中央周围焊点间距较大处进行点焊。

2. 打磨与上胶

正面焊点打磨，封板缝隙需打胶刮平。

（三）轮罩封板焊接

1. 焊接方法

取相应规格封板放置于车上相应位置，并进行比对。有干涉时，应用铁剪刀或气动振剪修配。

将修配后的封板放置到位，压紧封板与骨架进行点焊。

封板周边可从其正面焊接，中间处尽量从背面焊接，可能鼓动或凹凸处应增加焊点。如骨架间距较大可能出现空鼓，则可在封板背面加焊角弯件。

一般先焊里封板，再焊前后侧封板。

2. 打磨与上胶

正面焊点需打磨，封板缝隙需打胶刮平。

（四）行李舱封板焊接

1. 贯通式行李舱

先制作里侧封板再制作外侧封板。取相应规格封板置于相应位置，并进行比对，在与舱门铰链或气弹簧支座干涉的位置划线标示，用铁剪刀或气动振剪沿标示切除干涉处封板，将修配过的封板重新放置到位，使封板与骨架紧贴，沿封板背面骨架点焊。

2. 非贯通式行李舱

先制作带折边的封板，再制作平板封板，工序要求与贯通式相同。

3. 行李舱过管线束区域密封

对行李舱上方车架大梁中部的过管线区的剩余空间，应用锯齿绵或泡沫板堵塞，再从行李舱内侧打胶并抹平。

4. 打磨与上胶

正面焊点需打磨，封板缝隙需打胶刮平。

（五）功能舱封板焊接

1. 焊接方法

先焊接前后封板，再焊接内侧封板，最后焊接底封板。

取相应规格封板置于相应位置，并进行比对。将与舱门铰链或气弹簧支座干涉之处用铁剪刀或气动振剪切除。

将修配过的封板重新放置到位，使封板与骨架紧贴，沿封板背面骨架进行点焊。焊接时，用铁锤按压住焊点附近的封板，焊点长为 10 ~ 15mm，间距为 100 ~ 150mm。

为防止封板空鼓，可先在封板骨架之间斜点焊 30 - 30 角弯件，再上车制作。焊角弯件时注意避开原车身骨架。

2. 打磨与上胶

正面焊点需打磨，封板缝隙需贴胶带，并打胶刮平。

（六）后台阶隔音降噪安装工序及工艺要求

1. 准备

查阅相关技术资料及文件，确认车辆状态。

2. 粘降噪面

将隔音棉按照后台阶的形状裁剪好，并将其粘贴在后台阶骨架的封板上。

3. 压条固定

后台阶降噪棉的所有内角、外角，应用折弯件压边，并在两端焊接固定，中间部分可进行点焊。

4. 压边点焊

检修口四周用折弯件压边，按 70mm 左右间距与检修口骨架进行点焊。

5. 装配冲孔铝板网

安装网孔铝板，将其压贴在隔音棉上，并用带垫片的自攻钉固定在封板上，保证铝板网防护可靠。要求自攻钉的间距为 200 ~ 300mm，排布均匀，隔音棉与侧围接触部位应用角铁焊接固定。侧围骨架的降噪处理即粘贴隔音棉。

五、前后围保险杠安装工序及工艺要求

（一）前保险杠安装

1. 准备

查阅相关图样及文件，确认车辆状态，检查前保险杠是否有龟裂、变形。

2. 试装

试套装前保险杠，确定其边沿干涉部分，然后卸下保险杠并修磨干涉部位。

3. 安装

套装前保险杠并用大力钳将其固定于前围上，使前保险杠与前围玻璃钢弧度吻合。用气钻在连接处以约250mm的间距钻孔，用螺栓和螺母锁紧。

4. 打磨

安装完前保险杠后，用打磨机修磨其外表面，使它与前围玻璃钢的外沿吻合且不产生阶差。

5. 检查

保险杠的表面应平顺、光滑，间隙均匀。各焊点及焊缝均要涂防锈漆。

（二）后保险杠安装

1. 准备

查阅相关图样及文件，确认车辆状态，检查保险杠是否有龟裂、变形。

2. 试装

试套装后保险杠，确定其边沿干涉部分，然后卸下保险杠并修磨干涉部位。

3. 安装

套装后保险杠并用大力钳将其固定于后围上，使后保险杠与后围玻璃钢吻合。用气钻在后围玻璃钢和后保险杠立向连接处，按150mm的间距钻孔，并用螺栓和螺母锁紧。调节后保险杠位置，使其与后舱门和后围玻璃钢边缘吻合，且阶差小于1mm。加装连接板，使其与后保险杠的预埋铁相连，并焊接于后端。后围玻璃钢两侧腿部，用气钻钻出$\phi5.2$的孔并扩孔，用$\phi5\times18$的沉头铆钉以80mm的间距铆接。

4. 调整

调整后舱门，使其与后围玻璃钢及后保险杆表面过渡平顺、光滑，间隙均匀。

5. 检查

安装完后，修磨外表面，使后保险杠与后围玻璃钢的外沿吻合。调整后舱门与后保险杠和后围玻璃钢中后舱框的间隙，使上下间隙差不大于2mm，表面整体平整，无较大阶差。

六、外摆前中乘客门预装制作工序及工艺要求

1. 准备工作

检查乘客门支座、门泵过渡转轴和乘客门板的质量。

2. 乘客门预装

（1）根据乘客门安装图，把门泵支座预埋板焊接于前门台阶左侧，埋板与骨架接缝处应满焊。

（2）安装门泵过渡转轴，对上方转轴支座进行定位焊。

（3）抬起乘客门板，将门板上下两支点的孔洞与转轴调整弯臂螺栓对齐。将门板挂住，用螺母适当拧紧。

（4）根据图样调节下平衡杆长度尺寸。先将杆与门板连接，在门关闭状态与最大开启状态，分别以门板处平衡杆支座为圆心，以平衡杆长度为半径画圆弧，两圆弧交点处为平衡

杆在台阶骨架下方的中心位置。

（5）将平衡杆固定座与确定位置焊装好，并锁紧螺母。

（6）分别调整弯臂高度螺栓、下平衡杆长度、门泵下支座螺栓位置及弯臂上门板定位螺栓位置，使门板外表面位置及门板周边缝隙符合图样要求。确保门在开启状态下，门板平面与侧围蒙皮平面基本平行，最后焊接门泵下支座螺母，见图5-20。

（7）用直板件或角弯件检查外表面，并矫正外表面平整度。

（8）对预埋板、门泵支座等焊接位置进行涂防锈漆处理。

3. 检查

乘客门启闭灵活，与周边无干涉。门关闭时，缝隙均匀，门板与周边表面保持平行。门下弧度与前围蒙皮及后下封板弧度一致。乘客门在关闭状态下，门板周边与门框间隙小于30mm，偏差小于2mm，门表面与相邻表面过渡平顺，无翘曲，见图5-21。

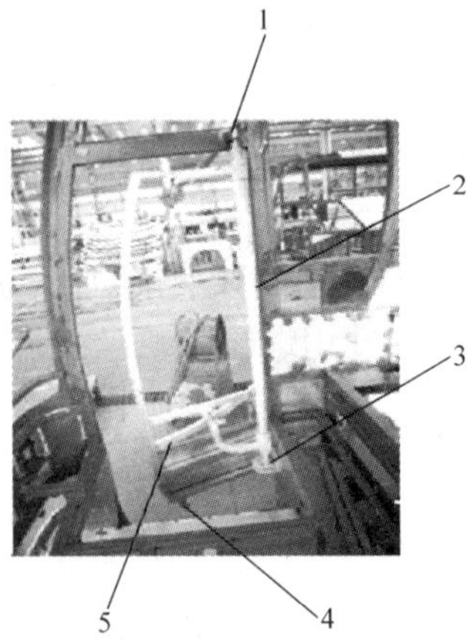

图5-20　乘客门结构示意图

1—上方转轴支座　2—门泵过渡转轴

3—门泵下支座　4—平衡杆　5—乘客门骨架

图5-21　焊装车间安装完毕的乘客门

七、侧舱门装配制作工序及工艺要求

（一）橡胶铰链侧舱门装配制作工序

（1）组装铰链

① 将上导轨装夹在台虎钳上并夹紧，在沿口处涂抹凡士林。用钢丝钳住橡胶铰链导轨端部并拉入，两端预留50～80mm长的橡胶铰链。

② 在下导轨端部涂抹凡士林，并顺着插入橡胶铰链。这样，由上导轨、橡胶铰链、下导轨构成了舱门铰链，中部用螺栓卡住，便于装配。

③ 两端预留的橡胶条需要经过充分收缩，24h后将两端橡胶铰链剪齐。

（2）预装舱门和轮胎护面

① 在舱门和轮胎护面上端，贴一层隔音黑色塑料胶带。

② 铰链用鳄鱼夹夹在舱门上，轮胎护面的上面和正面调平，两端调平。

③ 沿下导轨孔向舱门和轮胎护面钻孔，下导轨外侧与舱门平面平齐。

④ 垫入弹垫，穿入 M6 × 16 螺栓（指空滤器舱，消声器舱门穿入 M5 × 16 螺栓），将螺栓压平。

⑤ 粘接橡胶楔形块，将舱门上部两角清理干净，涂上粘接胶。将楔形块放在胶上，左右移动，使楔形块和舱门贴牢，然后打胶并用刮板将胶刮平。经 24h 固化后，用美工刀修整平齐。另外，打胶刮平时，如果发现胶发粘，抹不平，可拿排笔蘸松香水修光滑。

（3）装配舱门和轮胎护面

① 将舱门和轮胎护面分别放置在车身的相应部位。转运时，注意保护装配件，在上铰链处贴黑色胶带，不能磕碰。

②在舱门的铝型材部分打一条不间断胶，将上导轨型材的侧面贴住矩形管纵梁。顺着上导轨上的长腰孔在骨架上钻三个 $\phi4.2$ 的孔，用手电枪打紧自攻螺钉，留 1 ~ 2mm 不压平。舱门和轮胎护面全部按此方法进行操作。

③ 用量块测量舱门与轮胎护面之间的间隙。测量从舱门至轮胎护面上部向下 300mm 的部位。按要求允许有 4mm ± 1mm 和 6mm ± 1mm 的间隙。单个舱门和轮胎护面两边的间隙不超过 1mm，如果间隙不符合上述要求，则应用螺钉旋具调整上导轨位置。

④ 分别对舱门和轮胎护面螺钉进行打紧压平。按照上导轨上的 $\phi5$ 孔钻 $\phi4.2$ 孔，打进自攻螺钉并将螺钉压平。

⑤ 检查舱门和轮胎护面间的间隙，通过橡胶铰链进行部分微调。确保舱门和轮胎护面间隙符合上述要求。

⑥ 上下导轨两端钻 $\phi2.6$ 的孔，并攻入自攻螺钉限制舱门移动。注意上下铰链的铝合金尽量符合长度要求，过长可用切割机切齐。

（二）铁铰链侧舱门装配制作工序

（1）查阅相关图样及文件，确认车辆舱门状态，检查舱门骨架、轮罩玻璃钢、气弹簧等部件的质量。

（2）舱门装配

① 根据舱门装配总图把相应的舱门放到对应处。

② 将舱门试套装于相应门框中，并使两侧铁铰链能贴住门框立柱骨架。

③ 从前往后装配侧围舱门及轮翼板。装配舱门时，一人在外侧扶住舱门，并调整位置，使其上折边与侧蒙皮表面下沿相距于一定范围内，确保与已装配的舱门或蒙皮封板间隙均匀、弧度一致后，贴紧车身骨架。

④ 调整到位后，另一人从车内侧将舱门铰链支座点焊于舱门立柱上。

⑤ 检查舱门启闭是否干涉或间隙不均匀，可通过敲击舱门铁铰链，使其产生少量位移，直至满足要求。

⑥ 沿舱门铰链开孔塞焊。

⑦ 将简易锁限位块和锁钩置于舱门上并焊接在骨架上。

⑧ 把气弹簧的一端锁紧在舱门板的气弹簧支座上，另一端锁入行李舱立柱上预焊好的圆螺母中。

（3）轮翼板装配

① 试将轮翼板套入相应位置，使其与前后舱门保持一致。

② 根据轮翼板内侧的四根螺栓位置，确定固定支架，并将支架焊接到骨架上。

③ 套入轮翼板，修磨边沿干涉处，用螺母拧紧支架。

（三）手动外摆侧舱门装配制作工序

（1）查阅相关图样及文件，确认车辆舱门状态，检查气弹簧、舱门板等部件的质量，气弹簧的保护薄膜和舱门摆臂上的牛皮纸应包裹完好，见图 5-22。

（2）舱门安装

① 根据图样要求，在地板骨架上焊气弹簧支座，在舱门立柱上焊平衡杆固定座。

② 将手动舱门上的左右固定座总成上的各可调整部位，均调整至中间位置并锁紧。

③ 将各个舱门与侧围骨架紧贴，如舱门不能与骨架紧贴，则应取下调整平面度，直至符合安装要求。

④ 将舱门上的左右固定座总成，以侧围立柱外侧和地板梁为基准定位。调整左右固定座与地板骨架梁的相对位置，符合要求后用大力钳夹紧，并分别焊接到地板骨架下。

⑤ 将气弹簧分别与支座及舱门板装配，并拧紧螺母。

（3）舱门调整。舱门安装后，若两门之间上大下小，则应调整低下去一端的左右固定座总成的转轴位置，松动螺钉，使转轴中心上升，并降低舱门上转臂固定座的位置，反复调整，使开关门时两门边沿保持平行；若两门之间下大上小，则调整方法与上述相反。

调整时注意：

① 调整舱门的三面间隙，使舱门上折边与辊压蒙皮下止口边距离控制在 1 ~ 2mm 之内，相邻舱门的相邻边与车身 X 轴向的间隙应上下均匀，误差为设计值 ±0.5mm，并与门框四周贴合。

② 将安装好的舱门同时抬高摆动，检验舱门间有无干涉、碰擦现象。开启稳定后，舱门相邻边在车身 X 轴向的间隙应控制在 4 ~ 10mm 内，且上下均匀，误差为 ±1mm。

（4）锁紧。调试好后，将舱门各支座上的螺栓锁紧并点蓝色漆。

（5）检查

① 舱门锁止时，前后相邻舱门边沿在车身 X 轴向的间隙应上下均匀，误差为设计值 ±0.5mm。

② 前后两个相邻舱门的相邻边上，对应点的距离在车身横截面（即与车身 X 轴垂直的平面）内的投影不大于 1mm。

③ 相邻舱门同时开启过程中，不得出现干涉、碰擦现象。

④ 舱门开启且自然稳定后，前后两相邻舱门的相邻边在车身 X 轴向的间隙应控制在4 ~ 10mm 内，且上下均匀，误差为 ±1mm。同侧任意两条舱门前后边上的对应点，在车身横截面内的投影不得大于 8mm。舱门下沿弧度一致，阶差不超过 2mm。

⑤ 气弹簧支座与舱门锁安装要符合要求，气弹簧无漏油和失效，见图 5-23。

⑥ 确认气弹簧的塑料膜和舱门摆臂上的牛皮纸完好。

（四）气动外摆侧舱门装配制作工序

（1）查阅相关图样及文件，确认车辆状态。根据相关技术图样，确定气缸、气弹簧状态，并检查舱门，确认无损坏或变形，且指示灯孔位置准确。气弹簧上的塑料薄膜和舱门摆臂上的牛皮纸应完好无破损。

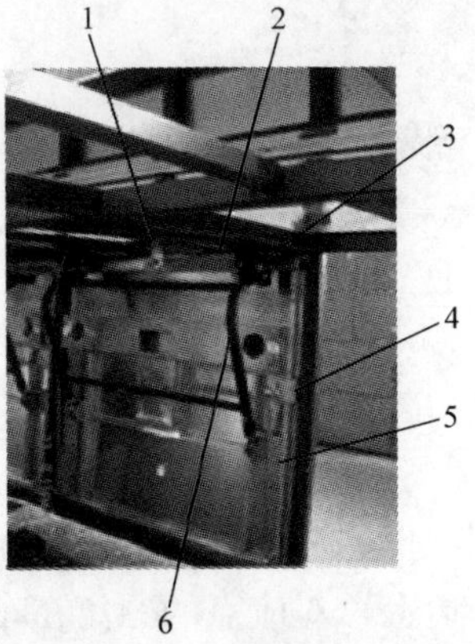

图5-22　手动机构示意图

1—气弹簧支座　2—气弹簧　3—左右固定支座
4—平衡杆固定座　5—平衡杆　6—转臂机构

图5-23　焊装车间内安装完毕的舱门

（2）安装气动机构

① 将两端托板上的支座调至中间位置。

② 将长转轴、T形轴承座（中齿轮）及短转轴组合成一体。预调好摆臂的弦长，将摆臂安装在长、短转轴上。

③ 将气缸支座和气缸组合成一体。

④ 根据图样要求，焊接平衡杆固定座和气弹簧支座。

⑤ 将两端托板按图样要求焊接在侧围立柱与地板骨架上。

⑥ 将安装好的转轴整体抬上，并和两端支座托板套在一起，调整各长、短转轴两端轴的长度。划出T形轴承座托架方钢的位置，并焊方钢。用大力钳夹住T形轴承座托架，用长铝型材以侧围立柱外侧定位调整转轴位置，调整后焊接T形轴承座托架，见图5-24。

（3）舱门安装

① 将各个舱门装在摆臂的螺栓支座上。将舱门关闭并与侧围骨架紧贴。

② 修整舱门平整度，确保舱门与骨架贴全，与安装要求相符。

③ 装入气弹簧，并用螺栓将其锁住。摆臂前端也应与舱门相应支座锁紧，并在转轴上锁紧螺栓。

（4）调整舱门

① 调整门的三面间隙：上间隙调摆臂的调整接头，使各舱门板上折边与辊压蒙皮下止口边的距离控制在1~2mm之内。相邻舱门相邻边在车身X轴向的间隙应上下均匀，误差为设计值±0.5mm。调整好三面间隙，并与门框四周贴合后，锁紧摆臂上的螺钉。

② 大致安装好舱门的同时，抬高摆动，检验舱门间有无干涉、碰擦现象。舱门开启稳定后，其相邻边在车身X轴向的间隙应控制在4~10mm内，间隙应上下均匀，误差为±1mm。若舱门出现两门之间上大下小的情况，则应调整低下去一端的摆臂的托板支座，松动支座紧固螺钉，调整支座下顶丝，使支座上升。同时，还要加长摆臂的弦长，并降低舱门上支座位置，反复调整，以使开、关门时两门门边保持平行；若两门之间下大上小，则调整方法与上述调整方法相反。

（5）锁紧

① 舱门调整到位后，将其推到关闭位置。

② 将气缸齿条压入气缸行程的末端，留微量的间隙，装上气缸。

③ 将气缸支座焊接在地板骨架上。

④ 接通气源后，调整气缸上节流阀至合适位置，使开、关门速度符合要求，然后再调试舱门，将托板支座顶丝顶到位。

⑤ 舱门各个支座上的螺栓应锁紧并点蓝色漆。

（6）检查

① 舱门处于关闭锁止状态时，前后两个相邻舱门的相邻边在车身 X 轴向的间隙应上下均匀，误差为设计值 ±0.5mm。前后两个相邻舱门的相邻边上，对应点的距离在车身横截面（即与车身 X 轴垂直的平面）内的投影不得大于 1mm。

② 相邻舱门同时开启过程中，不得出现干涉、碰擦现象。

③ 舱门开启且自然稳定后，前后两个相邻舱门的相邻边在车身 X 轴向的间隙应控制在 4～10mm 内，间隙应上下均匀，误差为 ±1mm。同侧任意两条舱门前后边上的对应点的距离，在车身横截面内的投影不得大于 8mm。舱门下沿应平整，阶差不超过 2mm。

④ 气弹簧下支座与舱门锁安装要符合要求，确保气弹簧无漏油、失效，见图 5-25。

⑤ 气弹簧上的塑料薄膜和舱门摆臂上的牛皮纸应完好无破损。

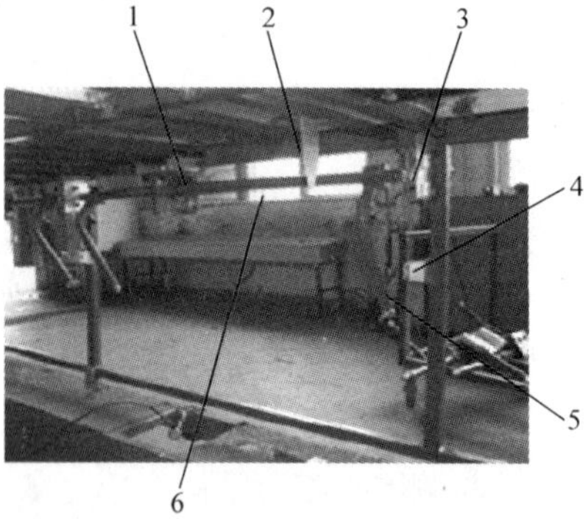

图 5-24　气动机构示意图

1—T 形轴承支座　2—气弹簧支座　3—两端托板　4—平衡杆固定座　5—摆臂　6—转轴

图 5-25　焊装车间内安装完毕的舱门

八、后发动机舱门装配制作工序及工艺要求

1. 准备工作

查阅相关图样及文件，确认车辆状态。检查相应整体式后舱盖有无变形。检查网孔铝板及降噪材料是否合格。

2. 贴降噪棉

撕去降噪棉粘接面保护纸，依次贴到后舱盖空腔内，确保与封板紧贴。

3. 固定网孔铝板

剪去网孔铝板与铰链和气弹簧支座干涉的部分，先贴到后舱门内表面上，再用圆头铆钉铆接。

4. 后舱门骨架焊装

（1）试将后舱门套装在后围上，划出后舱盖铰链的连接位置。

（2）矫正后舱盖与后围，使两者的弧度吻合。

（3）根据后舱门总安装图，确定气弹簧下支座及舱门限位块支座的位置，先焊接，再安装气弹簧和焊装限位块支架。

（4）将铰链连接板夹紧在骨架上，并调整到合适位置。将铰链连接板与后围骨架通过焊装连接。

（5）锁紧后舱盖铰链连接板螺栓。

（6）用角磨机把高于工作表面的焊瘤磨平。

5. 检查

后舱盖安装应符合设计要求，蒙皮周边间隙均匀，最大间隙差不应大于3mm，整体蒙皮上表面应平整、圆顺。网孔铝板后舱盖骨架的内表面要贴合，最大缝隙不大于2mm。后舱门的外表面应比两侧蒙皮面低2～3mm，见图5-26。

图5-26　后舱门示意图

九、白车身下线修整工序及工艺要求

（1）核对车身与底盘的型号是否一致。按流程卡核对配置状态，确保无错装、漏装。

（2）检查有无技术更改通知，更改或试装项目是否已落实，并收集相关反馈信息。

（3）核对检验卡是否齐全、完整，相关制作人员有无签字。

（4）按顺序检查外观蒙皮有无凹凸不平、划伤、鼓动等缺陷。检查各焊接处有无漏焊、脱焊等严重焊接缺陷。

（5）检查乘客门、侧舱门、后舱门的门缝是否均匀，过渡是否平顺，开启有无干涉。

（6）检查打磨质量，打胶质量，并确保车内无积灰、无杂物。

（7）检查各安装件是否已紧固、防松，是否有紧固标记。

（8）按核查结果对前序进行考核，并根据情况让责任人返修或本工位修整。

（9）用前后风窗样架检查前后风窗窗洞尺寸、止口深度，并依据样架修补、打磨前围蒙皮，样架与止口不贴合度应小于2.5mm，与前风窗框周边间隙应小于5mm。

（10）用左、右第一侧窗样架，检查左、右第一侧窗弧度是否符合要求。

（11）用前照灯样灯修配前围与保险杠，要求前照灯周边缝隙均匀。

（12）完成修整后，签字确认并报检。

思　考　题

1. 白车身焊装工艺应遵循的原则是什么？简述车身焊装的工艺流程。
2. 白车身骨架的构成及骨架分总成的焊装制作工序是什么？
3. 什么是白车身骨架的合装工艺？简述合装工序内容。

4. 顶盖蒙皮制作工艺都包含哪些？简述一种制作工艺的工序步骤及要求。
5. 侧围蒙皮的制作工艺有哪些？有什么区别？
6. 手动外摆侧舱门需要检查什么项目？
7. 客车在焊装制作过程中，有哪些种类的制作工序？

第六章　客车涂装生产工艺

客车白车身制作完成后，要对车身表面进行喷涂处理。目的主要包括两方面：一是提高防腐蚀性能，二是美化装饰。客车车身喷涂装生产主要工艺流程见图 6-1。

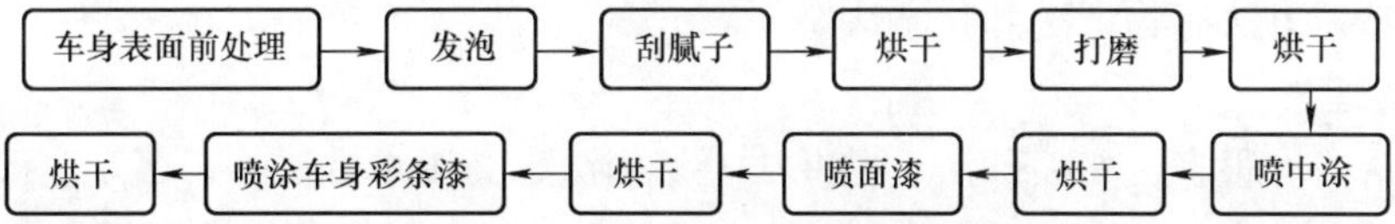

图 6-1　客车车身喷涂工艺流程

本章主要介绍涂装生产工艺流通环节中，各个环节的操作方法、步骤和注意事项。

第一节　车身表面前处理

车身表面前处理指脱脂、除锈、磷化及喷涂底漆。在客车的生产中，采用的原材料一般都用油层保护，表面有一层保护膜。而放置时间过长后，又会产生锈斑，这些油层和锈斑如果不清除，后期喷涂的油漆与车体的附着力就不够，时间一长，油漆就会脱落，对车体外观及防腐蚀性能造成影响。

一、脱脂

在客车涂装中，油污一般由防锈油、防锈脂、润滑油等矿物油，以及皂类、动植物油脂、脂肪酸和一部分防锈添加剂、金属屑、灰尘等组成，各种油污的物化性质有差异，例如动植物油脂在碱性介质中会发生皂化反应，因此又叫皂化油。矿物油脂不能起皂化反应，称为非皂化油。因此除去这些油污的机理和方法也不同，脱脂的方法主要分为两种。

（一）有机溶剂清洗

依靠有机溶剂对油污的浸透、溶解等作用达到去除油污的目的。常用有机溶剂有汽油、煤油、二甲苯、二氯甲烷、三氯乙烯等。有机溶剂的特点是脱脂效率高，特别是清除那些高粘度的油脂或重油泥具有良好的效果，缺点是毒性较大、防火要求严格、费用高、劳动条件差，随着新型高效水基清洗剂的出现，很多客车厂已不再采用有机溶剂脱脂，但也会将其作为碱液清洗前的一道辅助工序，或是对于一些非金属工件表面，由人工进行擦拭处理。

（二）碱液清洗

利用含有表面活性剂的碱性物质对动植物油的皂化及表面活性剂的浸润、分散、乳化和增溶作用达到除去油污的目的。常用于清洗的碱类物质有氢氧化钠、硅酸钠、碳酸钠和磷酸盐类。其中皂化能力较强的有氢氧化钠、硅酸钠和磷酸盐类。

碱类物质除具有一定的皂化能力外，还具有较强的乳化能力，且如碳酸钠这样的材料成本较低。非离子型表面活性剂分散能力强，对碱稳定，因此在工业清洗中，非离子型表面活性剂得到了广泛的应用。

影响脱脂质量的主要因素有脱脂温度、脱脂时间、脱脂中的机械作用，以及脱脂剂的组成和使用方法等。

二、除锈

客车生产采用的金属材料都是易氧化物质，在储存、加工过程中，表面容易形成氧化皮或锈蚀，在涂装之前必须把它们除去，一般把这一过程称之为除锈。

常用的除锈方法有物理法和化学法。

（一）物理法

物理除锈法有很多，如喷砂法、抛丸法、切削法、高压水洗法等，客车生产中一般使用钢丝刷、锤子、砂布、角向磨光机等进行人工除锈。由于它费力、效率低，不适于大批量生产。

（二）化学法

化学法是用化学品（酸）通过化学反应来溶解并消除金属表面氧化物的方法。

化学法与物理法相比，不易引起底材变形，不易产生伤痕，能够比较完全地将底材各个角落的锈除去。但是，经化学处理后的金属表面呈高度活性状态，如果不进行相应的后处理，则其表面会更容易遭到腐蚀。工业中常用的化学品一般为酸类，如硫酸、盐酸、磷酸、氢氟酸等。在使用强酸进行酸洗时，为了防止其对金属产生过腐蚀，要在酸洗液中加入缓蚀剂。缓蚀剂是一种极性分子，它能选择性地在金属表面的活性区域，以吸附的形式形成一层保护膜，阻止酸与金属继续反应，防止产生过度腐蚀，预防氢脆，具有较大的实用价值和经济价值。常用缓蚀剂有醛－胺缩聚物、硫脲及其衍生物、吡啶及其衍生物等。需要说明的是，冷轧薄板应尽量避免酸洗。

三、磷化

除去氧化皮或油膜后的金属表面处于高度活性状态，很容易受周围介质影响而再次生成氧化物、氢氧化物等，并附着在金属表面，影响涂装质量。因此，必须利用化学处理使其生成有利的保护膜。客车涂装常用的处理方法有磷化、钝化等。

磷化指使金属表面在一定的条件下与含磷酸二氢盐的酸性溶液接触，发生化学反应而在金属表面生成稳定的不溶性的无机化合物膜层的一种表面化学处理方法，它所生成的膜称为磷化膜。

（一）磷化的作用

磷化膜具有以下作用：

（1）在物理和化学作用下，增强了有机涂膜对金属底材的附着力。磷化膜的微观结构是多孔的磷酸盐结晶体，这种结构大大增加了基材的表面积，使之与有机涂膜间的连接面积相应增加，更重要的是它使两膜层间产生了有利的互渗透，同时，不饱和树脂和磷酸盐晶体间的化学作用，也增强了两者的结合力。

（2）提供了稳定的不导电的隔离层。涂膜破损后，它还具有抑制腐蚀的作用，即“自愈”能力。

（二）磷化后处理

磷化后处理主要包括钝化和干燥。

磷化后的钝化处理指对磷化膜采用含铬的酸性水溶液进行补充处理，这样的处理可以进一步提高磷化膜的耐蚀性，这种作用主要来自两个方面：一是使磷化膜中暴露的金属进一步氧化，或生成铬化层，封闭、填补磷化膜孔隙，使其稳定于空气之中，以便提高磷化膜层的防锈能力。另一方面，钝化对于提高磷化膜P比低的高锌磷化膜的二次附着力有显著的作用。

磷化膜水洗后应进行烘干，其目的主要有两个：一是除去表面的水分，为后面溶剂型涂料的施工做准备。二是进一步提高涂装后膜的耐蚀性。烘干温度应在120~150℃之间，持续时间为20~30min。

四、涂底漆

底漆的施工有喷涂、浸涂、电泳等方法。底漆涂层一般要求膜厚为20~30μm，不能有残缺，应整体均匀、一致。经过表面处理的工件表面应具有良好的附着力，极好的耐腐蚀性、耐水性，同时还必须考虑与中涂、面漆的配套性。

客车生产中常用的底漆有环氧聚酰胺底漆、环氧酯底漆、磷化底漆、电泳底漆、自泳底漆等。

表6-1　各种底漆的比较

	环氧聚酰胺底漆	环氧酯底漆	磷化底漆	电泳底漆	自泳底漆
适用范围	金属、非金属	金属、非金属	金属	金属	铁金属
操作方式	空气喷涂，自然固化	喷、浸、烘干	浸、烘干	浸、烘干	浸、烘干
优缺点	1. 与金属和非金属附着力强，漆膜密实坚硬 2. 暴露表面易开裂 3. 外观质量差	1. 适用于车身表面各种基材 2. 外观质量好	1. 需要与其他底漆配套使用 2. 对铝的附着力强	1. 设备要求高，投入成本大 2. 效率高	使用范围局限

电泳涂装是将具有导电性的被涂物浸渍在用水稀释的、浓度比较低的电泳涂料槽中，作为阳极（或阴极），在槽中另外设置与其相对应的阴极（或阳极），在两极间通一定时间的直流电，在被涂物上析出不溶于水的、均一的涂膜的一种涂装方法。涂膜经烘干交联后，具有极好的耐蚀性，常被用作汽车或家电产品的底漆。电泳涂装在实际应用中显示出优质、高效、安全、经济、低污染等优点，受到世界各国的重视，特别是在汽车工业中得到了广泛的应用。

根据被涂物的极性和电泳涂料的种类，电泳涂装法可分为阳极电泳涂装（AED）和阴极电泳涂装（CED），阴极电泳涂膜的耐蚀性比阳极电泳涂膜要高5倍以上。因此，阴极电泳涂装法已成为提高汽车车身使用寿命的重要手段，被全球汽车厂商普遍应用。

电泳涂装法中的槽液维护管理较严格，需要整流设备、加热降温装置、去离子水发生装置、超滤装置，甚至应急发电机等一系列设备，一次性投入较大。

1. 电泳前的注意事项

（1）确定前步工序中使用的胶是否为电泳工艺要求的胶类。

（2）为使构件的内外均能电泳到位，确定是否开工艺孔，并检查工艺孔开得是否合理。

（3）为使涂装前处理槽液达到指标要求，应对槽液进行测试。

2. 检测方法

（1）检测条件：温度 45 ~ 60℃，游离碱点 13 ~ 15。

（2）用移液管移取 10mL 的槽液到锥形瓶中。

（3）加入 3 滴酚酞指示剂。

（4）用 0.1N 硫酸滴定，直至该溶液中粉红色消失。所消耗的 0.1N 硫酸的量即为游离碱点 pt（即每耗用 1mL 滴定液相当于 1 个游离碱点）。

第二节　刮　腻　子

刮腻子的主要作用是将车身表面不连贯的曲面及凹凸补齐。

腻子的种类有很多，现在客车行业使用的腻子主要有：原子灰、钣金原子灰、金属原子灰、纤维腻子、红灰。

一、原子灰

原子灰的学名为不饱和聚酯腻子，它包括 A、B 两个组分。A 组分由不饱和聚酯树脂、促进剂、增韧剂、分散剂和填料组成。B 组分主要由引发剂、颜填料组成，通常只占总量的 2% ~ 5%。使用时，将 A、B 两组分按比例调和均匀后，刮涂在工件表面上，B 组分中的引发剂在 A 组分中的促进剂作用下，分解出氧自由基，并引发 A 组分中的不饱和聚酯树脂的双键形成活性基团，使大分子链迅速增长，树脂从无规则的线性结构逐渐形成网状结构，使原子灰得以干燥、固化。原子灰具有以下优点：

（1）收缩小。原子灰不含可挥发溶剂，几乎可以 100% 参与固化，因此固化后的体积收缩率在 1% 以下，一次涂刮可达 5mm 以上。

（2）干燥速度易调节。施工中可以通过增加或减少 B 组分（固化剂）比例的方法来调节原子灰的干燥速度（一般厂家推荐比例为 A∶B = 100∶2）。

（3）调配容易，使用方便，涂刮相对顺畅（施工稠度宜在 9 ~ 12cm）。

（4）常温快干，容易打磨，干磨、水磨均可。

（5）腻子层平整、细腻、光滑、致密，很少吸收面漆基料。

（6）与表面油漆的配套性好，可与醇酸、环氧、氨基、丙烯酸、聚酯等多种涂料配套使用。

原子灰的不足之处是不耐高温烘烤，当厚度超过 2mm，温度超过 110℃时，它容易起泡或炸裂。客车用原子灰技术条件见表 6-2。

表 6-2　客车用原子灰技术条件

检测项目	技术要求	检测方法	备注
主体灰外观	浅灰色膏状，无结皮，无结块，无沉淀	目测	
稠度	9 ~ 10cm	GB/T 1749—1989	
混合后可使用时间	8 ~ 12min	目测	室温
刮涂性	易刮涂成形，反复刮涂不卷边	目测	
干燥时间 （可打磨时间）	30 ~ 40min（80℃） 4h（20℃）	目测	

（续）

检测项目	技术要求	检测方法	备注
打磨性	易湿磨或干磨，平滑不粘砂纸	目测	
结合强（热振试验）	不开裂，不揭层		
柔韧性	≤100mm	GB/T 1748—1989	
冲击强度（0.5mm ±0.05mm 马口铁）	≥490N · cm	GB/T1732—1993	
耐烘烤性（90℃ ±5℃，6h）	不鼓包，无气泡，不变色，允许轻微开裂	目测	
配套性	漆膜无变色、渗色、膨胀、起皱、咬底、回粘等异常情况	目测	

二、钣金原子灰

钣金原子灰是一种比原子灰柔韧性更好、强度更高的填补材料，与原子灰相比，它干燥速度更快，收缩率低，胶连密度比高。

钣金原子灰自然干燥 30min 后就可以打磨。但由于其柔韧性优异，打磨较原子灰困难。

三、金属原子灰

金属原子灰是在树脂中添加了金属粉的一种填补材料，收缩率低，干燥后硬度接近金属，打磨较困难，一般用于打底层。

四、纤维腻子

纤维腻子是在不饱和树脂中加入玻璃纤维。它一般用于玻璃钢间或玻璃钢与其他部件间的连接。纤维腻子机械强度高，收缩率低，具有良好的抗拉伸性能。

五、腻子的刮涂方法

1. 抹涂

首先用刮刀的一面蘸上腻子，腻子的量视缺陷程度而定。操作时，使蘸有腻子的刃口与刮涂面成一定角度，从表面缺陷处的始端由上到下，或从左到右，靠手腕移动用力平行刮涂。随着刮刀的移动，腻子不断转移到被涂表面，同时，刮刀上粘附的腻子逐渐减少。要求刮刀在移动过程中逐渐加大向前倾斜的程度，迫使腻子完全粘附在被涂物表面。

2. 刮平

刮平是将抹涂在被涂物表面的腻子层刮涂平整，消除明显的抹涂痕迹。刮平时，应先将刮刀上的腻子去掉，然后用力将刮刀向前倾斜，使其贴附在腻子层上，并按照抹涂时刮刀的运行轨迹向前刮，随着刮刀的移动，它上面粘附的腻子会逐渐增多。刮刀与被涂面的夹角逐渐增大，直至呈 90°时，把多余的腻子刮下来。

3. 修整

整个腻子层基本平整后，需修整个别不平整的缺陷、接缝痕迹、边角缺损等。修整时，刮刀向前倾斜并用少许腻子填补，用力不要过大，以防损坏整个腻子层。

要多次刮涂，腻子层才牢固结实，不能要求一次刮涂腻子就使腻子层达到预定的厚度。如果一次刮涂过厚，则腻子层易开裂脱落，且干燥慢。因此，刮涂次数一般不得少于三次。每次刮涂腻子都必须注意是否有气泡残留，第一次刮涂就要对缝隙进行压实，排挤气泡。

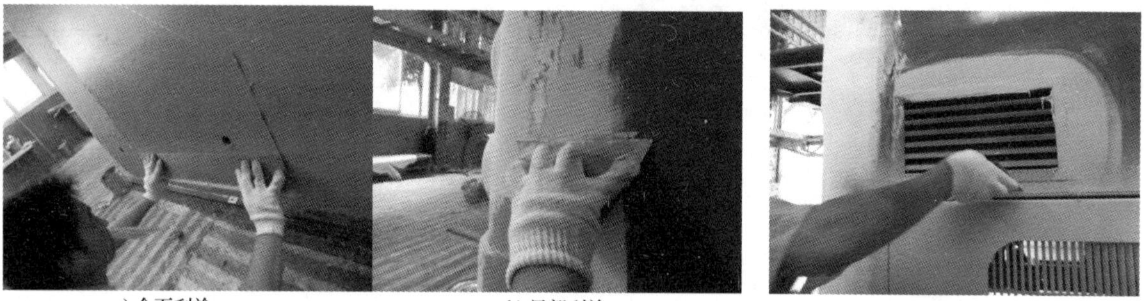

a) 全面刮涂　　b) 局部刮涂　　c) 压填

图 6-2　腻子的刮涂方法

第三节　打　　磨

一、打磨工艺

涂装工艺中的打磨工序主要有三个作用：其一，清除底材表面上的毛刺及杂物。其二，在平滑的表面上，通过适当打磨来增加涂层的附着力。其三，减小腻子表面的粗糙度，如腻子的打磨就是以此为目的。刮过腻子的表面在干燥后一般比较粗糙，必须经过打磨后才能获得平滑的表面。

打磨腻子的方法可分干磨和水磨两种。打磨前，砂纸或砂布的选择和使用顺序很重要。头道打磨可使用 100 ~ 150 号粗砂布或砂纸。然后，根据涂膜的平滑度，从 240 ~ 400 号，甚至 800 号，逐步提高砂布或砂纸的号码，使其打磨得更细致，得到更平滑的涂面。打磨时，一定要使用木制或橡胶制的垫板，把砂布或砂纸贴附在垫板上，紧紧地压在涂面上，并沿着涂面的形状大幅度地摩擦，这样可以有效去除涂面上一些细小的畸变。客车行业部分砂纸和砂布目数和粒度的换算关系见表 6-3。

表 6-3　砂纸和砂布目数和粒度的换算关系

区分	标号（粒度）			
	国产	日本 JIS	美国	平均粒径/μm
超微细目		1200 ~ 1500		15 以下
	1000	1000		15 ~ 18
	800	800		19 ~ 29
	700	700		22 ~ 24
	600	600		26 ~ 29
	500	500		31 ~ 33
	400	400	1010	36 ~ 40

（续）

区分	标号（粒度）			
	国产	日本 JIS	美国	平均粒径/μm
超极细目	360	360		46～50
	320	320	910	54～64
	280	280	810	65～71
	240	240	710	87～93
极细目	220	220	610	109～119
	180	180	510	137～147
细目	150	150	410	166～179
	120	120	310	190～205
	100	100	210	227～247
中目	80	80	0	275～295
	60	60	1/2	420

打磨腻子的作业方式可分为手工打磨和机器打磨（图6-3）。打磨机有电动和气动两种，很多打磨机还配置有吸尘装置，以改善作业条件。电动打磨机只要接通电源就可使用，比较方便，缺点是重量大，水磨时有漏电的危险。气动打磨机需要配置压缩空气软管，但重量轻，效果好，转速可调，使用方便、安全。用打磨机打磨腻子的方法与手磨时相同，砂布、砂纸的选用也是从粗到细，而且要用压板和粘结剂将砂纸固定牢。打磨机应轻轻地与被涂面接触后再打磨。打磨机靠机械运动进行打磨，因此，其加工面难免有些粗糙，特别是一些内、外角，或圆弧、曲面较难打磨平滑，打磨时，掌握不好力度，容易产生过磨现象。因此，打磨到一定程度时，就不能再用打磨机，而要用手磨进行精细作业。

a) 手工打磨　　b) 机器打磨

图6-3　腻子打磨

打磨机按运动形式可分为盘式打磨机（图6-4）、轨道打磨机（图6-5）、复动式打磨机（图6-6）、直线型打磨机和齿轮型打磨机。各种打磨机的运动轨道不同，用途也不尽相同。大型的综合打磨机，例如日本岩田株式会社根据工件形状设计制造的一种大型打磨机，可以在工位的轨道上以一定的速度行走，并能打磨新干线高速列车的车体。

图 6-4　盘式打磨机

图 6-5　轨道打磨机

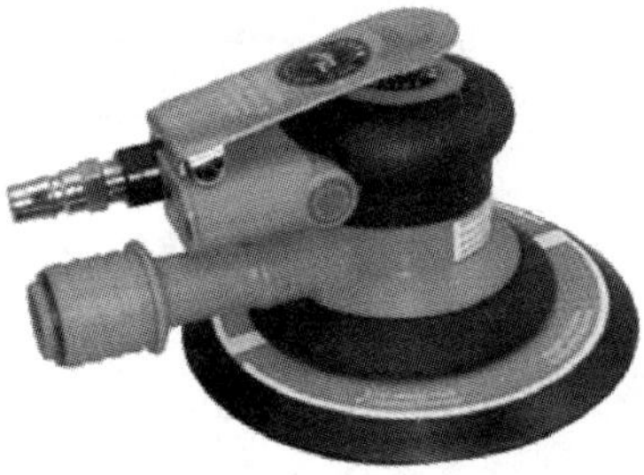

图 6-6　复动式打磨机

手工打磨操作技法：进行涂层打磨时，操作方法是拇指在下，四指在上握住砂布或砂纸，但不能握得太紧。尤其是手工打磨复杂曲面时，要顺其自然地轻磨慢打。

打磨操作：磨掉残留的腻子、毛边、腻子渣、不平整腻子面时，要轻磨慢打，边缘棱角要磨分明。严禁同时纵横双向打磨，不得露底，不能留有砂纸、砂布的磨痕。打磨后，要吹擦或用水冲洗擦拭干净。

二、打磨注意事项

（1）应严格按工艺要求选用砂布或水砂纸，打磨前应将砂纸对折搓动，以打掉杂质颗粒。

（2）打磨应注意方向性，不得朝各个方向乱磨。打磨时不应压得过紧。为提高打磨平整度，手工打磨时，可垫上软磨块或橡胶磨块。软磨块适用于干磨腻子、中涂，橡胶磨块适用于中涂、面漆。

第四节　喷　中　涂

涂中间涂料的主要作用是对底涂（腻子层）进行修饰，腻子层的一些小缺陷（如麻眼）通过喷涂该涂料后，可得到较好的修整。颜填料在涂料中所占的比重比腻子小，比面漆大，填充能力较强，漆膜厚度 50μm 以上。表 6-4 是客车中涂涂料技术条件。

表 6-4　客车用烘干中涂漆技术条件

检测项目	技术要求	检测方法	备注
漆膜外观	漆膜平整光滑	目测	
原漆外观	无结皮分层、杂质、允许轻微沉淀、易于搅匀	目测	
粘度	70～100s	GB/T 1723—1993	
细度	≤30μm	GB/T 1724—1979	
烘干条件	90℃/40min		
附着力	≤2 级	GB/T 1720—1979	
冲击强度	50kg · cm	GB/T 1732—1993	
柔韧性	≤2mm	GB/T 1731—1993	
硬度	≥B 级	GB/T 6739—2006	
打磨性	易打磨，打磨后表面均匀光滑	GB/T 1770—2008	
遮盖力（灰）	≤80g/m^{2}或 32μm	GB/T 1726—1979	
配套性	不经打磨与烘干面漆之间的层间附着力良好	GB/T 1720—1979	

中涂可以保护底涂层，减缓外来冲击对底涂层的损伤，阻止上涂溶剂的浸渍对底涂层可能造成的溶涨作用。同时，它还可以阻止腻子层对上涂涂料中树脂的吸收，以提高面漆的光泽和丰满度。

中涂漆必须具备附着力强、丰满度高及研磨性好的特点，另外，还要吸收少，流平性相对好，以防减弱面漆的各种装饰性能。因此，中涂颜色和树脂，以及颜基比的选择非常重要，通常，颜基比介于面漆和二道浆之间，涂膜呈光亮或半光。客车常用的中涂漆有丙烯酸类、聚氨酯类等，各种中涂的性能有所差异。根据树脂成膜的机理不同，其干燥形式和温度要求也不一样。因此，在选择时要根据具体的工艺，做好试验，可在厂家的配合下，对配方进行适当的调整。中涂漆的颜色最好能和面漆的颜色接近或配套。但由于面漆颜色经常调换，为便于通用，我国客车行业常用中涂漆的颜色为灰色、浅灰色或浅蓝色。

中涂的喷涂可使用普通空气喷涂、空气辅助式无气喷涂、HVLP喷涂和静电喷涂。喷涂粘度一般可比面漆稍高2~5s，采用“湿碰湿”工艺，喷涂厚度在50~70μm。

为了减少面漆的缺陷，在中涂干燥之后，要进行一次彻底的打磨和清洁工序。中涂之后的打磨应选用400#以上的砂纸。

中涂打磨结束后，要仔细地擦干净，使被涂面保持足够的清洁，不能留下残渣汗渍等。待打磨烘干后，喷面漆之前，应使用粘尘布将车体通擦一遍。

第五节　喷　面　漆

汽车面漆（含罩光漆）是其涂层外观质量总的体现。从外观上看，面漆的构成要素包括：粗糙度、光泽度、丰满度、鲜映性等多项指标，它的内在性能是对车身的保护性，如耐候性、耐介质腐蚀性、耐石击性等。只有具备良好的施工性能，才能体现上述的保护性和装饰性。

喷面漆就是把各种不同的面漆涂料，用适当的喷涂方法进行表面涂装，严格地说，图案漆的喷涂也是面漆喷涂的一种。

我国客车厂商现在使用最多的面漆是双组分聚氨酯漆与丙烯酸树脂漆。素色漆和清漆属于聚氨酯漆与丙烯酸分开包装的双组分型，金属漆和珍珠漆属于丙烯酸体系油漆。表6-5是某客车厂用各色丙烯酸聚氨酯面漆的技术条件。

1. 丙烯酸树脂面漆

丙烯酸树脂面漆被广泛用于制造汽车漆，因为它具有与汽车面漆技术要求相吻合的下列特性：

① 耐候性好，保光、保色性优良。在紫外线的照射下不易发生断链、分解或氧化等化学变化，因此漆膜的颜色和光泽可以保持长期稳定。

② 树脂是无色透明的，因此所制清漆漆膜也完全透明无色。制造浅色漆时色泽鲜艳，能制得纯白色漆膜。

③ 可制成中性涂料，与铝粉、铜粉等颜料不反应，可制取色泽非常鲜艳的金属闪光色面漆，且耐候性特别优异，显著地优于以三聚氰胺醇酸树脂为基料的金属闪光漆。

④ 耐化学药品性好，可耐一般的酸、碱，还耐醇、油脂、汽油等。

⑤ 耐热性、耐寒性和耐温变性优良。热塑性的丙烯酸漆可在180℃以下使用，而热固性

的丙烯酸漆的性能更好。

⑥ 具有优良的力学性能和附着力，漆膜硬度高。

⑦ 具有优良的抛光性能，能得到平整光滑、物像清晰、光亮如镜的漆膜外观。

丙烯酸树脂漆是一种优良的装饰性涂料，它的不足之处是漆膜的丰满度欠佳，烘干温度不易降低。有些品种含有残余游离单体，施工人员难以适应其气味。丙烯酸面漆可分为热塑性和热固性两种，前者随溶剂的挥发而干燥，后者要靠热、交联剂或两者结合的作用才能固化成膜。

汽车用热固性丙烯酸金属闪光漆的涂饰工艺，与三聚氰胺醇酸面漆相同，也适用于“湿碰湿”工艺，即先喷涂一道含闪光颜料的底色漆，晾干 3 ~5min 后，再在湿膜状态下喷涂 1 ~2 道罩光清漆。

2. 聚氨酯漆

聚氨酯漆的全名应为聚氨基甲酸酯漆，它具有以下特性：

① 涂膜坚硬（硬度可达 0.8 ~0.9HBS），其硬度、柔韧性、耐磨性在涂料中都属于比较优异的。它继承了丙烯酸烘漆的耐候性及保光保色性好的优点，且丰满度又较丙烯酸烘漆更为优秀。

② 耐非氧化性无机酸、碱、盐、水等介质。

③ 具有良好的附着力和耐热性，其耐热性仅次于有机硅涂料，而其附着力接近环氧树脂涂料，但装饰性又大大超过它们。

④ 应用范围广，可自干，也可加温干燥。

然而，异氰酸酯有一定的毒性，因此在使用时应加强劳动保护，改善通风条件。另外，它的施工性能也欠佳，其分子结构极性较大，内聚力强，因此表面张力比较高，漆膜对金属的润湿性差，容易出现缩孔、缩边等漆膜弊病，需要较高的喷涂技巧。再次，芳香族聚氨酯涂料的保光、保色性差，不能作为汽车用漆材料，只能采用脂肪族聚氨酯涂料。某客车厂用各色丙烯酸聚氨酯面漆技术条件见表 6-5。

表 6-5　某客车厂用各色丙烯酸聚氨酯面漆技术条件

项目		技术要求	检测方法	备注
外观及颜色	原漆	无结皮分层、沉淀、异物，易搅匀。	目测	
	固化剂	均质透明，无杂质、杂色。	目测	
	涂膜	平整光滑，颜色符合标准样板。	目测	
粘度		60 ~130s	GB /T 1723—1998	
细度		≤15μm	GB /T 1724—1989	
不粘灰时间		≤15min		
表干时间		1 ~1.5h	GB /T 1728—1989	
施工固体份		≥48%	GB /T 1725—1989	
施工时间		6 ~10h		
铅笔硬度		48h/80℃ ×1h≥B；168h≥HB；336h≥2H	GB /T 6739—2006	
光泽（20°）		≥85%，无光漆≤10%	GB /T 1743—1989	
附着力（划格法）		100/100，≤1 级	GB /T 1720—1989	

（续）

项目		技术要求	检测方法	备注
柔韧性		≤1mm	GB/T 1731—1993	
冲击强度		≥490N·cm	GB/T 1732—1993	
鲜映性		垂直≥0.5；水平≥0.6		
遮盖力	白色	≤120g/m²	GB/T 1726—1989	
	黑色	≤40g/m²		
	蓝色	≤80g/m²		
耐热性	外观	无粉化，失光，色差	目测	100℃×2h 或80℃×4h
	附着力	≤2级，或100/100，1级	GB/T 9286—1998	
	冲击	≥294N·cm	GB/T 1732—1993	
抗流挂性		≥50μm		
耐水性		无起泡、剥落，变色，失光	GB/T 1733—1993	
耐溶剂性（RT×1周）90#汽油/0#柴油/机油		无起泡、剥落、变色，失光	GB/T 1731—1993	
耐酸性（0.1N硫酸）RT×48h		无起泡、剥落、变色、失光	GB/T 1763—1989	
耐碱性（0.1N NaOH）RT×48h		无起泡、剥落、变色、失光	GB/T 1763——1989	
修补性	附着力	100/100，≤1级	GB/T 9286—1998	
	冲击	≥294N·cm	GB/T 1732—1993	
	柔韧性	≤2mm	GB/T 1731—1993	
人工老化（1000h）		无起泡，剥落，变色，失光≤15%	GB/T 1765—1989	
耐候性		1级	GB/T 9276—1996	
耐湿性（1000h）		1级	GB/T 1740—2007	

金属闪光漆和珠光漆之所以多采用丙烯酸聚氨酯作为罩光清漆，是因为它可以使漆膜表面平整光亮，而且可以保护金属鳞片（珠光颜料）不受风雨、酸雾、鸟粪等的腐蚀。较厚的罩光漆漆膜，金属闪光立体感强，丰满度好，因此有的客车厂采用两次罩光，或用高固体分罩光漆，罩光漆膜厚度（干膜）达35μm以上。烘烤型金属闪光漆与清漆采用“湿碰湿”工艺，一次烘烤。喷涂罩光清漆时，要防止铝粉移动（俗称“回溶”），要求喷涂金属闪光漆与清漆的间隔时间不能太短。

第六节　喷涂车身图案

一、图案

前面已经提到，图案漆也是一种面漆，只不过它更加突出装饰性作用。通过使用各种不同色泽的面漆来构成特定的设计图案，可增加客车的整体美观度，进一步提升商品的价值。

图案的设计有很大的技巧，过于简单虽然易于喷涂，但可能显得呆板、单调。过于绚丽多彩，如果掌握不好，可能导致施喷次数过多。目前，我国越来越多的客车厂开始采用烘烤线涂装，在有4～5种颜色的情况下，如果安排不好的话，需经2～4次烘烤。彩条在整体面积上所占比例虽然不太大，但是为了使其固化，也必须将整车重复升温至80～90℃，不仅费时耗能，过度的烘烤也会对底涂层产生不良影响，因此彩条图案的设计非常重要。图案设计应注意的问题包括：

① 色调的选择与色彩的配合合理。

② 新颖、别致、有创新，是图案设计的宗旨。

③ 要与外形相结合。

④ 要有动感。

⑤ 避免过于复杂。

二、模版

将已定稿的图案的图样，通过计算机输出到专用刻绘机上，刻绘出1∶1的模版。模版一般用单面胶纸刻录。

三、喷图案

在喷图案前，先将模版固定在要喷的部位，同时做好其他部位的防护。色彩多的图案要按顺序逐一喷涂。

思　考　题

1. 客车车身喷涂生产中的主要工艺流程有哪些？
2. 客车车身表面前处理有哪些工序？其常用方法各有哪些？
3. 简述客车上腻子灰的刮涂步骤。
4. 涂装工艺中的打磨工序有哪些注意事项？
5. 我国客车行业现在使用最多的面漆主要有哪些？各有哪些特性？
6. 客车整车图案设计应注意哪些问题？

第七章　客车总装生产工艺

本章主要讲述客车的总装配生产工艺，包括：总装生产工艺特点、客车电器件及空气调节系统安装、客车车厢地板安装、空调管道及行李架的安装、内饰件安装、车门窗安装、逃生装置安装等，重点阐述了安装方法和注意事项。

第一节　总装生产工艺特点简述

一、客车总装生产工艺的特点

客车生产的最后一道工序必定是装配（包括检测和调整），否则各种零部件无法组合在一起并发挥应有的作用。所谓装配，即将各种零部件、合件或总成按规定的技术条件和质量要求，连接组合成完整产品的生产过程，也可称为使各种零部件、合件或总成具有规定的相互位置关系的工艺过程。

总装生产工艺是整车全部制造工艺过程中的最后一道工序，即把经检验合格的各种零部件、分总成和总成，按规定的技术条件和质量要求连接组合成整车，并通过严格的检验程序，确认其是否合格的生产工艺过程。

（一）客车总装生产必须达到的技术要求

1. 装配的完整性

必须按工艺规定，将所有零部件、总成装上，不得有漏装、少装现象。

2. 装配的统一性

按生产计划，对基本车型进行装配，不得误装、错装和漏装，装配方法必须符合工艺要求。确保各车间装的同种车型统一、同一车间装的同种车型统一、同一工位装的同种车型统一，简称“三统一”。

3. 装配的紧固性

螺栓、螺母、螺钉等紧固件必须达到规定的拧紧力矩要求。应交叉紧固的必须交叉紧固，否则会造成螺母松动，带来安全隐患。螺纹连接不能有松动现象，但也不能过紧，过紧会造成螺纹变形，螺母卸不下来。

4. 装配的润滑性

按工艺要求，所有润滑部位必须加注定量的润滑油和润滑脂。对发动机来说，如果润滑油过少或漏加，运转起来，很快会造成齿轮磨损，导致拉缸现象，直到整机损坏；如果加注过多，发动机运转时，润滑油很容易窜到燃烧室，并在燃烧后产生积炭。因此，加油量必须符合工艺要求。

5. 装配的密封性

（1）冷却系统的所有接头不得漏水。

（2）燃油系统的各管路连接和燃油滤清器等件，不得有漏漆、漏油现象。

（3）装油封时，将零件擦干净，涂好机油，轻轻装入，油封不要碰到刃口，否则会产生漏油。

（4）要求空气管路里的连接处，必须均匀涂上一层密封胶。胶要涂在锥管接头的螺纹上。管路连接胶要涂在管箍接触面上。管路不得变形或歪斜。

（二）客车总装生产工艺过程特点

客车总装的零部件、总成种类繁多，数量大，作业内容复杂。客车总装生产工艺与车身生产工艺过程中的冲压、焊装、涂装等工艺过程相比，具有如下特点。

1. 视觉舒适性

客车是用于载运人员及其随身行李物品的运输工具，服务对象是乘客。人们对客车乘坐空间的舒适性、视觉性、豪华性的要求日益提高，这一方面对客车的内、外装饰设计和装饰件的选择提出了越来越高的要求，另一方面对各类装饰件在客车上的装配也要求做到精益求精。

2. 手工作业性

客车总装的主要作业内容是装配。装配件的品种、数量繁多，装配关系复杂，装配位置多样，另外，总装不仅要"装"，还要"配"，这决定了它仍以手工作业为主的操作模式。

因此，许多企业为了改善总装配的作业环境，不惜花巨资采取各种措施，如合理设计厂房的供暖、通风、空调系统，改善作业环境的温度和湿度，控制噪声，保证照明等。这些措施无一不是为改善工作环境，调动工人的劳动热情，以达到提高客车装配质量和提高生产效率为目的。

3. 各车型及个性订单的工艺方法和作业内容的差异性

对于不同车型，甚至同型不同批次的客车而言，其产品结构，装配工艺方法和作业工作量差异很大，这给总装生产线的生产组织带来一些困难。如客车装配过程中，通常会遇到安装不同品牌、不同型号的发动机，以及是否安装车用空调等问题。客车总装复杂性、多样性的发展趋势，对于生产批量不大的客车而言尤为突出。解决这个问题最有效的方法是：在需要和可能的情况下，将客车总装生产线分成几条小的总装生产线。将尺寸大小、作业内容、工艺方法、工作量相近的车型集中在一条生产线上进行装配，或者在生产主线外加强预装配工作，减少主生产线上的装配工作量，以达到均衡生产节奏的目的。

4. 非金属材料的大量使用

为了减轻客车重量，降低成本，提高装饰档次，越来越多的客车采用非金属材料和粘接工艺，并广泛采用密封材料。粘接工艺和非金属材料的特性，对厂房的温度、湿度以及清洁度提出了更高的要求。

5. 连接方式多样化

装配就是把各种零部件、合件或总成组合起来，其主要的方法就是连接。总装配中的连接可以分为以下种类。

（1）可拆式活动连接。两件或两件以上零件，自身或借助其他零件连接后，两者之间能相对运动，可拆卸后再连接，且不损坏其中任何一个零件。例如：铰接、圆柱销连接。

（2）不可拆式活动连接。两件或两件以上零件，自身或借助其他零件连接后，零件之间能相对运动，但不能再拆开，或者拆开后必定损坏其中一件或几件零件，不加修复或更换便不能重新连接，如焊接、胶接。

（3）可拆式固定连接。两件或两件以上零件，自身或借助其他零件连接后，两者之间不能相对运动，可以拆开，且可以重新连接，而不损坏其中任何一个零件。这种连接在汽车生产中最为常见，如螺纹连接、键连接等。

总装配中使用的非金属材料越来越多，一般情况下，除了焊接方式外，其他连接方式几乎都有应用。其中，应用最多的连接是可拆式固定连接和可拆式活动连接，即螺栓、螺钉以及粘接工艺。

二、客车总装配工艺流程

总装配中的每一个工序的作业内容（可称为工序内容）主要包括：拿取零部件（或分总成、总成）和装配工具，安放零部件（或分总成、总成）并使其就位，连接紧固，检查与调整等。有时还需进行油液的加注。各类装配作业所占的比例见图7-1。

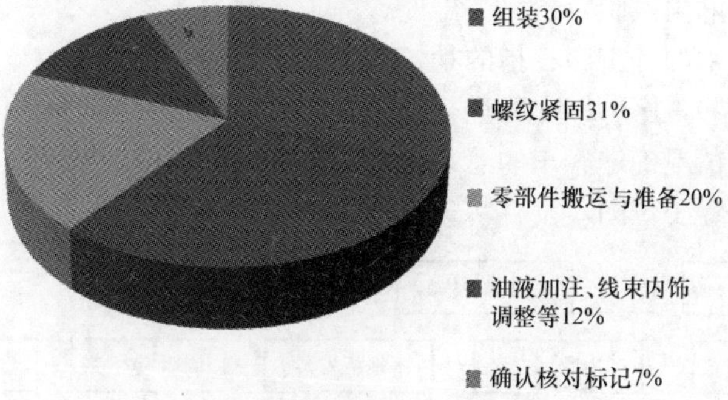

图7-1　装配作业的分配比

（一）客车总装配的概念

客车总装配通常以涂装完工的车身总成为装配基础件，在多工位的流水生产线上，按装配顺序从一个工位向另一个工位移动，并在每一个工位上，按工艺技术规范完成一定的装配作业，最终完成客车的总装配。

根据产品的结构特点，拟定合适的装配顺序，前工序的作业内容不能影响后工序的操作，后工序的作业不能影响前工序的装配质量。

根据结构特点和装配工艺要求，将客车分解成若干个装配单元。在流水线上，依次将这些装配单元安装到车身上。装配单元在总装生产线外完成预装配，将客车总装配分解为预装配作业（在装配线外作业）和总装主生产线作业（在总装流水线上作业）两部分，这样大大减少了流水线上的装配工作量，提高了劳动生产率。

（二）客车总装配的工艺流程

客车总装配工艺流程是客车制造工艺流程的重要组成部分，它与客车结构、生产纲领等要素有密切关系。客车总装配工艺流程有三种类型。

1）当前应用最广泛的客车制造工艺是将车身与底盘分开制造，在客车总装配中，再将涂装完成的车身总成与底盘总成合装（扣合），然后在装配流水线上依次进行内、外饰装配，其工艺流程为：（车身与底盘）扣合→连接件焊装→裙板→木地板→电缆敷设→地板敷层→制冷机→顶盖内饰板→侧壁内饰板→仪表板→驾驶人侧窗→乘客门→安全门→行李架→前、后风窗玻璃→侧窗玻璃→前、后保险杠→前照灯→乘客座椅→驾驶人座椅→导游座椅→

通电检查→加油、加水→调试→淋雨试验→检测→出厂。

2）对于采用格栅底架的全承载车身式客车，通常在总装配流水线上的前几个工位上分别将发动机、离合器、变速器、前桥、后桥、悬架等底盘总成安装在涂装完工的车身总成上，然后再进行内、外饰装配。与前种工艺流程相比，总装配流水线上的工作量大大增加，装配的困难也增加了许多。

除增加了底盘各总成及其附件的装配工序之外，后序的内、外饰装配基本与前种工艺流程一致。

3）在底盘总成上进行车身的焊装，并将两者一起送入整车涂装工序，涂装完工后，进入客车的总装配流水线。这种总装配工艺流程为：电缆敷设→制冷机→木地板→地板敷层→顶盖内饰板→侧壁内饰板→仪表板→驾驶人侧窗→乘客门→安全门→行李架→侧窗玻璃→前、后风窗玻璃→前、后保险杠→前照灯→乘客座椅→驾驶人座椅→导游座椅→通电检查→加油、加水→调试→淋雨试验→检测→出厂。

这三种工艺流程中的各工序，指的是各工序的开始，并不是说一个工序结束后便可进行下道工序的操作。有些工序可以交叉进行，而有些工序的前后顺序可以调换，这并不是一成不变的，应根据实际情况确定客车的总装生产工艺流程及工位。图 7-2 所示为国内某客车生产企业的总装工艺流程工位图。

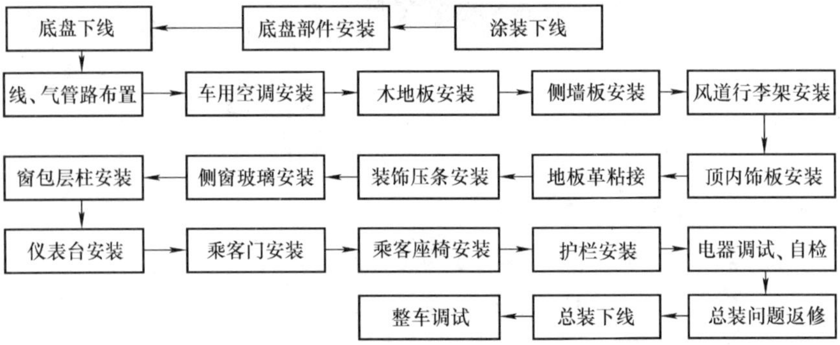

图 7-2　总装工艺流程工位图

第二节　客车电器件和空气调节系统的安装

一、客车电器件的安装

（一）仪表台电器件安装工艺

1. 仪表台内部电器件安装要求

（1）将仪表线束中的组合仪表线束分支定位点对准方向管柱的中心位置，将其用软管夹固定在工艺横梁上的 Z 形支架上。其他线束用扎带绑扎在仪表线束上，固定间距为 350mm。视频线、空调线、天线、加热器线、缓速器线等附加线束的长出部分，预留在顶篷风道或底盘部分，保证仪表台下的仪表线束的简洁。线束布置应避开刮水器连杆，如无法避开，则尖锐处应用 U 形胶条防护，见图 7-3。

线束用ZD300X8尼龙扎带或卡箍固定在前围线束固定件上，尼龙扎带间距为100～150mm，扎带多余部分留10mm，其余剪掉。

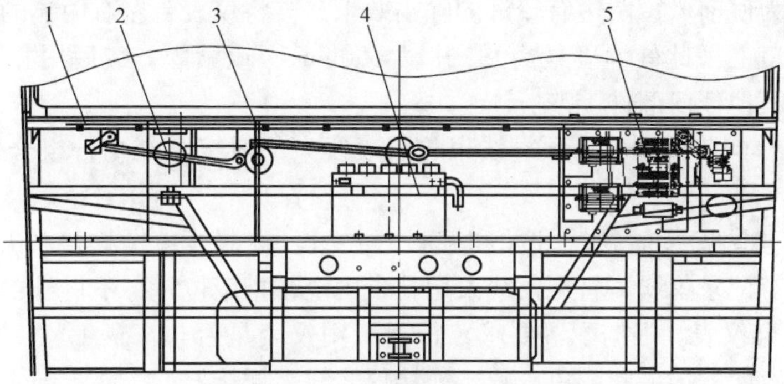

图7-3　仪表台内部电器件安装

1—仪表线束　2—方向机中心　3—刮水器机构　4—除霜器　5—电器元件

（2）仪表线束有两处搭铁点：一处在组合仪表线束分支处，另一处在仪表台右侧检修门处。其中，检修门处搭铁点应在绑线工艺梁的下沿，以保证能够拆卸。要先刮去矩管表面的油漆，直至露出原金属面，再紧固搭铁端子，并在搭铁表面均匀地涂上一层润滑脂。

（3）仪表台下完全密封的车型，它的除霜器出风管和线束经过密封板开孔时，一定要用胶密封，使胶在线束的周围均匀填充。

（4）刮水器洗涤器的出水管用焊接在前围梁上的软线夹固定（不要将水管卡得过紧，以免影响出水)，间距为350mm，须防止其与刮水器连杆干涉，见图7-4。

图7-4　刮水器洗涤器出水管

（5）根据配置要求，安装中央处理器（注意检查处理器的编号是否与车辆编号一致)、刮水器电动机的大功率控制器、电源转换器等。电源转换器要安装在仪表台右侧的检修口范围内，以便于二次拆卸和安装，各电器件安装要牢固、可靠。

（6）按照图样检查底盘线束、顶篷线束、前围线束的插件位置，确认无误后再连接各插接件。

（7）检查仪表线束各分支放线是否与相应的电器件位置一致，确认无误后，再连接各插接件，并正确摆放预留线束。

（8）将仪表线束与底盘线束、前围线束和其他线束相连接的插接器，绑扎在仪表台检修口附近的绑线工艺梁上（立柱)。将发动机诊断接口、ABS诊断接口和其他诊断接口绑扎在仪表台检修口附近的绑线工艺梁上（立柱)，以便于检修。

2. 仪表台电器安装要求

（1）把分装好的仪表台放到前围骨架上，理顺除霜器出风管，并将仪表台与除霜器的接口分别连接。为使前风窗两边有较好的除霜效果，需将仪表台左右两端的风管连接到除霜机中部的两个风口上（此处温度最高），并以 ϕ50mm 卡箍紧固，最后用扎带将其固定在适当位置，不得与其他任何部件干涉。

（2）将仪表台向前推到位。顶篷线束与仪表线束的对接点在主台组合仪表下方或副台下方，见图 7-5。

（3）按照布置图安装后视镜开关和翘板开关组。按照线束图连接各开关、控制面板、仪表、音响、行车记录仪线。将预留线束用扎带固定在指定位置，不得悬置。

（4）安装组合仪表。根据配置要求，检查所用仪表是否与车辆编号一致，确保线束插接器颜色与仪表背面的插接器颜色一致。连接仪表线束插接器，以能听到入位的响声为标准将其插接至 U 位。

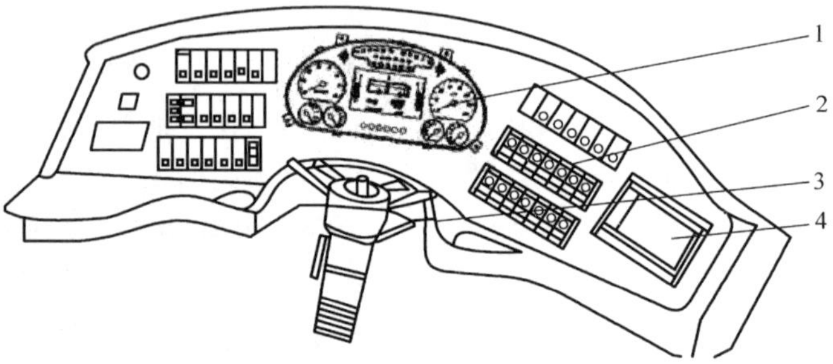

图 7-5　仪表台电器

1—组合仪表　2—翘板开关　3—组合开关　4—行车助手

（二）前围电器安装要求

1. 前围线束安装要求

（1）根据不同车型及车辆编号确认所用前围线束无误后，将前围线束沿车架前横梁和前围骨架用线卡固定。线束悬空跨距应小于 300mm，无线卡处应采用扎带固定。

（2）前围线束与各电器件的连接必须正确牢靠。电喇叭继电器接线柱应朝下，以防止雨水进到继电器内。搭铁点在气喇叭附近的 Z 形支架上，将搭铁端子紧固后，应在端子及紧固件表面均匀地涂上一层润滑脂，见图 7-6。

图 7-6　电喇叭安装

1—气、电喇叭　2—线束夹

2. 前围灯具安装

（1）将前围灯具（应根据车型及订单配置的要求选择相应的前组合灯具）放到前灯罩安装位置上进行比配，调整灯具周边与车身的间隙，调均匀后再进行紧固，注意锁紧平垫和弹簧垫圈的安装，见图7-7。

（2）将前雾灯安装到前灯罩相应位置上，注意调整周边间隙，调均匀后再安装牢固（保证灯具表面的top标记向上）。

（3）按线号及各灯具功能的对应关系连接各灯线束的插接器。检查有无端子脱落，确认连接正确可靠后，按要求将各灯线束整理好，并用扎带固定牢靠。插接器处线束应留有30～50mm的回转余量，不得因行车时插接器晃动导致接触不良。

（4）不得私自更改导线在插接器中的位置，以免引起接触不良。

3. 前电器舱中的电器安装要求

（1）整理全部线束后，再连接电控盒线束，确保各个插接器连接正确、可靠、到位。检查有无端子松动、脱落。确认无误后用蝶形螺母固定电控盒，再次理顺线束并固定（拔电控盒插接器时，不允许用尖锐工具撬卡扣）。

（2）电控盒上的熔丝熔断后，必须用相同规格的熔丝替换，不允许用铜丝。如果从电控盒备用熔丝上取用，则必须用相同规格的填上，不允许将熔断后的熔丝安装在备用熔丝位置，见图7-8。

图7-7　前围组合灯具

1—前组合灯　2—雾灯

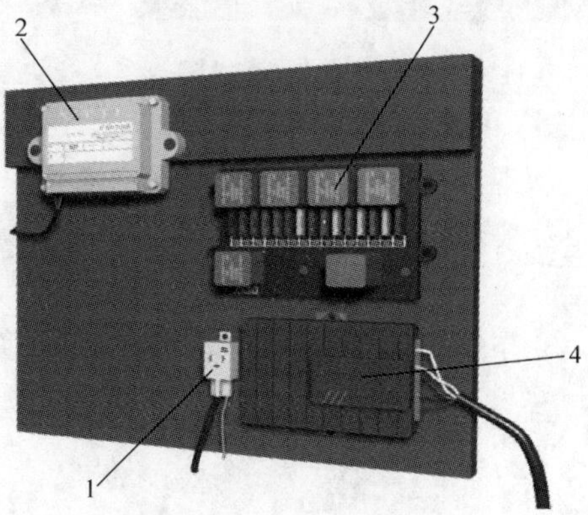

图7-8　前电器舱

1—蜂鸣器　2—总线模块

3—前电控盒　4—门遥控接收器

（三）侧舱门灯、后尾灯及其线束的安装要求

（1）侧灯线束经过侧舱封板过线孔时，必须用ϕ35mm橡胶套保护，不能剪断橡胶套过线。

（2）对于中型客车和公交车中使用的玻璃钢侧舱门，从底架横梁穿出的侧支线束要用软管夹固定在舱门骨架上，间距为200mm，软管夹固定方向统一，固定后的线束和软管夹走向应横平竖直，见图7-9。灯线从底架横梁到舱门间的插接器处应留有余量（门完全打开后，线束没有成直线状态）。保证舱门在打开时，线束不会被拉断或线束端子被拉脱，见图7-10。

图 7-9　将线束用软管夹固定在侧舱门骨架上

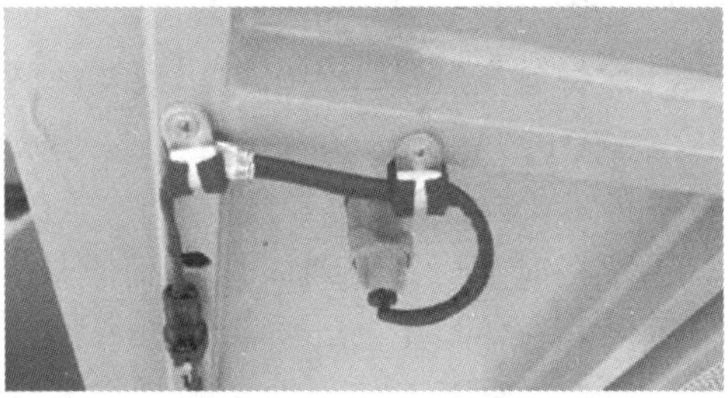

图 7-10　在线束插接器处留有余量

（3）如果侧标志及转向灯是粘接结构，则安装时，空位周围不能有灰尘及油迹。另外，还要防止灯具脱落，见图 7-11。

（4）线束在穿过过孔处要采用橡胶套或发泡处理进行防护，见图 7-12 和图 7-13

图 7-11　侧转向灯和侧标志灯

图 7-12　线束过孔处采用橡胶防护套

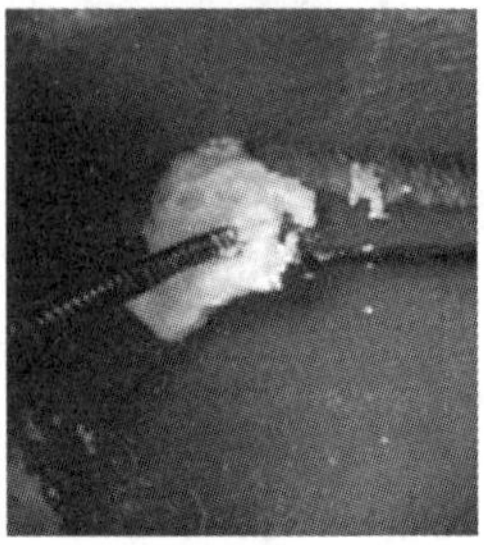

图 7-13　线束过孔处的发泡处理

（5）后尾灯的安装

① 现场配开安装固定孔，用 M6 螺母固定（如果配开孔过大，则须加装平垫）。

② 安装在后中门上的尾灯装饰板，应对齐后尾灯上的白色灯，并粘接在后中门上，见图 7-14。

③ 尾灯线接好后，灯座护套应完全套在灯座上，防止尾灯进水，见图 7-15。

图 7-14　后围灯具

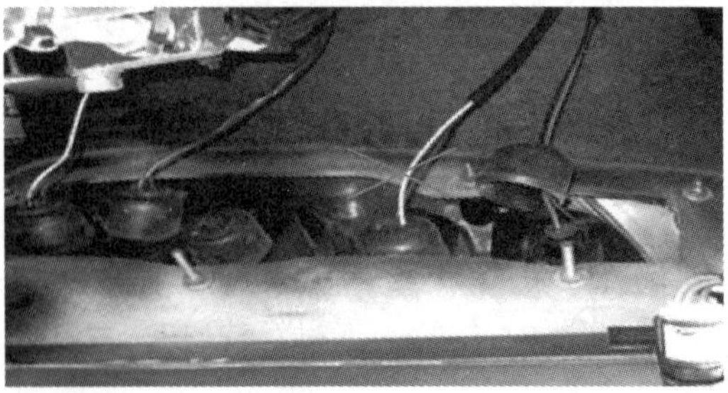

图 7-15　尾灯的不合格安装

（四）发动机舱中的电器安装

1. 发动机舱自动灭火器及灭火器线束的安装要求

（1）灭火装置应安装在潜在着火部件附近，如涡轮增压器、发电机、起动机、喷油器及天然气发动机的二级减压阀处。碗形灭火器的灭火剂喷出方向应正对潜在着火部件。灭火器喷口距保护面的垂直距离不小于 300mm，且应避开排气管等过热部件。同时，不应影响发动机及其辅助设备的维护保养。发动机舱灭火器安装示意图见图 7-16。

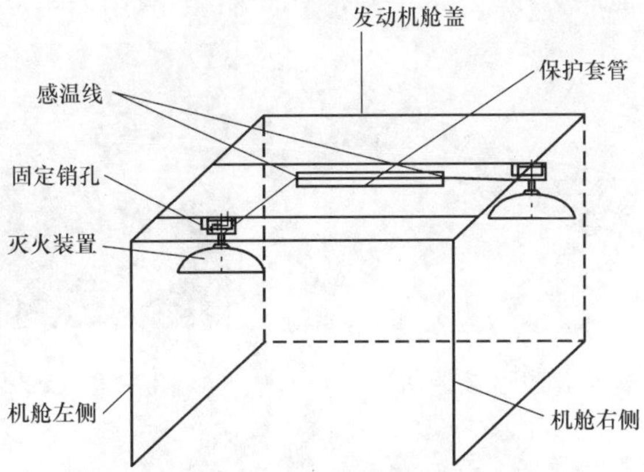

图 7-16　发动机舱灭火器安装示意图

（2）灭火装置通过热敏线相互连接，以满足组合起动灭火的需要。灭火装置的热敏线采用接触式连接，搭接重合长度不得小于 50mm，且应伸入玻璃丝管中。搭接部分用尼龙扎带在玻璃丝管外捆扎牢固，不得少于 2 道，不允许热敏线不连接。热敏线应以 200mm 的间距用扎带固定，见图 7-17 和图 7-18。

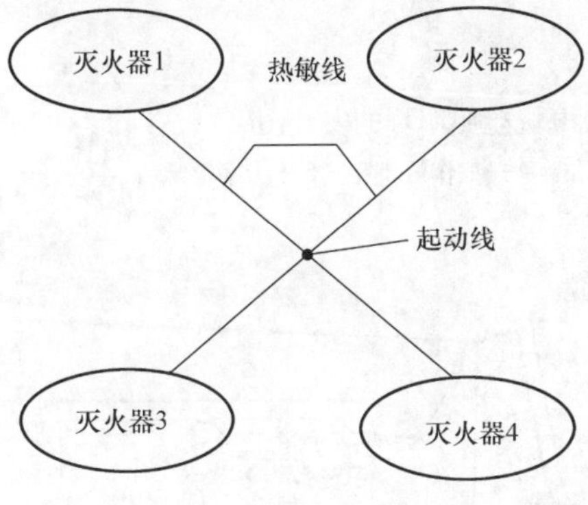

图 7-17　四个自动灭火器热敏线的连接方式

图 7-18　热敏线和发动机舱报警线相隔 200mm 间距固定

（3）对于安装缓速器且配有球形自动灭火器的车辆，要在缓速器上方安装高温报警传感器，并注意线束的防水。

（4）连接灭火器的螺栓为 M8。

2. 发动机舱门磁性行程开关安装要求

开关的工作体与感应体在舱门关闭到位后必须同心，两者的接触面距离应在 10 ~ 20mm 之间。不符规范的行程开关不能可靠地工作，还会影响发动机的起动功能，严重时甚至会使前起动联锁功能失效，导致发动机舱盖突然打开，造成伤人事故。如果开关工作体与感应体的距离过近，则会使两者之间产生碰撞，进而导致损坏，见图 7-19 和图 7-20。

3. 后副起动控制盒和发电机舱照明灯的安装要求

后起动、熄火开关统一使用起动、熄火控制盒支架固定。起动、熄火控制盒安装在后五人座骨架的铝网下沿横向中间位置偏右。控制盒线束以不大于 200mm 的间距用软管夹固定，保证横平竖直，发电机舱照明灯应安装牢固，不能脱落，见图 7-21。

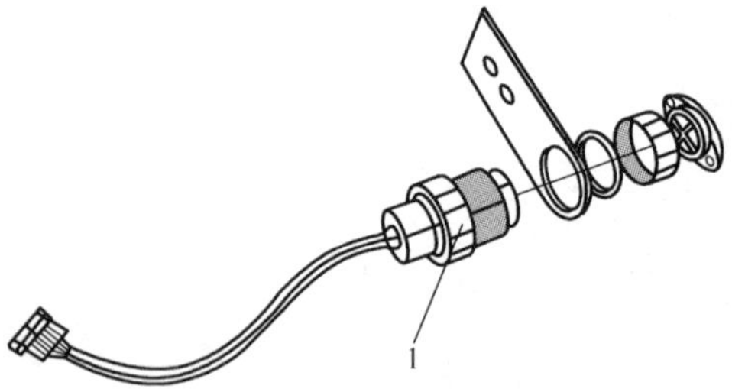

图 7-19　发动机舱门磁性行程开关安装图

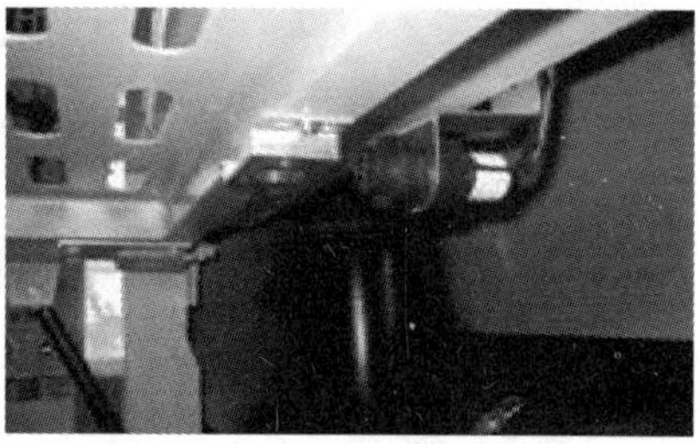

图 7-20　安装好后的行程开关

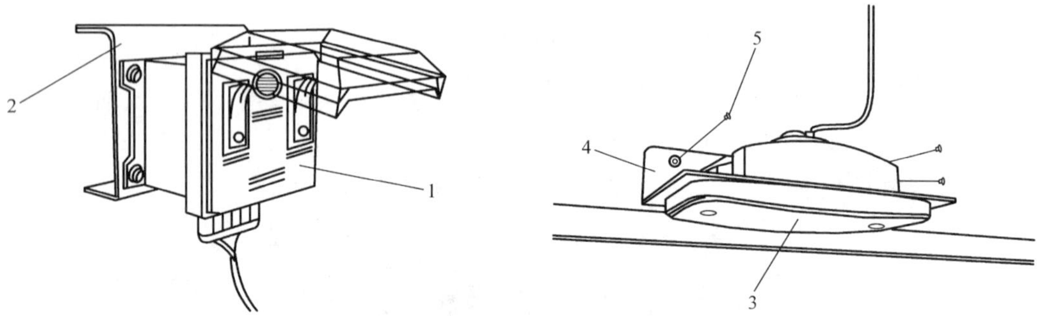

图 7-21　后发动机副起动控制盒、发电机舱照明灯的安装图

1—安装支架　2—副起动控制盒　3—发动机舱工作灯　4—工作灯支架　5—十字槽螺钉

（五）蓄电池舱电器安装要求

1. 橡胶圈的保护

舱内各线束穿过舱壁时，应用 ϕ50mm 胶套保护，不需要打胶处理。ϕ50mm 胶套不允许剪断，否则容易脱落，起不到正常的保护作用，见图 7-22。

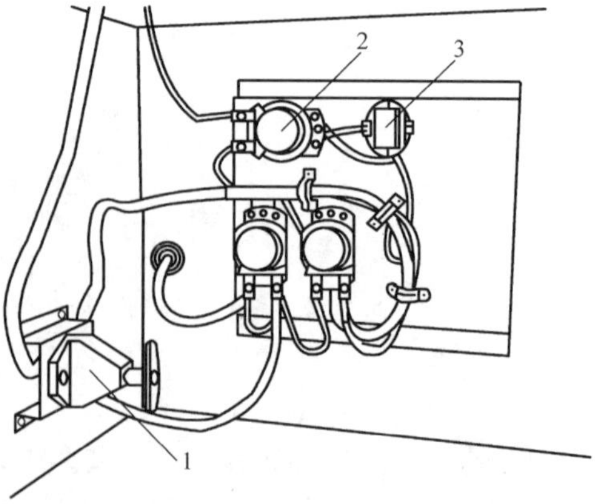

图 7-22　蓄电池舱过孔保护

1—旋转式电源总开关　2—电源总开关

3—起动预热继电器

2. 接线要求

（1）对照图样认清线号及颜色以准确接线。特别要认清正（红色）和负（黑色）电缆线，分清起动机和发电机电缆线，熟知预热线与其他线束的区别。

（2）对于整体式磁性电源总开关（图 7-23），要分清控制线的正负极。开关控制线的接线柱附近标有“+”、“-”标记，对照图样正确接好开关的控制线。控制线圈两端并联有反向的续流二极管，如果接错会造成控制线短路，造成控制线熔丝熔断，进而导致全车无电或不能起动。圆形端子在一个点固定时，应以小压大，确保大电流端子的有效接触面积。热缩管一定不要压在螺栓下面，以免接触不良导致过热烧毁继电器，如果此时熔丝失效，会造成导线烧毁。

（3）多个圆形端子在同一点固定时，接触面积大的放在下面，小的放在上面，以确保可靠接触。

（4）安装配电盒时，要保证接线正确，做好防护，护套不能插错。

（5）蓄电池应安装牢固，固定螺栓要用双螺母锁紧。同时，极柱要涂上导电胶，压板底部必须装有胶垫，以防止磨破，见图 7-24。

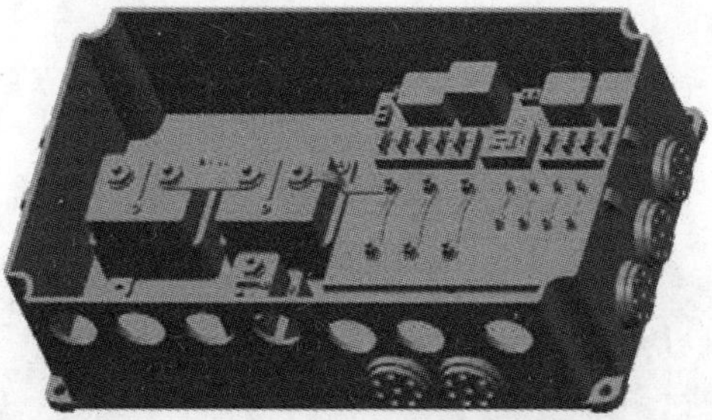

图 7-23　整体式电源开关

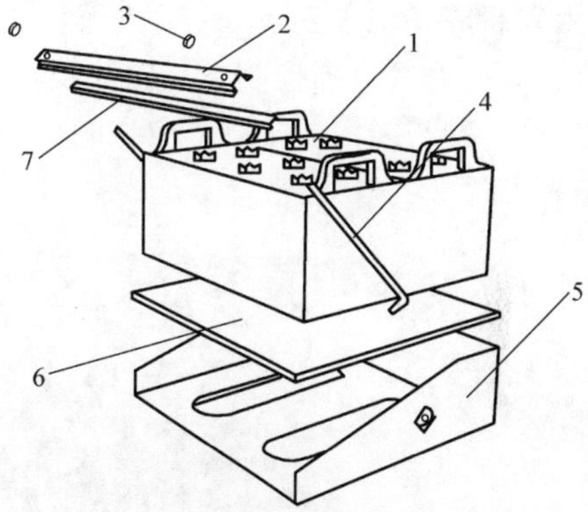

图 7-24　蓄电池安装图

1—蓄电池　2—压板　3—螺母　4—蓄电池架螺栓

5—蓄电池支架总成　6—蓄电池橡胶垫　7—蓄电池压板胶条

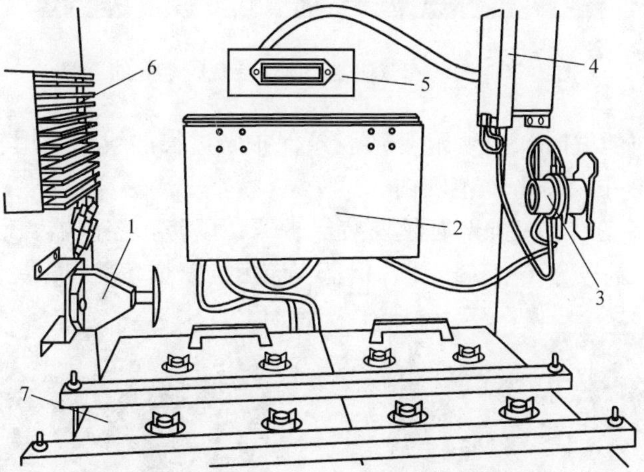

图 7-25　蓄电池舱内电器件安装示意图

1—旋转式电源总开关　2—后电控盒　3—12V 电源总开关

4—缓速器继电器盒　5—20 路熔断器　6—直流电源转换器　7—蓄电池

3. 蓄电池舱内电器件的安装

（1）电器件应安装在设计好的安装支架上。如果没有支架，则用自攻螺钉固定，同时要避免打破背面的线束，见图 7-25。

（2）ECU、控制器和 CAN 总线模块的安装位置应便于检修，周围应留有足够的拆装空间。

（3）ECU 和控制器的线束插接器接口向下，不能向下的可以朝向侧面，不允许向上以防止水侵入。

（4）蓄电池上禁止放置金属物品，如金属工具、金属零部件等，避免蓄电池正、负极短路起火。

（5）蓄电池舱和加热器舱的上部留有通气格栅和通气孔，格栅的方向应向上以便于排气，并可避免外部杂物进入。蓄电池舱底部应留排水孔。

（六）行李舱电器安装

（1）ABS 和缓速器控制盒，以及发动机 ECU 应安装在车辆右侧行李舱的上部（沿车辆前进方向），并与线束插接器方向相同，见图 7-26。

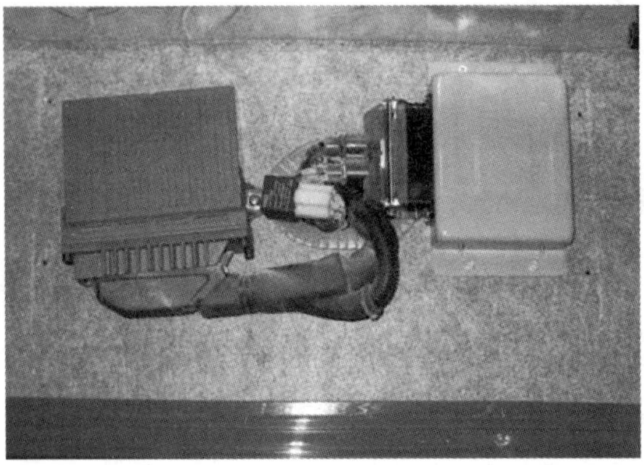

图 7-26　ABS 和缓速器控制盒装在行李舱的上部

（2）舱内线穿过舱壁时，必须用 U 形胶条保护，过长的线束要用软管夹进行固定，固定点与插接器距离在 80 ~ 200mm 范围内。

（3）控制器安装完成后，外部必须安装保护罩，以防止控制器、ECU 被行李或其他硬质物体破坏。保护罩的下方不允许露线，保证安装后的安全、美观，见图 7-27 和图 7-28。

图 7-27　正确的控制器安装固定方式

图 7-28　不正确的控制器安装固定方式

（七）顶部电器安装工艺要求

（1）顶篷线束应采用软管夹直接固定，间距为350mm。如果顶部线束与空调管路、线束同向布置，则可以将其用扎带绑扎到空调线束、管路上，间距为350mm。

（2）顶篷线束在前后围处用预埋的软线夹固定，固定间距为350mm。在顶部骨架穿孔的线束，都要对穿线孔处进行发泡处理。发泡时，将线束置于孔中央，发泡液涂在孔周边，保证线束不与孔边摩擦，见图7-29。

（3）阅读灯线束在分装工位完成。线束在风道背面采用软线夹固定，先用直径为3.5mm的钻头钻孔，再用Q2734819自攻螺钉固定，间距为350mm。主线束走向应成一直线，且固定牢靠，不允许有晃动。对照两边插接器内的导线线号是否相符。线束插接器与顶篷线束插接器应连接正确，固定牢靠，不允许有晃动，见图7-30。

图7-29　Z形支架固定及过孔处发泡处理

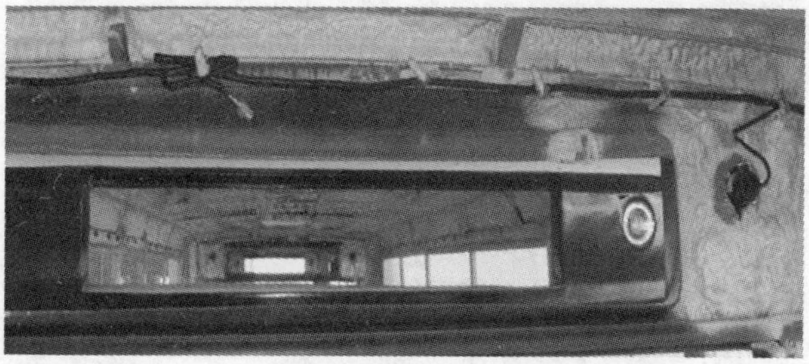

图7-30　软线夹固定

（4）多余线束整理后应用扎带固定。线夹固定点位于两个阅读灯的延长线上，靠近出风口处用扎带在合适位置固定。要求在出风口处看不到线束，且线束不能晃动而产生噪声。图7-31～图7-34为冷风道内的线束安装方法。

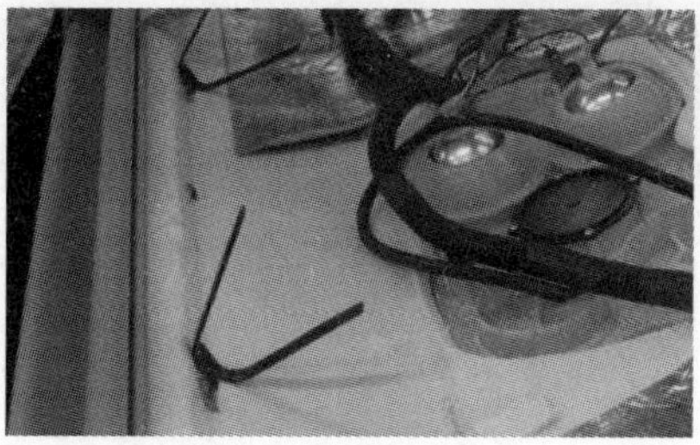

图7-31　软线夹固定

图7-32　主线束走向成一直线

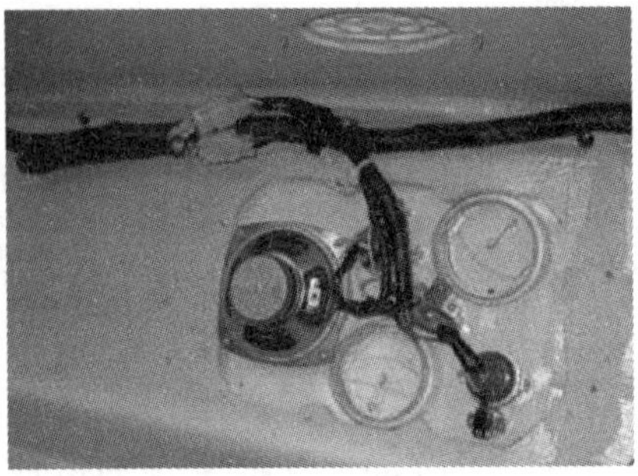

图 7-33　多余线束整理后用扎带固定

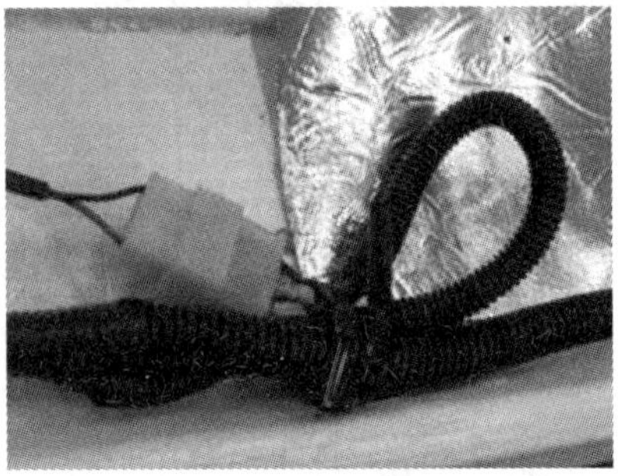

图 7-34　阅读灯线束插接器与顶篷线束插接器的连接

（5）顶部示宽灯安装要求

1）示宽灯安装工艺要求

① 用示宽灯实样在安装面上定位，并钻 ϕ3.5mm 的安装孔和 ϕ5.2mm 的穿线孔。

② 用清洁的干抹布将玻璃钢前顶示宽灯、车速灯安装面周边需打胶的地方处理干净。

③ 在灯底板接触面周边（图 7-35a 处）、螺钉孔周边（图 7-35b 处）、穿线孔周边打上 935 密封胶。

④ 将示宽灯底座就位于安装面上。将导线从穿线孔穿过，再将导线端子插入插接器护套内。用自攻螺钉将灯底座固定于前顶玻璃钢面上。

⑤ 用手将灯底座溢出的胶抹平，使胶液均匀涂敷于底座与接触面周边（胶不够还可补充）。在底座上安装螺钉，并在穿线孔上打胶。

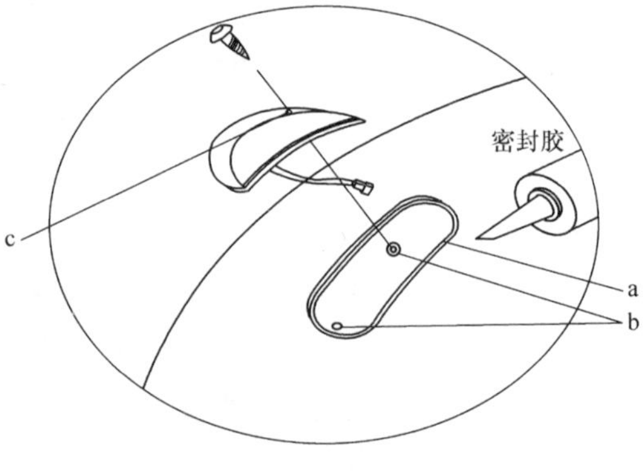

图 7-35　示宽灯安装

⑥ 将灯罩卡在防水胶垫上，用灯自带的螺钉将灯罩固定在底座上，并在灯罩固定螺钉上打胶，见图 7-35c 处。

⑦ 灯线与顶棚线束应连接可靠，扎带固定牢固，避免松动。

2）天线安装工艺要求

① 顶置天线应安装在车辆顶部，沿车顶的弧度布置，与前顶的夹角尽量小。安装时，要在固定螺栓上先涂抹密封胶。天线底座下的穿线孔在穿过馈线后，要用密封胶均匀涂抹一圈，防止天线下渗水。

② 内置天线一般安装在仪表台副台内，用强力胶布粘贴在副台内侧，应远离刮水器电动机、除霜器等强电磁波干扰源。如果有干扰，可以将天线移装到更便于检修的仪表台右侧。

③ 天线安装时，要注意传输线的固定，不可与金属部件干涉。特别是内置天线，固定完后，要将传输线与仪表走线用扎带固定在一起。

3）倒车监视摄像头安装工艺要求

倒车监视摄像头安装在车辆后围上方。安装前，根据车型及订单配置的不同，先查看型号及厂家是否一致。确认无误后，用带胶的自攻螺钉将摄像头与支架固定在后围监视器摄像头预埋板上。后围上穿视频线的孔，要在安装好视频线后打胶密封，视频线外露的长度要适中。

4）中门摄像头安装工艺要求

① 安装中门摄像头前，先要进行试装，开启中门监视器，连接好中门摄像头与监视器的视频线。然后调节摄像头角度，要求监视器画面里，中门与踏步各占1/2，见图7-36。

② 调节摄像头角度时，注意保护摄像头镜面，防止其被污染。将摄像头调节到合适角度后，紧固调节螺母，防止其在车辆运行时偏移。

③ 把摄像头座固定在顶篷预埋板上，用自攻螺钉固定，注意防止视频线被打穿。

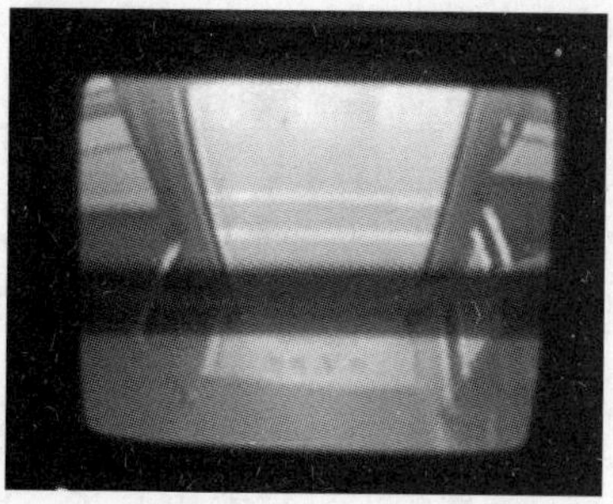

图7-36　安装调试后中门与踏步各占一半

④ 固定好摄像头后，检查监视器画面是否达到要求，图像是否清晰。

（八）电器调试总体工艺

1. 调试中的注意事项

（1）车辆起动后，禁止断开蓄电池或电源主回路，以免损坏发电机。

（2）电路中的熔丝为一次性使用产品，不得维修和任意加大容量。

（3）音响系统的扬声器线路，不得有搭铁现象，否则会烧坏主机和功放。

（4）电器系统复杂，调试过程中，不得采取刮、碰火等检查方法。

（5）更换电器元件前，必须断开电源。

（6）在整个调试过程中，确保各用电器之间无相互影响、干扰现象。

2. 电器接线检查

（1）蓄电池舱部分

对照图样检查预热电磁开关、起动电磁开关、总电源电磁开关，以及其他电器件的接线是否正确。

（2）后围发动机线束部分

检查空调发电机、压缩机线束连接是否正确，水位传感器线束是否固定可靠。

（3）仪表台线束部分

检查音响变压器接线是否正确。

3. 各控制模块、ECU、蓄电池线束的连接

将发动机、自动变速器、ABS、ECAS、缓速器ECU、发电机调节器与线束连接起来，并连接蓄电池负极线。如果有较强火花出现，则应复查线路，排除错误接线或短路情况。

4. 接通电源

（1）接通电源总开关。旋转点火开关至“ACC”档，使电源总开关吸合，全车电源接通。

（2）点火状态。旋转点火开关至“ON”档，组合仪表中的充电指示灯、油压报警灯点亮，各仪表指针微动，表示电路基本正常，可以起动发动机。

（3）起动发动机。检查发动机机油、冷却液状态，确认变速器在空档位置，关闭发动机舱门，旋转点火开关至“START”档，起动发动机。若出现无法起动的情况，则应检查电喷线束中的主电源线、搭铁线和 ON 档电源线，以及其他的起动线路是否正常。

5. 灯光调试

（1）危险报警灯。在电源总开关未接通的情况下，打开危险报警灯开关，所有侧转向灯、前后围转向灯应同时闪亮，仪表板中的左右转向指示灯同步闪亮。关闭开关后，所有灯应熄灭。这些灯在报警模式下的闪光频率约为 90 次/min，过快或过慢都表示电路存在故障。

（2）示宽灯。接通示宽灯开关，前后位置灯、两侧边灯、前后顶示廓灯、牌照灯、仪表照明灯、翘板开关照明灯应同时点亮。断开，则上述灯具同时熄灭。

（3）前照灯。保持示宽灯开关处于接通状态，旋转组合开关手柄至 2 档，接通前照灯。此时，前照灯中的近光灯点亮。将组合开关向上扳动 1 个档位，则远光灯点亮。循环操作组合开关，则远、近光灯交替点亮。关闭前照灯开关，则前照灯熄灭。

（4）超车灯。灯光开关处于任何位置时，只要抬起灯光开关手柄，远光灯都会亮起，松开手柄，则远光灯熄灭。

（5）前雾灯。使示宽灯开关处于接通状态，接通前雾灯开关，前雾灯点亮。关闭前雾灯开关或示宽灯开关，则前雾灯熄灭。

（6）后雾灯。使前雾灯保持接通状态，同时接通后雾灯开关，两后雾灯应同时点亮。关闭示宽灯开关、前雾灯开关、后雾灯开关中的任何一个，后雾灯均会熄灭（此情况不适用于要求欧盟认证的车辆）。

（7）行李舱灯。接通行李舱灯开关，行李舱、蓄电池舱灯应同时点亮，关闭行李舱灯开关，这些灯均应熄灭。

（8）转向灯。逆时针扳动转向组合开关，左侧转向灯闪亮。顺时针扳动转向组合开关，右侧转向灯闪亮。

（9）倒车灯。接通点火开关，将变速杆置于倒档，倒车灯亮。同时，倒车蜂鸣器发出提示声，倒车监视器接通。变速杆脱离倒档时，倒车灯熄灭，倒车蜂鸣器停止发声。

（10）制动灯。踩下制动踏板，后制动灯和高位制动灯同时点亮。松开制动踏板，后制动灯和高位制动灯同时熄灭。

（11）顶灯。接通顶灯开关，内顶灯亮。关闭顶灯开关，顶灯熄灭。

（12）阅读灯。先接通仪表台上的阅读灯主开关，然后依次接通各阅读灯分开关，各阅读灯应依次点亮，并能可靠关闭。

6. 路试前的组合仪表调试

（1）仪表报警灯。接通点火开关，组合仪表上的气压指示灯、驻车制动指示灯、STOP 灯、冷却液液位过低报警灯、蓄电池充电指示灯和机油压力报警灯应同时点亮。ABS 灯、ASR 故障指示灯在自检后熄灭。发动机预热指示灯在发动机完成预热后熄灭。

常用的指示灯见图 7-37。

（2）仪表。接通点火开关，电压表、燃油表、冷却液温度表、气压表（2 只）、机油压力表随车辆状态作出相应指示，见图 7-38。

7. 刮水器调试

（1）清洗器。接通清洗窗开关，清洗电动机通电工作，刮水片喷水头应开始喷水。调

图 7-37　客车常用的指示灯示意图

整喷头，使其喷出的水流处于前风窗区域内。

（2）间歇。接通刮水器间歇档，刮水片每间隔 5～8s 动作一次，并能正确回位。传动杆应无异响、干涉现象。

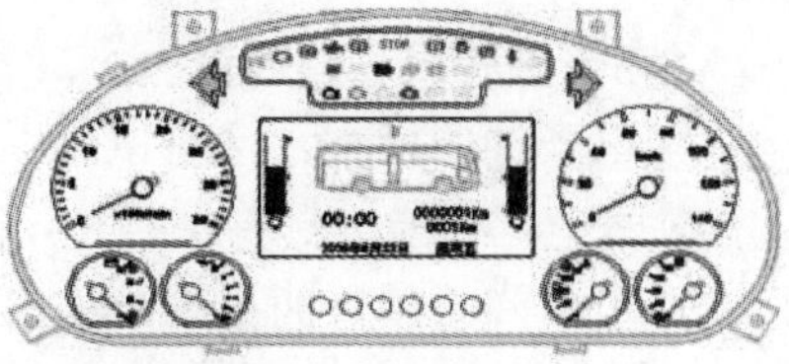

图 7-38　客车仪表

（3）低速。接通刮水器低速档，刮水片作低速往复运动。传动杆应无异响、干涉现象。动作频率不应低于 20 次/min。

（4）高速。接通刮水器高速档，刮水片作快速往复运动。传动杆应无异响、干涉现象。动作频率不低于 45 次/min。

（5）回位。关闭刮水器开关，刮水片应自动回到前风窗下部的初始位置。

（6）要求。为防止刮水片损伤玻璃，刮水器工作时，应同时接通清洗器。刮水片动作时，应无干涉、振颤现象，回位时与前风窗胶条之间无相碰现象。喷水软管无折弯、堵塞现象。各机械传动部位无紧固不牢现象。

8. 乘客门及气泵控制线路调试

（1）前门气泵控制线。在系统气压充足的情况下，检查电控锁开关状态。顺时针旋转为关门，逆时针旋转为开门。检查前门气泵翘板开关工作状态，向下按动为开门，向上提起为关门。前门与示宽灯同时打开时，前门踏步灯点亮。前门完全关闭时，踏步灯在关门过程中熄灭。前门开关过程中遇到障碍物时，防夹系统应能控制其自动打开。

（2）中门气泵控制线。在气压充足的情况下，检查后门气泵翘板开关的工作状态，向下按动为开门，向上提起为关门。中门和示宽灯同时打开时，中门踏步灯点亮。中门完全关闭时，踏步灯熄灭，在关门过程中，后门遇到障碍物时，防夹系统应能控制自动打开车门。

（3）乘客门。

① 给气泵通气，旋转门上的钥匙使乘客门关闭，观察车门与车身是否在同一平面，门上胶条与门框胶条是否能紧密结合，门上楔块是否与门框楔块锁住，见图 7-39。

② 通过调整车门及门框上的楔块，使车门与车身处在同一平面内，门上胶条与门框胶条结合紧密，门上楔块与门框楔块锁住，门与门框间隙均匀，门开关动作自如。

③ 调好乘客门后，用气泵自带螺栓把气泵外罩安装到气泵上。气泵外罩要安装牢靠，不能歪斜或与周围部件干涉。

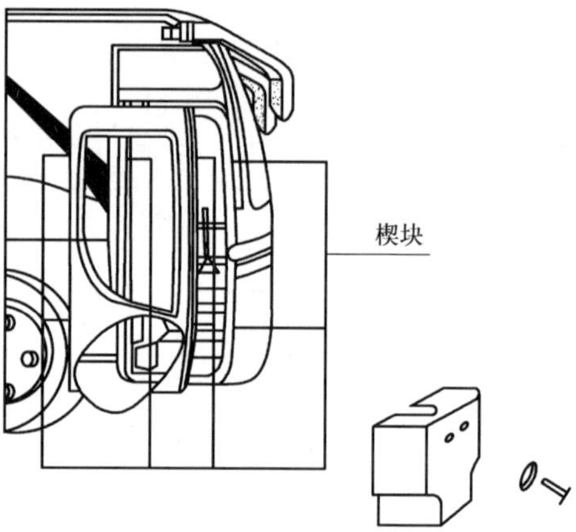

图 7-39 乘客门楔块位置示意图

9. 驾驶人风扇

接通驾驶人风扇开关，驾驶人风扇扇叶开始转动。旋转过程中，扇叶运转应灵活且无杂声。

10. 检查电动后视镜

按压电动后视镜调整按钮，按压方向与后视镜的动作方向应一致。接通电动后视镜加热开关，等待数分钟后，电动后视镜镜片应呈温热状态。

11. 电子钟和卫生间调试

（1）电子钟的检查。接通电源总开关，电子钟显示时间，将其调整为标准时间。电子钟应有时间记忆功能，具有交替显示车内、外温度功能。

（2）卫生间占用灯的检查。接通电源总开关，卫生间占用灯点亮（绿色）。卫生间有人进入时，卫生间占用灯变为红色。

（3）排风扇。接通电源开关，卫生间内的排风扇以低速运转。打开卫生间门时，排风扇自动进入高速运转状态。

（4）卫生间水泵。卫生间水箱加注水后，按压洗手水龙头开关，卫生间水泵开始工作，有水流出。

（5）卫生间照明灯。打开卫生间门时，内部照明灯点亮，关闭卫生间门，内部照明灯应延时熄灭。

12. 倒车监视器

（1）倒车监视器检查。接通电源开关，按压转换开关，使倒车监视器的画面在车内与车后之间转换。将变速杆置于 R 位时，倒车监视器应强制转换为车后画面。

（2）镜头的调整。调整车内镜头，使监视器画面能覆盖车内最大视角范围。调整车后镜头，使监视器中车外画面的底边与保险杠上沿平齐，且镜头居中，无左、右偏斜现象。

13. 空调系统

起动车辆，按下空调电源开关，面板上的文字、图标背光应全部点亮。将“通风/制冷”按钮置于制冷位，此时车内默认温度为22℃，风机为低速运转，待30s后，制冷指示灯点亮，空调开始制冷，冷凝器风机同时运转。反复按动风量选择键，蒸发器风机在低、中、高之间切换。反复按动状态选择键，空调的运行状态在手动、自动之间切换。选择自动状态时，风速根据温度自动调节，延时1min后关闭。在检查调试过程中，空调故障指示灯应保持熄灭状态。

14. 暖风系统

先打开加热器的水泵开关，再打开预热开关。暖风机加热器能在规定时间内完成预热、点火等各项工作。打开水暖强制性散热的散热器开关，检查散热器工作是否正常。关闭时，先关加热器预热开关，再关水泵开关，加热器经过一定延时后停止工作。加热器在未停止工作前，严禁关闭整车电源。接通除霜器开关，除霜器风机能分别以低速和高速运转，前风窗玻璃旁的每个出风口，都应有风均匀吹出。

15. ABS检查

（1）路试前。接通点火开关，ABS、ASR指示灯点亮，应能听到ABS系统电磁气阀的自检声，ABS、ASR灯在系统自检正常后熄灭。

（2）路试中。在光滑平直路面上，车速大于40km/h的情况下，实施三次制动。检查制动路面情况，ABS正常时，轮胎制动痕迹应为点制动痕迹，无拖印、制动跑偏现象，否则，应检修ABS控制系统。

16. 缓速器检查

车速大于40km/h时，放松加速踏板，顺时针扳动缓速手柄开关，置于1档，仪表缓速指示灯点亮，车速应有明显下降依次将手柄置于2~4档，车速下降趋势依次增强。在系统气压充足的情况下，踩下制动踏板，缓速指示灯点亮，车速下降趋势增强。按下缓速器解除开关，踩下制动踏板，缓速指示灯不亮，车速下降趋势减弱。

17. 车身升降系统（ECAS）

（1）路试前。打开点火开关，高度指示灯及故障指示灯点亮2s，之后故障灯熄灭。如车辆在正常高度，高度指示灯也应随即熄灭。当达到侧跪高度时，侧跪指示灯亮。

（2）路试中。保持车身在升高位置并起步加速，在加速过程中，车身应恢复正常高度。保持车身在下降位置并起步加速，在加速过程中，车身应自动恢复正常高度。

18. 路试中的仪表调试

（1）里程表。上检测线试车，车辆从静止加速至40km/h，检测结果应为37.5~40km/h。

（2）发动机转速表。不同的发动机怠速值也不同。例如，玉柴发动机的怠速约为650~700r/min，日野发动机怠速约为550r/min。使发动机保持怠速状态，转速表应稳定在怠速范围内，不应上下窜动。匀速踩下加速踏板，发动机转速表指针应均匀提升，加速踏板踩至极限位置时，转速表应显示发动机的最高转速。

（3）冷却液温度表。冷车状态，接通点火开关，冷却液温度表应指示在40℃左右。热车后，根据发动机负荷状态，冷却液温度表应保持在80~95℃的范围内。

（4）机油表。机油表用于指示发动机运转时，润滑系主油道的润滑油压力。起动发动机，机油表示数在发动机怠速时应不大于70kPa，高转速时示数应大于200kPa，如果在100kPa以下，说明发动机润滑系统有问题。

（5）燃油表。在油箱没有加注燃油时，接通点火开关，燃油表应指示在‘0’位。燃油油箱加注燃油后，燃油表应指示在“0”位与“FULL”位之间。

（6）气压表。接通点火开关，气压表应指示储气筒内压缩空气的压力。行车时，气压表的指针应指示在0.5MPa以上值，0.5MPa是安全极限值；气压表示数低于此值时，报警指示系统的低气压报警灯就会点亮。

（7）电压表。电压表用于显示整车电压。车静止时，电压值应为25V。正常行驶时，电压值应在27～28V之间。

19. 指示灯

（1）充电指示灯。接通点火开关时点亮，发电机正常发电后熄灭，发电机不发电时该灯也应点亮。

（2）机油压力报警指示灯。打开点火开关时点亮。发动机运转时，机油压力大于70kPa时熄灭；机油压力低于70kPa时，该灯点亮，同时，STOP故障灯点亮。

（3）发动机冷却液温度过高报警指示灯。发动机冷却液温度过高时（超过103℃），该报警灯点亮，同时，STOP灯点亮。

（4）气压过低报警灯。制动系统气压低于500kPa时，接通点火开关后点亮，同时，STOP灯点亮。

（5）驻车制动指示灯。在气压充足的情况下，接通点火开关，拉紧驻车制动手柄时点亮，同时，STOP灯点亮。松开制动手柄时，灯熄灭。

（6）发动机预热指示灯。接通点火开关后点亮，待发动机预热至设定温度后熄灭，预热系统有故障时灯点亮或闪亮。

（7）ABS、ASR指示灯。接通点火开关，ABS、ASR指示灯点亮，同时，ABS自检过程中发出排气声。ABS、ASR在系统检测正常后熄灭。

（8）发动机ECU故障灯。接通点火开关，指示灯点亮。发动机ECU系统自检正常后，该灯自行熄灭。如果发动机ECU系统有故障，则该灯会持续点亮。

20. 娱乐系统调试

（1）收音机部分。接通电源开关，电源输出指示灯点亮，按压主机FNC键（大于1s），选择收音模式，按BAND键，选择FM1波段，旋转音量旋钮至适当位置。此时，扬声器中有FM波段特有的“沙沙”噪声，按向上或向下键，收音机开始自动向高频或低频段搜索。找到一个电台时，搜索自动停止，重复搜索，可找到所需电台。每按A－M键一次，音频模式依次转换为BASS（低音）、TREB（高音）、BAL（左右平衡）、FAD（前后平衡）。

（2）VCD\DVD部分。在碟盒中放入试机碟片，按FUNC键选择换片模式。待换片机扫描碟片后，按播放键，碟片开始播放，按RDM键，碟片上的节目将随机播放重复按压RDM键，从随机播放模式中退出。按RPT键，当前播放的节目将被重复播放，再按一下RPT键，则从重复播放中退出。按住向上或向下键（大于1s），将以比普通播放速度快5倍的速度快进或快退。松开向上或向下键，碟片按正常速度播放。按压换片机退出键，碟片退出。

（3）要求。接线应正确，安装应牢固，扬声器音质要优美。最大音量时，扬声器应无变音、失真现象。车辆起动后，无音频干扰现象，主机各功能键无失效现象。

（4）显示器部分。画面应清晰流畅，底色纯正，无偏色、串色现象，颜色、对比度、亮度有效且可调。起动车辆后，无画面干扰现象，前后显示器外观、画面颜色应统一。

二、客车空气调节系统的安装

（一）客车空调系统的安装

1. 客车空调安装注意事项

（1）必须穿戴专用工作服、防滑鞋，严禁穿拖鞋、短裤、背心进行安装操作。

（2）在车顶安装或维修前，应先清洁车顶表面，不得有水、油渍、尘土等，以免影响操作或者发生危险。

（3）安装时，不得损伤车身和空调外观。安装完毕，要把车顶和车厢内清理干净。

（4）进行车体焊接时，应注意燃油箱位置，严禁在油箱附近明火作业。

（5）使用220V以上电源时，注意用电安全，保证线路绝缘可靠。

（6）使用真空泵时，应注意排气孔的排气状况，以防堵塞损坏真空泵。

（7）制冷剂遇明火会产生有毒气体，严重时可导致人窒息死亡。制冷剂喷射到空中可能导致人体冻伤，须做好防护工作。如果制冷剂液体进入眼睛或触及皮肤，应立即用大量的冷水冲洗接触部位（不要摩擦眼睛或皮肤），或用凡士林涂于皮肤，并立即去医院进行专门治疗。

（8）制冷剂在高温条件下，压力较高，应避免其在太阳下暴晒。环境温度较低时，加注制冷剂不要对碰加温，以防出现意外事故。

（9）向高压侧加注制冷剂时，严禁开启压缩机。向低压侧加注时，应确保制冷剂为气态，严禁倒立制冷剂钢瓶，防止因液击而损坏压缩机。

（10）使用歧管连入制冷系统时，高低压管路要连接正确，防止损坏低压表。

（11）严禁压缩机排气阀关闭时进行制冷操作，防止压力超高造成人机损伤。

（12）禁止用一次性制冷剂罐回收制冷剂。使用回收机回收制冷剂时，必须使用检验合格的专用钢瓶，回收量不得超过钢瓶额定容量的60%。

（13）检修电路时，应断开蓄电池负极电缆，防止短路引起火灾。

2. 全顶置式客车空调的安装

全顶置式客车空调安装在客车车顶。客车生产厂家应按照空调厂家提供的安装开孔尺寸图，在车顶预埋空调的固定螺栓，并预留空调回风口和出风口。对车顶表面进行清洁处理后按以下步骤安装。

（1）检查车顶回风口和出风口尺寸与要安装空调的回风口和出风口是否一致。

（2）检查车顶预埋安装螺栓尺寸和大小是否符合要求。在车身骨架预埋钢板上预置螺母或螺栓时，钢板厚度应 >5mm。利用预埋钢板攻螺纹时，钢板厚度必须 >8mm。图7-40所示为空调安装螺栓示意图。

（3）粘贴防水密封胶条及防振胶条。要求回风口、出风口的胶条粘贴严密无缝，厚度参考技术要求。根据空调弧度和车顶弧度间隙，确定回风口和出风口的胶条高度，保证空调底座和车顶贴合紧密。海绵应保证有大于30%的压缩量。车顶翻有止口（法兰密封框）时，

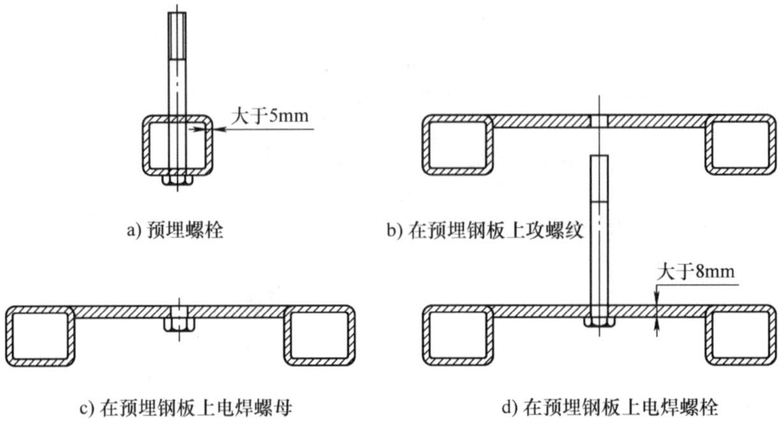

图 7-40　空调安装螺栓示意图

在止口的外侧要涂密封胶（PU40）。海绵的厚度以保证压缩 40% 后仍高出止口 34mm 为宜。在安装螺栓处，用密封胶（PU40）贴上所需厚度的减振橡胶垫块。

冷凝器部分的胶条，要按蒸发器上的回风口和出风口胶条高度要求进行粘贴。中部贴三条胶条，同时在冷凝器安装螺栓处粘贴相应厚度（厚度需考虑出风口海绵相应高度的压缩量）的橡胶板，尺寸以大于空调安装孔为基准，要增加减振垫条、垫块，防止振动，保证冷凝器部分和蒸发器的高度一致。图 7-41 为防水密封胶条及防振胶条粘贴示意图。

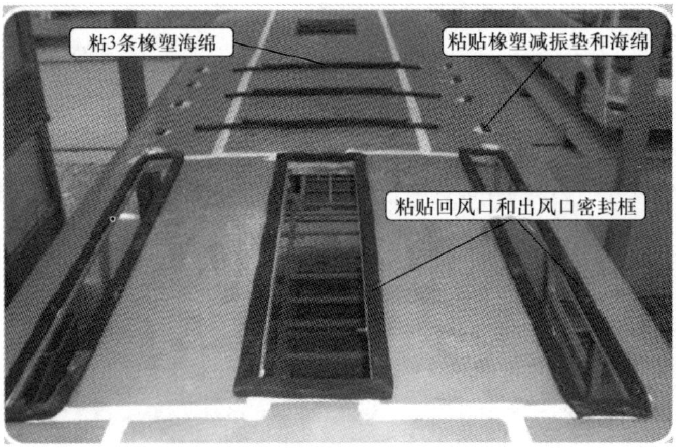

图 7-41　防水密封胶条及防振胶条粘贴示意图

（4）涂胶

① 出风口、回风口处胶条的四周及表面全部要涂上防水密封胶，各安装螺栓也需打胶处理。

② 要求所用胶要防水性好、密封性好。涂胶时，除了胶条上有胶外，车顶其他地方不许有胶。另外，冷凝器安装部位处的胶条上可以少量涂胶。图 7-42 为防水密封胶涂覆示意图。

图 7-42　防水密封胶涂覆示意图

（5）吊装前的准备工作

① 将冷凝器和蒸发器盖板的固定螺栓全部拆下，并收纳整齐以防丢失。将盖板固定好，不能晃动。

② 将冷凝器和蒸发器内部清理干净。图 7-43 所示为顶置空调吊装前的准备工作。

图 7-43　空调吊装前的准备工作

（6）冷凝器和蒸发器的吊装

① 吊装时一定要注意安全，冷凝器和蒸发器下严禁站人。

② 将冷凝器和蒸发器吊上车顶，并与预埋的固定螺栓就位后，确保二者的两边成一直线。

③ 将吊装缆绳取下。图 7-44 和图 7-45 均为空调吊装示意图。

（7）冷凝器和蒸发器底座的固定。冷凝器、蒸发器在就位后，要先对正后固定，避免两者的盖板固定后左右错位。紧固螺母时，一定要两边对角紧固，不要一次性紧固到位，先稍用力带紧，再按对角顺序循环，逐步将每一个螺母拧紧。如果一次性将每一个螺母紧固到位，则会引起冷凝器、蒸发器顶置底座变形。图 7-46 为冷凝器和蒸发器底座固定示意图。

（8）冷凝器和蒸发器管道的对接。图 7-47 为冷凝器和蒸发器管道对接示意图。

顶置空调压缩机截止阀与管道连接处用“O”形平面石棉垫密封，其余管道连接处都用

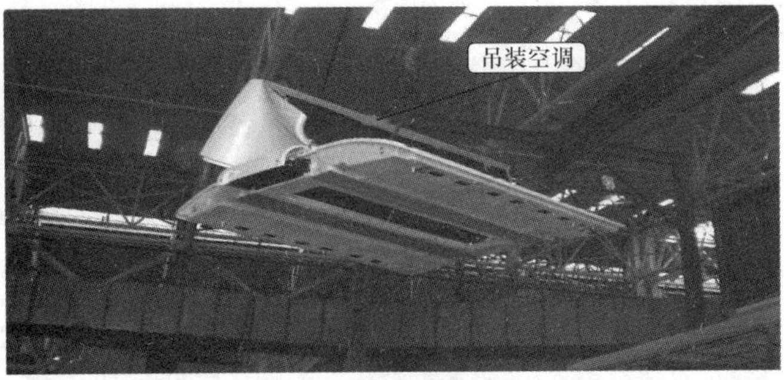

图 7-44　空调吊装示意图 1

图 7-45　空调吊装示意图 2

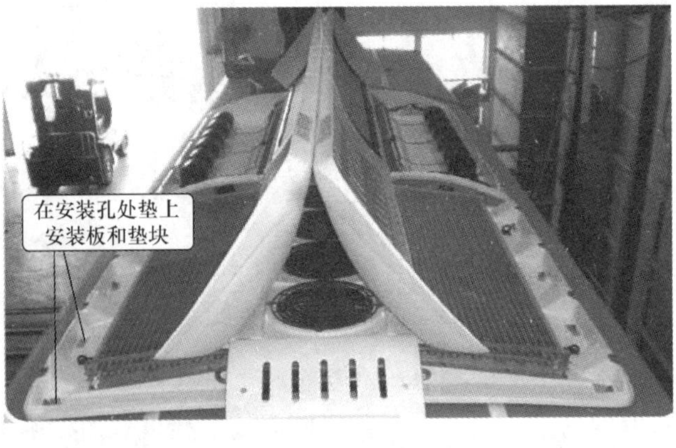

图 7-46　冷凝器和蒸发器底座固定示意图

橡胶 O 形密封圈密封。用橡胶 O 形密封圈密封时，应在 O 形密封圈上涂一层冷冻油，其作用是加强密封。拆开连接管的堵头后，要对连接口进行清洁处理，再装上橡胶 O 形密封圈。

（9）冷凝器和蒸发器内部线束的连接。控制线及主电源线与蒸发器内部线束连接时，一定要先穿过车内风道。蒸发器内线束与主电源线及控制线连接时，先将对号插接器对插，然后将线束绕一圈后扎好固定。主电源线用三个螺母固定在蒸发器内的固定螺栓上。其中，一个螺母固定螺栓，“OT” 端子上下各一个螺母固定火线，搭铁线连接步骤和火线一样，一

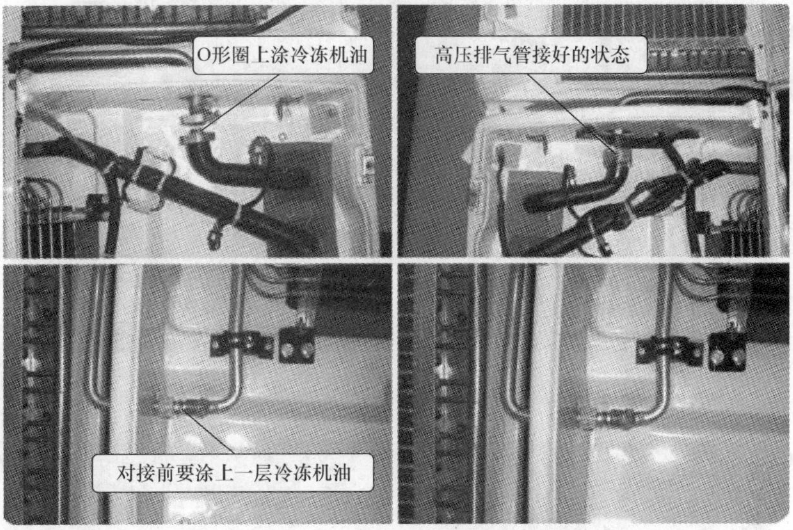

图 7-47　冷凝器和蒸发器管道对接示意图

定要保证火线和搭铁线固定可靠。图 7-48 为冷凝器和蒸发器内部线束连接示意图。

图 7-48　冷凝器和蒸发器管道内部线束连接示意图

（10）冷凝器和蒸发器内部的清理。顶置冷凝器和蒸发器内部安装工序完成后，需对其进行清理，并整理翅片。整理后，盖上盖板但不要装盖板螺栓，以方便检查。试车验收后，再将盖板螺栓装上，并按对角顺序逐步紧固。推荐盖板螺栓拧紧力矩为：M6 为 912N · m，M8 为 2025N · m，M10 为 3847N · m。图 7-49 为冷凝器和蒸发器内部清理示意图，图 7-50 为冷凝器和蒸发器盖板螺丝固定示意图。

（11）车内管道的连接及固定。图 7-51 为车内空调管道连接固定示意图。

① 拆下蒸发器上的组合管堵头并进行清理，给橡胶 O 形密封圈涂上冷冻机油后，装在连接管上并进行对接。车内布硬管对接时，一定要两个人操作，其中一人托住管道尾部，另一人进行对接。

② 对接完后进行管道固定。用带橡胶垫的钢卡箍将管道固定在风道内壁上，间距小于 500mm。固定管道时，不要破坏管道外的保温套管，卡箍一定要固定在方钢上，确保牢固。管道固定好后，低压管接头处要进行保温处理。

③ 管路穿过车身构件体、孔，或与车身构件体有干涉时，必须使用保护环或护套。经过车体最低处的管路，及容易被路上飞起的杂物击中的管路，必须使用保护罩，或用其他形

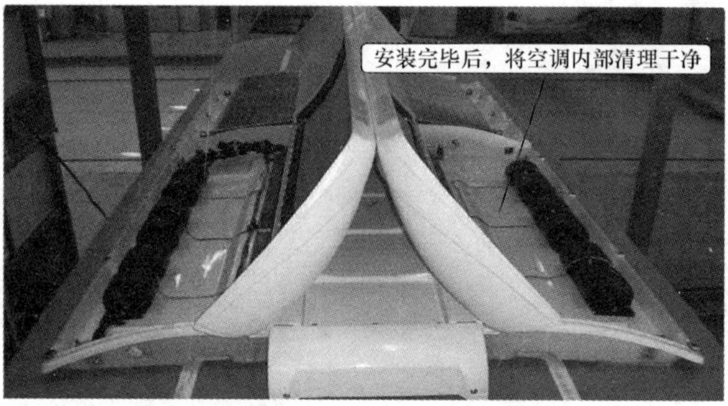

图 7-49　冷凝器和蒸发器内部清理示意图

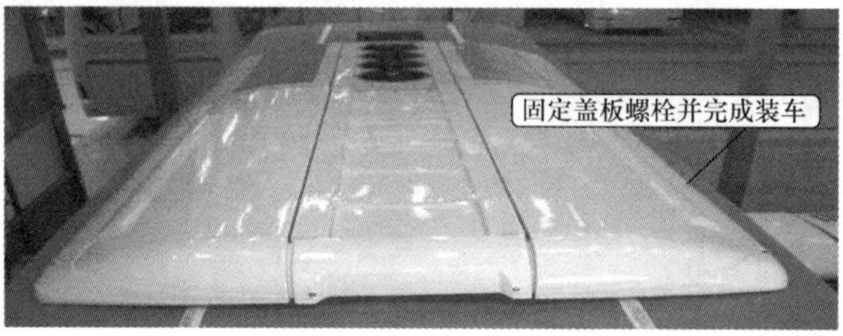

图 7-50　冷凝器和蒸发器盖板螺丝固定示意图

式保护。

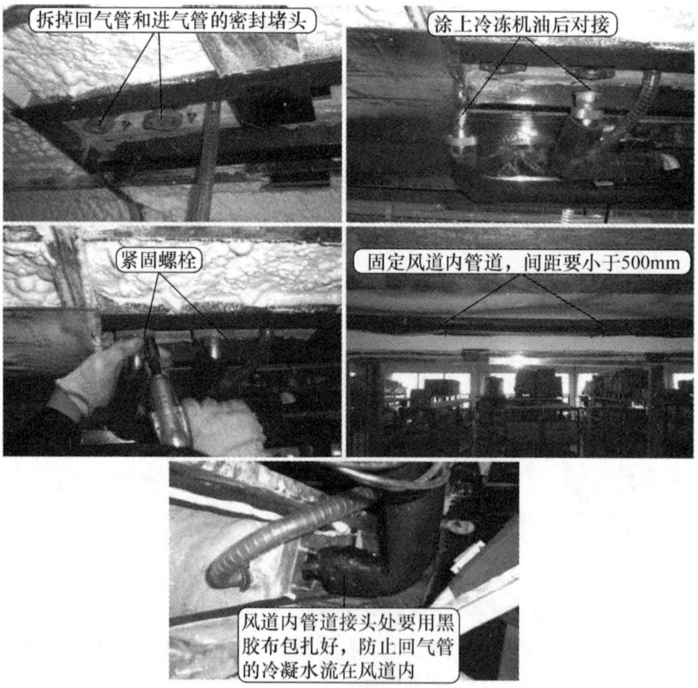

图 7-51　车内空调管道连接固定示意图

（12）车内空调水管和线束的连接及固定

① 将水管头部打上少许密封胶，不要让密封胶堵住水管。将水管套在蒸发器水盘的出水嘴上，用喉箍扎紧。一台空调有四个出水嘴，可以走四条水管，下水比较通畅也可以走两条水管。走两条时，一定要用三通进行连接。

② 将回风控制盒上的搭铁线接在回风口处预埋螺栓上，并用双螺母并紧（“O”端子上下各有一个螺母和一个平垫）。

③ 车内所用管道和水管线束接好后，要全部进行固定，水管线束可以同步进行固定。固定时要成直线，沿管道方向的水管和线束可以绑扎在管道上并间距500mm。沿其他方向的线束，要用专用卡箍固定好，间距同为500mm。主电源线要朝向车后进行布置和固定，控制线束则要朝向车前进行布置和固定。图7-52所示为车内空调水管及线束连接固定示意图。

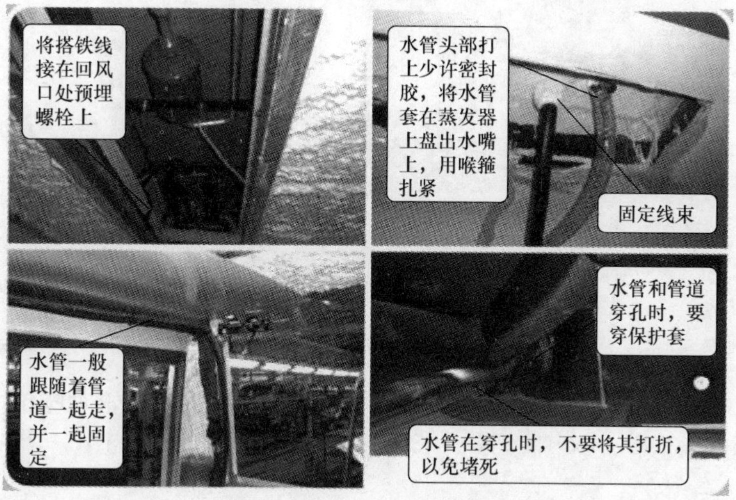

图7-52　车内空调水管及线束连接固定示意图

（13）车后舱内管道的连接和固定。汽车后舱内管道的连接和固定与车内相同，不要让管道与自攻螺钉或锐角边摩擦。如果必须经过锐角边，则要采取防护措施，防止管道磨破。图7-53所示为车后舱内空调管道连接和固定示意图。

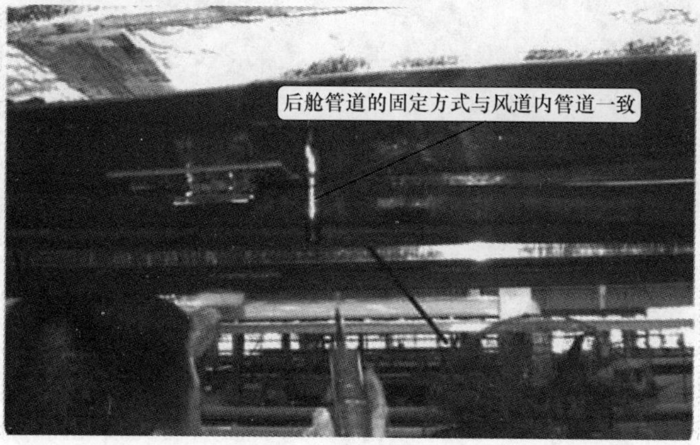

图7-53　车后舱内空调管道连接和固定示意图

3. 客车空调压缩机的安装

压缩机一般安装在发动机的左侧或右侧，由发动机带动压缩机运转。安装压缩机时，要根据发动机的倾斜角度和平面度来配制支架。

（1）压缩机带轮与发动机主轮的倾斜角度与平面度一致。传动带装上后，不许有超过2mm 的误差。对发动机的支架进行调整时，其倾斜度及平面度要与压缩机一致。图 7-54 所示为压缩机安装示意图。

图 7-54　压缩机安装示意图

（2）压缩机电磁离合器的带轮、过渡轮，以及发动机曲轴带轮对应轮槽的对称平面必须重合，误差不得超过 20′。图 7-55 所示为压缩机传动带安装示意图。

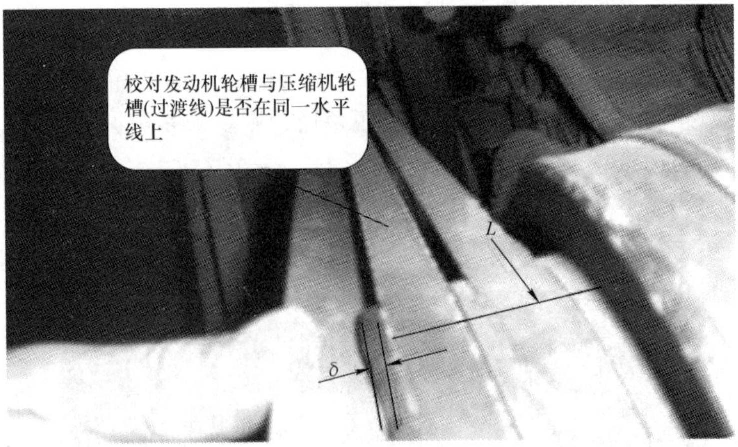

图 7-55　压缩机传动带安装示意图

将直尺一端侧面平靠在发动机带轮外表面，另一端与过渡轮的间隙为 δ，L 为发动机带轮与过渡轮的间距（尽量控制在 700mm 以内），分别在发动机带轮外表面上部和下部测一次，两次所测数值均不能大于表 7-1 中 δ_{max} 的值（mm）。

表 7-1　压缩机过渡轮和发动机带轮间距控制表　（单位：mm）

L	300	400	500	600	700	800
δ_{max}	1.75	2.33	2.91	3.49	4.07	4.65

（3）检查传动带是否张紧。

（4）若有怠速提升器，则需检查其是否能有效提升转速 100～150r/min。

（5）压缩机管道连接。取下压缩机截止阀上的堵头，垫上涂了冷冻油的石棉垫。将准备好的管道用螺栓对接。对接时，一定要确保密封可靠。靠近接头处的管道拐弯半径 R 要尽量大，一般要大于 1m。管道要留有一定的活动余地并固定好，防止振动磨损。图 7-56 所示为压缩机管道连接示意图。

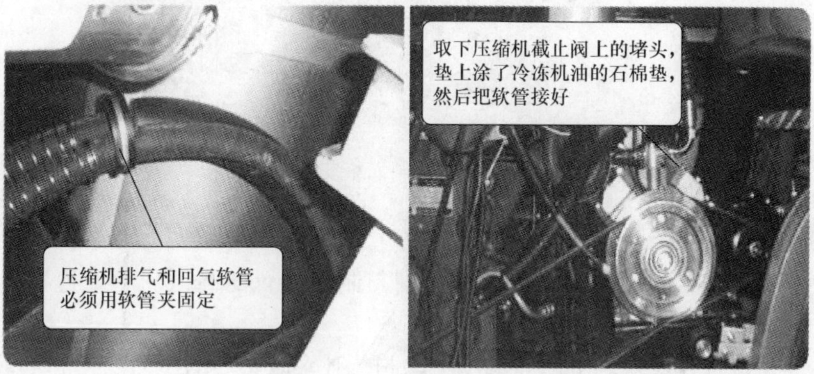

图 7-56　压缩机管道连接示意图

（6）压缩机和发电机线束的连接固定及总熔断器的安装固定。有插接件的地方，要将线束绕一圈后固定好。线束、电缆须远离热源和高温管路 150mm 以上，实在无法避免时，要保证线束和电缆的表面温度低于 80℃。另外，线束、电缆要避开运动部件 50mm 以上。图 7-57 所示为压缩机、发动机线束连接固定及总熔断器安装固定示意图。

图 7-57　压缩机和发动机线束连接固定及总熔断器安装固定示意图

4. 客车空调控制面板的安装

确定空调控制面板安装开孔的位置。该面板一般安装在仪表板上或驾驶人左侧车身上，具体位置以方便驾驶人操作为宜。安装时，注意表面的清洁及插接器的对接，还要注意防水防潮。有插接器的地方，要将线束绕一圈后，用扎带固定牢固，防止其松脱、磨损。图7-58所示为空调控制面板安装示意图。

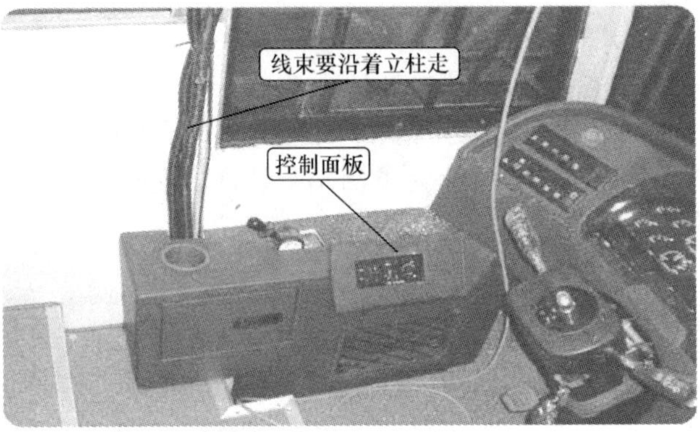

图 7-58　空调控制面板安装示意图

5. 抽真空、保压、检漏及充注制冷剂

（1）抽真空。将歧管表的高低压软管分别与制冷装置的高低压管路连接，歧管表中间软管与真空泵的抽气口连接，并拧紧各个接头。

起动真空泵，打开歧管表上的高低压手动阀，观察歧管表的压力变化。正常情况下，压力表的真空度应由快到慢逐渐上升。如果真空泵以 $5m^3/h$ 运转 30min，或以 $2m^3/h$ 运转 1h，仍达不到所需要的真空度，说明管路系统有泄漏，应停止抽真空，重新进行检漏。图 7-59 所示为抽真空操作示意图。

图 7-59　抽真空操作示意图

（2）保压

① 真空度超过 98kPa（740mmHg）时，可以满足制冷装置的使用要求。关闭歧管表的高低压手动阀，如果在 10min 内表内真空度下降不超过 3.4kPa（25.4mmHg），则可确认系统无泄漏。如果表压指示真空度下降较快，则系统有泄漏，必须排除泄漏后重新抽真空。抽真空结束后，关闭歧管表的高低压手动阀，关闭真空泵，拆下中间软管。图 7-60 所示为充氮保压操作示意图。

图7-60　充氮保压操作示意图

② 管路系统应能保压24h（压力表或歧管表接在管路上）。如果压力不下降，或因昼夜温差较大引起压力微量下降（小于表7-2的数值），可确认系统无泄漏。如果压力下降超过温差变化范围，则应找出泄漏原因并予以排除，直至确认无泄漏。管路压力随环境温度变化情况见表7-2。

表7-2　管路压力随环境温度变化　（单位：MPa）

环境温度/℃	昼夜温差/℃					
	3	5	8	10	12	15
35	0.016	0.026	0.042	0.052	0.062	0.078
32	0.016	0.026	0.042	0.053	0.063	0.079
30	0.016	0.026	0.042	0.053	0.063	0.079
28	0.016	0.027	0.043	0.053	0.064	0.080
25	0.016	0.027	0.043	0.054	0.065	0.081
22	0.016	0.027	0.043	0.054	0.065	0.081
20	0.016	0.027	0.044	0.055	0.066	0.082

（3）检漏。系统安装完毕后，将歧管检修表对应连接于高、低压管道上，关闭低压表阀，开启高压表阀，将氮气通过减压阀充入空调系统，待压力保持在2.5MPa时，关闭阀门停止充氮气。用肥皂液对各连接部位进行检漏，合格后应能保压24h无压降，这说明系统高压气密性合格（注意保压期间温度每降3℃，压力降应不大于0.1MPa）。图7-61所示为检漏操作示意图。

（4）充注制冷剂。确认系统无泄漏后，进行抽真空稳压处理。用真空泵抽真空0.5～1h，稳压2h以上，确认真空度不回升后，充注制冷剂。图7-62所示为充注制冷剂操作示意图。

充注制冷剂的同时，将冷凝器和蒸发器顶置盖板固定，旋上螺栓并紧固。盖板紧固后，不允许出现与车顶相碰现象，否则可能导致密封不严及损坏车顶，允许有5～10mm间隙。充注时，低压管路不允许充注液体。打开高压表压力阀，将制冷剂瓶倒放，此时低压表压力

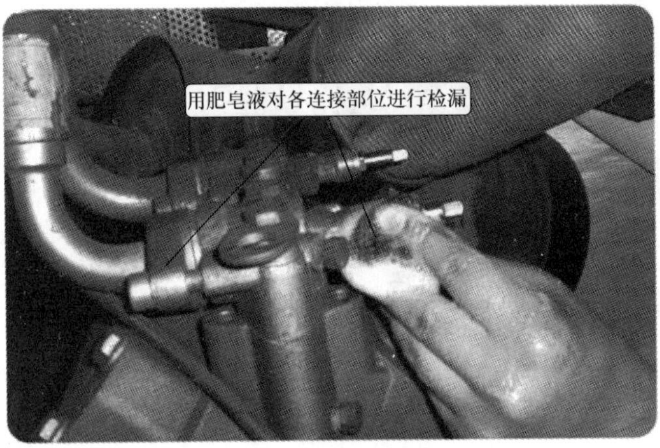

图 7-61　检漏操作示意图

图 7-62　充注制冷剂操作示意图

阀不可打开。当高压部分制冷剂充注适当时（压力平衡），将瓶正放，此时，可将压力表低压阀打开，从低压部分充注，高低压表压力平衡后，关掉两阀，按技术要求的量充注制冷剂，用电子秤或磅秤计量。

6. 试车及系统调试

（1）运行检查

① 确定空调管路、线束、压缩机、面板等附件全部安装完毕后，按操作说明书开启空调，依次检查压缩机、冷凝风机、蒸发风机的运转情况。主要检查蒸发风机高、中、低三档调速，以及新风门开关动作是否正常。

② 空调正常运行 10 ~ 30min（视当时大气温度而定）后检查滴水管，应该有冷凝水流出，如果没有，则要检查排水管是否有堵塞或被压缩变形的情况。

③ 定制机组安装完毕后，必须做淋雨试验。如果发现漏水现象，必须及时采取补救措施，确保密封良好。

④ 做初次磨合运行。

（2）调试制冷装置时应在加注额定量制冷剂后按下述步骤进行

① 检查操纵器，使风量开关、制冷开关处于关闭状态。

② 起动发动机，令其怠速运行（不要加速）。

③ 打开操纵器上的风量开关，电源指示灯点亮后，任选一档运行。

④ 打开操纵器的制冷开关，制冷指示灯点亮后，压缩机开始运转，制冷装置开始制冷。

⑤ 打开操纵器的温控开关，设置车厢内所要求的温度。

⑥ 打开操纵器的新风开关，使车外新鲜空气能进入车厢内，并检查新风装置能否正常工作。

如果一切正常，则待制冷装置运行 20 ~ 30min 后，进行间歇运转，压缩机开 2min 后停 2min，如此反复操作 8 ~ 10 次。如果间歇运转正常，则调试工作结束。

（3）冬季气温较低时调试工作按下述要求进行

① 当环境温度高于 20℃时，调试工作按常规步骤进行。

② 当环境温度低于 20℃时，从下述方案中任选一种调试制冷装置：

a. 将客车置于温度高于 25℃的暖房中按照常规步骤进行调试。

b. 起动发动机，打开车上的暖风装置，使车厢内温度上升到 25℃以上，发动机舱的温度上升到 60℃以上，然后再按照常规步骤进行调试。

（4）依据下列现象确认制冷装置运转状况正常

① 操纵器的电源指示灯和制冷指示灯亮，故障灯不亮。

② 冷凝风机和蒸发风机全部运转无异响。

③ 压缩机运转无异响，离合器离合动作正常。

④ 高低压管路中压力正常（表 7-3）。

⑤ 车厢内冷风出口冷感明显，左右风道各出风口风速均匀。

（5）制冷效果试验。空调运转正常后，进行性能测试。测试条件为环境温度 35℃，车速 40km/h，载客量为额定载客量的 85% 以上。测试前，应将车停放于阴凉处，冷气全开并匀速行驶 30 ~ 40min 后，车厢内外温差应不小于 7℃，车内回风温度应不大于 28℃，送风口离蒸发器最近处约为 15℃。关闭空调时，车内温度由 28℃回升到 35℃，时间应不小于 10min，如果升温过快，则应检查车体保温和门窗密封情况。

表 7-3　环境温度与管路压力对照表（压缩机转速 1800r/min）

高压表压力值/MPa	低压表压力值/MPa	低压表压力值/MPa	车内温度/℃	参考送回风温差/℃
1.65 ±0.1	0.26 ±0.04	40 ±1	30 ±1	12 ~ 13
1.6 ±0.1	0.23 ±0.03	38 ±1	29 ±1	11 ~ 12
1.55 ±0.05	0.21 ±0.03	35 ±1	27 ±1	10 ~ 11
1.4 ±0.05	0.19 ±0.03	32 ±1	25	9 ~ 10
1.3 ±0.05	0.18 ±0.03	30 ±1	24	8 ~ 9
1.2 ±0.05	0.18 ±0.03	28 ±1	22	7 ~ 8
1.05 ±0.05	0.17 ±0.02	25 ±1	20	6 ~ 7

（二）客车暖风系统的安装

1. 客车暖风系统的组成

（1）除霜器。分为带外循环功能和不带外循环功能，及电加热式、水暖式等。

（2）散热器。分为自然散热片、强制散热片等。强制散热器又可分为壁挂式、卧式等。

（3）加热器。分为燃油液体加热器（燃油电喷液体加热器）、燃气液体加热器、尾气加热器等。

（4）管路。分为普通胶管、成型胶管、铝塑管等。

（5）接头。分为直通、三通、变径等。

（6）阀门。分为组合水阀、3/4in 球阀等。

（7）其他附件。包括加热器油管、软管夹、线夹、卡箍、支架、扎带等。

2. 加热器的安装

（1）严格按照各型号加热器的安装尺寸开孔，并在加热器舱下方焊装 U 形槽钢，加强对加热器的固定。图 7-63 为加热器安装示意图。

（2）在安装空间的限制下，应尽量保证加热器的进风量，排气管应保持通畅，并直接接至加热器舱外。

（3）开孔安装方向需保证加热器控制盒面朝舱门外侧，以便于检修和保养。

（4）要分清进出水口

① 加热器水泵进水口与发动机缸盖水套出水口连接。

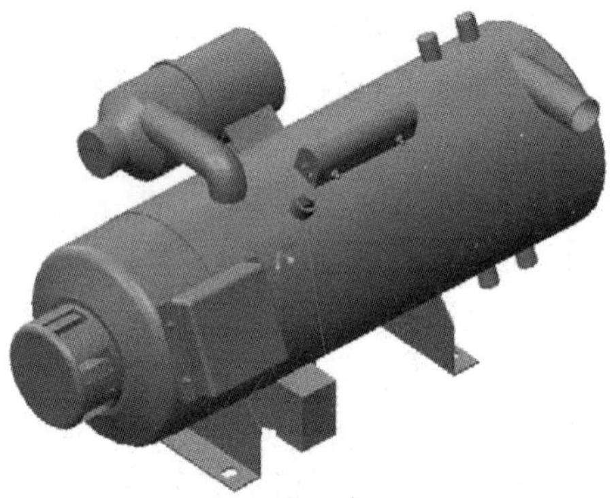

图 7-63　加热器安装示意图

② 加热器出水口与散热除霜装置连接，再回到发动机散热器的回水管上。

（5）采用双卡箍紧固水管。

（6）卡箍锁紧应适度。

将气动扳手调至二档并锁到底，用手旋转水管应不能转动，同时铜接口不能变形。

（7）加热器油管布置应平顺，不得与尖角或锐边磨蹭。要固定可靠，不得有折死现象。油管接头应打密封胶，确保不漏油，滴油管应远离排气管，如难免靠近排气管则必须加导流管。图 7-64 所示为加热器油管接头安装示意图。

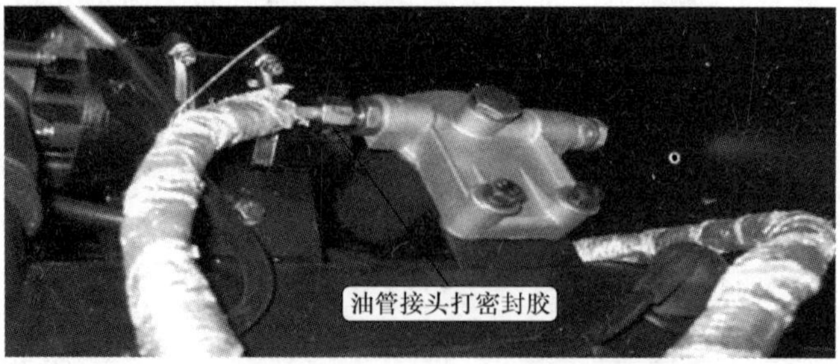

图 7-64　加热器油管接头安装示意图

（8）加热器线束和油管走向要合理，与热源距离应在 100mm 以上。如必须与热源相距 100mm 之内，则应用耐温棉进行包裹处理。

3. 除霜器和散热器的安装

（1）安装除霜器时，特别要防止暖水管弯曲、折死。暖水管穿出地板的部分，需用橡胶圈固定，防止地板磨损橡胶管，另外还要进行打胶处理。带外循环的换气口与开孔要接合紧密，接合处要打胶密封。图 7-65 所示为除霜器安装示意图。

图 7-65　除霜器安装示意图

（2）安装除霜机导风管时，卡箍需打紧，但力度不能过大，否则可能导致风管连接头打裂。另外，风管不能过度弯曲、折死。图 7-66 所示为除霜器安装示意图。

（3）安装除霜器时，需确保无颗粒状杂物进入除霜机内。

（4）卧式强制散热器应尽量安装在座椅正下方，出风口尽量不正对乘客脚部。壁挂式强制散热器应紧贴侧围，连接散热器之间的暖水管应打卡箍并固定在地板上。散热器暖风水管过地板处要加橡胶圈，并打胶处理，并用双卡箍连接。图 7-67 所示为散热器连接胶管安装示意图。

图 7-66　除霜器安装示意图

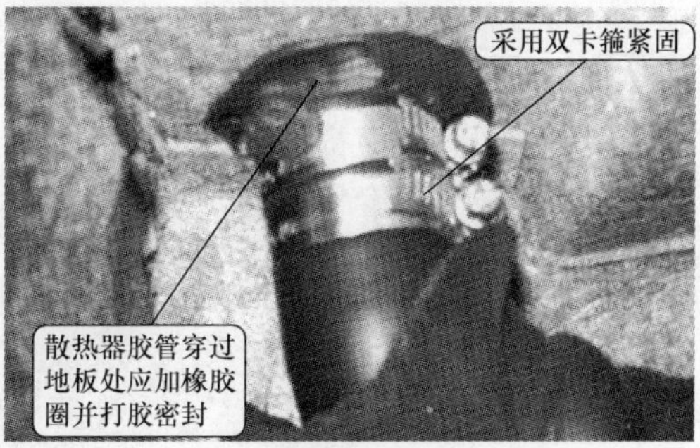

图 7-67　散热器连接胶管安装示意图

（5）强制散热器、除霜器与开关控制板之间的线束要单独铺设，不可与其他线束混装，且要远离易燃物质，防止久置引起火灾事故。线束在穿过车厢地板时，一定要用橡胶圈保护，并将线束固定牢固，防止振动、磨损。插接器应采用玻璃胶密封，防止潮湿导致短路。

4. 暖风管路的安装

（1）管路接口采用双卡箍连接，接触面长度不小于 35mm。要求可靠锁紧，不得有任何泄漏，并在接口内表面涂密封胶。

（2）各水管及接头固定要牢固可靠，不得松动，不得与尖角或锐边磨蹭，或与车体其他坚硬物体有相对运动性的接触。

（3）水路走管要平顺，拐角处的半径不得小于 150mm，不得转急弯及折死，保证流水通畅。

（4）水路胶管应远离发动机排气管、涡轮增压器等热源 100mm 以上。

（5）暖风管路应单独排布，不得与电器线束或发动机供油管捆扎在一起。

（6）暖风水管穿过地板处应打胶密封，穿越封板处应套上橡胶护套。必须使用开孔器开孔。

（7）胶管、铝塑管、油管应在适当部位设卡子固定（一般用软管夹），固定间距一般不大于500mm。图7-68所示为胶管、铝塑管安装固定示意图。

图7-68　胶管、铝塑管安装固定示意图

（8）加热器油管布置应平顺，不得与尖角或锐边磨蹭，要固定可靠，不得有折死现象。

（9）除霜器及散热器的进出风口不得有异物或其他物件堵塞，以免影响空气的流通。

（10）除霜波纹管应用扎带紧固，不得有凹瘪等缺陷存在，以免影响空气的流通。

（11）暖风管路穿行过程中如与备胎支架干涉，则应使用固定支架托起管路。

（12）暖风管路穿行到位后，必须将管路接头部分用塑料袋套牢，防止异物落入。图7-69为管路接头裸露部分保护措施示意图。

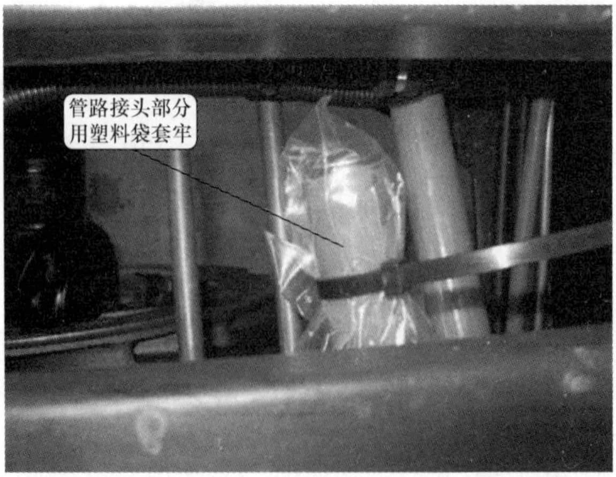

图7-69　管路接头裸露部分保护措施示意图

5. 暖风管路安装工具及整车安装效果

客车暖风系统的安装中，主要使用的工具包括气钻、气动螺钉旋具、手动胶枪、开孔器、卷尺等，图7-70为暖风系统整车安装效果图。

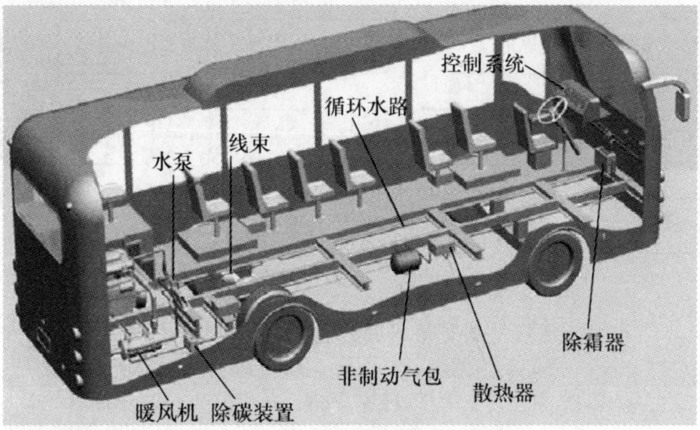

图7-70　暖风系统整车安装效果图

第三节　客车车厢地板和内饰安装

一、客车车厢地板的安装

地板安装工艺的制定与地板所采用的材料有直接的关系。木质胶合板、竹编胶合板和共挤发泡PVC板的安装工艺基本相同，塑料地板则与这三者有很大的区别。目前客车上应用最为广泛的是木质胶合板与竹编胶合板，另外两种在特定的场合才使用。以下针对胶合板和塑料地板的典型工艺进行介绍。

(一) 塑料地板的安装

一般情况下，如果定型客车采用塑料地板，则型材应当要求定尺供货。不同地板区域，如高地板、通道地板等，应在安装前进行归类，这样既节省材料，又可省去预装工序，从而提高工作效率。塑料地板安装的工艺流程为：粘贴防振胶条→在地板骨架上排布地板板材→修裁边界→固定→边界压条。

为了减少振动，地板安装前，应在地板骨架与地板下表面接触部位均匀贴一层2～3mm厚的橡胶条，胶条一般用303胶粘贴。然后将分好类的地板按相应的区域在车身地板骨架上排列，排列时尽可能减少板材与板材之间的间隙。排列后，对超出边界的余料或一些发生干涉的部位进行修裁。排列完毕，使用螺栓将塑料地板固定在地板骨架上。塑料地板局部刚度差、易变形，因此其前后端固定时，应将地板型材空腔内插入木块支撑，防止螺栓紧固时塑料地板端部开裂。最后，在地板边沿打上压条，使整个地板面整齐美观。

(二) 胶合板材地板安装工艺

木质胶合板和竹编胶合板在安装工艺上与塑料地板最主要的区别，在于增加了覆盖层的处理工艺，即上表面需铺设塑料地板革，下表面还要喷涂胶质防水涂料。胶合板材地板的安装工艺流程见图7-71。

将平地板、后台阶高地板，以及过道四周骨架矩形管安装面上的杂物、夹渣等清理干净。焊渣凸起要用砂轮机打磨平整。地板骨架凹凸不平处要进行修复并视情况加隔热垫衬

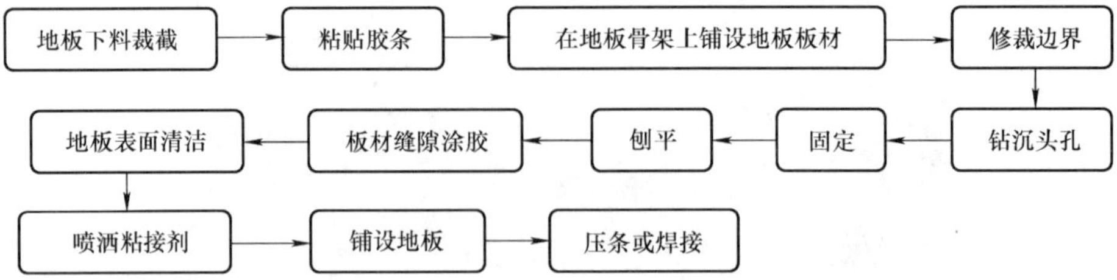

图 7-71　胶合板材地板的安装工艺流程

平。在侧壁上标记出骨架的位置，再在所有安装骨架矩形管表面涂一层丁基胶，在每两块板对接处的骨架矩形管表面涂两道丁基胶，要求胶截面最小尺寸为 12mm × 12mm，且胶要涂抹连续，中间无断胶。对前后轮罩的过道边梁和侧支板处也要进行重点涂胶密封。

图 7-72 为安装胶合地板示意图。将裁好的不同尺寸的板材，按布置要求铺设在地板骨架上，要求尽可能搁实，不应有干涉现象，板与板之间的间隙应小于 2mm，板与侧壁的缝隙不应大于 3mm。接缝处高低差不大于 1mm（为确保木板横向对接缝尺寸，允许将误差尺寸偏向纵向侧壁缝隙尺寸）。安装驾驶区木板及其他木板时，应用电动往复锯将其适配到位。

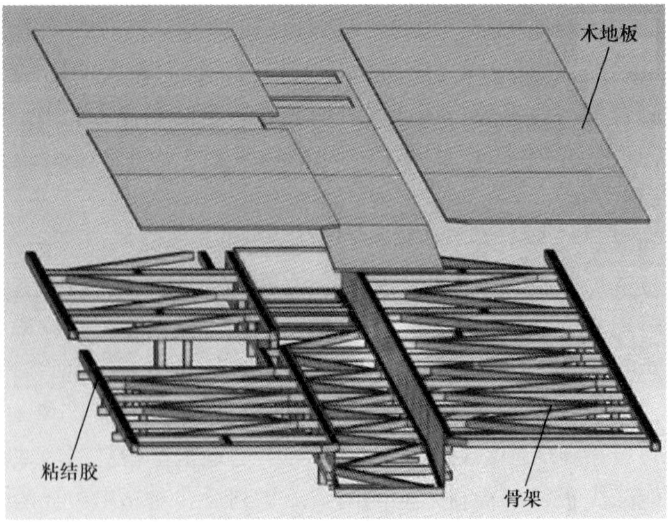

图 7-72　胶合地板安装示意图

紧固木板时，先在木板与方管上钻孔，再在木板孔表面扩沉孔。螺钉要锁紧至木板内 1 ~ 2mm，木板与侧墙、木板与过道结合处的螺钉间距不大于 220mm，两木板结合处螺钉间距不大于 150mm，螺钉固定位置距木板边缘 9mm 左右，板与侧壁之间填充丁基密封胶并刮平。前后轮罩过道边梁处，一定用螺钉将竹筋板紧固牢靠。此处的竹筋板底部涂胶要足量且到位。竹筋板安装好后，在前后轮罩过道边梁处，要用硅酮胶进行密封，并进行刮平处理。竹筋板安装好后，车辆在行驶过程中，地板受力挤压时不应发出异响。

要求竹筋板固定牢靠且平整，不得有翘曲、废孔等缺陷（废孔处应进行封胶处理）。底部涂胶要到位、连续且无断胶。竹筋板接缝底部必须有衬梁，接缝表面及凹凸不平处应先用刨刀或角磨机刨平，在接缝处刮上填补腻子或密封胶，待干燥后打磨平整。

（三）地板革粘贴工艺

安装完胶合地板后，还要铺设地板革。首先要确保接缝腻子晾干，然后用纱布将接缝处的腻子打磨平整，清扫干净车内地板，并对凹凸不平处、残胶、夹渣和异物等影响粘接效果的缺陷进行铲刮处理。安装地板时留下的废孔，可用硅酮胶填平。

在地板革背面和地板粘接面上均匀喷一层树脂胶，干燥约10min（根据胶的性能和操作环境灵活掌握胶的干燥时间，以发挥胶的最佳粘接效果）。喷胶要均匀、连续、到位（地板革和竹胶板表面一定要双面喷胶）。用手轻点喷胶，若有拉丝状态，表明喷胶已干燥好，应立即粘贴地板革。

图7-73为地板革粘贴示意图。贴两侧及过道中较长的地板革时，要先把两边拉紧，并从中间向两侧用磙子赶平后，再横向将拐角处压实并与侧壁粘贴。粘贴时，地板革不得起皱，不得脱胶，且要修剪好边角。地板革接缝不大于2mm，拐角处要做压实处理。对个别小面积鼓包要用橡胶锤轻敲或进行注胶处理。

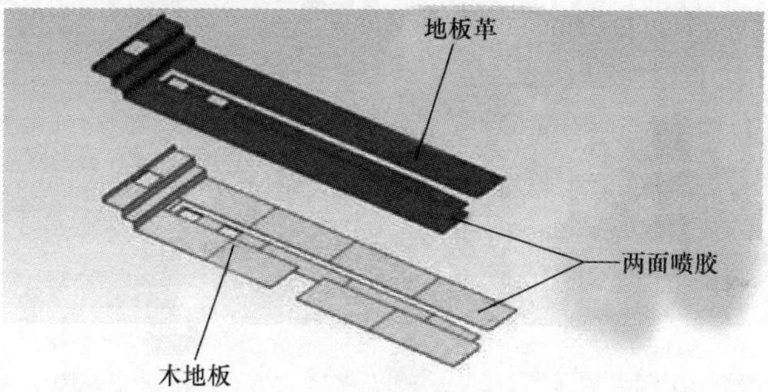

图7-73　地板革粘贴示意图

粘贴地板革时，贴好后的地板革表面应平整，不应有划伤、斑痕和残胶，不允许出现大面积鼓包，下面不允许有杂物。接缝腻子必须晾干后才能喷胶，竹筋板和地板革均要喷胶。

整个车身地板面不可能仅使用一块地板革来遮盖，因此，地板革铺设过程中必然存在两块革的边界接缝处理问题，通过专门的地板革焊接方法可以消除接缝，提高地板革的整体感。

（四）地板革焊接工艺

地板革的主要成分是塑料，塑料焊接主要采用热空气焊接法。焊接时，用热空气焊炬加热塑料接缝使其软化，同时将加热的塑料棒压入接缝即可。塑料焊接的四要素包括热空气温度、塑料被加热的程度、施焊的压力和焊接的速度。

1. 接口的准备工作

焊接前，塑料地板革接缝边源要进行开槽处理，这样可加大焊条和地板革之间的接触区域，从而使焊接更牢固。槽口一般有两种方式，需根据焊条进行选择，见图7-74和图7-75。

2. 接缝的定位焊

利用特殊的定位焊嘴对塑料地板革加热，同时对焊缝加压（类似电铬铁）。压力和热量可使塑料地板革两边互相熔合。定位的目的是使塑料地板革走线正确，避免重叠，使两地板革初步组合，便于焊接。

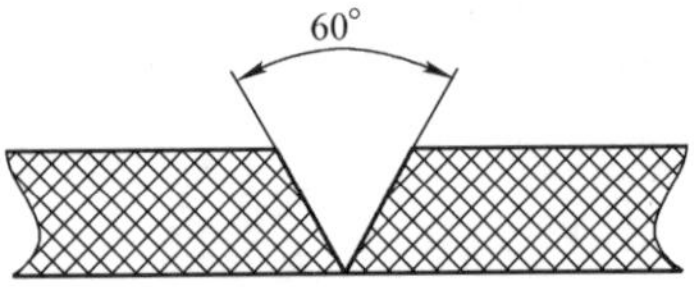

图 7-74　塑料地板革焊前切出 60°斜坡口

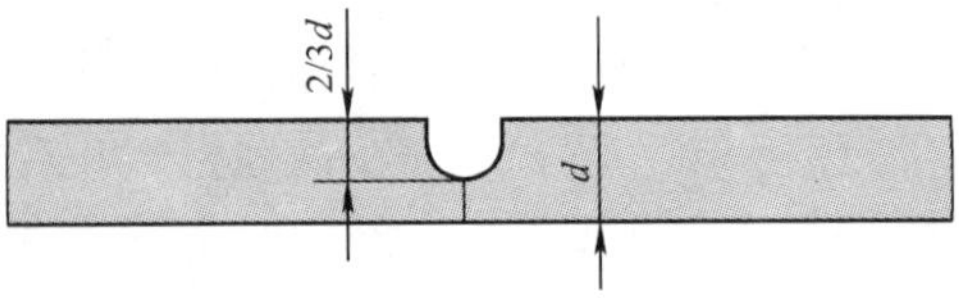

图 7-75　塑料地板革焊前切出 U 形口

3. 焊炬空气温度的调节

焊炬温度的设置取决于环境温度等诸多因素。通常将温度设置为 360℃。焊接时，焊丝在焊嘴内预热，使用弯头压片在焊嘴下面向焊缝内面施加压力，焊接速度为 1m/min 左右，见图 7-76。焊接角落或拐角处时，一手持焊炬以合适的速度移动，另一手轻轻推动焊丝，以保证拐角处焊实、无假焊，且焊接件无烧伤。图 7-77 为焊条在不同温度下焊接的效果对比说明。

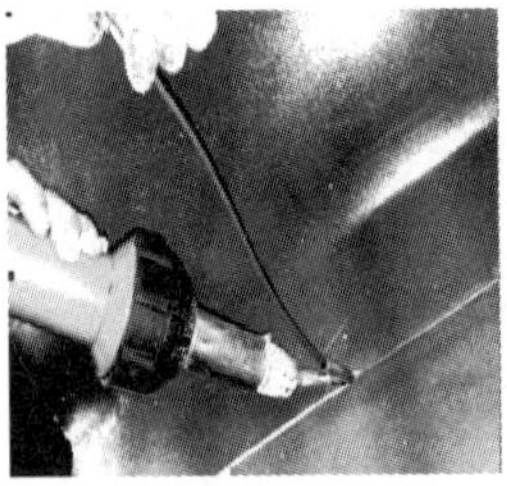

图 7-76　地板革焊接操作图

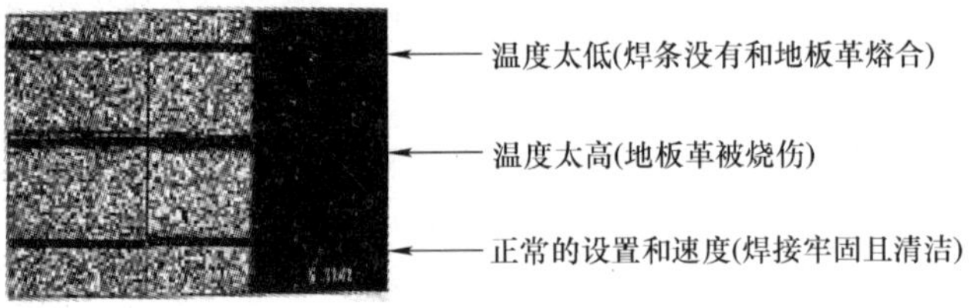

图 7-77　不同温度下焊接的效果对比

4. 焊接

焊接时，焊炬应选用圆形焊嘴。焊炬应距焊缝 12 ~ 13mm，倾斜角为 30°。焊条垂直于塑料地板革，并与塑料地板革同时加热到发光且带有粘性，这样焊条便会粘住板片。此时，必须维持焊条与塑料的正确温度。当焊条和地板革缝隙热量达到使它们都略带亮光的程度时，给焊条略施压力，使其伸入焊缝。温度适当时，焊条上约加 13.72N 的力，它就会向焊缝弯曲，并向焊缝方向移动，继续用焊炬上下扇动，就能使焊条与塑料地板革缝熔成平滑焊缝。这种焊接方法的平均速度是 150 ~ 200mm/min。在整个焊接过程中，焊条上的压力应保持一定。

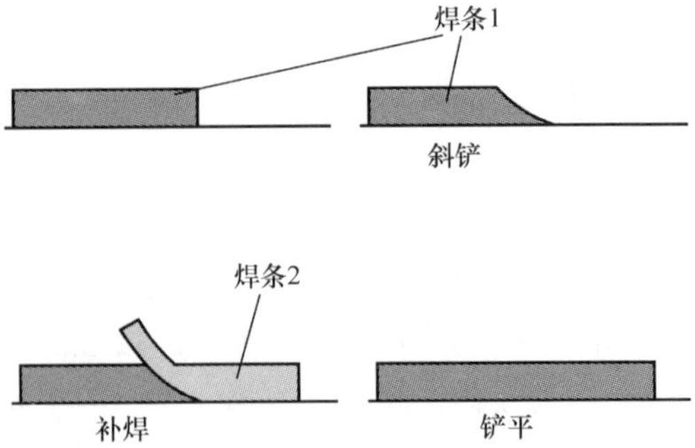

图 7-78　焊条对接处理示意图

焊接过程中，因焊条长度不够或操作不方便需分段焊接时，先将前一个已焊好的焊条，用铲刀以一定的坡度斜切，再用新焊条与此斜面对接，冷却后铲平，见图7-78。两条焊缝交叉时，焊接前先用焊条修平刀将交叉点处焊条挖去，再继续焊接，见图7-79。

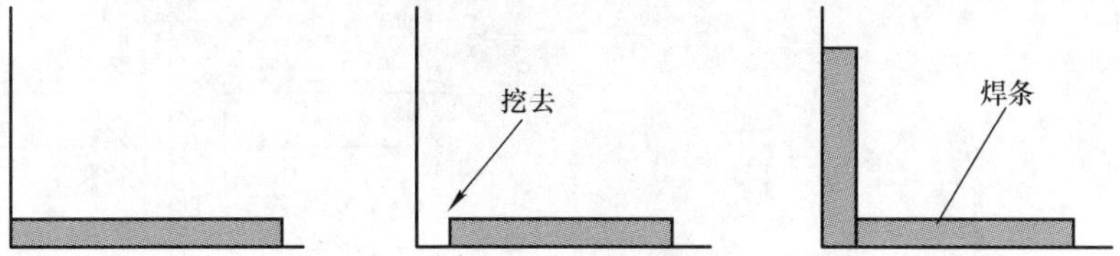

图7-79　交叉焊缝操作示意图

结束焊接时，应迅速加热焊条和塑料地板革的接触区域，停止移动焊条，拿开焊炬，并继续保持对焊条的压力，直到焊缝冷却后，锯断焊条，严禁将焊条端头外露，见图7-80。

PVC塑料地板革焊缝的优秀标准，是不呈现棕黄色或皱摺，若有此现象则说明焊接温度过高。如果焊缝未完全互溶，焊条像放在焊缝中，尺寸形状与原来的圆棒一样，则说明焊接时热度不够。良好的焊缝应在其两侧现出小流线或波纹，这说明压力和热度适当，焊条与塑料地板革完全溶合。

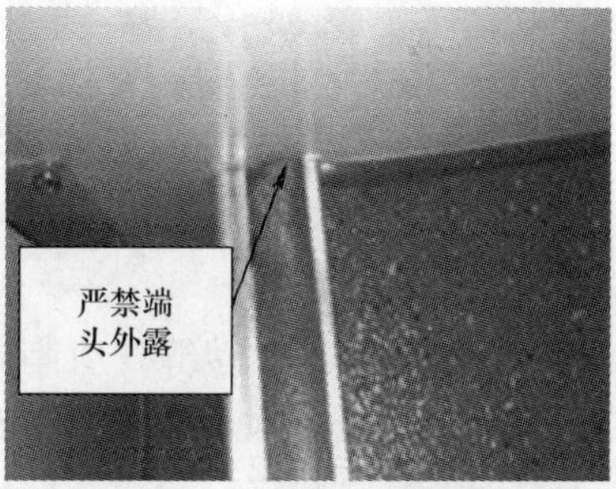

图7-80　焊条端头处理示意图

（五）客车地板的密封

地板密封的目的主要是防尘、隔热和降低噪声。

1. 驾驶区地板密封

驾驶区地板较薄，有些区域仅仅是金属板件。另外，地板上开的孔洞较多，有变速杆孔、油管孔、气管孔以及电器线束孔等。因此，密封主要针对这两方面入手。

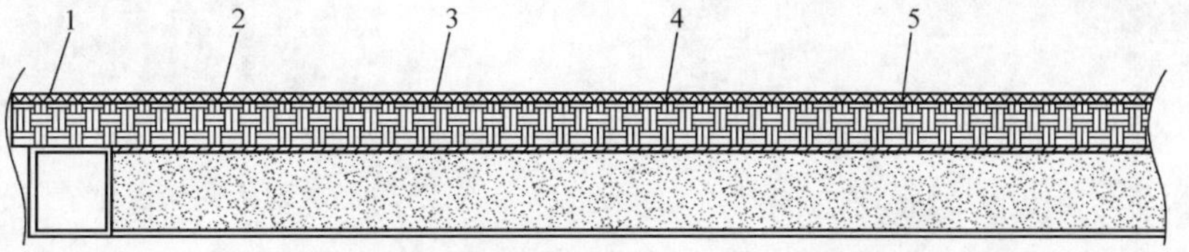

图7-81　驾驶区金属地板隔声结构图

1—地板革　2—胶合板材　3—铁皮封板　4—隔热隔声材料　5—固定铁丝网

图7-81为在驾驶区地板骨架上焊接铁皮封板的示意图。在封板上部安装胶合板材并粘接地板革。在封板下部使用38mm厚的复合隔热隔声材料，下部使用铁丝网固定，以起到隔热隔声作用。

给变速杆在地板上开洞时，应在不干涉的前提下，使洞口尽可能小。然后，在洞口安装波纹胶套，套内填上棉絮，见图7-82。地板管线穿孔处应安装密封胶碗，也可利用特制短节，见图7-83。

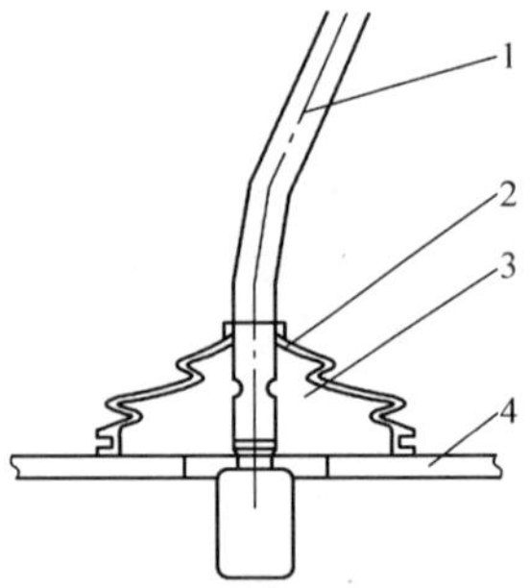

图 7-82　变速杆洞口密封

1—变速杆　2—波纹胶套　3—棉絮　4—地板

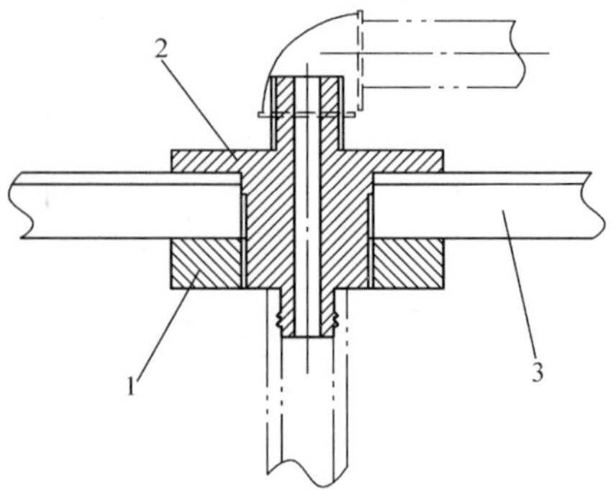

图 7-83　短节

1—拼帽　2—短节　3—地板

2. 地板接缝处的密封

安装地板前，应在其与地板骨架之间粘贴一层 2 ~ 3mm 厚的胶垫，见图 7-84，以提高隔振和密封效果。在地板与车身侧壁处，先注压沥青胶，然后用防尘压条压紧以消除缝隙，见图 7-85。

胶合板材地板间的接缝处应制成斜坡状或抽槽状。安装时，在搭缝间垫一层自粘性海棉胶带，见图 7-86。螺栓要紧固牢靠，最好在螺纹处涂上无氧胶粘剂，以增加螺纹的紧固力。对于塑料地板，一般将其断面结构设计成半圆形抽槽。安装时，在两个半圆接触面之间贴胶带以消除间隙，起到密封和隔振作用，见图 7-87。

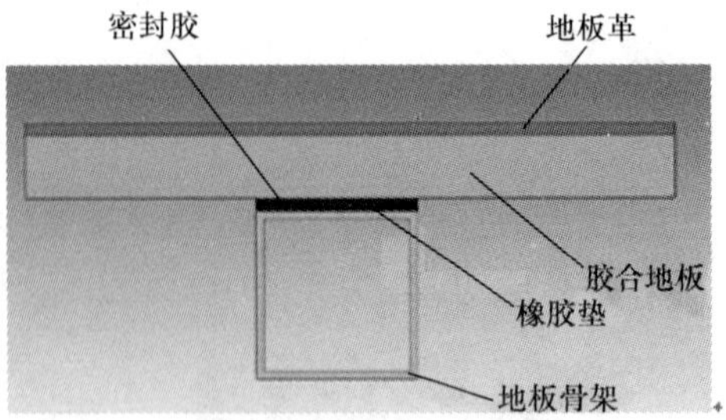

图 7-84　地板胶垫结构示意图

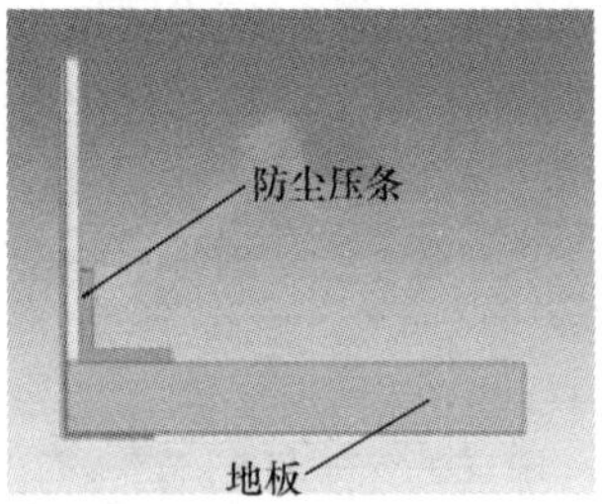

图 7-85　地板侧壁密封结构示意图

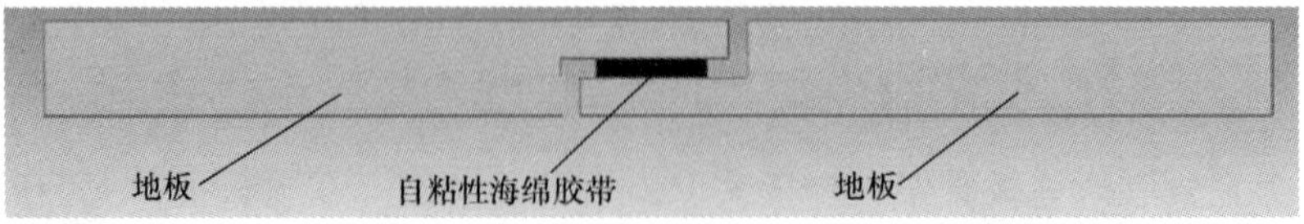

图 7-86　胶合板材的地板接缝

3. 检修口的密封

客车地板上设有许多检修口，如发动机检修口、变速器检修口等。这些检修口是主要的进尘部位，因此，检修口盖安装时的密封很重要。图 7-88、图 7-89、图 7-90、图 7-91 分别展示了不同检修口盖的密封结构。

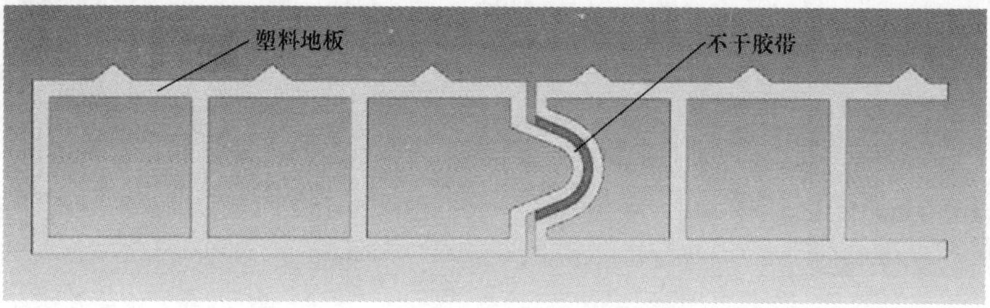

图 7-87　塑料地板接缝处的密封

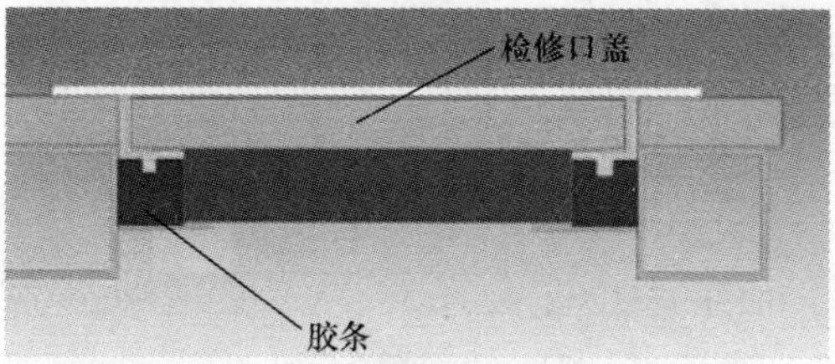

图 7-88　检修孔盖 1

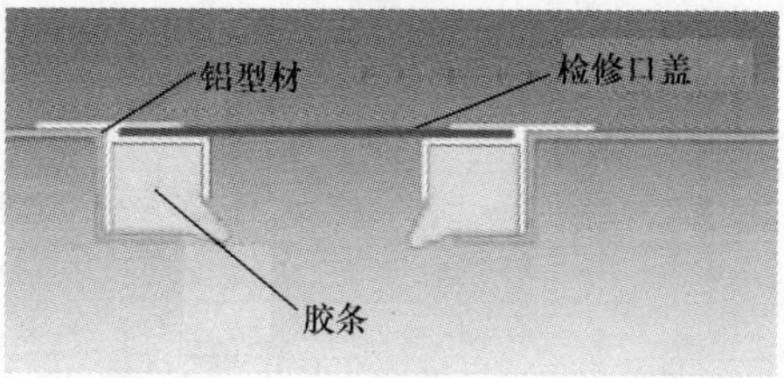

图 7-89　检修孔盖 2

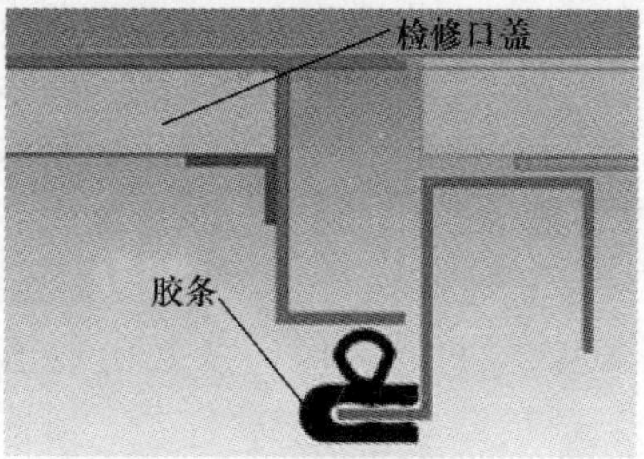

图 7-90　检修口盖 3

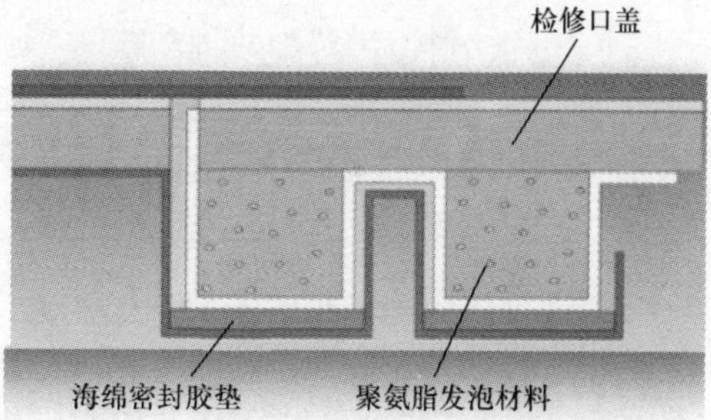

图 7-91　检修口盖 4

4. 后置发动机舱的地板密封

发动机产生的噪声通过舱壁传入车内，是车内噪声的主要来源之一。排气管、散热器以及增压器在工作时，可使发动机舱的温度超过 400℃，如此高的热量传入车内会严重影响乘坐舒适性。因此，在发动机舱地板的密封问题处理上，一定要务求细致、科学。图 7-92 和图 7-93 为两种不同后置发动机舱地板的消声、隔热措施示意图。

（六）客车地板的检验

表 7-4 列出了客车地板装配质量的检验要求。

二、客车内饰护板及前后装饰顶的安装

（一）客车内饰护板的安装

客车内饰护板分为硬质内饰护面、分块软质内饰护面和整体连续内饰护面三种，不同结构的内饰护板，安装工艺有所不同。

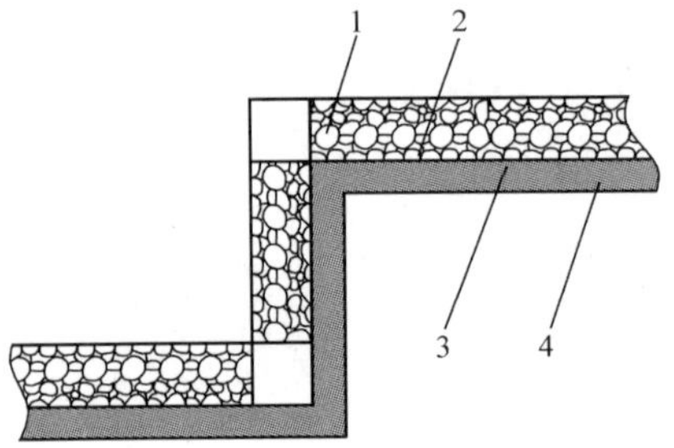

图 7-92　后置发动机舱地板消声和隔热示意图
1—聚氨酯发泡层　2—铁皮封板　3—隔热隔声层
4—菱形钢丝网或圆孔铝板

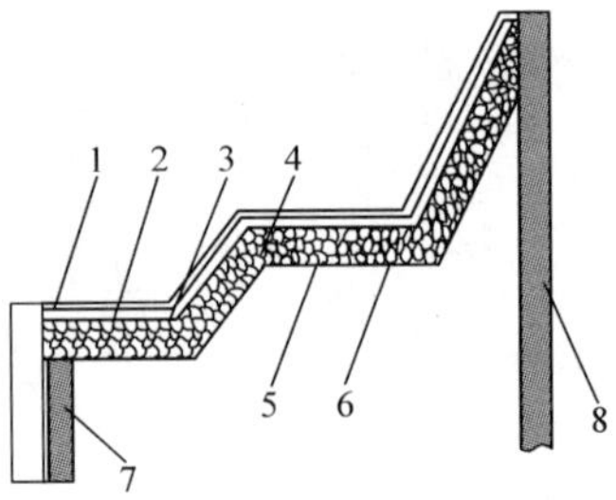

图 7-93　后置发动机舱地板消声、隔热示意图
1—地板革　2—重材料板　3—复合板
4—密泡沫塑料　5—玻璃纤维　6—铝铂
7—磷纤维绒毛　8—聚脂泡沫

表 7-4　客车地板装配质量的检验要求

检验项目	检验标准	检验方法与手段
间　隙	相邻两块地板之间的间隙不大于 2mm	塞尺、直尺
不平度	整车地板表面高度差不大于 2mm，且在不大于 100mm 的范围内光滑过渡	直尺、钢卷尺
安　装	地板间连接牢固，与内蒙皮接缝处应填充有效的密封填料。地板与地板骨架之间垫橡胶条	目测
检修口	各洞口尺寸按名义尺寸允许差大 3mm，边缘平直无毛刺	目测，样板或钢卷尺
	检修口盖的安装要求平顺，牢靠，密封	目测
地板革	地板革要粘贴牢固不起泡，表面完整平顺、无损伤，焊缝整齐、不变色、不起皱、无明显缺陷，地板压条平直、无扭曲，接缝间隙不大于 0.5mm	目测、手触、塞尺

1. 普通硬质内饰护板的安装

普通客车及城市客车所采用的硬质分块内饰护板的安装工艺过程为：下料→预装（修边、切割洞孔）→简单固定→压条固定→压条卡套

下料时，应尽量提高板材的利用率。预装时，应按相应的顺序将板材排列好，在灯、风扇等相应位置切割洞孔以便于安装，板材周边有干涉或过渡不顺的地方应适当修整。每块板用 4 ~6 颗自攻螺钉简单固定，并在板材接缝处及拐角处装上铝型材压条。为了更加美观，还可以在铝型材压条外面卡上塑料卡套。面板、型材与车身骨架一般采用自攻螺钉固定，自攻螺钉的底孔，与采用的螺钉规格及支撑骨架的基础板件壁厚有关，表 7-5 列出了 GB/T 3098. 11—2002推荐的一些常用规范以供参考。

表 7-5　GB/T 3098. 11—2002 中的常用规范

螺纹规格	基础板厚度/mm	螺纹底孔直径（mm）
ST2. 9	1	2. 4
ST3. 5		2. 9
ST3. 9		3. 2
ST4. 2	2	3. 7
ST4. 8		4. 2
ST5. 5		4. 9
ST6. 3		5. 9

2. 分块式软质内饰护板的安装

分块式软质内饰护板与硬质护板不同，一般情况下已事先定尺加工好，因此板材规格较整齐，安装前无需进行预装、修磨等操作，或仅需少量的修磨操作。其安装工艺顺序的特点是先在车内骨架上安装工字型材，然后插入板材，最后用型材封闭端口。工字型材的固定方式可以采用沉头自攻螺钉，也可以采用沉头铝质抽芯铆钉。这种结构在安装后，从内蒙皮表面一般看不到螺钉或铆钉头外露。同时，板材定尺加工对工字型材安装的位置精度要求也较高。这种材料及其安装方式一般在中型客车或产量较大的客车上使用，以提高安装速度，减少操作人员的安装失误。它的缺点是压条较多，影响整体效果。

3. 整体连续内饰护板的安装

整体连续内饰护板的结构从工艺内容上来看，一般分为两步：第一步是硬质底板安装，第二步是在硬质底板上蒙上软质织物或皮革。具体工艺过程为：硬质底板安装→消除接缝→板面打磨→清洁→喷胶→粘贴软质护面→边沿部位处理

底板的材质可以是铝板，也可以是玻璃钢材料或耐腐蚀胶合板。为防止鼓动声，板材必须具备一定的刚度。底板的固定一般采用铆、胶结合的方式。先在能够与底板接触的骨架表面用胶枪均匀打上粘接胶（如 Sika 221），再将预制好的底板（定好尺寸且钻好固定孔）平贴在车身骨架内表面上，最后用沉头铝铆钉进一步将底板固定在骨架上。

底板安装好后，在相邻底板接缝处要刮涂一些补缝腻子，确保整个板面平整光滑。待腻子干燥后，用研磨机对整个板面进行研磨，磨毛后的底板有利于更加牢靠地粘贴织物或皮革。在粘贴织物之前，需清洁整个底板，因为底板上的粉尘及污垢会破坏粘贴强度，使织物无法粘贴或粘贴后发生早期脱落现象。做好清洁工作后，立刻在底板表面及织物背面均匀喷洒粘接剂（如 303、841、902 等），待粘接剂挥发后，须从一个方向将织物粘贴在底板上，用橡木刮刮平织物表面，消除气泡及皱褶。最后修整织物边沿，裁剪余料，去除毛屑。这种安装方式一般用在豪华客车或产量较小的车型上，优点是整体感较强，压条很少。它的缺点是容易脱胶、起泡，夏天经过太阳暴晒后有异味。

4. 客车内饰护板安装质量的检验

内饰护板安装完毕后，要进行安装质量的检验，表 7-6 中列出了检验的项目及要求。

表 7-6　客车内饰护板检验的项目及要求

检验项目	检验标准	检验方法与手段
内饰护板	安装牢固、整齐、服贴、无鼓动声、清洁、贴面无明显缺陷	目测
内饰护板压条	（1）装配牢固、整齐、平顺，与内挡板贴合间隙不大于 1.5mm （2）接头错位不大于 1mm （3）接头间隙不大于 0.5mm （4）相邻压条平行度不大于 3mm	目测、手感、使用塞尺和通用量具
紧固件装配质量	规格正确，装配紧固，螺栓尾端露出螺母 3～5 牙，外露的紧固件应排列整齐，间隔均匀，其间距的极限偏差为 ±2mm，边距的极限偏差为边距的 ±10%	使用工具和目测
内装饰件	外观无损伤，安装服贴，接口处无裂缝	目测
清洁	装配件清洁，施工后无杂物，内饰件表面无灰尘、污渍	目测

（二）客车前后装饰内顶的安装

客车前后装饰内顶是其前后部装饰的主要部件。下面通过典型的前后部内顶装饰件的装配作业，阐述客车前后装饰顶的装配工艺特点。

1. 客车前装饰内顶的安装

（1）客车前装饰内顶的安装工艺。

① 划线研割。将前内顶按顶盖骨架对中后，划线研掉左右两边的余量，要求研割后去掉毛刺。这一步骤也可在分装区完成。

② 研装前装饰内顶。将研割好左右两边的前内顶抬到安装位置，检查前内顶前沿的曲线与前风窗曲线是否一致，如果不一致，则必须研割前内顶前沿曲线。

③ 安装装饰胶条。将装饰胶条（一般颜色同装饰内顶）沿前装饰内顶边沿，用德帮2495瞬干胶粘牢，胶条端头处应切口整齐。如前装饰内顶边沿有装饰翻边，则这一步骤可不进行。

④ 安装前装饰顶固定角铁。将两侧前装饰顶固定角铁按研装前内顶时的高度固定，用电钻钻出底孔后，装配自锁螺钉，每侧角铁均匀装3个螺钉。如骨架上已预埋了安装固定角铁，这一步骤可不进行。

⑤ 固定前装饰内顶。将前装饰内顶托至事先研装好的位置，保证前装饰内顶安装面与车身预留固定安装面贴合。先固定前装饰内顶前后下端面，用电钻钻出底孔后，装配自锁螺钉（带上螺钉装饰扣）并紧固，再固定前装饰内顶两侧下端面。安装完成后的效果见图7-94。

图7-94　前装饰内顶安装完成后的效果

（2）安装要求

① 前内顶装饰件安装面与地面水平。

② 内顶前沿与风窗均匀贴合，间隙在2mm以内。

③ 前沿下平面安装螺钉分布均匀，保证下平面无波浪。

2. 客车后装饰内顶的安装

（1）后内顶装饰件的安装工艺

① 后内顶左右转角研装。将后内顶左右转角摆正，切割掉与发动机舱、侧围、侧窗、风窗之间干涉的部分。研装过程中，如发现与后部空调高低压冷媒管、电器线束等干涉，则需调整左右转角的安装位置。

② 固定后内顶左右转角。钻底孔后，用自锁螺钉紧固，扣上装饰扣盖，固定点需均匀布置，安装面不得有波浪现象。

③ 后内顶划线研割。将后内顶装饰件左右多余部分划线切割，切割后去除毛刺。这一步骤可在分装区完成。

④ 研装后装饰内顶。将后装饰内顶上顶面靠在顶盖垫板上，下底面保持水平。观察后顶与左右转角间隙是否均匀，切割掉后内顶与后风窗之间的多余部分。

⑤ 固定后内顶。将后内顶摆正，钻底孔后，用自锁螺钉（带上 SB－31 装饰扣）紧固，扣上装饰扣盖，固定位置应均匀，安装面不得有波浪现象。安装完成后的效果见图 7-95。根据设计结构不同，也可先安装后装饰内顶再装左右转角。

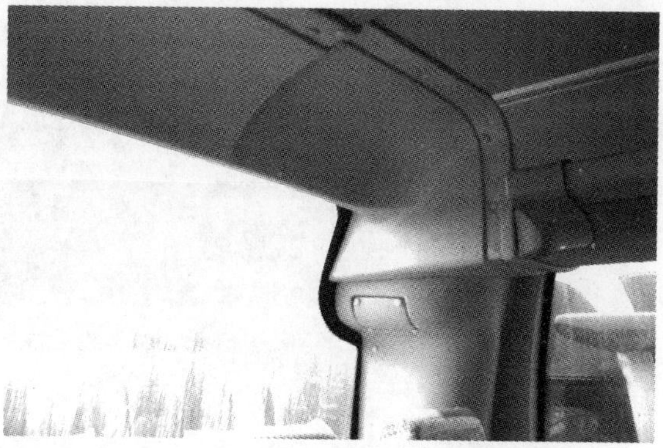

图 7-95 后装饰内顶安装完成后的效果

（2）安装要求

① 后内顶左右转角立面螺钉分布均匀，安装面无波浪。

② 后内顶与地板保持水平，与左右转角贴合且两者间缝隙均匀，间隙应在 3mm 以内。

三、冷风管道及行李架的安装

（一）冷风管道

1. 冷风管道的结构要求

冷风管道是被冷却后的风所流通的管道，它将冷风输送到车厢内的各个部分。冷风管道的结构和安装方式直接影响冷风流通的效果。

冷风管道的结构要求：

① 保证有合理的流通截面积。

② 尽量减小空气流动阻力。

③ 管道转弯半径尽可能大。

④ 管道变窄或变宽时，出风管道壁应圆滑过渡，避免突然变化。出风空气套管处要安装导流板，用于合理分配空气流量。

⑤ 管道必须无间隙地覆盖隔热材料。

⑥ 保证从管道上安装的出风口流出的空气平均分配到每个座位。

2. 冷风管道的结构

通常，客车车内冷风管道布置在顶盖两侧。应根据顶盖与侧围处的形状设计管道，以充分利用车体内的空间，同时要与周围相关部件，如行李架等，相互协调好，图 7-96 为丹阳市飞虹车辆配件厂生产的行李架结构及出风口阅读灯。

顶置蒸发器的制冷机需要导风罩，将冷风由出风口导入冷风管道。蒸发器安装在地板下的制冷机，在地板下要有冷风管道将冷风引导分配至车体两侧，并深入到地板上，车体内从地板上表面到顶盖冷风管道由立管道连接，这种方式现在已经不再使用了。

不论何种状态，凡管道交叉处，都要均匀设置分流板，保证风量的合理分配。

从制造和安装工艺角度出发，一般冷风管道由若干短管道组合安装后形成，各段管道之间对接或搭接处，必须保证连接紧固，密封良好，无明显的截面积突变。冷风管道多为薄壁件，为避免其在车辆行驶过程中颤动产生噪声，安装后必须保证固定可靠。

冷风管道常用的材料有钢板、玻璃钢、塑料、聚氨酯发泡材料等。风道根据母体材料的不同，有整根也有数根拼接而成的，风道的拼接方式应为顺风方向，防止有搭接台阶影响风

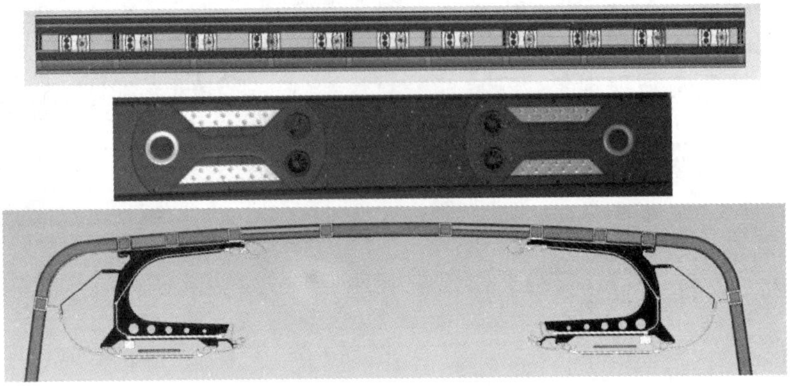

图 7-96　行李架结构及出风口阅读灯

道流畅程度，一般结构见图 7-97。

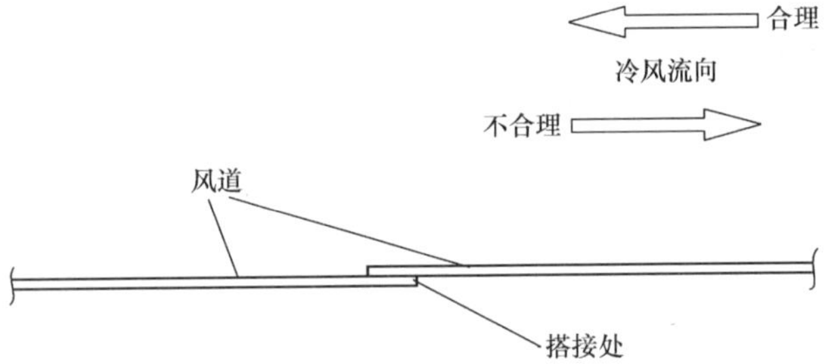

图 7-97　管道的搭接

3. 冷风管道的隔热措施

（1）隔热材料的粘贴位置及方法。一般隔热材料用胶合剂粘贴在管道母材上。

风道内部最好不要粘贴隔热材料，实在无法避免时，一定要保证粘贴后的风道截面面积符合要求，表面粘贴的隔热材料一定要牢固。隔热材料粘贴后，必须保证平整，无褶皱和凸起。

（2）隔热材料的种类。车内管道一般用 $t = 5$mm 的复合泡沫塑料（母体材料为亚麻或发泡材料的冷风管道不需要粘贴隔热材料）。

地板下管道一般在外侧缠扎发泡材料，如海绵橡胶板、玻璃石棉布等。

隔热材料的端头、切口及结合部位必须用压板压好，以免被风吹开，见图 7-98。

（二）车内行李架

1. 车内行李架的结构要求

车内行李架是乘客放置小件随身物品的载体，因此对其安装的牢固程度、载重及空间尺寸有一定的要求，应符合 GB/T 13053—2008《客车车内尺寸》的要求，具体可参见图7-99。

车内行李架一般分为整体式和分体式。图 7-100a 为整体式行李架，图 7-100b 为分体式行李架。分体式行李架与冷风道可分开安装，而整体式行李架与冷风道不可分开。分装区安装完成后，整体与车体固定，这种方式安装很快捷。

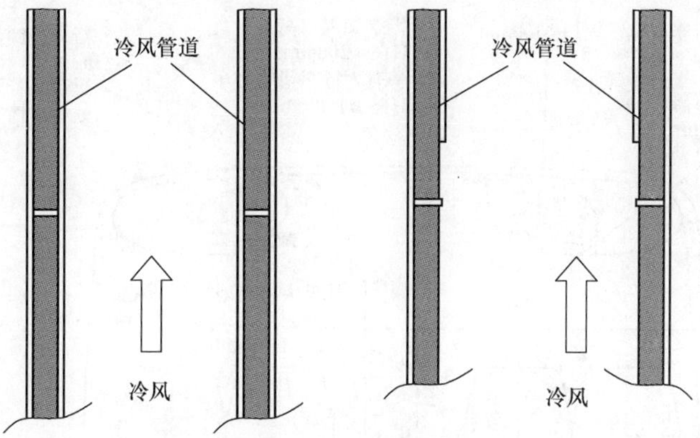

图 7-98　管道隔热层对接处的处理

2. 分体式行李架的安装

将在分装区分装完成的风道总成及行李架总成，通过工艺转运小车转运到需要安装的车辆边。风道总成较长，因此需要至少三人将其抬到车上。使用工艺托架将风道总成托至安装高度的一半位置，将篷顶线束中预留的阅读灯及喇叭的插接器与风道上的阅读灯及喇叭的插接器对接，然后再将风道总成安装面托至车身骨架上的安装面，使两者紧密贴合，同时调整好前后位置。要求风道前后端与前后装饰内顶对接处缝隙均匀，且不得大于 2mm。使用电钻或气动钻在前中后部打孔，并用自攻螺钉将风道总成先行固定于车上，然后再使用电钻或气动钻打孔。使用铆钉将风道总成完全固定在车身骨架上，铆钉安装固定点间距为 200 ~ 300mm。

将已分装完成的行李架总成搬运至车上，根据行李架吊架的布置图，用电钻将行李架吊架的安装孔打好，并用丝锥攻好丝。用工艺托架将行李架托起至安装位置，用螺栓将行李架吊脚与车身骨架固定。行李架与风道之间的结合部位应紧密贴合，缝隙不得过大。最后再根据要求安装行李架的各种装饰件。安装完成后的行李架截面见图 7-100a。

行李架安装要求：

① 行李架底板安装要求视觉上保证平直。

② 行李架立吊腿与顶篷固定点的连线保证直线度。

③ 行李架斜吊腿与风道侧面固定点的连线保证直线度。

④ 两侧行李架安装尺寸要求对称且一致。

3. 整体式行李架的安装

整体式行李架相较于分体式行李架，在总装流水线上的作业时间及工作量会少很多，但是在分装区的工作量远大于分体式行李架。

在分装区分装完成的整体式行李架总成，通过工艺转运小车转运到需要安装的车辆边，再人工搬运至车上。使用工艺托架将整体式行李架总成托至安装高度的一半位置，将篷顶线束中预留的阅读灯及喇叭的插接器与风道上的阅读灯及喇叭的插接器对接，然后再将整体式行李架总成安装面托至车身骨架上的安装面，使两者紧密贴合，同时调整好前后两端位置。要求风道前后端与前后装饰内顶对接处缝隙均匀，不得大于 2mm。使用电钻或气动钻在前中后部打孔，并用自攻螺钉将整体式行李架总成先行固定于车上。然后再使用电钻或气动钻

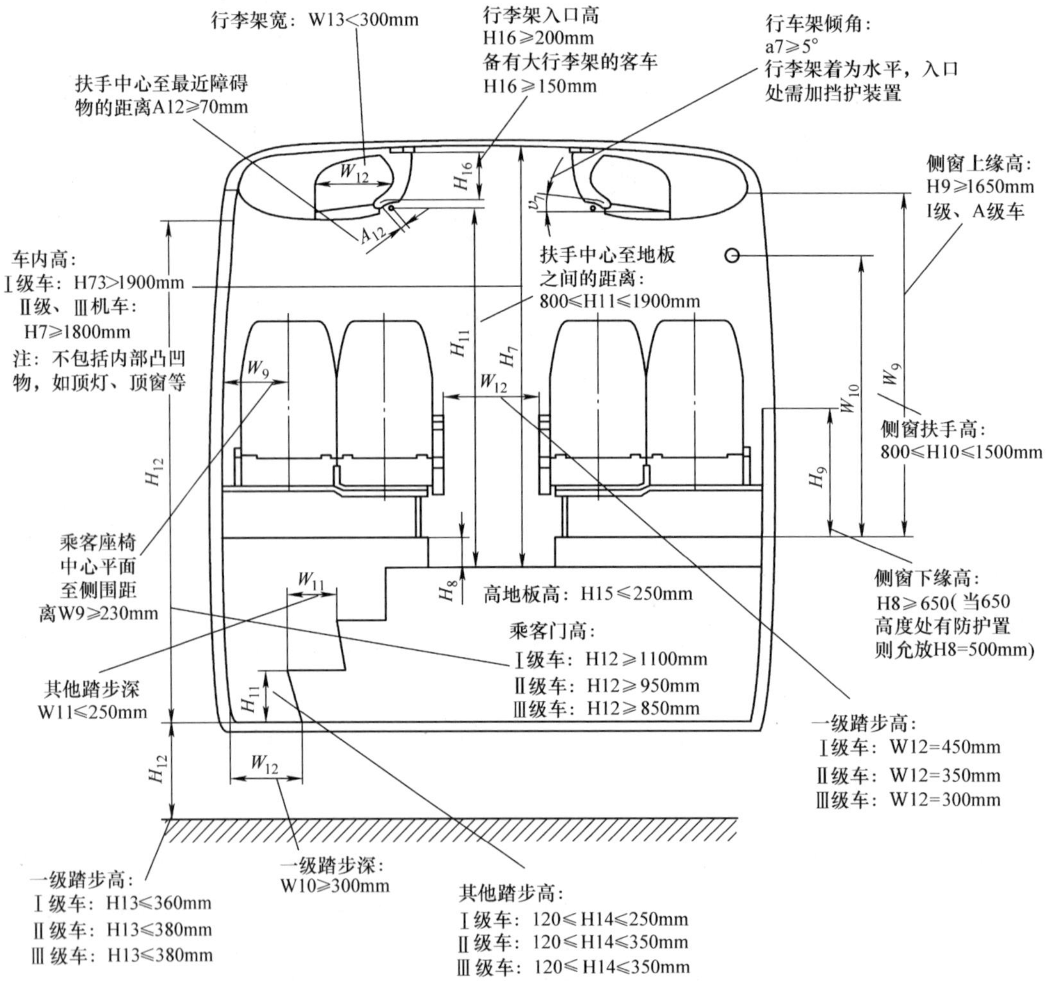

图 7-99　行李架客车内空间要求

a)整体式行李架

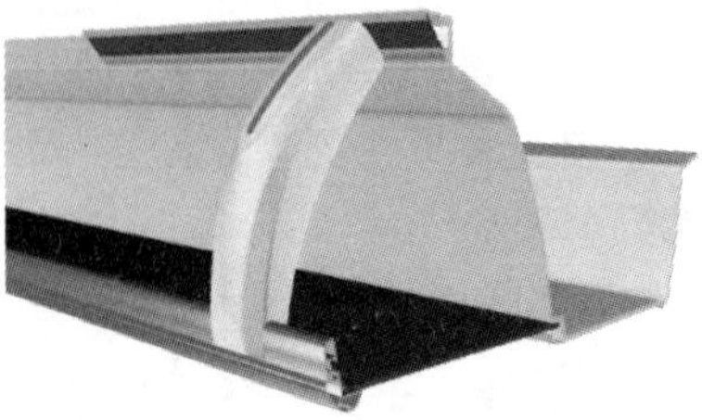

b)分体式行李架

图 7-100　行李架结构示意图

打孔，并用铆钉将整体式行李架总成完全固定在车身骨架上，铆钉安装固定点间距为 200 ~ 300mm。整体式行李架总成安装工艺与分体式行李架的风道总成安装工艺基本相同。安装完成后，再进行行李架装饰件等小件的安装。

有些整体式行李架还要求安装行李架舱门，再根据配套厂家的安装工艺过程进行舱门的安装即可。

随着工艺的不断改进，目前也有将分体式行李架经过分装区分装后，参考整体式行李架的安装方式进行安装的装配方法。因此，现在的整体式或分体式行李架间的安装差异已经不大，并逐步向整体式的安装方式转变。

四、客车座椅的安装

（一）客车的乘客座椅

客车一般分为城市客车和公路客车两种，这两种客车的乘客座椅有明显的区别，公路客车的座椅以人机工程学为基础，考虑乘客长时间的乘坐舒适性及整体造形美观程度等因素进行设计，见图7-101。而公路客车座椅的载客性质不同，主要为大人流量的短时乘坐需求，因此设计时主要考虑结构牢固、易于清洁等因素，见图7-102。这两种典型客车座椅的安装方式也有一定的区别，下面就这两种典型座椅的安装工艺进行简单的介绍。

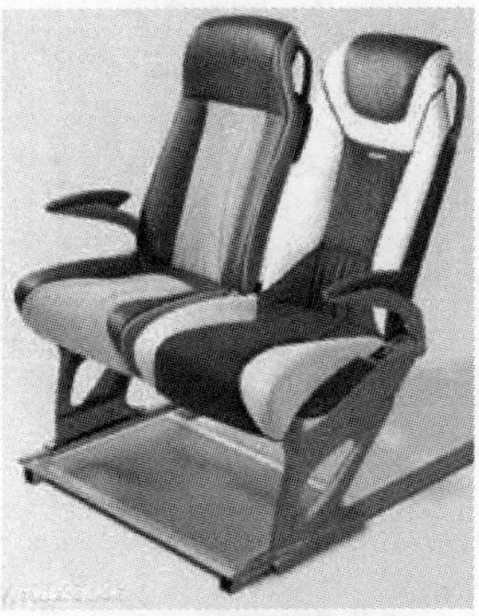

图7-101　公路客车座椅

图7-102　城市客车座椅

（二）城市客车乘客座椅的安装

城市客车需要保证足够的乘客站立空间，因此乘客座椅的数量相对公路客车要少，见图7-103。它的安装流程为：

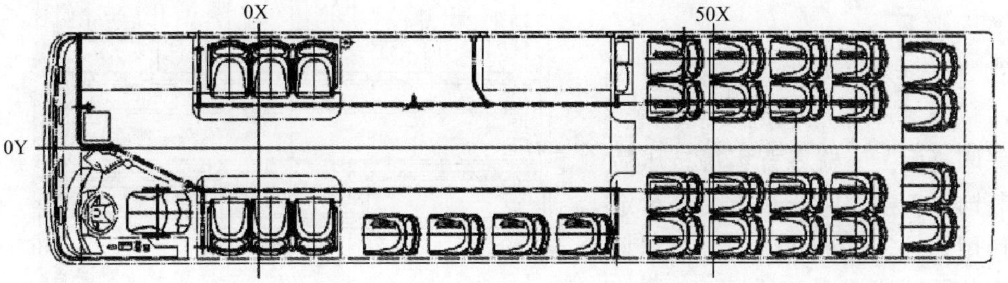

图7-103　城市客车座椅平面布置图

① 根据座椅总成图及分总成图要求，将座椅椅面与座椅支架进行装配。

② 将所需安装的座椅总成通过工艺小车运送至安装工位的货架上。

③ 根据座椅布置图的要求，按照从后到前的顺序，将所需安装的座椅搬运至客车车厢

内，并摆放至所需安装的位置。在搬运的过程中，不得刮碰车厢内的装饰件。

④ 根据座椅布置图的要求将座椅摆放准确，并根据实际车内空间对座椅安装间距进行调整，以达到合理安装要求。

⑤ 根据摆放好的位置，使用记号笔给座椅固定位置划线。

⑥ 根据划好线的位置，使用手电钻钻底孔（M8 螺栓底孔为 $\phi7.5$），再使用丝锥攻丝。在攻丝过程中，注意攻丝的工艺流程，以免攻坏孔位。

⑦ 使用螺栓、弹簧垫及平垫将座椅与车体连接并固定，根据图样要求的力矩拧紧螺栓。

（三）公路客车乘客座椅的安装

公路客车限定载客数量，且不允许有乘客站立，因此车厢内不设乘客站立空间，见图 7-104。具体的安装流程为：

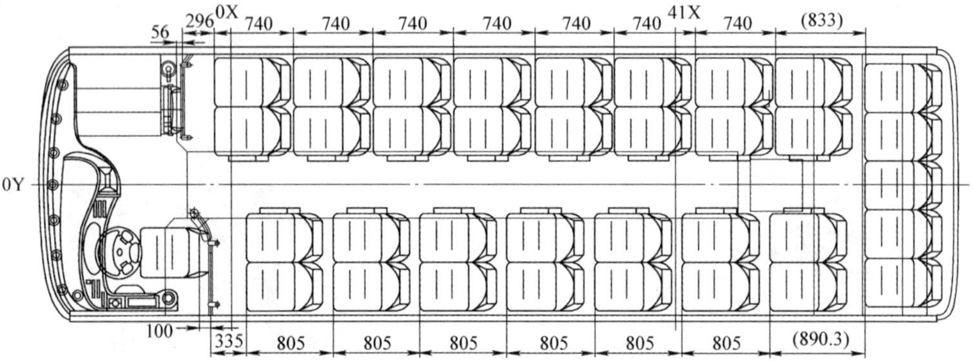

图 7-104　公路客车座椅平面布置图

① 根据座椅总成图及分总成图要求，将座椅椅面与座椅支架进行装配，同时拆下乘客座椅的座垫，以方便搬运及安装。

② 将所需安装的座椅总成及座椅座垫通过工艺小车运送至安装工位的货架上。

③ 将安装在车厢内最后部的五人座椅搬运至客车车厢内的安装位置。放置好座椅后，座椅靠背不得挤压后包角装饰件。根据座椅布置图进行定位，使用记号笔进行划线。再根据划线位置使用手电钻钻底孔（M8 螺栓底孔为 $\phi7.5$），使用丝锥攻丝。在攻丝过程中，注意攻丝的工艺流程，以免攻坏孔位。使用螺栓、弹簧垫及平垫将座椅与车体连接并固定，根据图样要求的力矩拧紧螺栓，见图 7-105。

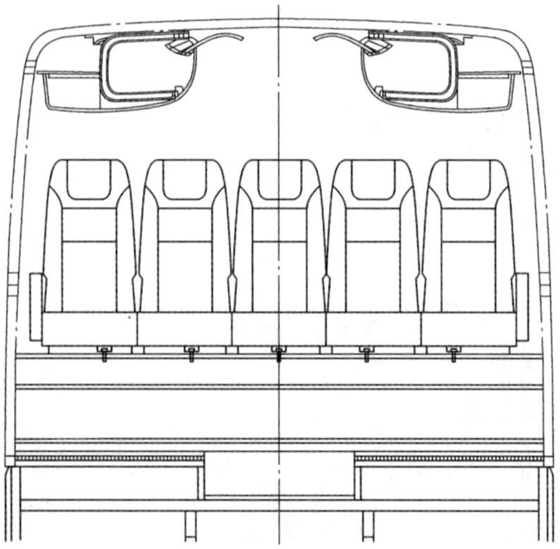

图 7-105　后部五人座椅安装图

④ 根据座椅布置图的要求，按照从后到前的顺序，将所需安装的座椅搬运至客车车厢内，摆放至所需安装的位置。在搬运过程中，不得刮碰车厢内的装饰件，以免造成损坏。将座椅摆放准确，根据实际车内空间对座椅安装间距进行调整，以达到合理安装要求。

⑤ 根据摆放好的位置，使用记号笔对座椅固定位置划线。

⑥ 根据划好线的位置，使用手电钻钻底孔（M8 螺栓底孔为 $\phi 7.5$），再使用丝锥攻丝。在攻丝过程中，注意攻丝的工艺流程，以免攻坏孔位。

⑦ 使用螺栓、弹簧垫及平垫将座椅与车体连接并固定，根据图样要求的力矩拧紧螺栓。

⑧ 将所有乘客座椅座垫搬运至车厢内，并安装好，见图 7-106 乘客区座椅安装图。

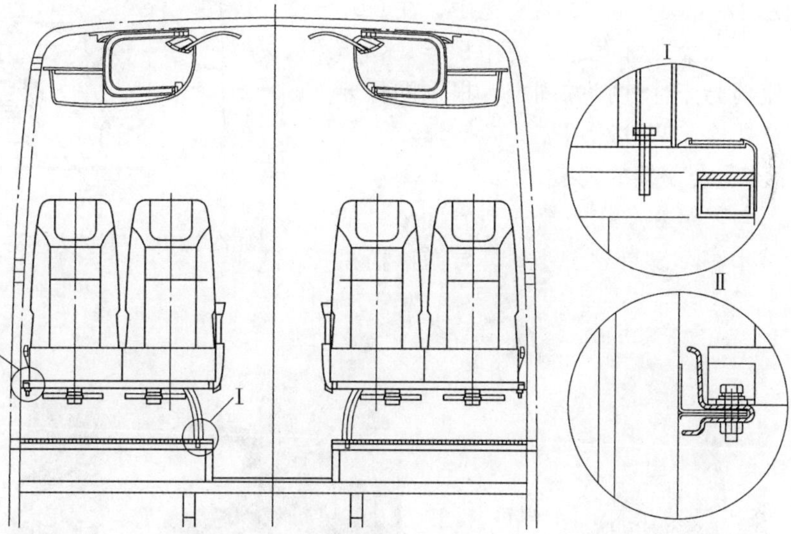

图 7-106　乘客区座椅安装图

（四）客车驾驶人座椅的安装

城市客车与公路客车的驾驶人座椅安装工艺相同，见图 7-107。具体安装工艺为：

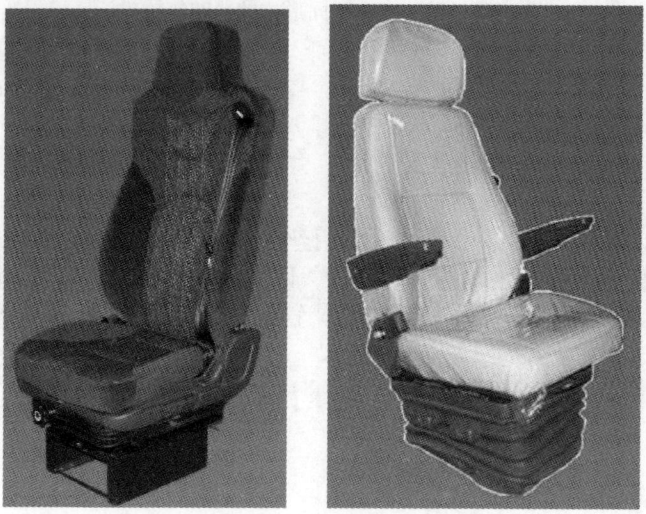

图 7-107　不同款式的驾驶人座椅

① 根据座椅总成图及分总成图要求，将驾驶人座椅椅面与座椅支架进行装配。

② 将所需安装的驾驶人座椅总成通过工艺小车运送至安装工位的货架上。

③ 将驾驶人座椅搬运至客车车厢内的安装位置放置好座椅，并保证座椅的调整范围内不能与任何部件干涉。使用记号笔进行划线，再根据划线位置使用手电钻钻底孔（M8 螺栓底孔为 $\phi7.5$），再使用丝锥攻丝。攻丝过程中，注意攻丝的工艺流程，以免攻坏孔位。使用螺栓、弹簧垫及平垫将座椅与车体连接并固定，根据图样要求的力矩拧紧螺栓。见图 7-108。

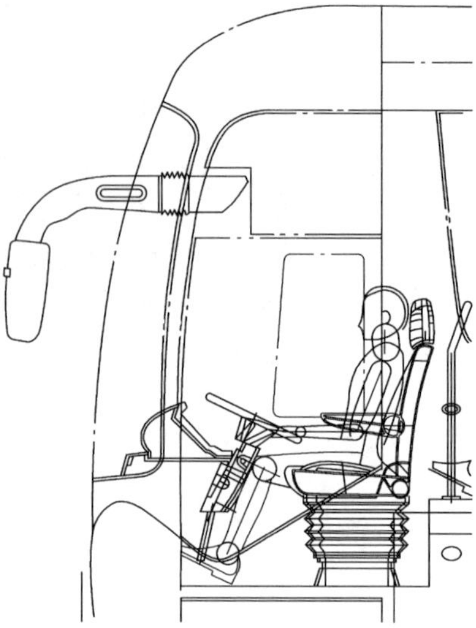

图 7-108 驾驶人座椅安装图

（五）客车导游座椅的安装

城市客车与公路客车在座椅安装方面最大的区别就在于城市客车没有导游座椅，导游座椅见图 7-109。

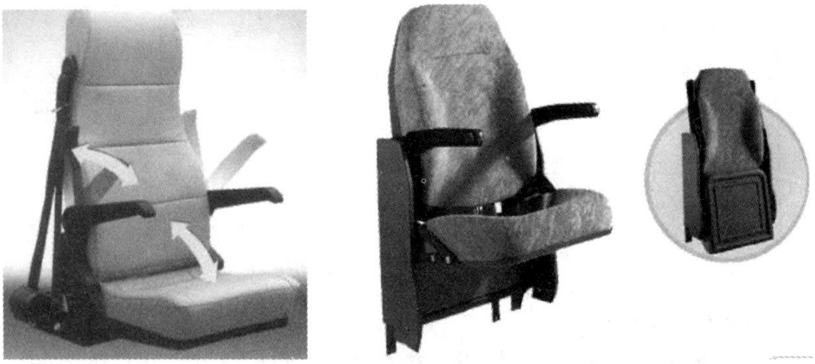

图 7-109 两款不同形式的导游座椅

导游座椅的安装相对比较简单，款式也比乘客座椅少，具体的安装工艺步骤为：

① 通过周转工艺小车，将所要安装的导游座椅运送至需要安装的车辆边，也可与驾驶人或乘客座椅同时运送。

② 将导游座椅搬运至车厢内的安装位置，并根据座椅布置图的要求放置好，使用记号笔划好固定孔位置。

③ 根据划好的线用手电钻打底孔，然后用丝锥攻螺纹，孔的大小及丝锥的规格要符合图样要求。攻丝过程中，注意攻丝的工艺流程，以免攻坏孔位。

④ 使用螺栓、弹簧垫及平垫将座椅与车体连接并固定，根据图样要求的力矩拧紧螺栓。

第四节 乘客门、舱门附件及玻璃的安装

一、客车乘客门的安装

客车乘客门一般情况下分为三种形式：其一是双扇折叠式乘客门（图 7-110），其二是

外摆式乘客门，其三是城市公交车使用的内摆式乘客门。

（一）双扇折叠式乘客门的安装

双扇折叠式乘客门一般要在焊装车间进行预安装。首先要复装在涂装前被拆除的零部件。再进行门泵固定座和门泵的安装，门泵一般分为气动式和电动式，两种门泵安装方式相同，在设计好的位置安装固定牢固即可。然后安装橡胶密封条和玻璃，并连接驱动和操纵控制乘客门的气路和电路。最后进行乘客门的调试、修整和检验。

折叠门装配时，应保证各个部件运动灵活不紧涩，无噪声，密封部位密封性好。在铰接处要涂上润滑脂，装配结束后应进行如下检查：

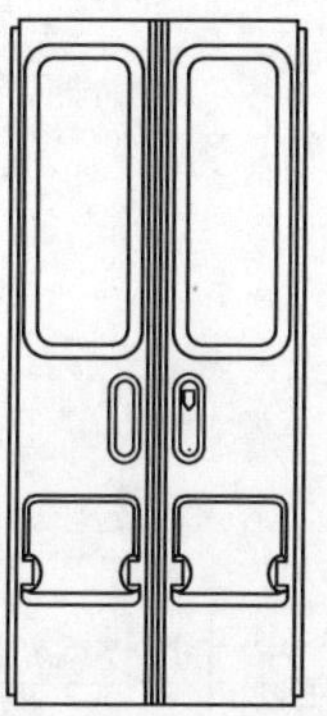

a)乘客门关闭状态侧视图

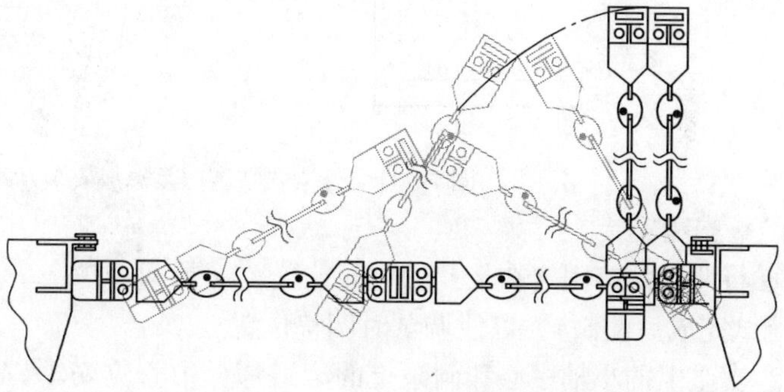

b)乘客门开启过程俯视图

图 7-110　折叠门外观图

① 间隙检查。门安装后，门扇上的密封胶条在关门时，与门框之间应贴合无间隙。检查时，在车内从密封处向外目视，应无亮光。用薄且比较坚韧的道林纸夹在密封条与门框之间并拉出，应有阻滞感。

② 运动灵活性检查。门安装后要保证开闭灵活。检查时，在门开关处于手动位置的情况下，用小于 196N 的力应能正常开、关门扇。

③ 进行淋雨试验时，允许乘客门下部沿踏步表面流入雨水，但不允许从门的上部、两侧及中间密封处渗入雨水。

④ 根据所选用门泵的技术参数，对门泵进行气密性试验和工作性能检查。如 FR803C－12V 型门泵，当气源压力为 490kPa 时，能够保证连续而无间歇地开、关车门。当气源压力为 590～780kPa 时，开关车门的时间为 3.5s 左右。关门时间可通过门泵右端的节流阀调节，向右旋增长关门时间，向左旋缩短关门时间。

（二）外摆式乘客门的安装

1. 外摆式乘客门的安装

乘客门经过预装后，构件均已拆卸，到总装过程中再进行安装与调试。

（1）门泵总成的安装

① 按图样尺寸在踏步侧面上划出门泵固定孔位置，要求预钻孔在门泵型孔的中间位置上。

② 先用 $\phi3.6$ 钻头钻出底孔，再用 $\phi8.5$ 钻头钻出固定孔。

③用 M8 ×40 螺栓带上加大平垫和弹簧垫圈，用螺母将门泵紧固。图 7-111 为外摆式乘客门泵总成安装示意图。

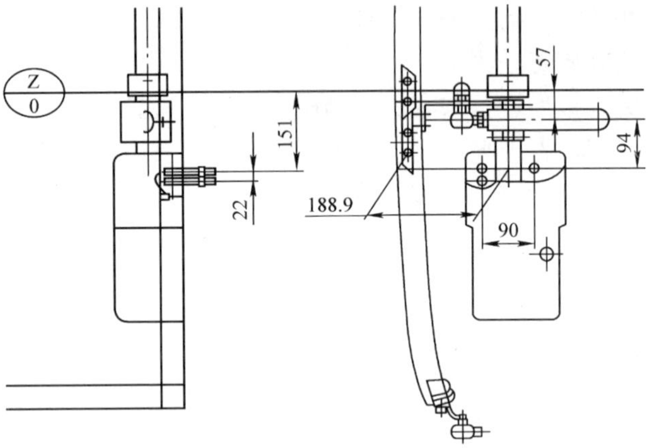

图 7-111　外摆式乘客门泵总成安装示意图

（2）支座安装

① 将两个螺钉固定在长孔的中间位置上（另两个螺孔在调试完成后配制），以便调试时调整位置。

② 支座上的小轴中心和门泵上的滚道螺母中心应安装在同一轴线上。

③ 安装时，应检测支座安装尺寸 L 是否符合安装图要求，若不符合则应进行调整。图 7-112 为转轴支座安装示意图。

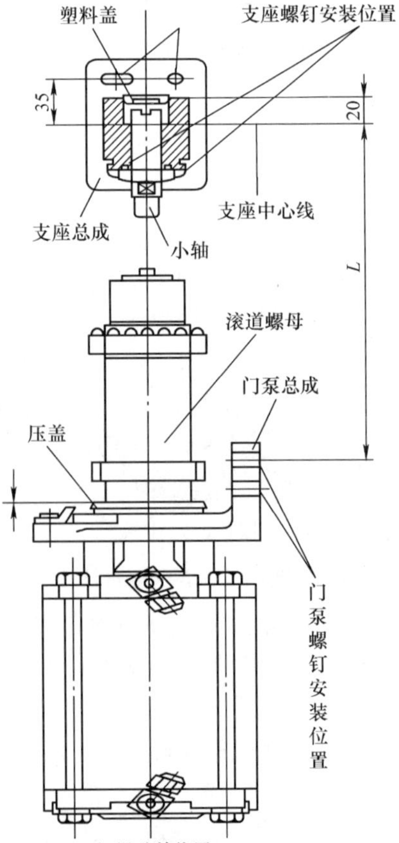

图 7-112　转轴支座安装示意图

（3）转轴安装。安装前，应将滚道螺母压到最下位置，使其下端面和压盖紧贴，并将滚道螺杆压至最下位置，其垫圈上端面距滚道螺母上端面的距离应小于 2mm。

先将支座上的塑料盖拿下，并将小轴拧至最上位置。再将转轴的结合子套在门泵的结合子上，同时用力将支承轴往下压，使支承轴上端轴承中心和小转轴中心对准，然后将螺母锁紧。此时，支承套的上端面至支座螺套下端面的距离约为 49mm。图 7-113 为门泵转轴安装示意图。

（4）转轴安装完成后，需要调整转轴总成的转向位置。

将小轴慢慢往下拧（要对正转轴的轴承孔中心），将支承轴调整到图 7-114 中所示的工作位置上，保证尺寸 20mm。将薄螺母锁紧，此时，转轴应处在门提升前的位置。

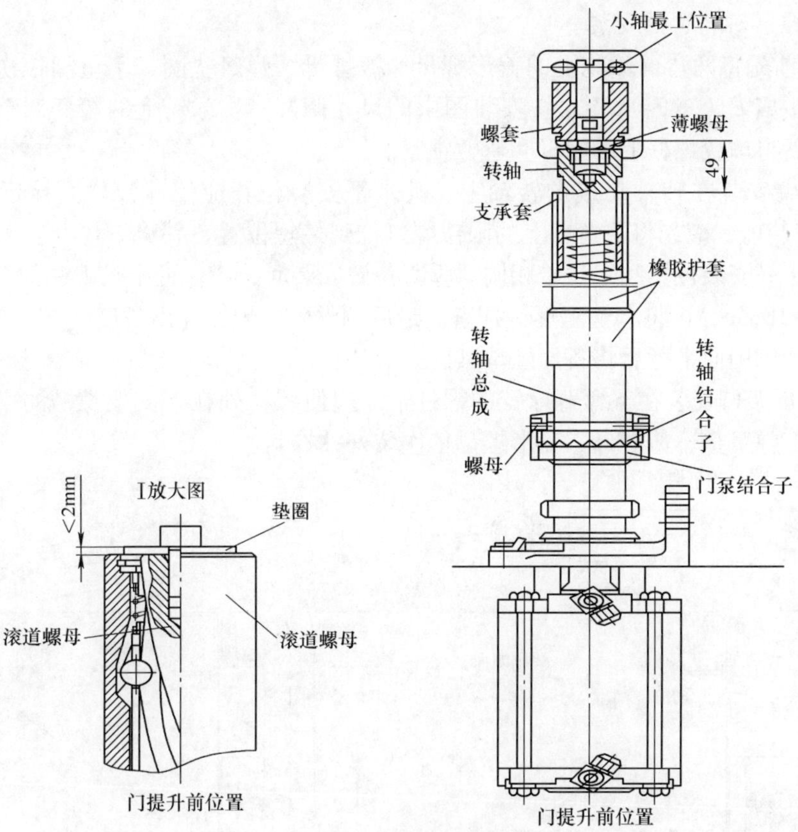

图 7-113　门泵转轴安装示意图

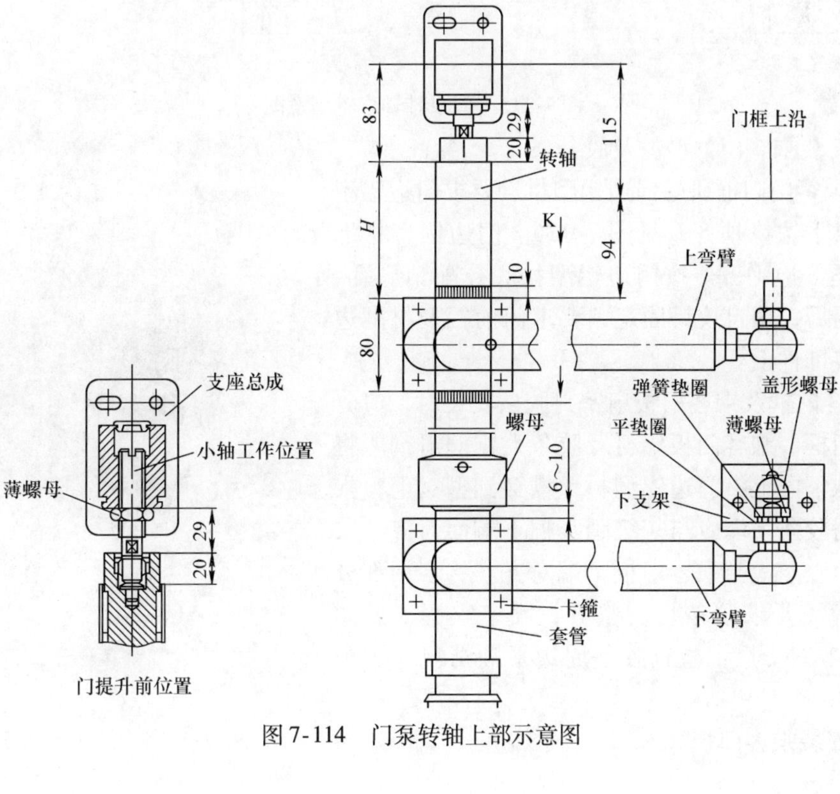

图 7-114　门泵转轴上部示意图

（5）门泵转轴弯臂的安装

① 安装前先将两弯臂球铰上的盖形螺母、簿螺母、弹簧垫圈、平垫圈依次卸下。将两弯臂的中心距离 E（图 7-115b）按安装图中的尺寸调好，将球铰上的螺杆调整到垂直向上的位置，然后将球铰螺杆上的螺母和弯臂锁紧。

② 上弯臂安装在转轴总成的转轴上，其水平安装位置应使球铰球面接近侧围面（图 7-115b）。安装前，应先将下弯臂上的限位螺钉拧到最短位置，并将下弯臂安装到门泵的套管上，使其水平安装位置和上弯臂相同。垂直位置安装时，应保证卡箍上端面到螺母下端面的距离为 6～10mm，再将卡箍上螺钉拧紧。最后调整限位螺钉伸出长度（图 7-115a），调整到弯臂轴线和侧围面平行后将备用螺母紧固。

③ 下支承架可安装在下弯臂球铰的螺杆上。应使螺杆处在下支架长槽的中间位置，然后再将平垫、弹簧垫、薄螺母、盖形螺母依次装好并拧紧。

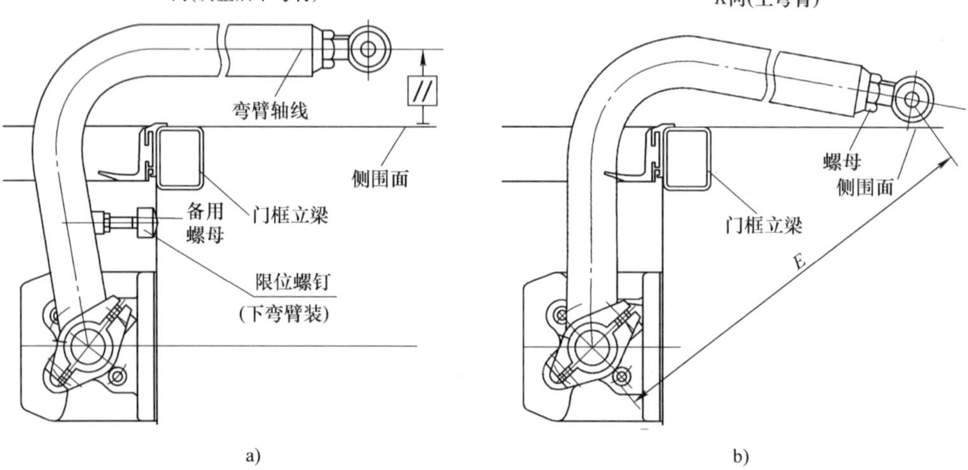

图 7-115　门泵转轴弯臂示意图

（6）安装乘客门框型材及胶条

① 按乘客门门框研好门边铝型材。要求门边铝型材与门上梁下边缘顶齐，见图 7-116。门边铝型材下边应与门框下边平齐。按门边铝型材底孔配钻底孔，清理铁铝屑后，用自攻钉固定，要求门前铝型材翻边压在前围装饰件上。

② 乘客门框及乘客门板扇密封胶条安装时，应分别在乘客门框、乘客门板铝材及胶条上刷润滑剂。将密封胶条从下向上沿门边铝型材牙槽穿到型材上，乘客门框密封胶条下端应与一级踏步框下端面对齐，乘客门板密封胶条应与乘客门板下端对齐。将多余部分用刀片割掉，要求胶条切割整齐，固定牢固，见图 7-117。装配完毕后，检查胶条周边平顺情况，熨平起皱部位。

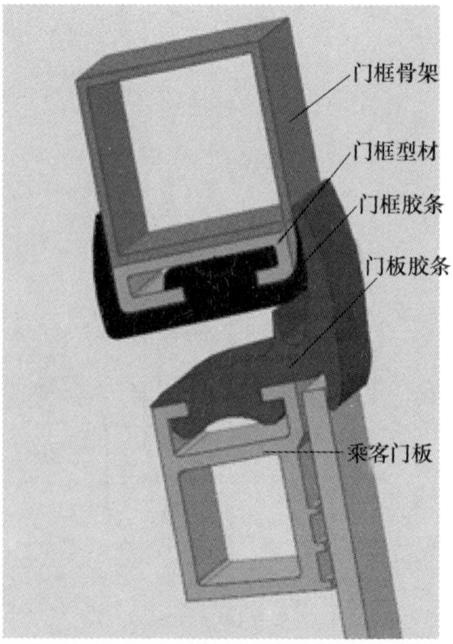

图 7-116　门框型材及胶条

（7）安装乘客门板

① 将乘客门板上的上支架安放在上弯臂上球铰的螺杆上，见图 7-118 中的 *I* 放大图。

② 将标准件依次装上，将螺杆调整到上支架长槽的中间位置后，将螺母拧紧。

③ 将已挂好的门慢慢推到关闭位置，使门上胶条和门框上的胶条贴紧，见图 7-118 中 *B*－*B* 放大图及图 7-118 中 *I* 放大图。从门里（门外）观看门的位置是否正确，可通过观看门框胶条压在铝型材上的距离来判断，左右两边压上的距离应一致，门上沿压上的距离约为 2mm。

④ 如果门位置不对，可将上弯臂上支架上的盖形螺母、簿螺母松开，调整门的左右位置。门的上下位置可通过拧动上弯臂球铰上簿螺母来调整。调好后，应将簿螺母、盖形螺母逐一拧紧。

⑤ 将下支架和门的位置确定好后，配钻门上的螺孔，用螺钉将下支架和门固定牢固。

图 7-117　门扇密封

⑥ 门装完后，可反复轻轻推拉几次，并反复调整，直到其位置达到设计标准。

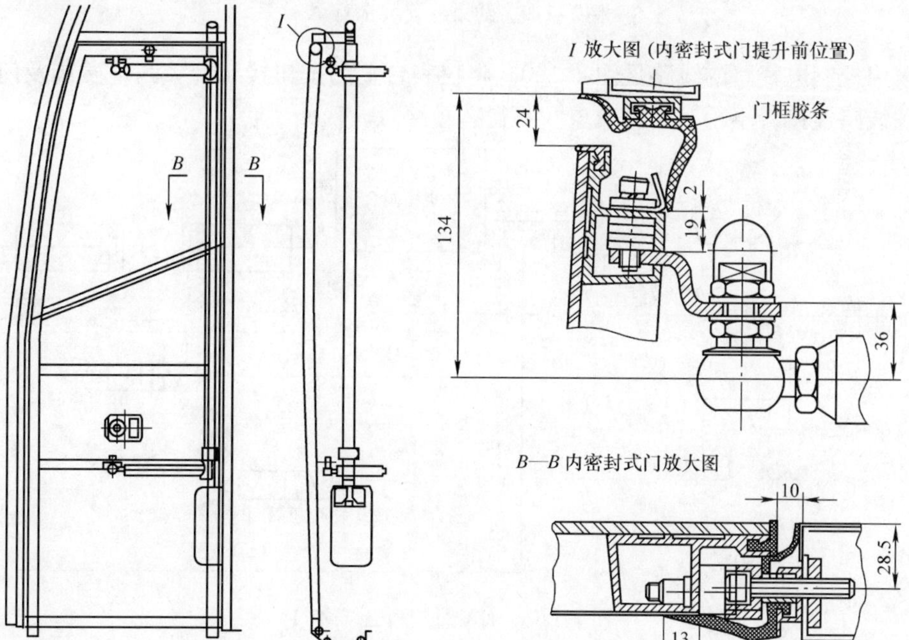

图 7-118　乘客门安装示意图

（8）安装约束杆

① 将约束杆的长度调整到安装图上标出的长度。可将约束杆的任一端的螺杆先和门下横梁中的连接板连接，见图 7-119a，并按安装图标出的尺寸（由设计人员确定的尺寸）调好后将螺钉拧紧。

② 调整约束杆另一端的安装位置，见图 7-119b。

③ 为使乘客门在开关中灵活可靠，位置正确，在反复推动乘客门开闭的过程中，可少量调整约束杆的长度，少量调整门下约束杆支撑点的位置。

(9) 乘客门锁的装配。在门锁安装后，将钥匙插入锁芯，拔动拔叉，从而带动销轴滑动。要求开启自如，不允许有卡死现象。

至此，门机构安装基本完成。此时，只要接上动力源，按图 7-120 所示将管路连接好即可完成安装。要求管接头必须连接牢靠，不得有泄漏，气管线路必须用管夹牢靠地固定在车架或踏步上，不得有松动现象。

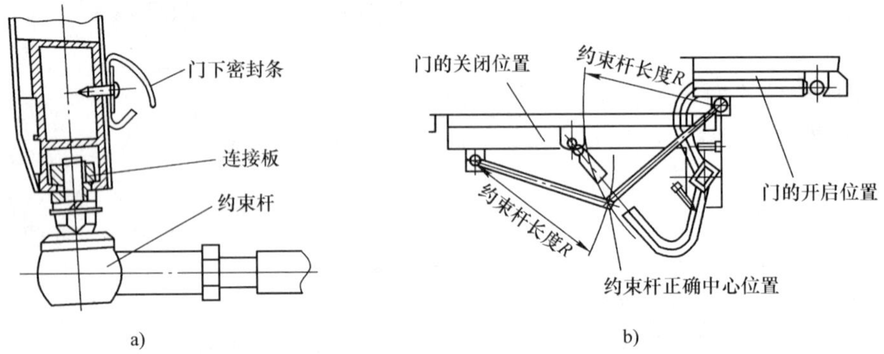

图 7-119　约束杆安装示意图

乘客门控制电气路的线路见图 7-120。将仪表台上的按钮接线开关与电磁阀及门泵上的防夹开关线路连接，不得有松动现象，不得有短路点。

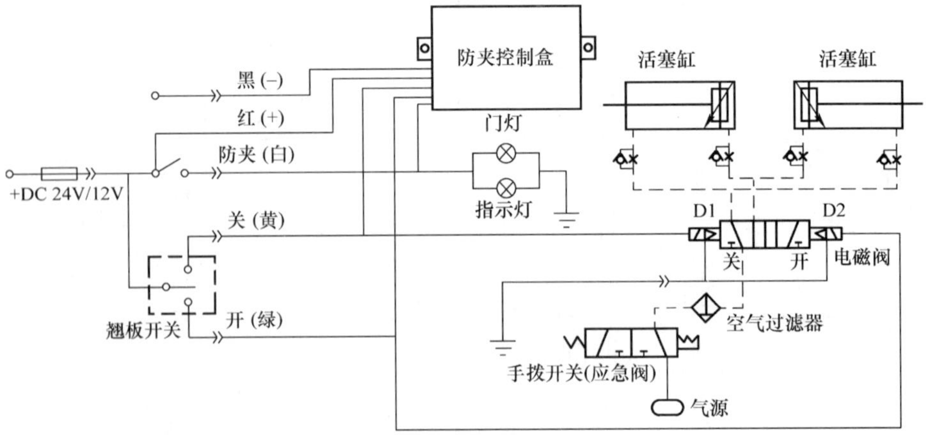

图 7-120　乘客门控制电气路图

2. 外摆式乘客门调试

乘客门调试之前，紧急阀必须置于“关”位，表示车门管路接通气源，然后按下车门开关按钮，进行调试。

乘客门调试的主要内容包括：启闭动作情况，开闭位置及运行轨迹情况和锁止情况。乘客门的动作分为开启动作和关闭动作。

(1) 启闭动作特性。关闭动作过程为：转轴旋转—门闭合—转轴连同门扇提升。开启动作过程为：转轴连同门扇下降—转轴旋转—门开启。整个动作应平稳、自如。如发生停顿或抖动现象，则要检查门泵质量，以及转轴安装是否达到预期效果。另外，支臂下拉杆的配合不佳也会产生这种现象，可相应地调整其安装位置及长度。

（2）开闭位置及运动轨迹。乘客门在开启过程中，门扇与车身应有一定的相对位置。门扇与车身的相对位置由支臂与下拉杆的配合关系确定，通过二次长度调节来调整。门扇倾斜度则仅与转轴合件的装配及安装质量有关，如有明显的歪斜现象，则转轴合件要重新安装。门闭合后，要检查其是否达到了上升高度，密封是否起作用，其外形是否与车身贴合。如果车门与车身不贴合，则要调整上下支臂与门扇的相对位置，可松开不贴合部位（上部与下部）的支臂紧固螺栓，在使支臂不能沿轴向滑动的情况下，拉动支臂并转动转轴，直至车门与车身完全贴合后，再将紧固螺栓拧紧。另外，门关闭时，还要检查门前后间隙是否相等，其调整工艺参见乘客门调试工艺。

（3）锁止情况分静止时锁止及行驶中锁止两种情况。前者在锁门前，需关闭紧急阀以切断气源，此时车门无上升，用钥匙拨动锁舌插入门框锁孔，要求开启、锁止轻松，锁止后无松动，密封良好。后者不需切断气源，车门处于上升位置，靠门扇上的限位锁块与门框上的限位锁扣之间配合实现锁止功能，要求动作平稳、无受阻、配合紧密。

3. 外摆式乘客门的检验

（1）启闭灵活，无刮碰、干涉现象，装配位置正确。

（2）门锁开关灵活可靠，锁止块定位准确，锁止可靠。

（3）门关闭后与相邻表面过渡平顺，高度差不大于2mm，无缺陷、松旷现象。

（4）门关闭后与门框的间隙符合图样要求，同一条边的间隙公差不大于2mm。

（5）门关闭后密封性好，气管路密封好，无泄漏。

（三）内摆式乘客门的安装

内摆门主要用于城市客车及一些特殊车型，内摆门分为双内摆和单内摆两种。内摆门的外形及结构见图7-121。

1. 内摆式乘客门的安装

乘客门经过预装后，构件均已拆卸，到总装过程中再对其进行安装与调试。

乘客门板总成在分装区已安装完毕，它包含乘客门板、乘客门玻璃、乘客门板密封胶条、乘客门扶手等部件。

（1）门框检查。焊装立车后，必须用框检具检查门框，并进行修正。修正后，应保证曲线一致且间隙均匀。没有框检具时，也可用卷尺检查门洞的宽和高，保证对角线尺寸公差不大于2mm，门上梁、踏步梁与门两侧立柱间的相对位置必须正确。刮腻子时，应保证门洞尺寸。

（2）门泵总成的安装

① 根据安装位置图上的孔位尺寸，将门泵总成装到门框上方固定托板上。

② 调整托扳位置

a. 托板底面应处于水平位置，与门踏步底面平行。

b. 双门的托板中心应在门框中心位置上。

c. 门轴中心与门框边的距离（X 和 Y 坐标）应符合图样要求。

（3）安装门轴及附件

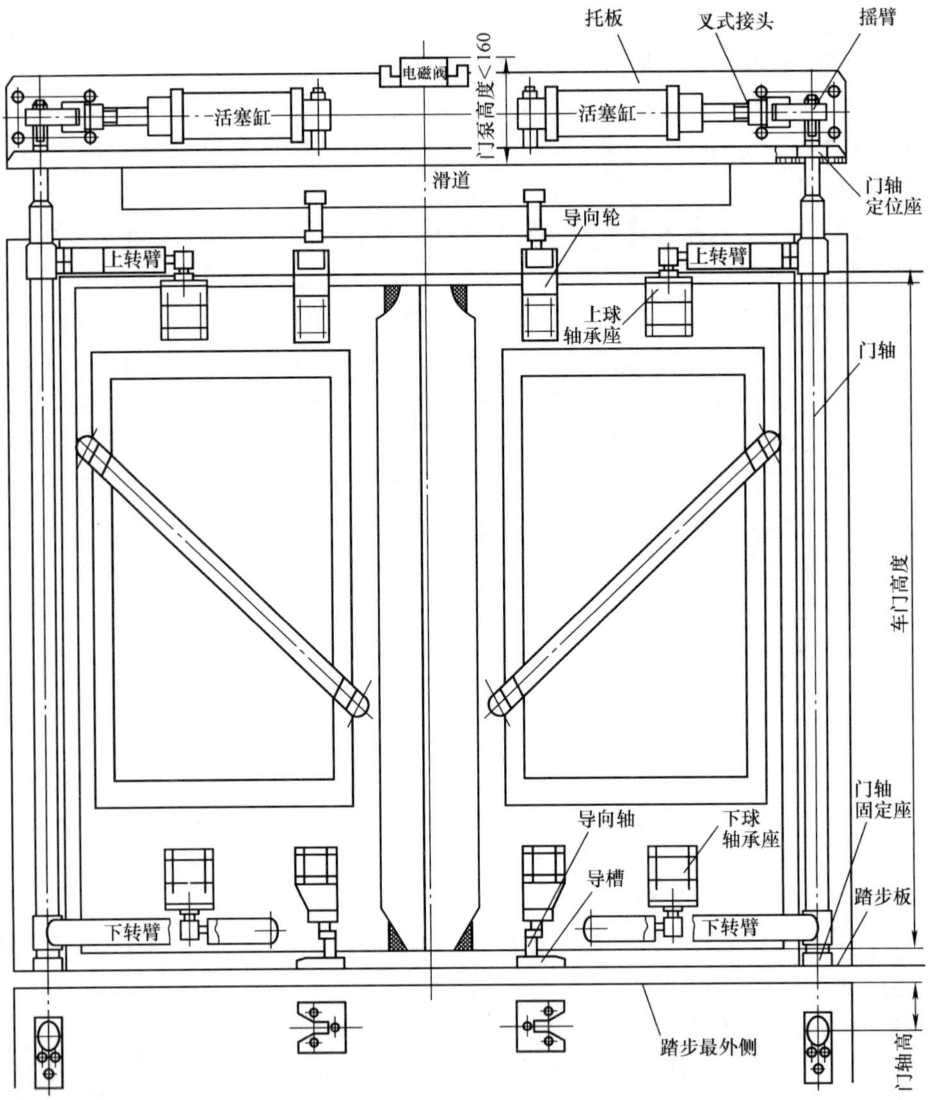

图 7-121　内摆门的外形及结构示意图

① 据安装位置图上的位置尺寸，在踏步上钻孔或攻螺纹。

② 将上、下转臂确定好位置，固定到门轴上，拧上紧固螺钉。

③ 将同门轴及固定座装到车门门框两边。

④ 将门附件（上导轮支撑板、下导柱及上下球铰）装到门上。

⑤ 将门上下球铰上的轴销插入门轴上下转臂孔内并锁紧。

⑥ 将门轴下端孔内的球轴承内环摆正，并装入门轴固定座。

⑦ 安装时，应保证门轴处于铅垂线位置，手动转动门轴应灵活自如。

（4）车门的安装

① 将车门装到转臂上，紧固联接件。

② 将门轴上端，插入门轴法兰，固定门轴固定座，见图 7-122。

③ 将导向轮放入滑道中，并连接导向轮与门上导轮支撑板，见图 7-123。

图 7-122　门轴上端插入门轴法兰示意图

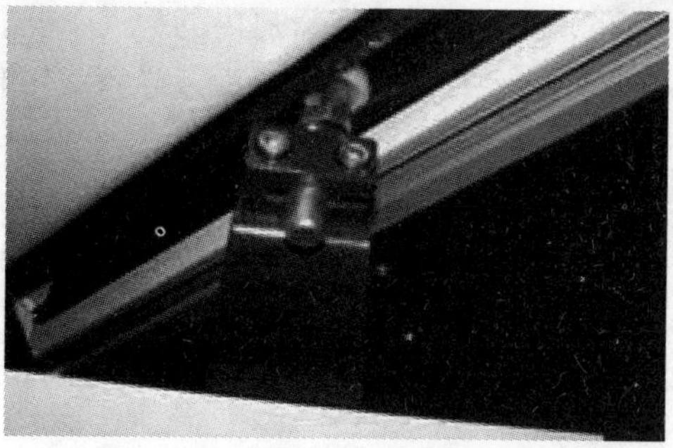

图 7-123　导向轮与门上导轮支撑板连接示意图

2. 车门调整

（1）车门处于关闭状态时，拧开转臂上的紧固螺钉，调整转臂位置，使车门与车体平齐，拧紧螺母。

① 使两扇车门在门框中处于对称位置。

② 调节车门之间的距离，使其符合图样要求。

③ 调节车门上下位置，使其与门框的间隙符合图样要求。

（2）使车门处于关闭位置，调整前扇门导向轮位置，使车门与车体平齐，拧紧螺钉。

① 使双扇门门间胶条与单扇门门间胶条紧贴并压住。

② 后扇门门间胶条在外面，前扇门门间胶条在里面。

③ 门上方密封毛刷与乘客门骨架上平面应尽量贴合，以超过门上平面 1~2mm 为宜。

④ 门下方密封毛刷与乘客门踏步板应尽量贴合，以长出踏步板 1~2mm 为宜。

⑤ 门两侧三元乙丙密封条与门洞两侧密封条安装后，乘客门应与车身门洞密封严密、均匀，手动转动车门应灵活自如。

3. 门泵机构的调整

（1）让车门处于关闭位置，将摇臂装到门轴上，使摇臂与车体宽度方向成约 50°角。

（2）让车门处于关闭位置，把活塞杆推至活塞缸最里端，调节活塞杆叉至相应位置，然后用销轴与摇臂连接。若调整活塞杆叉仍无法插上销子，则可把摇臂从门轴上端拔出来，转动一个齿后重新插在门轴上。要求活塞缸装配后保持水平。

（3）手动开关门，观察车门的运动情况及开闭位置，使车门处于最佳工作状态和工作位置。

（4）接通气源、电源后，观察车门工作情况。

① 可通过调节进气接头、排气接头来调整车门开关速度一般单程开或关 3－5s。

② 可通过调节缓冲调节螺钉来调整车门开关的速度。

③ 开、关门速度要分开调节。

④ 先调开关的速度，再调缓冲速度。

⑤ 对于双门，应调好一扇门后，再调另一扇门，让两者实现先后顺序动作。

⑥ 接通气源后门扇应运动平稳、开启轻便，有明显的缓冲攻能，无抖动现象，两侧无缝隙。

4. 内摆式乘客门的检验

（1）检查门与门框胶条周边是否吻合。如接合不好，则可通过转动上转臂来调整。

（2）检查上导轮在滑道内的运动状况，要求上导轮在滑道侧壁上的擦痕均匀。

（3）检查行程开关，压板未进入滚轮时，应为“通电”，压板进入滚轮下面，应为“断电”。

（4）接通电源、气源，试开关车门，试验防夹装置是否正常。若气压正常却无法关门，则应先检查关门缓冲前的两行程开关是否断电。如无防夹功能，则应检查防夹电路是否正常。观察双门开关的先后次序是否符合要求，缓冲效果是否良好，若有问题应通过气缸两端的节流阀进行调整。

二、客车舱门附件的安装

（一）客车舱门锁的安装

1. 行李舱门锁的安装和调整

（1）锁体的安装。选用规定型号的舱门锁，将锁体放入行李舱门锁盒内，按预留孔位用相应规格的十字槽盘头螺钉固定（所选弹垫、平垫应与其相配且表面镀黄锌）。螺钉须压平垫和弹垫，锁体外部拉手不得挤压舱门表面。

（2）锁座的安装。各车型锁座的安装方式也不尽相同，下面介绍两种型号的锁座。型号一：调整舱门间隙，使各相邻舱门间隙一致，按相应尺寸量取行李舱底板边沿至锁座的距离，在舱内对应舱门锁位置放置锁座，缓慢关闭舱门。挪动锁座，使锁扣正对锁座扣环中心，同时利用锁座垫片调整扣环高度。确定锁座位置后，先用 $\phi3.6$ 钻头钻孔，然后用 $\phi8.7$ 钻头扩孔，最后用 M8 ×30 六角螺栓固定。型号二：先将侧舱门锁体用 M6 ×16 表面镀黄锌的十字槽盘头螺钉固定（所选弹垫、平垫应与其相配且表面镀黄锌）在舱门上，将两端拉杆定位并将锁舌安装定位，然后调整至两端可以同步打开。再将锁座安装于锁舌中间并定位划线，用 $\phi3.6$ 钻头钻孔，用 $\phi6.7$ 钻头扩孔，用 M8 气动丝锥攻螺纹。侧舱门锁座的固定螺栓用 M8 ×25 表面镀黄锌的六角螺栓紧固。安装锁座螺栓时，应将位于舱外的螺栓孔先打胶，以防漏水。同时，将锁孔装饰盖用 M4 ×20 表面镀黄锌的十字槽沉头自攻螺钉固定。上述两种为典型的锁座安装方式，其他锁座的安装方式可参见各锁厂配套的安装说明进行安装。

（3）调整要求。舱门开闭灵活自如，不松旷，相邻舱门间距均匀，关闭后在同一平面，高度差不大于 2mm。舱内密封不漏光。

2. 边舱门锁（长条锁）

现在很多客车制造厂为了降低生产成本，在后部的侧舱门使用了长条形的简易锁，具体的安装步骤为：

① 将锁体放入边舱门预留孔内，按预留孔位用 M5 ×16 十字槽盘头螺钉固定。

② 关闭舱门，调整限位螺栓和锁钩调节螺栓长度，以及限位支架，使舱门锁开关灵活，关闭紧固，钥匙转动时无干涉现象。舱门限位螺栓胶套应紧贴舱门骨架。

③ 紧固限位螺栓 M6 ×35 和锁钩调节螺栓（支架两侧螺母都须紧固）。

3. 两点锁止式舱门锁（含两点锁止式后舱门锁）

（1）将锁体放入舱门锁盒，按预留孔位用 M5 ×16 或 M6 ×16 十字槽盘头螺钉固定（有些车型采用 M6 ×12 十字槽盘头螺钉固定）。

（2）将锁扣放入锁盒两端预留位置，并将拉杆穿到锁体位置，用 M6 ×16 十字槽盘头螺钉固定，拉动拉杆，检查锁扣是否灵活，与锁盒有无干涉。

（3）关闭舱门，按锁扣位置确定锁座的位置，锁扣应正对锁座卡轴中心，左右位置用锁座调整垫片调整。在锁座长条固定孔中心，用 $\phi6.7$ 钻头钻孔，用丝锥攻 M8 螺纹孔，用 M8×25 螺栓固定底座。

（4）通过拉杆螺纹调整拉杆长度，使其与锁体相连，保证舱门锁两点同步开启。

（5）关闭舱门，检查舱门是否密封，相邻舱门间的缝隙、落差是否符合要求。利用锁座长条固定孔进行调整。

（6）检查舱门锁的开关是否灵活，不符合要求要重新调整。

（7）调整舱门锁后，将舱门锁座固定螺栓拧紧。在锁座中心孔用 M8×25 表面镀黄锌的六角螺栓固定。

（8）安装锁盒密封盖，它与锁盒的间隙应不大于1mm。

4. 油箱舱门与轮翼板

（1）油箱舱门用 M6（中型车）或 M8（大型车）六角螺母加弹垫和平垫固定。固定支架内外需各用一个 M6 或 M8 的六角螺母。里面的螺母加 $\phi6$ 或 $\phi8$ 的加大平垫，外面的螺母用 $\phi6$ 或 $\phi8$ 的加大平垫配弹垫，并用 M6 或 M8 六角螺母固定。轮翼板用 M6×16 六角螺栓加弹垫和平垫固定。

（2）固定后，要求油箱舱门和轮翼板与其他舱门缝隙均匀，相邻高度差不超过1mm。

5. 后舱门锁（单点后舱门锁）

（1）把锁体放入后舱门预留锁盒。后舱门锁体固定螺栓应为 M6×16 的表面镀黄锌十字槽盘头螺钉（弹垫、平垫应表面镀黄锌且与其相配）。下沿用表面镀黄锌 M8×70 或 M8×30 六角螺钉固定，并各配一件 $\phi8$ 的平垫，再用六角螺母加平垫、弹垫紧固。

（2）将拉手（锁芯）放入预留孔，检查其与推杆的接触配合情况（可对推杆进行少量调整），从锁盒内安装锁芯垫圈与固定螺母，调整传动螺钉高度，按动锁芯检查机构，检查其传动是否灵活。

（3）调整后舱门限位螺栓，量取锁座位置。将锁座放置在后保险杠活动梁预埋处，缓慢关闭舱门，观察调整锁座位置及高度（高度利用调整垫片调整），使锁座扣环中心正对锁扣。后舱门锁座固定螺栓用 M8×70 的表面镀黄锌的六角头螺栓（弹垫、平垫应与其配套），同时锁座调节垫片应与锁座配套。

（4）紧固限位螺栓以固定螺母。关闭舱门，检查舱门与后围间的平整度。检查舱门是否开关灵活。舱门限位螺栓胶套应紧贴舱门骨架上的胶条，胶条长度为50mm。

（5）各舱门锁安装要求。各舱门拉杆锁的机构复杂，调整机构较多，装配时应逐项调试，保证锁机构工作灵活、可靠、紧凑，无松旷现象。最后对各舱门进行检查，保证各舱门开闭灵活，支撑到位，锁止可靠，行李舱密封效果好。各舱门表面应平顺，无翘曲现象。

6. 平移舱门锁具的安装与调整

（1）将锁体放入舱门锁盒，按预留孔位用 M6×15 十字槽盘头螺钉固定，见图 7-124。

（2）将锁扣放入锁盒两端预留位置，并将拉杆穿到锁体位置，用 M6×15 十字槽盘头螺钉固定。拉动拉杆，检查锁扣是否灵活，与锁盒有无干涉。

（3）关闭舱门，按锁扣位置确定锁座的位置，使锁扣正对锁座卡轴中心。用锁座调整垫片调整左右位置，在锁座的长条固定孔中心用 $\phi6.7$ 钻头钻孔，用丝锥攻 M8 螺纹孔，用

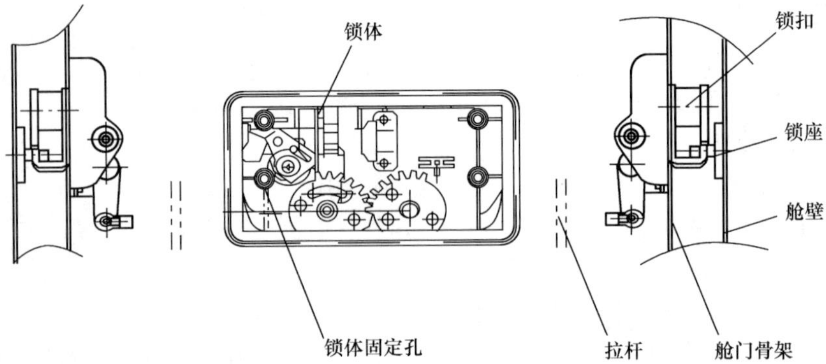

图 7-124　舱门锁部分机构示意图

M8 ×25 六角螺栓固定底座。

（4）通过拉杆螺纹调整拉杆长度，保证舱门锁四点同步开启，紧固拉杆固定螺母。

（5）关闭舱门，检查舱门是否密封，相邻舱门缝隙、落差是否符合要求，利用锁座长条固定孔进行调整。

（6）检查舱门锁的开关是否灵活，不符合要求应重新调整。

（7）调整舱门锁后，将舱门锁座固定螺栓拧紧，在锁座中心孔用 M8 ×25 六角螺栓固定。

（8）调整舱门开关速度。为了保证安全，防止意外伤害，须将舱门开关速度调节得慢一些，舱门完全开启、关闭时间以 4 ~7s 为宜，保证舱门运动过程中有合理的缓冲。调整时，将调速旋钮关到极限位置后，再反向旋转约 1 ~2 圈。然后试验开关速度，直到符合要求。

（9）调整防夹行程开关。调节每个防夹行程开关。保证在舱门下沿处，直径 $\phi30$（正常关门情况下，该数值越小越好）以上的圆柱体被夹住后，舱门能够自行打开。在保证能正常开闭的情况下，防夹行程越大越好，防夹压力越小越好。

（10）用毛刷蘸肥皂水涂抹气泵各管路接头，观察有无漏气现象。

（11）安装气泵罩，要求气泵罩与气泵伸缩杆等运动件不得干涉。

（12）安装锁盒密封盖，它与锁盒的间隙不应大于 1mm。

（二）客车舱门胶条的安装

1. 蝙蝠胶条的安装

（1）工具和材料。包括气钻、$\phi3.6$ 钻头、胶枪、黑色硅酮玻璃胶、ST4.2 ×25 十字槽沉头自攻螺钉（黑色）。

（2）将蝙蝠胶条上端按舱门上部铝型材形状进行修剪。使胶条中心线与舱门立柱方钢中心线重合，上端顶至舱门上部铝型材位置应放正，在距胶条上端约 30mm 处的中心线上打孔，用自攻螺钉稍加固定并定位。

（3）在立柱方钢上端和纵向中心线上打黑色硅酮玻璃胶，胶线宽度不低于 15mm，高度不低于 2mm。

（4）对正胶条与立柱中心线，按不大于 300mm 的距离，在胶条中心线上自上而下打固定孔，最下端孔位打在距方钢下端不大于 30mm 的位置。

（5）将胶条按原位置放好，用 ST4.2 ×25 黑色十字槽沉头自攻钉固定。胶条固定应平整，上部及两侧无胶溢出。

（6）安装行李舱周边密封胶条，修剪密封胶条对接处，接头采用搭接对接。

（7）安装要求。胶条安装要平直顺滑。舱门胶条四个圆角处应用黑色硅酮胶进行打胶处理，以防漏水。

2. 防水胶块的安装

防水胶块安装于密封舱车身骨架与舱门之间，可防止密封舱进水、进灰，见图7-125。

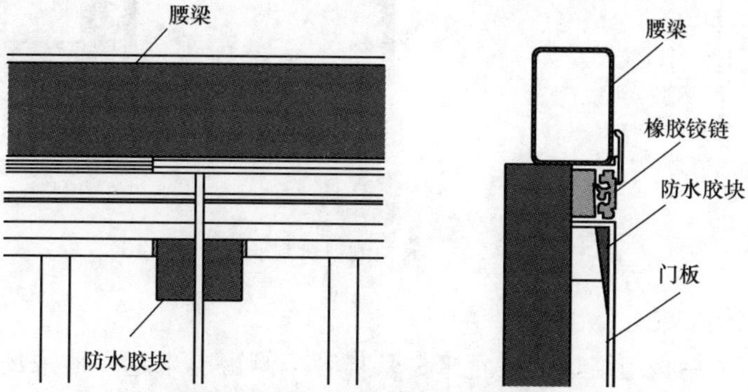

图7-125　防水胶块安装定位示意图

（1）工具、材料。包括胶枪、白色硅酮玻璃胶、502胶。

（2）铝舱门（橡胶铰链）左右上角与蝙蝠胶条密封处，用502胶粘接。要求与蝙蝠胶条对正，与舱门贴合良好。粘贴后，在胶块外边缘打白色玻璃胶密封，打胶应连续，不得漏打。

三、玻璃的安装

（一）客车侧窗的安装

客车侧窗安装形式主要包括胶条安装形式和粘接胶安装形式两种。目前，胶条安装形式已逐渐被粘接胶安装形式取代，胶条安装形式只在特定的车型上使用。

1. 客车侧窗胶条的选用

侧窗胶条安装在侧窗框与车体窗框止口之间，起到密封、缓冲和减振的作用，可以防止窗框变形导致玻璃损坏，侧窗密封胶条一般采用挤压成形的弹性橡胶（三元乙丙橡胶），可按用途设计出相应的截面形状。图7-126为典型侧窗胶条结构。

从使用角度来看，侧窗胶条应满足以下要求：

① 良好的耐候性和耐老化性能。

② 对与其接触的油漆面没有污染。

③ 压缩后的永久性变形小。

④ 吸水率低。

⑤ 耐热性能好。

⑥ 在低温下很柔软。

从外形的尺寸精度、挤压成形的可加工性和成本等方面来考虑，侧窗胶条通常采用硬度为Hs＝60～70，拉伸强度60～80kg/cm^2的耐候性和耐老化性能良好的合成橡胶（如三元乙丙橡胶），合成橡胶的心部应采用延展率$\psi>30\%$，同时具有足够强度和硬度的材料。此外，侧窗胶条应按设计要求进行装配，以免在使用时受到过大的张力。

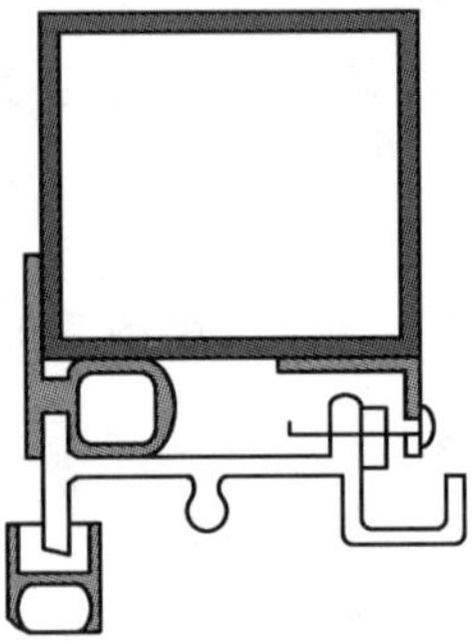

a) 铝合金框式侧窗普遍采用的侧窗胶条

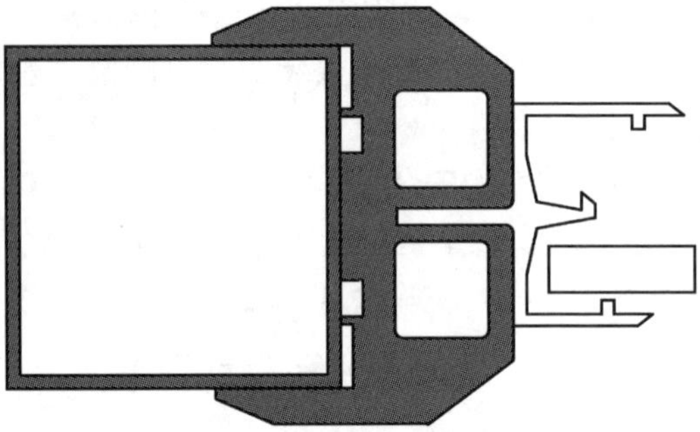

b) 镶钳式铝合金窗框普遍采用的侧窗胶条

图 7-126　典型侧窗密封胶条

2. 粘接式侧窗的安装

（1）粘接侧窗的结构与组成。近年来，豪华客车侧窗越来越多地采用粘接全封闭的形式，将侧窗玻璃通过粘接胶直接粘接到侧围止口上，粘接剂起到传统胶条的作用。这样做的优点是玻璃安装平整，外观美感，空气阻力小，空气振动、噪声小，同时增加了车身刚度及抗冲击强度，密封性能好，可克服胶条夹嵌渗水的弊端。

侧窗玻璃的粘接一般采用图 7-127 中的结构。该结构主要由侧窗粘接止口、侧窗玻璃、粘接剂、垫块等组成。

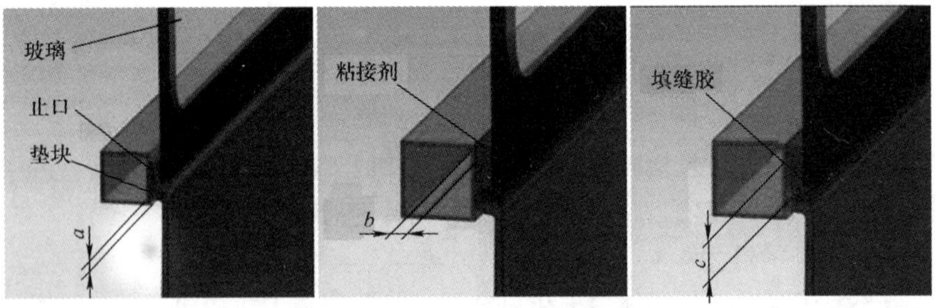

图 7-127　粘接侧窗结构

侧窗粘接应用的是弹性粘接技术。弹性粘接技术将不同的粘接材料以相应的高强度粘接剂，采取相应的工艺手段粘接固定在一起，达到一定的刚度、强度。

弹性粘接技术的正确应用，首先必须确定粘接对象和粘接后所需达到的刚度、强度等要求。接着根据以上要求选取相应的粘接剂，并根据粘接剂确定粘接参数，如粘接厚度、粘接宽度、止口形式等。

（2）粘接参数的确定。首先根据粘接剂的物理特性、玻璃的估计重量和玻璃所处的动态环境等因素，进行强度计算，经试验、论证，再修正，确定所需的粘接剂厚度、宽度等参数。粘接剂作为弹性材料，在恒定应力（如侧窗自重）的作用下有塑性变形的趋向，从而会使侧窗玻璃有自身下沉的趋势。为了消除侧窗玻璃自身重量（即避免静态载荷）对粘接剂作用产生的塑性变形，可在侧窗玻璃下端加垫方形支承块。根据经验，支承块的厚度应大于 10mm，见图 7-127 中的尺寸 a。支承垫块一般要分段垫加。粘接剂的粘接厚度通常为 4 ~ 6mm，可根据制作的侧窗玻璃的实际翘曲情况适当加厚，见图 7-127 中的尺寸 b。粘接剂的粘接宽度应为15~25mm，见图7-127中的尺寸c。为了保证侧窗玻璃与止口间的粘接厚度，粘接前可根据具体情况配备衬条，其截面形状可选择圆形或矩形，高度应略高于垫块高度以起定位作用，一般也采用分段垫加的方式。

（3）止口的制作。根据已确定的粘接参数和侧窗玻璃的厚度（一般为5~8mm），进行止口设计。止口高度为25~35mm，深度为9~14mm，见图7-128中的尺寸a、b。

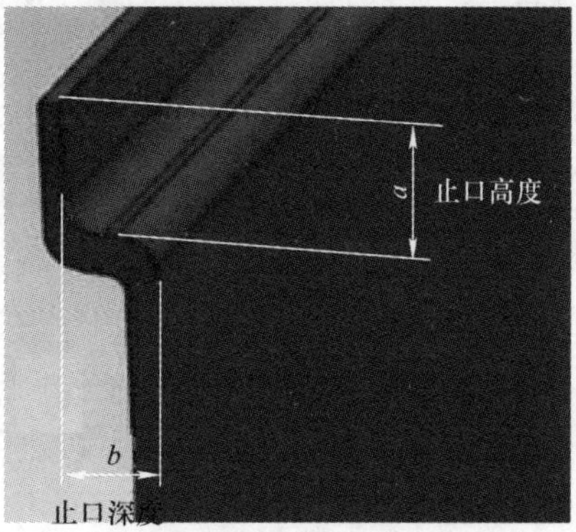

图7-128　止口尺寸参数

止口有多种形式。一种为侧窗立柱的外表面与侧围的外表面平齐，左、右止口在侧窗立柱的两侧形成，侧窗上、下止口分别在侧窗下沿梁上侧和侧窗上沿梁下侧形成，从而形成封闭止口，见图7-129。为改善侧窗四角的应力分布，通常止口四角用小圆角过渡，外面采用方形基调的装饰压条，内圆外方，既美观又减少了应力集中。止口的成形方式，国外一般采用冲压成形或经模具拉挤成形工艺，加工出带止口的侧窗立柱、窗上沿梁及腰梁，见图7-130，这种结构豪华客车很少采用，一般使用在房车上。目前，侧窗止口一般以矩形钢管直接焊接而成，或使用矩形钢管与蒙皮搭配而成，见图7-131。侧窗玻璃的粘接在总装配车间内完成。

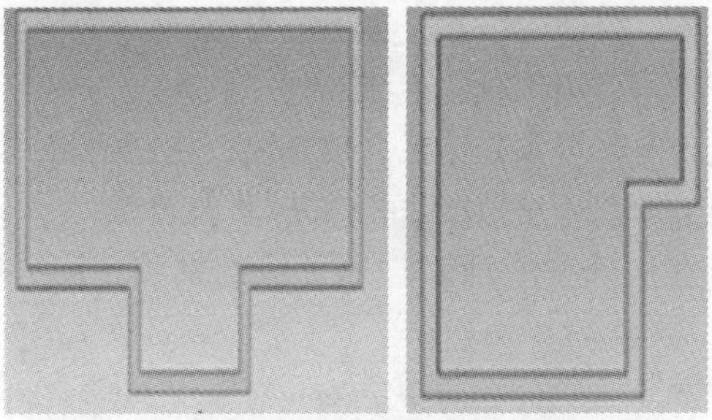
图7-129　骨架结构形状示意图

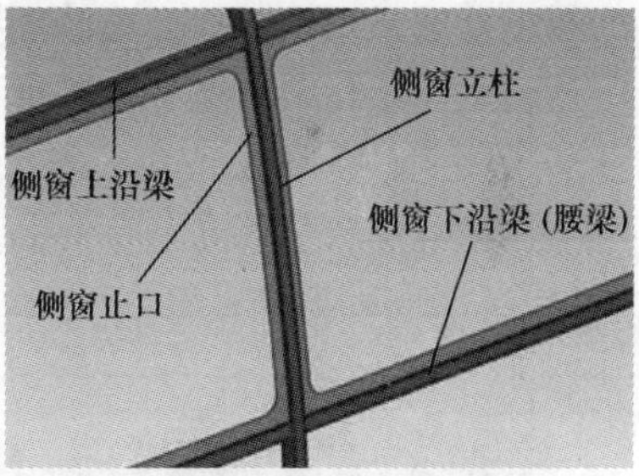

图7-130　粘接侧窗止口布置

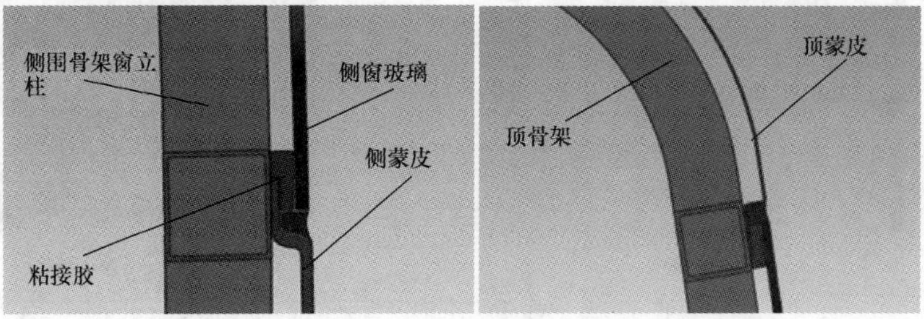

图7-131　粘接侧窗止口结构

（4）粘接前的准备

① 设计制作粘接玻璃、正确的粘接止口、衬条和支承块。

② 工作场地应通风和照明良好，且温度不能低于15℃，相对湿度不小于30%。准备区域（清洗或磨光）与粘接场地应隔开，配备稳定的工作台。

③ 准备在材料和粘接表面做标记的记号笔。

④ 用无油的压缩空气吹去工作表面灰尘。

⑤ 用手纸或皮纸擦拭粘接表面。

⑥ 准备不同型号的毛刷，用来刷底涂。

⑦ 准备无吸收性、抗扯的光滑防护胶带，用来做记号并防止粘接剂外溢，以及弄脏止口外侧蒙皮。

⑧ 准备工作手套。

⑨ 准备挤粘接剂的手动式或气动式胶枪。

⑩ 准备调整粘接剂量的减压阀。

⑪ 拆除粘接剂封头并用刀片切除喷嘴。

⑫ 准备防止玻璃滑移的辅助固定零件，如压板、螺钉、气钻等。

⑬ 准备塑料或纸板刮片，以刮除多余的粘接剂。

⑭ 准备粘接前清洗粘接表面用的清洁剂。

⑮ 准备增加粘接粘性用的底涂。

⑯ 准备清洗较薄的未干多余粘接剂用的清洁剂。

（5）粘接过程

① 在侧窗止口外侧贴好防护胶带纸。

② 预装、定位。将侧窗玻璃抬上车（可用玻璃吸盘搬动玻璃）。按设计位置，用支承块和衬条使其刚好处于侧窗止口上，根据玻璃实际制作情况，修正支承块和衬条的尺寸，用记号笔在侧围防护胶带纸上标明侧窗玻璃的周边位置及支承、衬条的位置。抬下侧窗玻璃，将其置于稳定的工作台上。工作台应垫上保护玻璃用的保护垫，可用聚氨脂泡沫或其他软垫。为便于粘接后玻璃的压紧，防止滑移，可在侧窗四角加压板。此时可预先钻孔、攻螺纹，用螺钉将压板挂到侧围上，不要固定，待玻璃粘好后，再使用图 7-132a 中的方式固定并压紧玻璃。

③ 为防止粘接剂挤出粘接表面弄脏玻璃，应在玻璃内表面和玻璃外缘的粘胶宽度外贴上防护胶带纸。见图 7-132b。

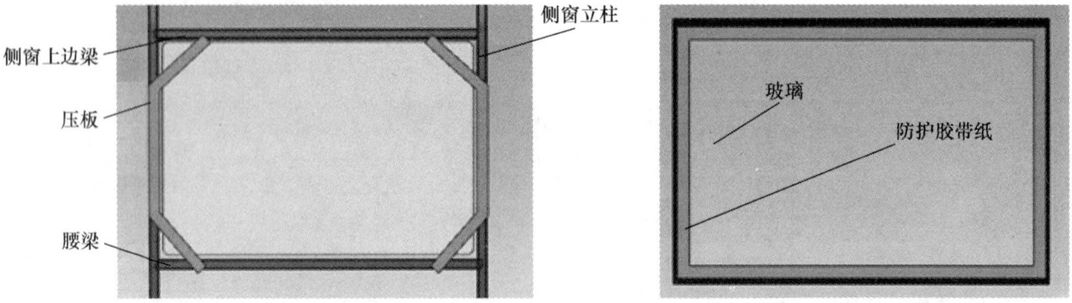

a) 压板布置图　　b) 防护胶带纸布置图

图 7-132　压板和防护胶带纸的布置

④ 清洗是粘接中的一项重要工作，粘接表面必须干燥、无尘、无油脂、无颗粒（如漆皮、锈皮等）。只能用纯溶剂清洗，如丙酮、丁酮、酒精等，不能用硝基溶剂或硅洗涤剂。清洗剂应根据材料本身的特性来选择。用清洗溶剂洗涤后，应让其挥发充分，直至完全干燥后，再进行粘接。若清洗溶剂未完全挥发，会损害粘接剂的粘接过程。因此，使用手纸或餐巾纸清洗时，不要蘸过多的清洗剂，以缩短干燥时间。

侧窗粘接中主要清洗粘接面，即侧窗止口及玻璃内侧防护胶带的外侧。清洗时，用手纸或餐巾纸蘸少许清洗剂，按一个方向（顺时针或逆时针）擦拭，擦拭时要不时翻折、更新，直到看不出污痕为止。然后让其充分挥发干燥，一般为10min左右。

⑤ 底涂。为了加强粘度，有些表面需要加底涂。底涂应根据粘接材料的特性确定。用刷子或者毛毡喷涂器涂上薄薄的一层底涂。涂底漆的表面为粘接表面，要均匀覆盖，以易于挥发，粘接前底涂要完全干燥。

⑥ 待粘接表面符合要求后再打胶。玻璃粘接剂可分为管装和香肠式包装两种。使用管装粘接剂时，在管头部的铝箔封口处开孔，装上塑料喷嘴，根据止口的宽度，用快刀在喷嘴上按所需尺寸开口，一般采用三角形，见图7-133，这样可以避免压缩的粘接剂筒中残存的空气影响剂量，保证粘接剂打出后成一直线。喷嘴开口尺寸应根据粘接厚度及粘接宽度经试验确定，以减少填补粘接剂量。使用香肠式包装粘接剂时，应配套使用西卡公司的管式胶枪或其他同容量胶枪。把胶装入胶枪中，将头部剪开，装上胶枪配套的喷嘴（形状同为三角形），即可正常使用，胶的形状见图7-134。低温下施工时，使用前应先将粘接剂筒加热至35℃再使用。

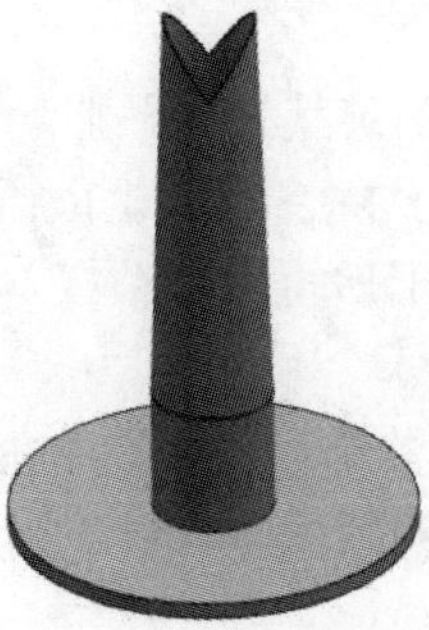

图7-133　粘接胶塑料嘴剪切形状

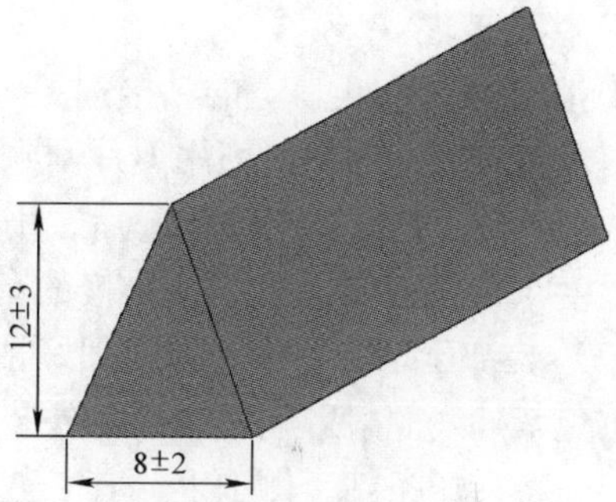

图7-134　粘接胶涂出的胶形

侧窗玻璃粘接剂可挤在玻璃上，也可挤在骨架上，以后者为宜。用胶枪将粘接剂按逆时针或顺时针方向挤在粘接止口表面上。粘接剂应挤在偏止口内侧一点儿，即粘接宽度中心线位置，且要规范化。

⑦ 将侧窗粘接玻璃再次抬上止口，同时在预做记号处放上衬条和支承块，将玻璃置于支承块上，调整左右位置，使玻璃前后位置与记号对齐。推紧玻璃，使其内表面紧靠衬条，至此玻璃定位完毕。将侧窗玻璃四角预先设置的压条，调整到图7-120中的位置，旋紧螺钉使压条压紧玻璃，使玻璃与侧围相接的表面平整。操作时，应戴上干净手套，避免弄脏粘接面。粘接剂为高速快干物质，粘合时间很短，以上工作应在粘接剂挤出后一定时间内完成。夏天一般为10~20min，冬天时间稍长一些。

⑧ 将粘接剂连续过量填注于内外缝隙中。用刮片刮除多余的粘接剂，使缝隙表面平整。

⑨ 粘接剂一般需要16h左右才能完全干燥，使连接安全可靠（以32℃为基准，通常适当加长至24h左右，24h后即可拆除玻璃压板）。

⑩ 粘接剂缝隙的处理方式有用外压条和不用外压条两种。不采用外压条的方法，玻璃上有陶瓷边时，只要将粘接剂刮齐、修平即可。玻璃没有陶瓷边时，为保证粘接剂与玻璃接触面能抗紫外线辐射，采用清洗剂清洁玻璃表面，再涂以玻璃用底涂，以隔绝紫外线，然后再粘接。采用外压条的方法，可以美化外观，同时对粘接剂缝隙的表面处理可降低要求。外压条一般采用不透明的橡塑材料或铝型材制成，其主要作用是避免紫外线照射对粘接面。为

使外压条起作用，其位置和宽度都有严格的规定。根据西卡经验，外压条应超过粘接剂且两倍于玻璃厚度，见图 7-135，若止口高 30mm，玻璃厚 5mm，则外压条露于止口下平面的上端 40mm。它的总宽度要根据纵向与横向压条调整，通常遵循横窄竖宽的原则，以增加美感。外压条也是通过粘接剂粘于侧围上的。外压条的上端位置应准确定位，并控制粘接剂量。外压条压上后，只要消除外溢粘接剂即可，不需要填缝。

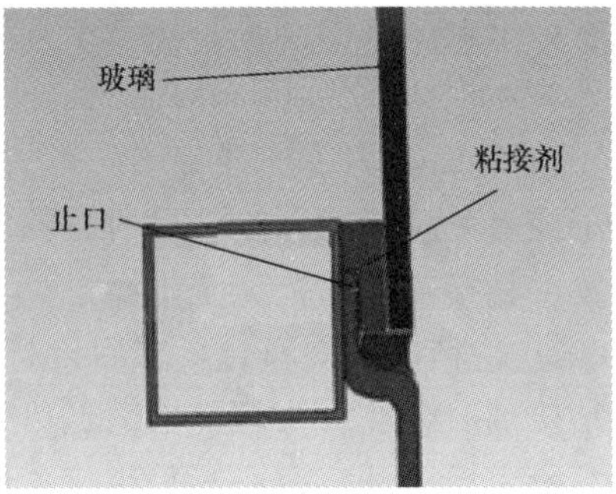

图 7-135　粘接侧窗结构示意图

（6）粘接侧窗玻璃的更换。侧窗玻璃粘接不符合要求或者玻璃损坏时，需重新装配或更换，其工艺过程为：

① 在粘接剂凝固的状态下，用刀片拆除外压条。

② 检查玻璃定位（必要时做记号），以便换装时能正确地安装在相同位置。

③ 用工具刀将玻璃取下。

④ 移走玻璃。

⑤ 切除残留在止口上的粘接剂，至多保留 1～2mm，并确定其表面平整。若仍使用原玻璃，则须将玻璃上的粘接剂用刀片刮除干净。若刮除时损伤了漆层，露出了金属骨架，则先用清洗剂清洗，待其自干 10min 后，用小刷子刷底涂，底涂干后再进行粘接。以室温 20℃，相对湿度 65% 为基准条件，所维修的车辆 2h 后即可驶出。

（7）装饰压条的粘接。为处理好粘接剂缝，一般采用外装饰压条，它既能起装饰作用，又能避免紫外线照射影响粘接面。外装饰压条一般采用不透明的橡塑材料或铝型材制成。采用粘接胶将外压条粘于侧围上，其工艺流程为：

① 试装、定位。将压条贴于车身相应位置，定位后检查其边界及接缝是否符合要求，做定位标志。

② 清洗。在压条上下贴满胶带纸，防止胶污染车身表面。在压条外表面贴满胶带纸，防止胶污染压条。取下压条，用餐巾纸清除压条与车身粘接面上的灰尘。用餐巾纸蘸上清洗剂，清洗粘接表面，其自干需 10min。

③ 涂胶。检查侧窗玻璃粘接部分是否需要补胶，如发现有缝隙，则用填缝胶适当补平。在压条粘接面上呈“S”状均匀涂上一道填缝胶，用刮子刮平，胶厚约 2mm。

④ 粘接、固定。将涂上胶的压条与车身上的记号对好，贴于车身上。用宽胶带纸将压条与车身贴实并固定。

⑤ 清洗、修正。用棉纱蘸汽油擦去车身、玻璃上的残胶。待压条装配 72h 后，撕去车身上的胶带纸，用刀片修去压条两侧冒出的胶，不要划伤车身及压条表面。

⑥ 检验各压条是否贴实，过渡部分是否错位，表面是否有划伤、凹坑等明显缺陷。

（二）客车前后风窗玻璃的安装

风窗玻璃的安装形式主要有两种：一是利用胶条装配，二是利用粘接剂粘接装配。图 7-136a 和图 7-136b 是用橡胶密封条将风窗玻璃与风窗框固定。装配时，先将胶条安装在风窗框止口上，再把辅助工具尼龙绳放在胶条口中，将玻璃先放在下胶条中，然后从外部挤压玻璃并不断地慢慢拉出尼龙绳，最后镶入嵌条。这种方法的优点是装配可靠，操作简单，易拆卸，成本较低，用于 6～8m 的小型客车及一些特定车型。

图7-137为大型豪华客车普遍使用的粘接剂粘接装配形式。将合格的成品玻璃和风窗框用清洗剂清洁干净，在玻璃粘接处涂上一层薄底涂，其作用是防止紫外线破坏胶层。然后在风窗框四周粘接处做胶台，胶台要涂成三角形，保证胶层厚度在6mm左右。接着进行玻璃粘接工作，要保证玻璃一次安装到位，最好备有辅助器具，在风窗框四周打数点固定卡子，待粘接剂固化后拆出。既可使用双面压敏胶带安装风窗四周的装饰条，也可在蒙皮外表面一周及风窗玻璃边缘一周粘贴纸胶带，两者之间的间隙为8～10mm。然后使用填缝胶填缝，填完缝后使用橡胶刮片刮平，最后撕掉纸胶带。粘接剂的补涂需在玻璃固定后立即进行，这种装配方法中，粘接剂起到了固定和密封的双重作用。它对玻璃与风窗框的吻合度要求不高，甚至可以不要求风窗的止口高度，其密封性和可靠性较高，外观美观简洁。但粘接剂的固化时间较长，对环境温度要求较高，而且拆卸风窗玻璃较困难。

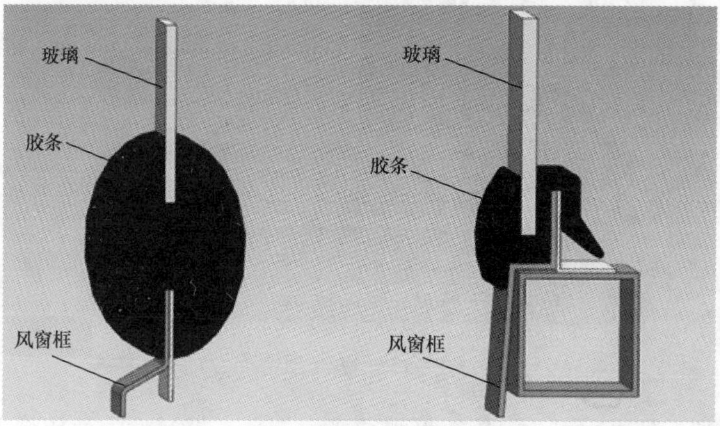

a)　　b)

图7-136　风窗玻璃胶条安装形式

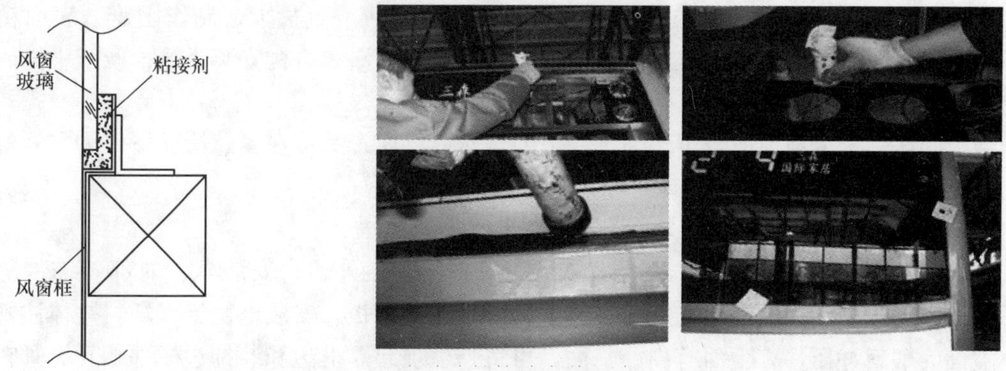

图7-137　风窗玻璃粘接胶粘接方式

第五节　安全顶窗、仪表台、刮水器、卫生间的安装

一、客车安全顶窗的安装

对于车长不小于6m的单层城市客车、长途客车、旅游客车和铰接客车，车顶必须设安全顶窗。安全顶窗是在紧急情况下供乘员撤离的车顶出口，应具备以下特点及要求：

① 易于从车内外开启或移出。

② 安全顶窗开启后，应保证从车内外进出畅通，弹射式安全顶窗能防止误操作。

③ 安全顶窗最小面积为500mm × 700mm，客车安全顶窗开启应符合相关规定，开启至安全出口通道时间不得大于20s。

④ 每个应急出口应在车内外标有“应急出口”字样。

(一) 客车安全顶窗的结构

传统的客车顶窗仅能实现使车厢内自然通风的功能，其结构见图7-138。它由顶窗盖总成和开闭机构组成。它的工作特点是关闭时密封好，因为在顶窗盖与顶窗盖口的接触面处有密封橡胶条。顶窗盖两侧中心位置上固定有支架轴座，在轴套两端各安放一个螺旋圆柱压力弹簧，活动转轴从中穿过，在轴中间用横销将两弹簧隔开，并连接连杆下端与顶窗口固定轴。

图7-138　客车顶窗

开启时，只要将把手用力往上推，靠弹簧张力带动连杆运动，就能将顶窗打开。关闭时，双手握住把手，用力往下拉，使支架轴套里的弹簧受压，连杆轴收缩到关闭状态。

这种顶窗主要由冲压钢板和经过机械加工的钢材制成，重量大、制作困难、表面精度差、易腐蚀，同时安装也很困难。但是密封性好，启闭灵活，机构安装隐蔽，便于维修。目前仅用于低档长途客车。

当前的客车安全顶窗应既可作为车厢内的自然通风窗，又可在紧急情况下作为乘客的紧急出口。

1. 客车安全顶窗的结构

作为应急出口的安全顶窗，其结构见图7-139。它由外盖、安装框、内部装饰件等组成。外盖由高强度工程热塑树脂制成，其上装有锁止支承板。安装框由工程塑料整体注塑成型，盖面为塑料冲压件，上面有内凸平面，可将外盖顶起。框边和装饰边模件相互夹紧在顶盖上，顶盖切口与顶盖外蒙皮接触部分用密封胶密封，防止水流入车内。带换气扇的安全顶窗一般用于高档旅游客车。

2. 客车安全顶窗的工作原理

(1) 用于自然通风。从车厢里面用双手用力往外推顶盖的内凸平面，使其外弹即可打开通风窗。关闭时，往内拉（内凸平面边缘有凹陷拉手）即可，安全顶窗关闭状态见图7-140a。

客车顶盖上一般装有两个安全顶窗，且两者间距不小于2m。车前出口进气、车后出口排气，见图7-140b、图7-140c。使前顶窗呈进气状态、后顶窗呈排气状态，可使空气自前

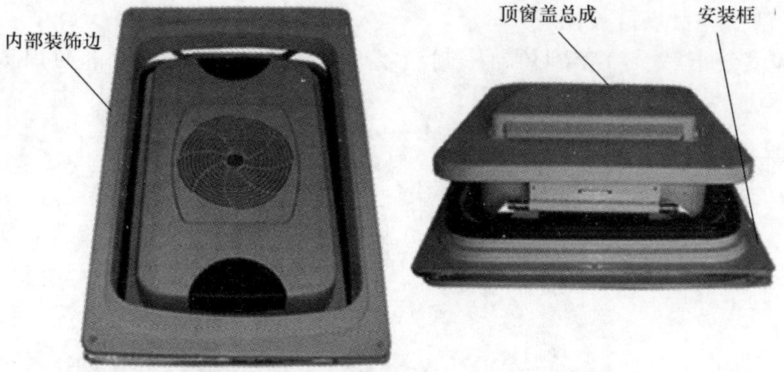

图 7-139　客车安全顶窗

向后流通，实现通风、换气功能。

（2）作为紧急安全出口使用。车侧翻时，一边门窗着地，而另一边门窗离地面有 2m 左右高，大多数乘客够不着，即使有些人能够得着，也很难打开重力作用下的门窗，而且出口门很容易因车身扭曲而打不开。而安全顶窗离地只有 760mm 左右（车侧翻时），援救人员和旅客很容易出入。此时，先打开通风窗，使其呈开启状态。然后往车的前进方向按压锁止支承板，使其支承凸肩稍离开锁止板孔边缘，再直接往外推带有方孔的锁止板，即可使整体外盖翻转，打开安全出口。图 7-141 是安全出口外盖离开车身顶部示意图。这种安全出口对孩子来说操作简单，对成人来说足够大，即使在翻车事故中，也能照常开启。

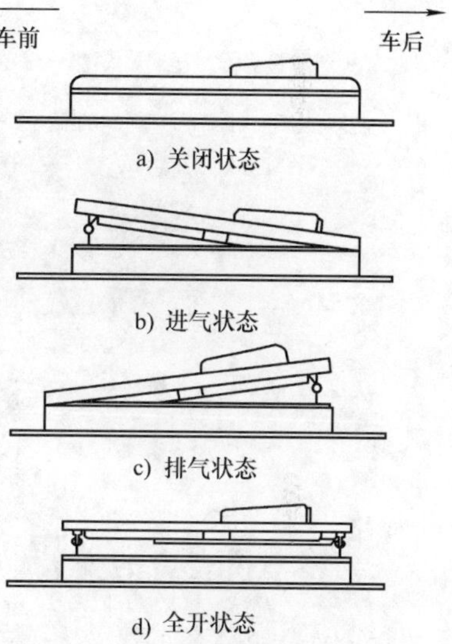

图 7-140　客车安全顶窗通风示意图

（3）应急手柄应涂红色标志。进行产品装配时，应注意“铰链在前，栓在后”。

（二）客车安全顶窗的安装工艺

客车安全顶窗安装步骤为：

① 清洁安装表面，用酒精将表面擦拭干净。在车顶安装表面涂一层宽 20mm、高 12mm 的密封胶，要连续涂抹，中间无断胶。

② 用自攻钉将安全顶窗上部紧固在车顶上，顶窗的铰链应在前方，栓在后方。安装前，自攻钉要涂胶，自攻钉间距应不大于 150mm。安装后，在自攻钉帽头上打密封胶，要求密封胶要盖住自攻钉帽头。

③ 安装后，要求在顶窗上部的周圈外边与顶骨架周圈接合处，再涂一层密封胶来填缝，胶要涂抹连续，无断胶，且要将胶顺延至天窗外边的上部，见图 7-142。

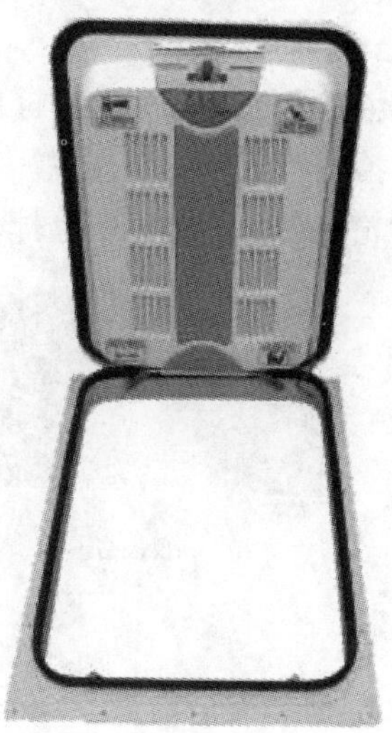

图 7-141　安全顶窗离开车顶

④ 将安全顶窗下部四角，用自攻钉紧固在顶盖顶窗框

上，然后用装饰盖将自攻钉盖住。

⑤ 顶窗应安装牢靠、涂胶到位、密封严实、开关可靠，顶窗内罩与顶板配合到位且美观。

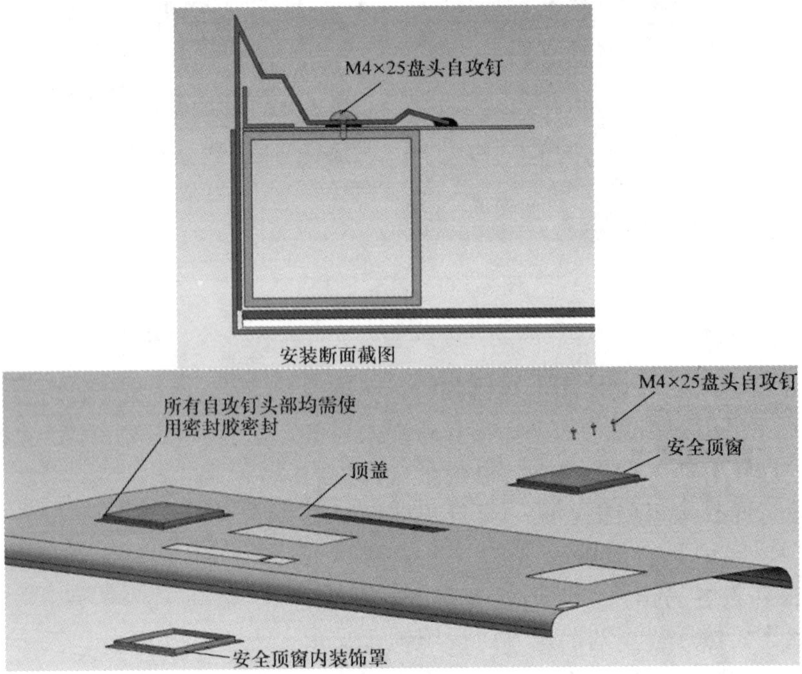

图 7-142　客车安全顶窗安装示意图

二、客车仪表台的安装

客车仪表台是客车驾驶人操控客车行驶及实现其他功能的控制台。驾驶区的仪表板应采用不反光的面板或护板，车内照明装置及其在风窗玻璃、后视镜等处的反射光线不应使驾驶人眩目。

1. 研装表台本体

根据前围骨架实际宽度确定仪表台宽度，并配研仪表台右侧翻边。将仪表台及仪表台侧箱体抬到车上预安装位置。如果仪表台左右面与前围左右立柱干涉，则划好线，到车下用角磨砂轮将多余的部分研磨掉。图 7-143 中为丹阳市飞虹车辆配件厂生产的仪表台。

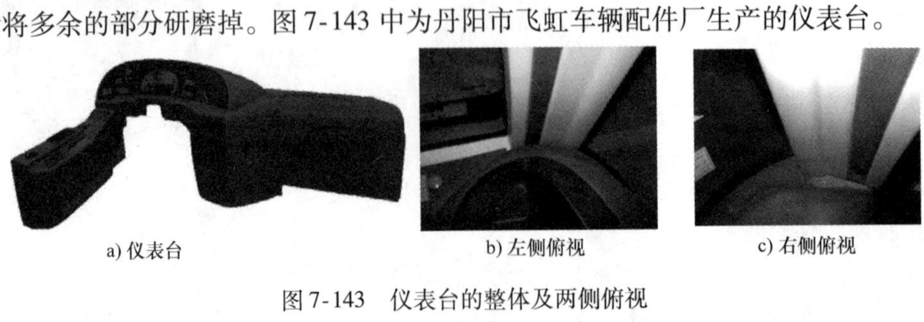

图 7-143　仪表台的整体及两侧俯视

2. 研装表台前沿

依据前风窗玻璃圆弧配研仪表台前沿，并确定仪表台下围板高度。将研磨好左右面的仪表台放到预安装位置上，观察仪表台前端与前风窗之间的间隙，如果有个别凸出的地方，划好线后到车下将多余的部分研磨掉。同时，确定仪表台下围板的高度，将下挡板下面多余的部分划好线，并到车下将多余的部分研磨掉。仪表台前沿两侧应紧贴风窗装饰件，见图7-144a，仪表台前端与前风窗内侧间隙为2～3mm，见图7-144b。

a) b)

图7-144 仪表台前端侧视及俯视

3. 研装下围板

根据地板的实际尺寸配研下围板。同时，配研下围板侧面与门边装饰件的对接缝。将仪表台抬到安装位置，在下挡板上分别将驾驶人地板台阶及各处地板压条位置划好线，并到车下割口，然后将仪表台放置于车上并摆正，研装下围板侧面与门边装饰件的对缝。研装研磨时，不要一步到位，要分几步进行。仪表台下围板下平面按地板研装，并紧贴在地板上，见图7-145。

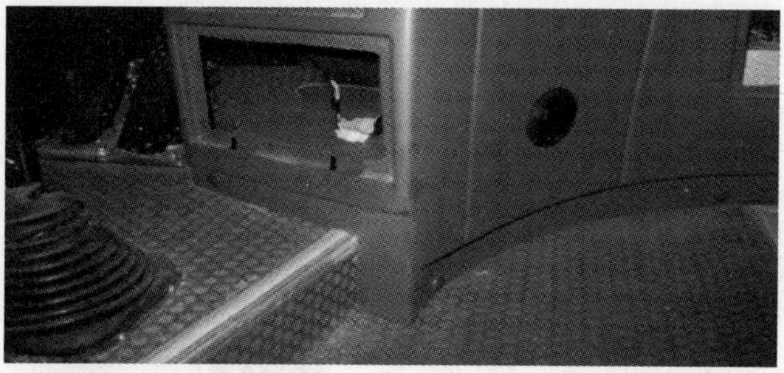

图7-145 仪表台下围板与地板结合部位

4. 调整仪表台前后位置

每个批量车型在进行首台车研装时，要先将组合开关安装到位，并将仪表罩安装于仪表台上。确定好下围板高度尺寸后，调节组合开关前后行程，确认组合开关与仪表台不干涉后（如果发生干涉，则应重新调整仪表台前沿的研装量，将仪表台整体向前移），才能确认后续车的前沿尺寸。仪表台与组合开关要有足够的间距，保证组合开关向前、向上移动至极限位置时，与仪表台不干涉，见图7-146。

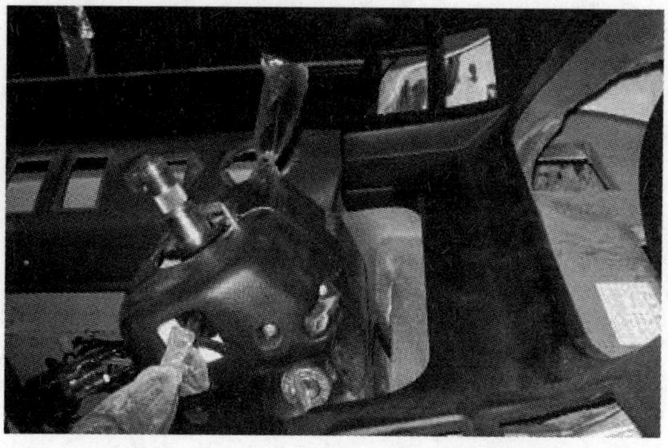

图7-146 仪表台与方向柱结合部位

5. 安装固定

用电钻或气钻钻底孔后，再用自攻螺钉（带上装饰扣）紧固，最后扣上装饰扣盖。

安装技术要求：

① 仪表台的固定点应均匀分布。

② 仪表台与侧箱体贴合紧密。固定仪表台及侧箱体的紧固螺钉无松动。仪表台及侧箱体四周与周边各部位贴合处间隙均匀且无明显缺陷。下围板外表面平直无波浪。

③ 安装后，各活门与表台吻合、锁止可靠。安装时，不可用力矫形，以免造成局部变形。

三、客车刮水器的安装

刮水器总成含有电动机、减速器、四连杆机构、刮水臂心轴、刮水片总成等。驾驶人按下刮水器开关时，电动机起动，其转矩经过蜗轮蜗杆机构的减速增矩作用驱动摆臂，摆臂带动四连杆机构，四连杆机构带动安装在前围板上的转轴左右摆动，由转轴带动刮水片刮扫风窗玻璃。刮水器的安装质量直接影响驾驶人的视线，其具体安装工艺流程为：

① 清理杂物。装车前，将前围骨架上的输出轴套孔、刮水器电动机安装孔及三角盘轴套孔内的腻子等杂物清理干净。

② 固定支架。安装时，先确认固定支架的安装位置和方向，并将其用M8螺栓与车前骨架锁紧，锁紧力矩为25N·m。

③ 装配：

a. 将连杆总成伸到电动机支架、离合器支架及方向柱支架与前围骨架之间的间隙里。安装输出轴时，先在输出轴套上保留一个螺母和内齿垫圈，将输出轴沿输出轴套孔穿出车外，使输出轴套外露，然后套入橡胶碗形垫圈，并用M27螺母锁紧锁紧力矩为100～120N·m。

b. 将三角盘轴沿三角盘轴套孔向车内穿出并备上螺母。

c. 将刮水器电动机的三个固定螺栓从车后向前穿过电动机支架，并在电动机支架内备好螺母。

d. 将刮水器电动机摇臂套在刮水器电动机输出轴上并紧固。

④ 调整。传动机构安装完毕后，左右摇臂均应向外叉开40°～45°，如达不到要求，可调整左右拉杆长度，见图7-147。

图7-147　刮水器摇臂角度

⑤ 安装喷水壶。将喷水壶自带的支架与车身上（一般安装在驾驶人侧窗下的配电舱内）的预留孔用M8×40螺栓连接后再紧固。

⑥ 连接水管。将喷水壶插入支架内，连好喷水壶与刮水器间的连接管，调整好连接管的长度。将喷水壶连接管用DW300×8尼龙扎带捆扎在车身骨架上，走向要合理，不能出现折死现象，以免影响水流的畅通。

⑦ 调整。在整车下线前，将刮水器刮臂装上。安装刮臂时，刮片前端应按回位时的水平位置向上偏 10mm 的距离安装，并要锁紧刮臂座上的 M10 螺母（锁紧力矩为 28N · m），紧固所有的连接件。连接好水管，调节刮臂上喷水口的方向，使水喷在有效范围内。

⑧ 检查。接通刮水器开关后，检查刮片有无干涉现象，可适当调节连杆上的腰圆孔距离。通电试运转，刮片回位后，电动机上曲柄应在水平位置。

四、客车卫生间的安装

卫生间的安装位置一般分为两种：安装在发动机舱上部后门的后部；安装在客车中部或中门前，见图 7-148。以下介绍安装在客车中部或中门前的工艺。

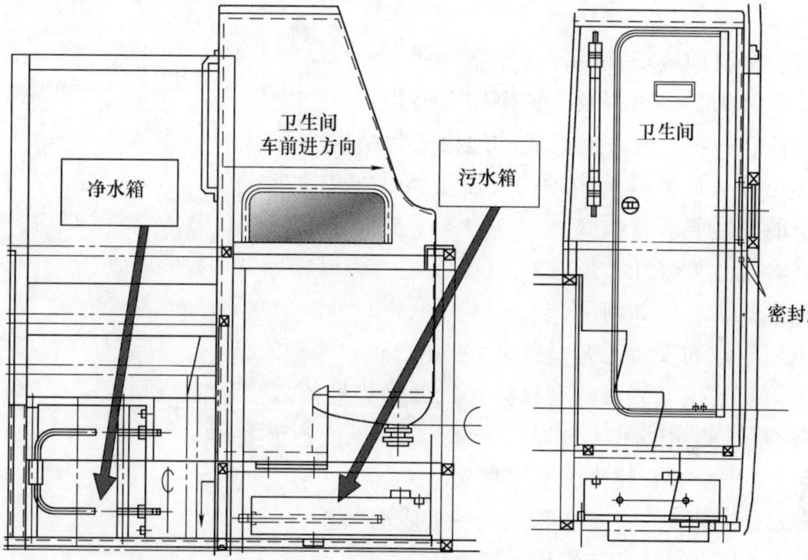

图 7-148　中部卫生间安装位置示意图

（一）卫生间的基本组成

卫生间主要由卫生间总成、净水箱总成及污水箱总成组成。卫生间总成安装在乘客车厢内，净水箱总成安装在行李舱中，污水箱总成安装在卫生间总成下方。卫生间总成必须与整车内饰协调，外表面一般经过软包处理，内饰件一般采用国际流行的 PVC 板，PVC 板样式美观，易于加工成各种复杂的形状，还具有防水、防潮、易清洗等特点。

（二）客车卫生间的安装

1. 安装净水箱及污水箱总成

净水箱和污水箱均应在总装第一工位完成安装。根据布置图的要求，将净水箱和污水箱放置在预留位置，使用配套支架固定，要求牢固可靠。连接水管路，将管路引至卫生间的安装位置，管路使用卡箍固定在沿途的骨架上，不得出现折死的现象。

2. 安装卫生间总成

（1）卫生间体积比较大，因此应在安装风窗玻璃之前运至车内，放置在需要安装的位置。

（2）将卫生间总成摆正，上部翻边落在车内地板梁台阶上，下部翻边落在踏步梁和卫生间托梁上。在预留安装板上打孔攻螺纹，使用8.8级M8以上规格的螺栓进行固定，必须牢固，不得有晃动现象。

（3）根据技术图样，连接与净水箱及污水箱连接的水管，同时连接电器线路。

（4）用自攻螺钉在蒙皮外侧开口处固定卫生间小窗。固定前，在小窗后侧的窗骨架周边打粘接胶，与卫生间对接处注意密封。

（5）安装设计制作好的装饰件。卫生间与车身骨架之间必然会出现缝隙，因此需要设计制作遮盖缝隙的装饰件。

思 考 题

1. 简述胶合板材地板安装流程及注意事项。
2. 地板革粘接的具体过程及注意事项有哪些?
3. 绘制出任意一种后置发动机舱的地板密封结构示意图。
4. 简述客车前（后）装饰内顶的安装步骤及安装要求。
5. 行李架的安装要求有哪些?
6. 客车乘客门分为哪几种形式?
7. 客车外摆式乘客门如何调试?
8. 客车舱门附件的安装工艺是什么?
9. 客车的侧窗玻璃安装形式有哪些? 发展趋势是什么?
10. 简述粘接式侧窗的粘接过程。
11. 客车安全顶窗的安装步骤有哪些?
12. 客车仪表台安装的主要步骤及安装要求有哪些?
13. 客车刮水器的安装工艺流程有哪些?

第八章　客车终检与调试修整

本章主要讲述客车总检与调试修整内容，包括场地检查及修整、路试检查及修整、线上检查及调整、密封填补、淋雨检验及修整、竣工入库等，详细地对检验、调试和修整的具体要求和方法进行了阐述。

第一节　客车终检与调试操作流程

客车总装配完成后，并不代表整个生产过程的完成，之后还要对车辆的外观、完工质量、基本性能进行检验、调试和修整。只有在被检车辆完全达到出厂标准后，质检部门才能出具产品合格证书，进行竣工验收入库。

总检调试作业内容包括场地检查及修整、路试检查及修整、线上检查及调整、密封填补、淋雨检验及修整、竣工入库，基本工作流程见图 8-1。

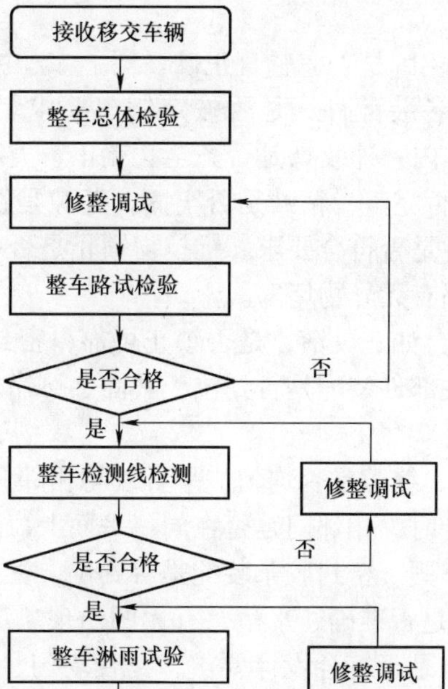

图 8-1　客车总检与调试操作流程

接收移交车辆时，应同时接收随车检查流程卡、订制单、检验单等，并查看车辆的完工状态。

具体检查项目为：

① 检查流程卡、订制单、检验单等是否齐全，签名交接有无异常。前风窗玻璃右下方状态标识是否准确。

② 检查总装静态问题是否得到完全解决。

③ 检查流检卡上是否存在待料或漏装现象。

第二节　车辆总体检验

整车总体检验一般在场地内进行，包括油漆和车身检验，底盘部件检验，电路、灯光和信号装置检验，以及怠速调整。

一、油漆和车身检验

1. 车身油漆表面检查

1）车身油漆表面是否有硬物划痕或破损。

2）车身油漆表面是否有褶皱或流挂现象。

3）车身油漆表面颜色、图案是否与要求一致。

4）将各缺陷记录在《装配过程质量检验卡》的调试、检测工段车辆验查记录表格内。

2. 车身检查

1）检查 VIN 代码、客车铭牌是否完整且正确。

2）检查车身内部、外部各装配件，是否按定制单要求装配完整、可靠，无缺件、错装、漏装及损坏等异常情况，内、外装饰是否齐全、端正、美观。

3）检查全车玻璃安装是否完整，粘贴是否牢固，缝隙是否均匀。面差、转角，与窗框的吻合度，推拉窗开关灵活性是否符合要求。推拉窗锁止是否可靠，密封性是否良好，窗框排水孔排水是否顺畅，孔内部有无异物堵塞。

4）检查乘客门开关是否自如、灵活，是否锁止可靠，密封胶条装配是否到位。门与门框间隙是否均匀一致，各相关部件装配是否到位、紧固、可靠。外摆门开启后，门体与车身侧围面是否基本成平行状态。

5）检查两侧舱门关闭时，缝隙是否均匀、平直，与相邻门或侧平面的面差是否符合设计要求。舱门开启到最大角度时，相邻门是否在同一平面上，面差是否符合设计要求。门铰链是否安装到位，铰接是否牢固。密封胶条装配是否到位，密封是否可靠。

6）检查后舱门装配位置是否准确、平整，有无凹凸现象。舱门与周边车身面差是否符合设计要求。舱门的周边间隙是否符合设计要求，是否均匀、平直。门铰链铰接是否牢固。舱门开关是否自如，锁止是否可靠。

7）检查车辆制动管路是否有损坏、焊渣烫穿现象。试踩制动踏板，了解制动情况。

8）将各缺陷记录在《装配过程质量检验卡》的调试、检测工段车辆验查记录表格内。缺件情况应要求相关车间人员记录在《装配过程质量检验卡》的总装缺检、待料状态记录中，等待修整。

二、底盘部件检验

1）根据定制单，检查底盘有无错装、漏装现象，各运动部件是否和其他部件干涉，若有上述现象应向相关车间或责任人反馈，督促其及时处理。

2）检查变速器换档是否轻便、准确，变速杆上的档位标识是否清晰、正确。

3）检查各操纵件装配是否完整、牢固，定位是否准确，操纵是否灵活、轻便，是否有卡涩或和其他部件干涉现象，离合器踏板自由行程是否满足设计要求（20～35mm），制动踏板自由行程是否满足设计要求（1～5mm），加速踏板自由行程是否满足设计要求（1～3mm）。加速踏板踩到底时，节气门是否全开。各踏板安装位置的间距是否满足设计要求。

4）检查驻车制动阀在制动系统储气压力大于400kpa时，能否快速制动和释放。

5）检查转向节、转向臂、转向横/直拉杆及球销有无裂纹和损伤，球销是否松旷。

6）检查传动轴轴承、万向节有无裂纹，是否松旷。

7）检查发动机进、排气系统装配是否完整、可靠，系统内有无异物，有无泄漏。

8）检查散热器护风罩内是否有异物。

9）检查轮胎的胎面和胎壁上是否有破裂和割伤，检查轮胎气压是否在轮胎外侧标识限定的压力范围内。

10）将转向轮回正、对中，调整转向盘并对正。这时，转向盘最大自由转动量从中间位置向左、右方向分别不得大于15°（国标要求），各企业内部要求不同，按企业标准执行，见图8-2。

11）检查发动机的运转情况。起动发动机后，发动机运转是否平稳，有无异响。

12）检查发动机各传动带的张紧力，不符合要求时应重新调整。在传动带上施加29～39N的力，测量传动带下陷的扰度，扰度在11～15mm之内为合格，否则需要调整，见图8-3。

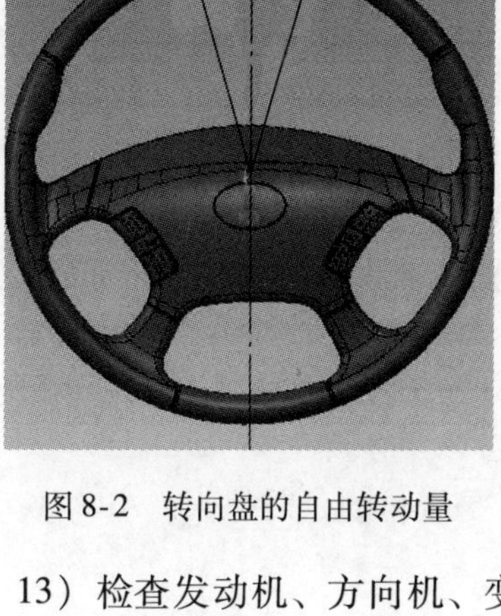

图8-2　转向盘的自由转动量

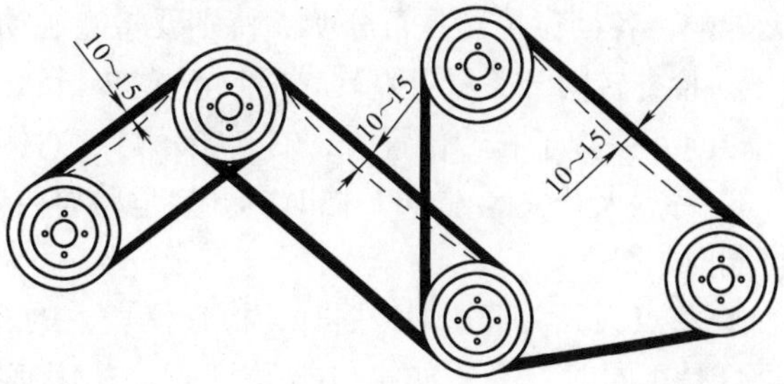

图8-3　传动带扰度

13）检查发动机、方向机、变速器、后桥等部件中的润滑油、液压油及散热器液位，如未达要求应补充。

14）检查整车黄油嘴是否已打润滑油。

15）检查水路、气路、油路、发动机、转向器、变速器、后桥是否有漏水、漏气、漏油现象。

16）起动发动机，待其运转5min后，应停机再次检查底盘、发动机系统是否有漏水、漏油、漏气现象。

17）检查水管、气管、油管、线束固定是否可靠，连接是否正确，不得有异常弯曲、打折现象，不得和其他部件干涉。

18）将所发现问题记录在《装配过程质量检验卡》的调试、检测工段车辆验查记录表格内，等待修整。

三、电路、灯光和信号装置检验

1）检查车内电器、灯具和车外灯具装配是否完整、牢固，有无错装、漏装、损坏现象。

2）检查仪表安装是否牢固，有无变形。各种仪表、开关、指示灯等是否齐备无缺、标志是否分明。

3）检查电源电磁阀。将点火开关置于 ACC 档，接通电源，开关三次以上，检查电源电磁阀的工作是否正常、可靠。

4）检查燃油供给是否正常，将变速杆置于 N 位，点火开关置于 START 档，起动发动机，如第一次起动未成功，应等候约 30s，再进行下次起动。起动机连续工作时间不得超过 15s。

5）接通排气辅助制动开关，发动机转速应明显降低，且低于怠速。踩下离合或加速踏板，辅助制动应能自动解除。

6）空调开启后，排气辅助制动功能自动解除，空调应有明显的制冷效果。

7）检查开关控制、车辆外部灯光、信号装置和电动机运转情况。

① 将点火开关置于 ACC 档，接通整车电源后，分别通断车内灯光、暖风、除霜、刮水器和制动灯三次以上，检查开关控制是否可靠，灯光工作是否正常，电动机运转是否稳定，有无异响，各档位控制是否分明。特别要检查制动灯的工作是否正常。

② 检查转向开关置于左转位置时，左转指示灯是否闪烁，车身左侧转向灯是否同时闪烁。转向开关置于右转位置时，右转指示灯、右侧转向灯是否同时闪烁。

③ 将点火开关置于 OFF 档时，开启危险警告灯开关，查看左右转向指示灯和左右侧转向灯同时闪烁。

④ 将点火开关置于 ON 档时，检查仪表上的充电指示灯、机油压力指示灯、STOP（停车）灯是否同时点亮，如水位报警灯亮，并伴有报警声，则应检查散热器水位。乘客门、中门、后舱门如开启，对应的开启指示灯是否同时点亮。检查开启远光灯后，远光指示灯是否同时点亮。

⑤ 后舱门开启时，车辆应不能起动。检查预热指示灯是否自动延时熄灭，ABS 故障指示灯是否自动延时熄灭。

⑥ 检查气压表是否有指示。储气压力低于 600kPa 时，气压警告灯是否点亮。

⑦ 驻车制动阀在驻车位置时，驻车制动指示灯是否点亮；在解除位置时，灯是否熄灭。

⑧ 检查接通排气辅助制动开关时，排气辅助制动指示灯是否点亮。踩下离合或加速踏板时，排气辅助制动指示灯是否熄灭。检查空调系统工作，且发动机处于转速升高阶段时，排气辅助制动指示灯是否熄灭。

⑨ 检查电压表是否有指示，指示电压是否低于电器系统的额定电压。低于电器系统的

额定电压 2V 时，应要求相关人员对蓄电池进行保养或补充电能。

⑩ 发动机运转正常后，检查仪表板上的充电指示灯、机油压力指示灯、STOP（停车）灯是否熄灭。

⑪ 根据所加燃油量，检查燃油表是否有相应指示。

⑫ 检查机油压力表随发动机转速高低，是否有相应的指示变化，压力变化范围应在 150～500kPa 之间。

⑬ 检查电压表指示的发电机电压值是否正常，不得超出 28V ±0.5V 的范围。

⑭ 检查气压表随发动机运行时，指示压力是否增高，最高储气压力不得大于 850kpa。

⑮ 检查转速表是否有相应的发动机转速指示。在怠速状态，怠速指示是否在正常范围内。空调系统制冷时，发动机转速在怠速的基础上应能自动提高 50～100r/min。

⑯ 冷却液温度表随发动机运行时间增加，指示温度是否逐渐增高，温度指示未超过 50℃时，不得提高转速，见图 8-4。

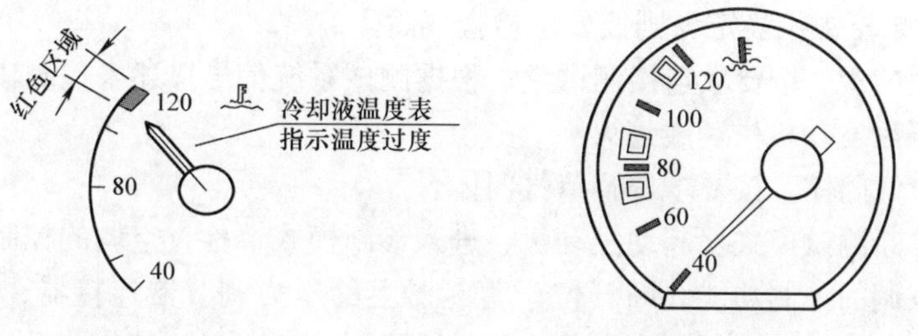

图 8-4　冷却液温度表的指示刻度

⑰ 将所发现问题记录在《装配过程质量检验卡》的调试、检测工段车辆验查记录表格内。

四、怠速调整

（一）怠速异常现象

发动机怠速运转出现异常时必须进行调整，且应在发动机温度正常，油路、电路无故障的情况下进行。

怠速异常现象包括：

① 起动发动机，温度正常后，发动机转速过高。

② 起动发动机，温度正常后，发动机转速过底。

③ 起动发动机，温度正常后，发动机转速不稳定。

④ 起动发动机，温度正常后，松开加速踏板时熄火。

⑤ 起动发动机，温度正常后 ，接通空调，发动机失速或熄火。

⑥ 挂档后，发动机失速或熄火。

⑦ 挂空档，松加速踏板后，发动机转速不能返回怠速转速。

（二）汽油机怠速调整

1. 怠速过高

怠速过高时，应先检查空气管和真空管是否有渗漏，喷油器脉冲是否正常，冷却液温度传感器工作是否正常。

2. 怠速过低

怠速过低时，应检查节气门体是否正常，并进行调整。

3. 怠速不稳定

怠速不稳定时，检查火花塞、高压线、喷油器、气缸压力、测试盒信号是否正常。

（1）检查火花塞。检查所有火花塞是否完好。如果火花塞都正常，则检查高压线。如果某个火花塞比其他的重量轻，则检查喷油器。如果任一火花塞烧蚀，则应更换所有火花塞，并检查高压线有无问题。

（2）检查高压线。用万用表检查高压线。如果任一根高压线损坏，则应更换所有高压线。

（3）检查喷油器。若某个火花塞比其他的重量轻，则说明该缸进油量少，应试更换新的喷油器并更换所有火花塞。

（4）气缸压力检查。按维修手册的要求，进行气缸压力试验。如果压力正常，则接着连接测试盒。如果压力不稳定，则按要求检查气门。

（5）连接测试盒。按要求连接测试盒。根据测试系统信号描述来检测输入的信号。

4. 接通空调后发动机失速或熄火

（1）调整节气门体。按要求调整节气门体。

（2）进入诊断测试模式。起动发动机，进入诊断模式，检查空调的控制功能是否正常。

（3）检查空调的控制功能。断开位于蓄能器上的压力调节器连接器，接通风扇，把空调控制开关拨到 ON 位。车载诊断系统应出现故障码 1－1－4。如果出现故障码 1－1－4，则接着检查压力调节器。如果未出现故障码，则说明控制模块没有收到空调控制开关的信号，需接着连接测试盒。

（4）连接测试盒到燃油喷射控制模块，并按要求检查搭铁情况。接着检查空调控制线路。

（5）检查空调控制线路。断开点火开关，在 15 号和 5 号（地）端子之间接一欧姆表。将 A/C 控制开关拨到 ON 位，欧姆表读数应为 35Ω 左右。拨到 OFF 位时，电阻应为无穷大。如果读数正常，则接着检查从空调控制器输出的信号。如果读数异常，则检查线路是否开路，有无接触电阻。

（6）检查空调控制器输出信号。连接控制模块到测试盒，装上 1 号或 31 号熔丝，起动发动机，接通风扇。在 15 号和 5 号（地）端子之间接电压表。A/C 控制开关拨到 ON 位后，电压表读数应是蓄电池电压。拨到 OFF 位后，应为 0V 左右。如果读数正常，则为间断性故障，应按要求检查插接器处是否接触不良。如果读数异常，则检查线路是否开路，有无接触电阻。

（7）检查压力调节器。重新接好压力调节器。压缩机接合或断开时，车载诊断系统应出现故障码 1－3－4。如果出现故障码 1－3－4，则按检查 TB（节气门体）的调整状态的要求来调整。如果未出现故障码，则说明控制模块要求接合压缩机时，未收到压力调节器输出的信号，应接着连接测试盒。

（8）连接测试盒。连接测试盒到汽油喷射控制模块，再检查搭铁情况。接着检查到空调压缩机的线路。

（9）检查到空调压缩机的线路。断开点火开关，在 14 号和 5 号（地）端子之间接欧姆表。欧姆表读数应在3Ω左右。如果读数正常，则接着检测空调压缩机输出信号。如果读数异常，则按要求检查线路是否断路，有无接触电阻。

（10）检测空调压缩机输出信号。连接控制模块到测试盒，装上1号或31号熔丝，起动发动机，接通风扇和空调，在14号和15号（地）端子之间接电压表。空调压缩机接合时，电压表读数应是蓄电池电压。压缩机断开后，读数应在0V左右。如果读数正常，则重复诊断模式2。如果读数不正常，则检查线路是否开路，有无接触电阻。

5. 挂档后发动机失速或熄火

（1）调整节气门体（TB），接着进行诊断模式2。

（2）诊断测试模式（DTM）2。将变速杆置于空档（N）位，进入诊断模式2，接着检查驻车/空档位置（PNP）。

（3）检查驻车/空档位置（PNP）。将变速杆置于前进档，车载诊断系统应出现故障码1-2-4。如果出现故障码，则进行故障追踪。如果未出现故障码，则接着连接测试盒。

（4）连接测试盒。连接测试盒到MFI，并按要求检查搭铁情况，接着检测驻车/空档（PNP）的电阻。

（5）检测驻车/空档位置（PNP）的电阻。断开点火开关，在30号和5号（地）端子之间接欧姆表。如果读数正常，则接着检测从PNP输出的信号。如果所有读数都异常，则要检查线路是否开路。

（6）检测从驻车/空档位置（PNP）输出的信号。连接控制模块到测试盒，装上1号或31号熔丝，接通点火开关，在30号和5号（地）端子之间接电压表。如果读数正常，则重复诊断模式2。如果任一读数异常，则检查线路是否开路。

6. 发动机转速不能返回怠速转速

（1）检查节气门拉索。检查节气门拉索是否灵活，接着检查节气门位置（TP）开关。

（2）检查节气门位置（TP）开关。稍微转动节气门，听怠速开关是否发出“咔嗒”声。如果有“咔嗒”声，则连接测试盒。如果无“咔嗒”声，则调整TP开关。

（3）连接测试盒。连接测试盒到MFI，按要求检查搭铁情况，接着检测怠速信号MFI。

（4）检测速信号MFI。接通点火开关，在2号和5号端子之间接电压表。电压表读数应在0V左右。转开节气门，让怠速触点分离，电压表读数应在12V左右。如果读数异常，则检查2号端子和节气门位置（TP）开关间的线路是否开路。

（三）柴油机怠速调整

1. 柴油机无怠速

（1）一般表现为加速踏板置于怠速位置时熄火，加速踏板行程稍加大时，转速又很快升高，不能在低速下稳定运转。

新柴油机无怠速故障的产生原因为：

① 调速器怠速弹簧过软。

② 冷却液温度过低。

③ 发动机气缸压力过低。

（2）诊断与处理方法

① 冷起动时无怠速，一般属正常现象。温度过低，机油粘度过大，使柴油机内运行阻力增加，柴油的雾化、蒸发条件极差，造成柴油机不能维持最低稳定转速。冷起动后，一旦

抬起加速踏板时，就会熄火。这种情况下，可采用两种方法：一种是提前对柴油机采取预热或保温措施，给油底壳加热，使柴油机的温度高于环境温度。另一种是起动后，可调整手油门，使发动机在稍高于怠速的状态下运转，待柴油机升温后，再恢复怠速运转。

② 若上述情况正常，就应考虑调速器的怠速工作元件有无异常。检查调速器时，首先应通过怠速螺钉调整，若调整无效，再调整怠速弹簧的预张紧力。可将怠速弹簧调整螺母向里稍拧紧，或在弹簧座上加垫片，使预紧力增大，怠速升高。如果弹簧折断，应更换后再调整，使其恢复怠速工作性能。

2. 柴油机怠速过高

（1）柴油机怠速过高的表现为抬起加速踏板时，转速仍高于怠速规定值。产生原因可能为：

① 加速踏板操纵杆件调整不当。

② 加速踏板回位弹簧过软。

③ 怠速限制块或调整螺钉失调。

④ 怠速弹簧过硬或预紧力过大。

（2）诊断与处理方法。首先查看加速踏板是否到最小位置，若没有到位，则检查手油门调整情况和加速踏板回位情况。应将手油门旋松到底，若加速踏板仍不能回位，再检查加速踏板回位弹簧是否过软。如果是检修调试后不久的喷油泵，应考虑怠速调整是否正确，怠速弹簧预紧力是否过大。若已更换弹簧，则应检查弹簧是否过硬。

3. 柴油机怠速不稳

（1）柴油机怠速不稳的表现是怠速运转时，转速忽高忽低，或有振抖，甚至会使汽车在急减速或换档时熄火。产生原因可能为：

① 油路中有空气。

② 低压油路供油不畅。

③ 怠速稳速装置调整不当。

④ 喷油器雾化不良。

⑤ 喷油泵供油不均。

（2）诊断与处理方法

① 首先应检查低压油路的供油是否畅通，油路中的滤芯、滤网有无杂质或胶质包裹堵塞，若有应予以清除。

② 怠速不稳且伴有振抖是喷油泵供油不均引起的，可用逐缸断油法检查。若断油缸未影响转速，说明该缸供油不足，或喷油器的雾化不良。应先查喷油器，后查喷油泵。

③ 如果稳速装置调整不当，应重新上试验台检修。

4. 怠速使能开关和怠速调整开关

对于发动机自身质量问题造成的无怠速、怠速过高、怠速不稳情况，必须由发动机厂家来维修。目前，一般柴油客车都装有怠速使能开关和怠速调整开关，见图 8-5，其使用调整方式为：

① 起动发动机

② 按下怠速使能开关（idle open）1s 后断开。

③ 闭合怠速调整开关，通过按“+”和“-”按钮来增加或减少目标怠速。每按一下

“+”或“-”按钮，会增加或减少10r/min（每次调整需要1s）。

④ 观察转速表，将发动机怠速调整到正常范围内。

⑤ 调整结束后，按下怠速使能开关1s后断开，让ECU接收调整后的数据。

⑥ 关掉点火开关5s，ECU将保存调整后的目标怠速。

⑦ 需要再次调整怠速时，闭合怠速调整开关1s后断开，可以使怠速恢复出厂设定值。

⑧ 将所发现问题记录在《装配过程质量检验卡》的调试、检测工段车辆验查记录表格内。

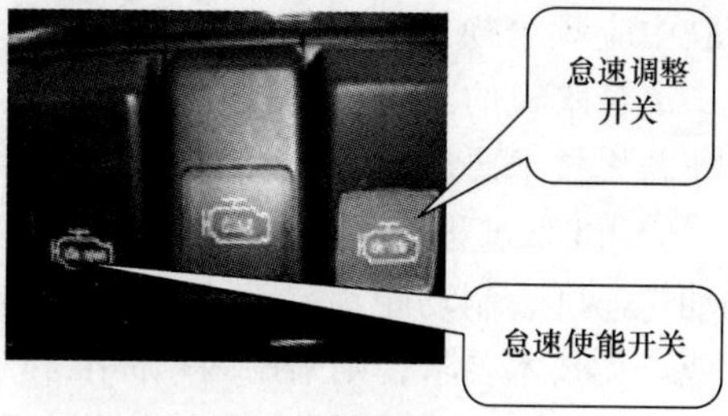

图8-5　怠速使能开关和怠速调整开关位置示意图

第三节　车辆路试检验

一、车辆路试检验的项目

整车路试检验即整车路面行驶试验，在车辆的路面行驶过程中，判断车辆各项性能是否正常。路试检验项目一般包括：

① 制动性能。

② 变速操纵性能。

③ 传动、转向、行驶系统性能。

④ 密封性能。

⑤ 发动机、空调、暖风工作性能。

路试前要先检视发动机各部件，不得有漏水、漏油、漏气、漏电现象。发动机怠速工作应稳定，且在正常转速范围内，运转正常无异响，各种仪表开关及电器设备工作正常。

二、路试的基本要求和具体内容

（一）路试的基本要求

1）试车路线应严格按企业规定选择，不得随意改变试车路线。

2）试车时的最高车速、最大发动机转速要根据具体车型和发动机确定，并完成规定的试车里程。试车里程可根据企业内部情况和对质量的要求确定。推荐试车里程为50~200km。

3）试车过程中，要对发动机的工作状况进行评估。

4）试车过程中，要对转向系的运行情况进行评估。最小转向直径不得大于企业内部标准要求，见表8-1和图8-6。

表8-1　最小转向直径

车长	小于9m	9~10m	10~11m	11~12m
转向直径	≤18m	≤20m	≤22m	≤25m

5）试车过程中，要对传动系统进行评估。行驶中应频繁换档，每档使用次数应不少于10次，离合踏板的总行程要按企业技术要求调整，企业若无技术要求，则应采用国家标准。

6）试车过程中，要对制动系统进行评估。制动初速度、制动距离要按企业技术要求调整，企业若无技术要求，则采用国家标准。

7）试车过程中，要对行走系统进行评估。

8）试车过程中，要对气压变化、发动机机油温度、变速器润滑油温度、后桥润滑油温度进行评估。

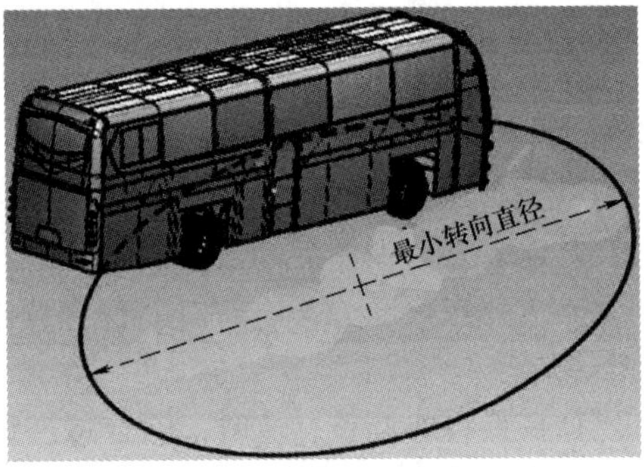

图8-6　最小转向直径试验

（二）路试的具体内容

1）试车过程中，检验发动机是否有良好的起动性能，运转是否平稳，有无异响，散热器不缺冷却液时，冷却液温度是否过高（发动机正常冷却液温度为85～95℃）。

2）试车过程中，操纵转向盘转向时，检查转动是否灵活，有无阻滞，转向后是否能自动回正，车辆是否具有稳定的直线行驶能力。检查车辆在平坦、硬实、干燥且清洁的道路上行驶是否跑偏，转向盘是否有摆振、路感不灵或其他异常现象。转向轮转到极限位置时是否与其他部件干涉，最小转向直径是否满足设计要求。

3）试车过程中，检查离合器踏板踩踏是否轻便、可靠，是否和其他部件干涉。离合器接合是否平顺，分离是否彻底，有无打滑、抖动现象，踏板的总行程是否满足设计要求。

4）试车过程中，检查频繁换档情况下，变速器传动齿轮是否有杂声和敲击声，档位与档位标识是否相符，挂档是否灵活、准确，有无乱档、跳档、脱档现象，见图8-7。

5）试车过程中，检查制动踏板踩踏是否灵活、可靠，各部件是否有干涉现象。行车制动效能达标时，踏板的行程是否超过其总行程的4/5，踏板的总行程是否超过设计标准。在以一定初速度制动的情况下，制动距离是否满足设计要求。

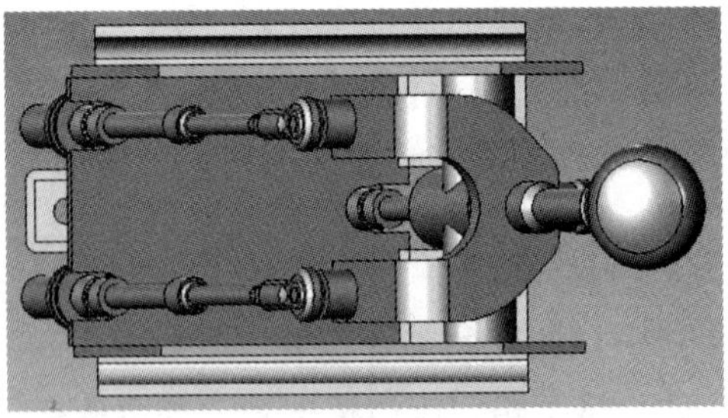

图8-7　变速器变速杆示意图

6）试车过程中，检查传动轴在各种转速下工作是否平稳，有无振抖、异响。前、后桥工作是否正常，有无异响。悬架系统工作是否正常，有无异响。

7）试车过程中，检查各电器部件使用是否正常，灯光、信号装置是否正常、可靠。空调、暖风是否正常，工作是否良好。车身有无异响、杂声。门、窗有无异常振动、杂声。

8）试车过程中，观察气压表的变化。电动打气泵在额定转速下，应在4min内使气压表的指示气压从0升至起步气压400kPa。充气至600kPa并关停空气压缩机，在3min内不使用制动的情况下，气压的降低值不应大于10kPa。在气压为600kPa的情况下，将制动踏板踩到底，待气压稳定后观察3min，气压降低值不应大于20kPa。在气压充至600kPa且不继续充气的情况下，连续5次进行全行程制动后，起步气压不低于400kPa。客车连续行驶不小于10km，停车5min后检查气管、水管、油管、润滑及冷却系统，不得漏油、漏气、漏水。

9）试车过程中，观察各运动部件是否有不正常的温升和过热现象。正常工况下的客车，发动机油温小于90℃，变速器油温应小于85℃，后桥油温应小于85℃。

10）将所发现问题记录在《装配过程质量检验卡》的调试、检测工段车辆验查记录表格内。

第四节　车辆检测线检测

一、车辆检测线测试项目

车辆总装配完成后，在入库前，一般都要经过整车检测线检测，其目的是通过检测仪器、设备和测试技术，能够准确地掌握车辆状况，判明车辆性能指标是否符合设计要求。主要测试项目包括轮（轴）重、制动性能、侧滑、排气污染物、车速表、前照灯、喇叭声级等。

二、检测线作业流程

检测线是流水线式作业，车辆在每个工位的停留时间有限制。短时间内能修整的不合格项，尽量在线上调试修整完成。短时间内不能修复的不合格项，要下线修整，然后重新上线。各企业检测工位排布试不同，主要看检测设备，如轴重、制动力、侧滑量三位一体设备，使这三类检测项目可在同一工位完成。检测线基本作业流程见图8-8。

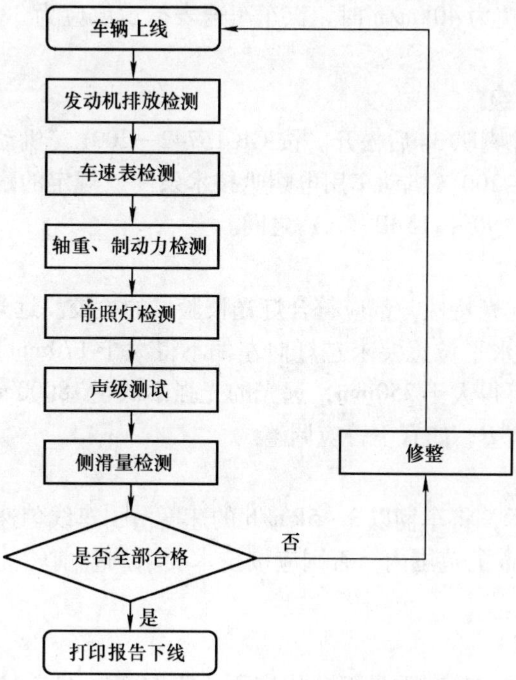

图8-8　检测线基本作业流程图

三、检测

（一）发动机排放检测

1）将车辆移动到车辆检测线，进行车辆综合测试，遵守检测人员的引导指令。

2）根据引导系统指示“烟度检测，探头插入排气管中”，将取样管探头逆气流固定在排气管内，并使其中线与排气管轴线平行。

3）按复位烟度计清零按钮清零，在引导系统上显示“踏加速踏板”时，驾驶人应将加速踏板迅速踏到底。当引导系统显示“放加速踏板”时，驾驶人应迅速放开加速踏板。

4）约 11s 后，引导系统重新指示“踏加速踏板”，驾驶人员再一次将加速踏板踩到底，约 4s 后重复上一次的动作。三次同样的操作完成后，烟度计自动算出三次的平均值，传给计算机，并在引导系统上显示测量结果。

5）检测时注意

① 检测前，仪器要预热 15min 左右，否则会影响检测结果。

② 上线前要对车辆进行预热，发动机冷却液温度正常后，再上线检测。

③ 探头插入排气管前，要先连续踩加速踏板 2～3 次，并将排气道中烟气凝积而成的黑灰尽量排出。

（二）车速表检测

1）检测前应先将轮胎气压置于标准值，清除轮胎和滚筒上的水、油、泥和石子。

2）根据系统指令，驾驶人将车辆加速到 40km/h，稳定后鸣喇叭，检测员听到后按下遥控器确认。GB 7258—2012《机动车运行安全技术条件》中规定，车速表允许误差范围为 -5%～20%，即实际车速为 40km/h 时，汽车车速表指示值应为 38～48km/h。若超出该范围，则车速表不合格。

（三）喇叭的鸣响声级

根据系统提示，按住喇叭 3s 后松开。按 GB 15742—2001《机动车用喇叭的性能要求及试验方法》和 QC-T30-200《机动车用电喇叭技术条件》规定的耐久次数要求判断电喇叭是否达标，鸣响声级应在 90～115dB（A）之间。

（四）前照灯的检测

近光灯和远光灯的配光特性，都应符合灯光校验仪的检校。远光灯单光灯束的中心离地高度应为 0.8～0.95H，水平位置要求左灯向左偏不得大于 170mm，向右偏不大于 350mm；右灯向左偏或向右偏都不得大于 350mm，远光的光强不低于 18000cd。近光灯单光灯束的中心离地高度应为 0.6～0.8H，如有不符应调整。

（五）侧滑量的检测

驾驶人根据系统提示，将车辆以 3～5km/h 的速度沿引车线匀速驶过侧滑量检测台。

侧滑量应在 ±5mm/m 的范围内，否则应按技术要求调整前轮前束值（前轮前后测量的轮距差）。

（六）制动力的测试

空载状态制动力总和与整车重量百分比应不小于 60%，且前轴制动力与前轴轴荷的百分比应不小于 60%。在制动力增长全过程中，左右轮制动力差与该轴左右轮中制动力大者之比，前轴不得大于 20%，后轴不大于 24%。驻车制动力总和不得小于整车整备质量的

20%。进行制动力检测时，车辆各轮的阻滞力均不得大于该轴轴荷的5%。如有不符应检查并调整制动系统。

第五节　淋雨试验作业

淋雨试验分为管式淋水试验和喷头式淋水试验，见图8-9，其中，喷头式淋水试验使用较多。淋雨试验的目的是模拟雨天，检验车辆的密封性能。要求试验时，设备水压大于100kPa，淋雨时间20min以上。

图8-9　淋雨房图片

淋雨试验步骤：

① 将车辆停于淋雨房中的指定位置。

② 关闭车门及车窗，开启淋雨设备，设备水压不应小于100kPa，淋雨时间不少于20min。淋雨检验人员应在车内检查，20min内，车身内各部位是否有渗水、滴水、流等现象。

③ 淋雨完成后，将车辆移出淋雨房，停到规定位置，检查行李舱、蓄电池舱等舱体的密封情况。

④ 对渗漏部位进行补胶、修整，然后再进行淋雨试验，直至不漏为止。

⑤ 清洁车辆，确保角落和行李舱均无杂物、污渍、水迹。

⑥ 将淋雨中发现的问题记录在《装配过程质量检验卡》的整车淋雨试验记录表格内。

淋雨试验前，必须对车体进行目视检查，对可直接发现的可能引起渗漏的部位先行修整，再进行淋雨试验。

第六节　修 整 作 业

一、内外饰修整

（一）核对修整项目

将《装配过程质量检验卡》中的调试、检测工段车辆验查记录中的有关内外饰的问题，逐一进行修整，修整完成后要自检、签字并确认。

（二）自检

1. 乘客门、行李舱门和后舱门

装饰压条、内外密封胶条应安装到位并保持平直，间隙均匀且密封胶条接口位于下方。门铰链装配应到位、可靠，铰接牢固。门开闭时，不得有异常晃动、窜动，门缝应均匀、平直，表面平整度符合要求。门开闭应轻便，锁止可靠。门锁、把手连续操作5次以上，工作应正常、可靠。乘客门连续开闭5次以上，都应在相同的起始位置。外摆门开启后，门体应与车身侧围面基本成平行状态。

2. 推拉窗和玻璃

推拉窗开启应轻便、灵活，锁止可靠。排水孔应在窗框下方，且不得堵塞。侧窗玻璃应装配到位，间隙均匀，填胶到位、平整。前后风窗玻璃应安装平整，胶条紧贴车身。

3. 车外部件检查

后视镜、倒车镜各相关部件装配应到位、牢靠。前照灯框应装配到位，各间隙、曲线均匀，过渡平缓。刮水器臂装配应平直不歪斜，复位后，压紧螺母力矩应为20.5N·m。前、后保险杠装配应紧固，与车身间隙均匀。

4. 车内部件检查

地板革铺设应平整，粘贴牢固。侧围板、窗框包层柱、地板压条、顶篷压条装配应牢固、平整、间隙均匀，无翘曲，且表面无划痕、破损。遮阳帘拉下、收起时应定位可靠。内后视镜装配应牢固，调整灵活。灭火器、安全手锤应配备齐全，装配稳固，取放轻便。座椅装配应牢固，各功能可靠，驾驶人椅中心与转向盘中心偏移应不大于15mm。仪表台装配应到位，附件完整。

5. 补漆和清洁

补刷除面漆以外的漏漆部分，保持车辆内、外清洁，保持座椅上塑料护套的完整。

6. 问题反馈

对自检出的问题，做相应处理，对多次重复出现的相同问题，应向责任部门书面反馈。

二、底盘修整

（一）确认问题

将《装配过程质量检验卡》中调试、检测工段车辆验查记录中的有关底盘的问题，逐一解决并签字确认。

（二）储气系统的保压检查和修整。

储气压力升至600kPa且不使用制动的情况下，停止增压3min后，气压的降低值应不大于10kPa。气压充到最高值后，停止充气，连续五次全行程制动后，储气压力不应低于400kPa。用肥皂水对气路的各气管、阀门接头进行检漏，确保储气压力在24h内不低于600kPa。

（三）检查润滑情况

检查整车黄油嘴是否需补打润滑油，特别是板簧悬架、旋转运动部件。

（四）自检

1. 液面检查

检查后桥、发动机、变速器、离合器油壶、动力转向油壶的油量、油位是否符合标准。

检查冷却液液位是否合适并及时应季更换冷却液。

2. 管路检查

检查燃油管、润滑油管、暖风水管、冷却液管、软轴、制动气管、离合器油管，走向应合理且固定可靠，各接头不得有渗漏，不得与相邻件干涉。

3. 备胎、燃油箱、储气筒和排气尾管检查

备胎架应装配牢固、到位。备胎应完好，升降自如无卡滞。燃油箱、储气筒应装配牢固、到位，各管接头连接应可靠无渗漏。排气尾管连接应可靠，装配牢固且到位。

4. 底盘检查

底盘各部件应装配完整、牢固，无错装、漏装、损坏。底盘的各紧固件不得有异常松动，特别是轮胎、传动轴部分，都应按要求力矩紧固。轮胎螺母紧固力矩为 550～650N·m，传动轴螺母紧固力矩为 178～235N·m（M14），240～350N·m（M16）。

检查过底盘管路后，应清洁底盘，对问题做相应处理，对多次重复出现的相同问题，应向责任部门书面反馈。

三、电器设备修整

（一）确认问题

将《装配过程质量检验卡》中调试、检测工段车辆验查记录中的有关电器的问题，逐一解决并签字确认。

（二）自检

1. 蓄电池电解液液面检查

电解液液面低于最低标线（LOW）时，应补加蒸馏水至最高标线（FULL）。蓄电池应固定牢靠。

2. 乘客门、发动机舱灯和危险警告灯检查

点火开关置于 OFF 档，乘客门开闭锁功能正常，且门的防夹功能正常。踏步灯应随门的开启而点亮，随门的关闭而熄灭。发动机舱灯应随后舱门的开启点亮，随后舱门关闭熄灭。危险警告灯应正常工作。

3. 全车线束检查

底盘线束、前后围线束、暖风线束走向应合理，不得有摆动、打折及干涉。插接器两端线色必须对应并打胶密封。仪表线束、顶篷线束应固定牢固，插接器应插接可靠，插片无脱出。应着重检查发电机、蓄电池、空调压缩机的搭铁线是否可靠且紧固。

4. 灯光检查

点火开关置于 ACC 档，总电源电磁阀应通电闭合。分别接通远/近光灯、示宽/高灯、雾灯、室内灯、过道灯、舱灯、转向灯，确认其工作可靠，应多次通断无异常。示宽/高灯打开后，前雾灯才能打开，前雾灯打开后，后雾灯才能打开，但可单独关闭。

5. 检查影音系统

（1）检查车载 VCD 的各功能操作是否正常。收音机、扩音混响机的各功能是否正常。音量开至 80% 时，扬声器应无变音、杂声。音量开至最大时，扬声器应无明显变音、杂声。

（2）倒车监视器应正常显示车辆后方的情况，不得有图像模糊、颠倒、错边、变形等现象。

（3）电子钟时间显示正确，图像无残缺，且在开启示宽/高灯时，显示亮度变暗。

6. 熔丝盒和中央控制盒的检查

所配熔丝应符合技术资料的规定。各继电器控制器插接可靠。发现熔丝、继电器、控制器损坏时，应在查明损坏原因后再更换。

7. 仪表和信号装置检查

（1）将点火开关置于 ON 档，应能听到 ABS 系统电磁阀的自检声，自检完成后仪表上的 ABS 指示灯应熄灭。

（2）机油压力指示灯、充电指示灯、STOP 灯应正常点亮，预热指示灯应延时自动熄灭。如冷却液液位警报灯点亮并伴有报警声，则需检查冷却液液位和液位开关的接线。

（3）乘客门、中门、后舱门如开启，对应的门开指示灯应点亮。开启远光灯，远光指示灯应点亮。

（4）驻车制动阀在驻车位置时，驻车制动指示灯应点亮；在解除位置时，应熄灭。倒车指示灯在倒车时点亮。接通排气辅助制动开关时，排气辅助制动指示灯应点亮，踩下离合或加速踏板时，排气辅助制动指示灯应熄灭。空调系统工作，且发动机处于加速阶段时，排气辅助制动指示灯也应熄灭。

（5）气压表应指示正常，储气压力低于 600kPa 时，气压警告灯应点亮。

（6）电压表应正常指示，指示电压应不低于 24V ± 2V，否则应检查蓄电池是否正常。燃油表、冷却液温度表应随液位变化作出相应指示。

8. 起动、暖风和空调检查。

（1）将点火开关置于 START 档，在后舱门开启、变速器处于前进档或空档时，都应无法起动发动机，若仍能起动，则应检查后起动保护装置和空档保护装置。起动过程中，起动机的运转应无异响，接合无打滑、齿轮撞击现象。

（2）确认暖风水管水阀处于开启状态，发动机冷却液温度指示在 60℃ 以上时，开启前除霜风机，除霜风口应有热风吹出，且各风口旋转、变角度可靠。加热器开启后，5min 内应能燃烧加热，且车厢内的暖风道有热风吹出。控制器各控制功能应有效、正常。

（3）开启空调，蒸发器风机、冷凝器风机应无异响，出风量、冷气效果正常。温控器工作有效，不同档位风量应有明显变化。

9. 刮水系统检查

在各档位通断刮水器开关，刮水器臂都应做出相应动作。刮刷频率为高速档不低于 45 次/min，低速档不低于 20 次/min。刮水器片在玻璃上的刮刷面积应符合相关技术要求。刮水器开关关闭时，刮水器片应自动回到初始位置。洗涤器应工作正常且各喷嘴无堵塞，喷出的水流着点，应在刮水器片刮刷面积内，否则应调整喷嘴角度。

四、油漆修补

（一）确认问题

将《装配过程质量检验卡》中调试、检测工段车辆验查记录中的有关油漆的问题，逐一解决并签字确认。

（二）全车外部检查

1）各接缝的线条应平直，无凸起和异常凹陷，曲面、弧线过渡顺畅，直角棱线平直、不弯曲。接缝内光滑、平整，不能有残腻、杂胶等。

2）不需喷涂面漆处应无杂漆。漆膜应均匀、饱满，无严重褶皱，无缩孔、颗粒、流挂、咬底、发画、漏喷等严重漆膜缺陷。

3）彩条边线应平直整齐，曲线过渡流畅，对接处无明显错位，无接头痕迹，无线条毛边等缺陷。

4）对需补漆的部位，如划伤、凹凸、针孔、开裂、起泡等部位，首先应刮腻子并打磨，达到补漆前要求。待补漆部位干燥后，应无流挂、褶皱、颗粒、脱落，无接头色差等缺陷。

5）修补面抛光后，不得有抛光痕迹。大面积抛光后，漆面亮度应有3%的增长。

6）保持车内清洁，对自检出来的问题做相应处理。

第七节　最终检验交车作业

交车作业项目如下：

1）品质管理部门最终检验员按《装配过程质量检验卡》和产品入库交接单内容对整理完毕的车辆，进行整车的静态、动态检验。

2）将检验出来的问题记录在《装配过程质量检验卡》整车质量缺陷记录表格内。

3）若在检车辆存在问题，须返回过程检验工位重新修整后，再次检验，直至合格。

4）最终检验合格的车辆，检验员应和调试工段负责人共同确认后，填写《产品车入库交车单》，办理产品车辆的移交手续。

思　考　题

1. 客车总检调试修整作业内容包括哪些？
2. 发动机的各传动带的张紧力如何检查？
3. 如何检查、调整柴油机怠速不稳故障？
4. 路试检验项目一般包括哪些内容？

附　　录

附录 A　作业指导书示例

<table>
<tr><td colspan="2" rowspan="2">×××有限公司</td><td colspan="3" rowspan="2">×××作业指导书</td><td colspan="2">文件编号</td><td></td><td colspan="2">版次</td><td colspan="2"></td></tr>
<tr><td colspan="2">工序编号/名称</td><td></td><td colspan="2">页次</td><td colspan="2"></td></tr>
<tr><td>序号</td><td colspan="4">作业内容及要求</td><td colspan="7">工装、工具、设备</td></tr>
<tr><td rowspan="18">1</td><td colspan="4" rowspan="18"></td><td>序号</td><td>名称</td><td>编号、规格</td><td colspan="2">数量</td><td colspan="2">备注</td></tr>
<tr><td></td><td></td><td></td><td colspan="2"></td><td colspan="2"></td></tr>
<tr><td></td><td></td><td></td><td colspan="2"></td><td colspan="2"></td></tr>
<tr><td></td><td></td><td></td><td colspan="2"></td><td colspan="2"></td></tr>
<tr><td colspan="7">辅助材料</td></tr>
<tr><td>序号</td><td>名称</td><td>编号、规格</td><td colspan="2">数量</td><td colspan="2">备注</td></tr>
<tr><td></td><td></td><td></td><td colspan="2"></td><td colspan="2"></td></tr>
<tr><td></td><td></td><td></td><td colspan="2"></td><td colspan="2"></td></tr>
<tr><td></td><td></td><td></td><td colspan="2"></td><td colspan="2"></td></tr>
<tr><td></td><td></td><td></td><td colspan="2"></td><td colspan="2"></td></tr>
<tr><td colspan="7">控制计划</td></tr>
<tr><td rowspan="2">序号</td><td rowspan="2">控制特性</td><td rowspan="2">技术要求</td><td colspan="2">检验频次</td><td rowspan="2">纠正措施</td><td rowspan="2">重要度</td></tr>
<tr><td>自检</td><td>专检</td></tr>
<tr><td>1</td><td></td><td></td><td></td><td></td><td></td><td>b</td></tr>
<tr><td>2</td><td></td><td></td><td></td><td></td><td></td><td>b</td></tr>
<tr><td></td><td></td><td></td><td></td><td></td><td></td><td></td></tr>
<tr><td></td><td></td><td></td><td></td><td></td><td></td><td></td></tr>
<tr><td>备注</td><td colspan="6">重要度：a 关键，b 重要，c 一般</td></tr>
<tr><td></td><td></td><td></td><td></td><td>编制</td><td colspan="2">审核</td><td colspan="3">会签</td><td colspan="2">批准</td></tr>
<tr><td></td><td></td><td></td><td></td><td rowspan="2"></td><td colspan="2" rowspan="2"></td><td colspan="3" rowspan="2"></td><td colspan="2" rowspan="2"></td></tr>
<tr><td>标记</td><td>处数</td><td>更改文件号</td><td>签字</td></tr>
</table>

附录 B　客车企业应用工具、设备部分名录

准备车间与焊装车间用部分工具、设备				底盘车间用部分工具、设备			
序号	工具、设备名称	序号	工具、设备名称	序号	工具、设备名称	序号	工具、设备名称
1	等离子切割机	15	钻头	1	底盘打码机	16	单梁行车
2	交流弧焊机	16	丝锥	2	电钻	17	风动扳手
3	台式铣钻床	17	手动夹具	3	冷却液加注系统	18	台虎钳
4	金属圆锯机	18	木锤	4	机油加注与计量设备	19	千斤顶
5	CO_2 焊机	19	铁锤	5	风炮	20	扳手
6	张拉蒙皮机	20	割炬	6	润滑脂加注机	21	套筒
7	单面点焊机	21	刷子	7	水平尺	22	木柄 40OZ 圆头锤
8	总拼台架	22	气动胶枪	8	数字式角度仪	23	汽车举升机
9	单梁行车	23	手动胶枪	9	圈尺	24	一字螺钉旋具
10	夹具钢材	24	胶皮锤	10	CO_2 焊机	25	十字螺钉旋具
11	焊接夹具	25	铝锉	11	卷焊管弯管器	26	内六角扳手
12	电动角磨机	26	气铆钉枪	12	气压表	27	活动扳手
13	砂轮切割机	27	扩孔器	13	打气泵	28	双头呆扳手
14	气钻	28	轨道移动车	14	螺钉旋具	29	梅花扳手
				15	扭力扳手	30	套筒扳手（带回旋）

（续）

总装车间用部分工具、设备			
序号	工具、设备名称	序号	工具、设备名称
1	丝锥	20	划笔
2	木锤	21	壁纸刀
3	气动胶枪	22	曲线锯
4	手动胶枪	23	钩刀
5	胶皮锤	24	木工斧
6	铝锉	25	卷尺
7	万用表	26	电刨
8	剪子	27	开槽刀
9	M6 套筒	28	导向轮开槽器
10	刀片	29	胶皮刮板
11	淋雨室	30	角磨机
12	检测线	31	风扳机
13	单梁行车	32	钣金锤头
14	制冷剂充注机	33	1/2 套筒
15	铝型材切割机	34	尖嘴钳
16	推台式木工锯床	35	长接杆
17	地板革焊枪	36	手锯
18	粘接胶喷枪	37	钣金锤
19	气动螺钉旋具	38	刮板

涂装车间用部分工具、设备			
序号	工具、设备名称	序号	工具、设备名称
1	发泡机	5	打磨/发泡室
2	发泡枪	6	转运车
3	喷漆枪	7	气动抛光机
4	吸尘打磨机	8	气动打磨机头
检验用部分工具、设备			
序号	工具、设备名称	序号	工具、设备名称
1	游标卡尺	5	红外线温度测量仪
2	漆膜测厚仪	6	多角度光泽计
3	附着力划格测试器	7	色差仪
4	塞尺		
部分公用设备			
序号	工具、设备名称	序号	工具、设备名称
1	空压机系统	4	托盘车
2	空压管路	5	手动叉车
3	物流叉车	6	总配电系统